AF353012

Am Himmel gibt es eine dunkle Wolke

Konfuzianismus und Existenzialismus

Liu Dong

CANUT INTERNATIONAL PUBLISHERS

Istanbul - Berlin - London - Santiago - Cape Town

**Am Himmel gibt es eine dunkle Wolke
—Konfuzianismus und Existenzialismus**

Verfasser: Liu Dong

Originaltitel: 天边有一块乌云：儒学与存在主义 / Tianbian you yikuai wuyun: Ruxue yu cunzai zhuyi

Copyright © Liu Dong, Jiangsu People's Press, 2018

Canut International Publishers

Canut Intl. Turkey, Batı Mh. Karanfil Sk. 10/5, Pendik, Istanbul, Turkey

Canut Intl. Germany, Kommandantenstr. 25, D-10969, Berlin, Germany

Canut Intl. United Kingdom, 12a Guernsay Road, London E11 4BJ, England

Copyright © Canut International Publishers, 2023

Diese Ausgabe wird in Zusammenarbeit mit dem Jiangsu People's Press veröffentlicht.

ISBN: 978-605-4923-63-2

Auch als E-Buch erhältlich

www.canutbooks.com

Zum Verfasser

Liu Dong wurde 1955 in Xuzhou, Provinz Jiangsu, geboren und machte 1982 seinen Abschluss an der philosophischen Fakultät der Universität Nanjing.

Seit 2009 ist er außerordentlicher Professor und stellvertretender Vorsitzender des Instituts für Chinastudien an der Tsinghua-Universität sowie langjähriger Professor und Doktorvater am Fachbereich für Philosophie der Tsinghua-Universität. Er hat ein 10-bändiges Buch mit dem Titel *Chinese Studies Abroad* (Chinastudien im Ausland) verfasst, das seit 1988 von der Jiangsu People's Press herausgegeben wird und noch nicht abgeschlossen ist.

Seit 2020 lehrt er an der Zhejiang-Universität. Er ist Gründer und Dekan der Akademie für China-West-Forschung sowie Honorarprofessor an der Zhejiang-Universität. Er initiierte viele internationale akademische Austausche mit zahlreichen ausländischen akademischen Einrichtungen und übersetzte zahlreiche Bücher und Artikel von ausländischen Wissenschaftlern.

Er stand im akademischen Austausch mit der Harvard University, der Stanford University, der University of California, der Princeton University, der Yale University, der Universität Heidelberg und der Universität Trier in Deutschland, der École des Hautes Études en Sciences Sociales in Paris in Frankreich und der University of Cambridge in England.

Seine wichtigsten Werke sind unter anderem: *Die Sensibilität des Westens. Mehrdimensionale Ausrichtungen,* 1986; *Bilder der fließenden Welt,* 1996; *Ausgewählte Werke von Liu Dong,* 1997; *Theorie und Geist,* 2001; *Der mit Büchern gepflasterte Weg,* 2010; *Taoismus und die Welt,* 2011; *Die Eisscholle des Denkens,* 2014; *Wiederaufbau der Tradition: Mit Wachsamkeit der Welt beitreten,* 2014.

Anschrift: Zhongxi College, North 9th Floor, Building 8, Chengjunyuan, West District, Zijingang Campus, Zhejiang University

E-mail: liudong2020@zju.edu.cn

Vorrede

Als ich an die Pekinger Tsinghua-Universität wechselte, geschah dies in der Hoffnung, dass ich der dortigen Akademie für Sinologie, an der in alten Zeiten so manche großartige Leistung erzielt worden war, zu neuem Glanz verhelfen würde. Dennoch erschien es mir zunächst höchst unpassend, dass ausgerechnet ich dort das Seminar zum Andenken an Wang Guowei[1] (1877-1927) abhielt. Denn was für einen Charakter hatte Herr Wang? Offensichtlich war er jemand, der bereits alles Leid der Welt geschaut hatte. Wie real die Bedrängnis gewesen sein muss, in der er lebte, zeigt uns letztendlich sein Suizid. Mit mir dagegen sieht es völlig anders aus. Von morgens bis abends bin ich stets frohen Mutes. Ist meine tägliche Schreibarbeit erst beendet, rekele ich mich sogar genüsslich, um mich dann, mit einem Lied auf den Lippen, auf Essenssuche zu begeben. Konfrontiert mit einem solchen Anblick können auch die bei mir sitzenden Postdoktoranden folgende Anmerkung oft nicht zurückhalten: „Du bist aber ein glücklicher Professor".

Allerdings verfüge ich auch über eine andere Seite, die sich vor allem in meinen Schriften zeigt: Von meinem zu Beginn meiner Karriere verfassten Erstlingswerk namens „Sensibilität des Westens" an bis zu meiner „Kulturellen Analyse der Tragödie", über welche ich an den Universitäten Peking und Tsinghua schon Vorträge gehalten und die ich gerade bei der Shanghai People's Press abgegeben habe, und weiter noch bis zu meinem

---

1 Wang Guowei. Gelehrter, Denker und Schriftsteller. Ehemaliger Professor an der Akademie für Sinologie der Tsinghua-Universität. 1927 beging er Selbstmord im Sommerpalast.

neusten Buch, das gerade erst vor meinen Augen Gestalt annimmt. In ihnen lege ich häufig eine ganz entgegengesetzte Geistesrichtung an den Tag, und gerade die negativsten, dunkelsten, unbeständigsten und erschreckendsten Dinge, denen die anderen lieber ausweichen und über die sie am liebsten schweigen würden, werden dort von mir ins Rampenlicht gestellt. Möglicherweise treibt mich dabei der unterbewusste Wunsch, sie zunächst gründlich zu erfassen und dann gedanklich zu bewältigen. Erst wenn ich mich in meinen Ausführungen hinreichend mit ihnen beschäftigt habe, finde ich die Energie, mich anderen Dingen zuzuwenden. Mir scheint dies die einzige Weise, mich in der Welt erfüllt fühlen zu können.

Das vorliegende Werk ist Teil meiner Forschung zum übergeordneten Thema „Hinterlassenschaften des Rationalismus vor der Qin-Dynastie", das aus drei miteinander verbundenen und systematisch vorgehenden Einzelteilen besteht. „Am Himmel gibt es eine dunkle Wolke: Konfuzianismus und Existenzialismus" ist also gewissermaßen der erste Band einer Trilogie. In ihm befasse ich mich zunächst damit, den Leser mithilfe des Kontrastes, den uns der (atheistische) Existenzialismus bietet, in das ursprüngliche Entstehungsumfeld der konfuzianischen Lehre zurückzuversetzen. Mittels der so hergestellten Vergleichbarkeit werden Sie, so hoffe ich, genau wie ich folgendes deutlich erkennen können: Trotz der großen Unterschiede in Schlussfolgerung und Endergebnis haben die Philosophie des Jean-Paul Sartre und die Literatur von Albert Camus ihren modernen Ausgangspunkt in einer geistigen Bedrängnis, die eine hohe Ähnlichkeit zu jener aufweist, mit der die Konfuzianer vor der Qin-Dynastie konfrontiert waren.

Auch wenn dies überraschen mag: Transponiert man den sonst etwas antiquiert wirkenden Konfuzianismus in den Kontext einer Gegenüberstellung, wie man sie in den modernen Wissenschaften praktiziert, wird der ganze von der Nachwelt hinzugefügte Staub umgehend weggewischt und legt die ihm eigenen zeitlosen Qualitäten frei. Indem man einen Blickwinkel einnimmt, der offener, weiter und kontrastierender ist als gewohnt, kann man sogar zu der inspirierenden Erkenntnis gelangen, dass die Belehrungen des Konfuzius eigentlich jener Beklemmung und Selbstbetrachtung entstammten, die auch heute noch in uns ausgelöst werden, wenn wir uns der Begrenztheit des Lebens gewahr werden. Denn egal wie strahlend und hell, blau und klar der Himmel der säkularisierten Wissenschaft auch sein mag:

Angesichts ihres beschränkten Verständnisses des menschlichen Lebens bleibt an ihm doch immer eine unscheinbare dunkle Wolke zurück, deren düsterere Flecken die Unbestimmtheit der Geschichte, die Zufälligkeit und Unbeständigkeit des Lebens sowie die Grausamkeit und Unberechenbarkeit des Schicksals bezeichnen.

Sofern man sich treu an die eigentlichen Gespräche des Konfuzius hält und all die weit hergeholten Kommentare, Vermischungen und Verwechslungen der Nachwelt beiseite legt, wird man zu der Erkenntnis gelangen, dass man nur auf Grundlage einer tiefen Einsicht in die Zerbrechlichkeit des Lebens überhaupt erst dazu qualifiziert sein kann, über die geistige Fröhlichkeit im Konfuzianismus zu reden und die ganze Tragweite des sogenannten „Einverständnisses mit Zeng Dian"[2] richtig zu begreifen. Genau deshalb versuche ich in diesem Buch eine außergewöhnliche These aufzustellen: Anders als das Geschwafel der Banausen behauptet, wurden Unterbau und Charakteristika der chinesischen Kultur in Wahrheit erst dadurch fest etabliert, dass man sich nüchtern des „Abbruchs des Umgangs zwischen Himmel und Erde (Göttern und Menschen)" bewusst wurde, sich in der Konsequenz nach einer „Vereinigung von Himmel und Menschheit" sehnte, und sich schließlich darum bemühte, diese beiden Konzepte einander wechselseitig unterstützen und inspirieren, aber auch einhegen zu lassen.

Ausgehend von obengenannter Vorbedingung erlaube ich mir außerdem festzustellen, dass es Konfuzius nicht bloß um das Verbergen seines seelischen Schmerzes, sondern auch darum ging, einen geistigen Rahmen für all die bedrohlichen Herausforderungen vorzubereiten, die mit dem weiteren zivilisatorischen Geschichtsverlauf nach dem Ende der „Achsenzeit" einhergehen sollten. Zumindest meiner persönlichen Meinung nach ist es so, dass, falls man den Gipfel der chinesischen Kultur in einer „Mentalität des Frohsinns" sieht, ihr Grundtenor am besten als „Erkenntnis von Leid und Not" wiedergegeben werden kann. Aufgrund der erstgenannten gelang es, diese alte und hochentwickelte Kultur zu einer strahlenden Zivilisation von

---

2   Bezug auf Lunyu (Gespräche), Buch XI, 25 (Herzenswünsche). Übersetzung von Richard Wilhelm: „Einmal fragte der Meister seine Schüler: ‚Wenn euch nun ein (Herrscher) kennen würde (und verwenden wollte), was würdet ihr dann tun?'[…] Nachdem drei Schüler ihre Meinungen geäußert haben, antwortet Zeng Dian: ‚Ich möchte im Spätfrühling, wenn wir die leichteren Frühlingskleider tragen, mit fünf oder sechs erwachsenen Freunden und ein paar Knaben im Flusse baden und im heiligen Hain des Lufthauchs Kühlung genießen. Dann würden wir ein Lied zusammen singen und heimwärts ziehen.' Der Meister seufzte und sprach seine Zustimmung mit Dian."

Weltniveau zu sublimieren; aber letztgenannte brachte ihr jenen Hang zur Hartnäckigkeit, mit dem sie auf beschwerlichem Wege bis in die Gegenwart überliefert wurde, ohne unterwegs abzubrechen.

Aus dieser Einschätzung heraus werde ich im Laufe meiner Argumentation neuartige und originelle Interpretationen zu vielen der weit verbreiteten Deutungsversuche zur chinesischen Kultur vorstellen, um die einst in der chinesischen Philosophie versteckte „Gefahr des Vergleichs" zu umgehen und so die Chancen auf eine Vertiefung des Dialogs zwischen China und der heutigen Welt zu fördern. Beispielsweise wird der „Abbruch des Umgangs zwischen Himmel und Erde" deshalb in diesem Buch als Ausgangspunkt vorgebracht, um damit die alte These von der „Vereinigung von Himmel und Menschheit" auszugleichen. Das einstige „Ethik-Prinzip" wird derweilen von mir zu einem „Primat der Erkenntnis" korrigiert. Wenn ich darüber hinaus von einer „Gegenseitigen Ergänzung von Konfuzianismus und Yangismus" spreche, so geschieht dies, um damit die zuvor behauptete „Komplementäre Beziehung zwischen Konfuzianismus und Daoismus" zu ersetzen. Außerdem komme ich zu der Beurteilung „Immanent aber nicht transzendent", mit der ich die Lehre von der „immanenten Transzendenz" verneine.

Der auf dieses Buch folgende zweite Band trägt den vorläufigen Titel „Diskurs über die Gegenseitige Ergänzung von Konfuzianismus und Yangismus", während das letzte Buch der Reihe vorerst „Westliche Rezeption der Gedanken des Konfuzius" heißt. Einen ersten Entwurf der beiden habe ich schon längst verfasst und auch wiederholt Vorträge über sie gehalten. Trotz alledem werde ich auf diese Themen leider noch nicht genauer eingehen können, da ich es für besser halte, wenn die Spannung bis zum Lesen der kommenden Werke aufrechterhalten bleibt. Das Einzige, das ich hier zu ihnen erläutern kann, ist, dass sie alle gleichermaßen in die Kategorie „Rationalismus vor der Qin-Dynastie" fallen. Meiner Meinung nach ist ausschließlich dieser und nichts anderes als Bezugsbasis und Quelle dazu geeignet, den konfuzianischen Lösungsansatz zur Problematik des Lebens zu erforschen. Da ich ihm enorme Wichtigkeit beimesse, werde ich mich mit besagtem Rationalismus und dessen Wertesystem unter drei verschiedenen Aspekten befassen, die ich „Kern", „Peripherie" und „Ausland" nenne, wobei ich allerlei historische Aufzeichnungen, Lebenserfahrungen und wissenschaftliche Kommentare heranziehen werde.

Wenn die chinesische Zivilisation noch einen echten Beitrag zur globalen Zivilisation leisten möchte, kann sie ihre Hoffnungen eigentlich nur mehr in diesen nüchternen und selbstbeherrschten Geist des Rationalismus setzen. Obwohl ich mir vorgenommen habe, gleich drei Aspekte dieses Themas zu erforschen, muss ich an dieser Stelle ehrlicherweise anmerken, dass ich mir schon von Anfang an der eigenen Unzulänglichkeit für die Bewältigung dieser Aufgabe bewusst war. Denn für einen Autor mit begrenztem Leben ist es nahezu unmöglich, innerhalb eines Werkes sowohl über den Tod nachzusinnen, sich dem Konfuzianismus und Yangismus der Zeit vor der Qin-Dynastie auf Basis der Interpretation alter und neuer Gedanken sowie eines breit angelegten Vergleichs von chinesischer und ausländischer Kultur zuzuwenden und ihre weitreichende Bedeutung für unser heutiges Leben sowie ihre Rezeption im Ausland zu beleuchten, als auch die eigene wissenschaftliche Intuition für die Beseitigung falscher Ansichten zum Einsatz kommen zu lassen. Aufgrund dessen war ich mir schon vor dem Verfassen dieses Buches darüber im Klaren, dass ich weniger vor heftiger Kritik Angst haben sollte, sondern eher davor, keine nachvollziehbare Argumentation zu erhalten.

Da ich stets darauf aus bin, Neues zu erschaffen, kann ich Sie dahingehend beruhigen, dass für alle hier geäußerten Gedanken allein ich verantwortlich bin, egal ob sie nun richtig oder falsch sind, und dass ich in diesem Buch weder bewusst gegen Regeln verstoßen noch die Ansichten von anderen „ausleihen" werde. Im Gegenteil möchte ich mich, aus einer gewissen Eigenverantwortung heraus, umso häufiger selbst zitieren, je weiter ich in die abschließende Phase des Schreibens vordringe. Auch wenn diese Praxis nicht gerade den allgemeinen Gewohnheiten der Fachwelt entspricht, kann ich meine Neigung dazu gerade jetzt kaum noch unterdrücken. Der Hauptgrund dafür liegt wohl darin, dass mich viele der wissenschaftlichen Themen, mit denen ich mich einmal befasst habe, einfach nicht mehr loslassen und ich sie am liebsten in Ruhe weiterentwickeln möchte, solange, bis selbst die irrelevant scheinenden Denkansätze aus allen Richtungen herbei gesammelt und zu einem einzigen großen und dichten Netz versponnen sind. Wenn ich dagegen mit einem Thema konfrontiert bin, welches ich bereits abgeschlossen habe, möchte ich nicht noch einmal alles neu erläutern, um keine aussichtslosen Herangehensweisen zu reproduzieren. Manche Menschen imitieren eben nicht die anderen, sondern kopieren ohne Unterlass sich selbst.

Letzten Endes ist eine akademische Laufbahn zwar wertvoll, aber doch ziemlich kurz, und die Zeit, die einem dabei für das Schreiben zur Verfügung steht, wahrlich nicht besonders lang. Angesichts der Tatsache, dass die Themen, mit denen ich mich befasse, dermaßen weitreichend sind, kann ich diese Zeit auf keinen Fall verschwenden oder ungenutzt lassen. Pessimistisch betrachtet bleibt mir immerhin die heimliche Hoffnung, dass diese Form von Intertextualität zwischen neueren und älteren Werken später als konkrete Dokumentation eines lebendigen Lebenswegs dienen kann, der beharrlich und über Jahrzehnte hinweg der Überlegung gewidmet wurde. Optimistisch gesehen darf ich sogar darauf hoffen, dass ältere Zeilen und Absätze durch frisches Zitieren in neuere Überlegungen, Kontexte und Rahmen eingebettet werden und dadurch womöglich bisher unerwartete Bedeutungen hinzugewinnen könnten. Wirklich interessant wird es immer dann, wenn man bei der Wiederholung von Gelerntem überraschend neue Einsichten gewinnt. Nicht selten sind es ausgerechnet die früher erzielten Erfolge, die einem zu jenem Geistesblitz verhelfen, den man für den Eintritt in die nächste Denkphase noch benötigt.

Wobei ich hier ehrlicher- und fairerweise erläutern muss, dass viele meiner Gedanken, insbesondere in diesem Buch, aufgrund unseres langjährigen Meister-Schüler-Verhältnisses, mit Li Zehou verbunden sind, auch wenn sie hier zum Teil hinterfragt oder kritisiert werden. Erst während des Schreibens habe ich begriffen, dass die Situationen, die in diesem Buch häufig vorkommen, eine typische Darstellung meiner Beziehung zu ihm sind. Manchmal stimme ich ihm völlig zu, manchmal muss ich seine Meinung missbilligen; manchmal verstehe ich mich blind mit ihm, manchmal sind wir völlig gegensätzlicher Auffassung; mal wertschätzen wir uns gegenseitig, mal gelangen wir zu keiner Übereinkunft. Tatsächlich habe ich bereits vor vielen Jahren schon in einem Interview unser kompliziertes Verhältnis wie folgt geschildert:

Ich bin meinem Lehrer eigentlich sehr ähnlich, was aber viele Nachteile mit sich bringt. Einerseits habe ich an der Universität Peking so lange auf jemanden gewartet, der mir wirklich ähnelt, bis Herr Li in mir einen Schüler fand. Wenn keinerlei Ähnlichkeiten hinsichtlich Begabung und Mentalität bestehen, wie soll man dann sein geistiges Vermächtnis übertragen können? Allerdings habe ich den Zwiespalt, in dem sich mein Lehrer befand, auch aus der eigenen Erfahrung heraus gespürt: Wenn ein talentierter Gelehrter von besonderem Charakter wie er keine Schüler aufnimmt, die ihm ähneln, wird er später sicher seufzen, keine Seelenverwandten gefunden zu haben. Sobald er aber einen aufnimmt, findet er sich mit einem kreativen Geist konfrontiert. Eine solche Situation wird natürlich angespannt sein und er muss damit umgehen können. Dieses Gefühl kann ein Außenstehender wahrlich nicht verstehen.[3]

Bei dieser Gelegenheit möchte ich dem noch einen Satz hinzufügen: Es gefällt Herrn Li wohl nicht, aber aus meiner Sicht handelt es sich bei unserer schwierigen Beziehung um jene unvergleichbare Art eines hängenden Verhältnisses, das zwischen einem sich selbst als Denker verstehenden Schüler und dessen als Denker anerkannten Lehrer besteht. Für mich ist diese ganz besondere Beziehung wahrscheinlich die einzige, in der ich mich in die Lage versetzt sehe, das vornehme Auftreten eines Denkers einzunehmen. Vor diesem Hintergrund ist es zu verstehen, dass ich, obwohl meinem Lehrer sonst von allen Seiten Respekt oder Bewunderung entgegengebracht wurde, keiner seiner Meinungen ohne eigenständig zu überlegen zugestimmt habe. Ach wie oft habe ich damals, halb im Ernst und halb scherzend, sogar völlig Gegenteiliges behauptet, weil ich mir einbildete, dem jeweiligen Problem sei nur mit einer richtigen Diskussion beizukommen. Für mich ist dies immer noch die einzige Weise, auf die ich ihm gegenüber wahren Respekt zeigen kann. Auch hilft es mir dabei, meine geistige Unabhängigkeit zu bewahren.

Als alle zu ihm auf Distanz gingen oder er zumindest nicht mehr so beliebt war, hatte ich als sein Schüler unsere tiefsinnigen Debatten noch im Ohr. Unsere Beratungen und der ganze Meinungsaustausch von damals sind inzwischen zu einem Teil meines Geistes und meines Lebens geworden. Es gibt da für mich nicht viel zu erklären, mir ist einfach bewusst, dass ich seine wissenschaftlichen Thesen und Hypothesen mit Motivation und Phantasie fortzuentwickeln und als Gedankengut weiterzuführen habe, damit sie nicht mit der Zeit in Vergessenheit geraten oder von anderen wie das Kind mit dem Bade ausgeschüttet werden. Dies scheint mir der beste und einzige Weg, auf dem ich meine Hochachtung bekunden und ihm seine Güte vergelten kann.

---

3 Liu Dong 2010: „Über der Theorie stehender Geist: Der mit Büchern gepflasterte Weg". Beijing: Peking University Press. S.21.

Obwohl die physische Distanz zwischen uns gerade sehr groß ist, habe ich ihn, was unsere seelische Distanz betrifft, nie verlassen. Dieses unscheinbare Buch soll, auch wenn es zu sonst nichts taugt, zumindest ein Zeugnis meiner Beweggründe sein.

Liu Dong
08. Aug. 2011: Erster Entwurf in Lizhai im Tsinghua-Garten verfasst.
29. Jan. 2017: In Shuangtaige vom Sanya-Bay revidiert.

Inhalt

Erstes Kapitel

Schriftstellerische Verpflichtung

Ich habe bereits mehrfach und in verschiedenen Situationen darauf hingewiesen, dass es im konfuzianischen Denken viele Ähnlichkeiten zum Existenzialismus, insbesondere zu dessen atheistischer Variante, gibt und dass die geheimnisvolle Beziehung der beiden Lehren uns vor ein gewaltiges Rätsel stellt. Diesen Zusammenhang bemerkte ich erstmals, als ich Dozent an der Universität Nanjing war und gerade die Arbeit an meinem Buch „Die Sensibilität des Westens" abgeschlossen hatte. Ein enger Kollege von mir beschäftigte sich damals zufälligerweise mit Existenzialismus, wobei er den Schwerpunkt seiner Forschung vor allem auf den atheistischen Existenzialismus gelegt hatte. Wie soll man den Mut aufbringen für jene Konfrontation der Schattenseiten, die nötig ist, um das eigene Leben auf nüchterner Vernunft aufzubauen, damit Epistemologie und Ethik miteinander vereinigt und imaginäre und unzuverlässige Setzungen bereinigt werden können? Zu derlei bedeutungsschweren Lösungsansätzen für die Grundproblematik des menschlichen Lebens sind mir seitdem schon häufig Kommentare herausgerutscht. Bedauerlicherweise habe ich aber bis in die Gegenwart keine passende Gelegenheit gefunden, meine Gedanken zu diesem Thema ausführlich darzustellen. Lediglich in Situationen wie der folgenden habe ich, wenn auch nicht gerade detailliert, etwas dazu abgefasst:

An dieser Stelle komme ich nicht umhin, die von mir langjährig betriebene vergleichende Forschung zum Konfuzianismus noch einmal als Beispiel heranzuziehen. Zu was für einem Ergebnis kommt man, wenn man diese Lehre, die äußerst reich ist an kulturellen und ideellen Besonderheiten, in Bezug zum westlichen Denken setzt und diesem gegenüberstellt? Sicherlich wird man feststellen müssen, dass die Lehre des Konfuzius zahlreiche Ähnlichkeiten zum westlichen Denken aufweist: Sie ähnelt sowohl den Thesen Kants (wie die Forschung von Prof. Mou Tsung San zeigt), als auch den Gedanken von Alfred North Whitehead (laut der Forschung von Tang Junyi). Außerdem wurden im Denken des Konfuzius Ähnlichkeiten zu den Ideen von Philosophen wie Karl Marx (gemäß der Forschung von Li Zehou), Friedrich Engels (siehe Zhang Dainian), Max Weber (Liu Dong), John Dewey (David Hall und Roger Ames) oder Martin Heidegger (Li Zehou) und sogar zu jenen des atheistischen Existenzialisten Jean-Paul Sartre entdeckt (**beruhend auf der derzeit noch unveröffentlichten Forschung von Liu Dong**). Und dabei betrachten wir ihn gerade ausschließlich aus philosophischer Perspektive! Würde man dazu übergehen, Konfuzius auch mit religiösem Denken in Bezug zu setzen, könnte wohl die komplette westliche Ideengeschichte mit seiner Lehre abgeglichen werden, womit man zu einer noch größeren Vergleichbarkeit gelangen dürfte.[1]

Da es sich seinerzeit noch um ein unveröffentlichtes Forschungsunterfangen handelte, habe ich mich durch die in diesem Absatz enthaltene Bekanntmachung quasi selbst dazu verpflichtet, wieder mit dem Schreiben anzufangen, da ich meinen Lesern nun beweisen möchte, dass ich damals nicht einfach irgendwelche kühne Behauptungen aufgestellt oder ins Blaue hinein geredet habe. Zwar liegt der wesentliche Inhalt dieses Buches darin, Denkweisen zu vergleichen, was in der Tat leicht zu Verwirrung oder sogar zur „Hexerei des Vergleichs" führen kann, bei der die Gedanken so durcheinandergebracht werden, dass aus allem alles hervorkommen kann[2]. Andererseits bin ich aber fest davon überzeugt, dass die geschickte Verwendung eines auf Vergleichen fußenden Ansatzes uns vielsagende Beobachtungen und manchmal sogar die entscheidende Inspiration liefern können. Genau aus dieser Überzeugung heraus möchte ich hier, zu Beginn des Schreibprozesses, versuchen, eine Art „neuer Vergleichbarkeit" aufzustellen. Ich bin davon überzeugt, dass man mithilfe der geistigen Bedrängnis des atheistischen Existenzialismus eben jene ursprünglichen Gedankenfelder aufs Neue hervorzurufen vermag, aus denen sich einst der Konfuzianismus speiste.

---

1 Liu Dong: Der Affe in der Zirkustruppe. Aus „Wenjing", April 2010. H.d.V.
2 Details siehe Neuntes Kapitel.

Außerdem glaube ich, dass sich infolgedessen deutlich erkennen lässt, welche Thesen oder Denkrichtungen damals hervorgebracht wurden, die seinerzeit zwar außerordentlich wichtig waren und auch über typisch chinesische Besonderheiten verfügten, später aber vernachlässigt wurden und langfristig gesehen in der Bedeutungslosigkeit verschwanden. Hierbei möchte ich frühzeitig anmerken, dass auch mein Lehrer Li Zehou, der sich meiner Erinnerung zufolge nach 1989 mit einigen philosophischen Stichpunkten beschäftigte, die später als „Kompendium des Existenzialismus" bekannt werden sollten, in diesen schon ein wenig auf dieses Thema eingegangen ist, wie zum Beispiel der folgende Absatz demonstriert:

> In der Welt sehnt man sich nach einer Transwelt, in der Beschränkung sucht man nach Unbeschränktheit, nach Ewigkeit oder Unvergänglichkeit. Man ist auf der Suche nach der Wahrheit, nach der Bedeutung des Lebens sowie nach dem Schicksal. Sind solche philosophischen oder religiösen Bestrebungen in unseren „postmodernen" Zeiten sinnlos und vergeblich? „Im Ursprung ist da kein Ding. Worauf soll sich Staub legen?" Wozu muss man sich über solche Fragen Gedanken machen? Liegt denn die wahre Existenz nicht etwa in diesem Moment? Im Mittelalter verehrte man Gott und seit der Renaissance die Vernunft oder sich selbst. Heutzutage vergöttert man nichts mehr und denkt auch über nichts mehr nach. Ist es nicht besser, wenn man natürlich und ungezwungen lebt und sich so die Zeit vertreibt? Man kann heute einfach ein spielerisches Leben führen, weshalb soll man sich noch nach anderen Dingen sehnen? Nach der Benutzung werden die Dinge weggeworfen, auf das Leben folgt der Tod. Es bleibt nichts mehr zu sagen am Ende der Geschichte. Das Dasein ist bereits zersplittert und der Mensch am Ziel. Daher bleibt ihm nichts anderes mehr übrig als „spielerisch" zu sein. Die Postmoderne fällt ausgerechnet mit dem Ende des 20. Jahrhunderts zusammen. Ist das nicht ein interessanter Zufall?[3]

Interessanterweise wird das hier beschriebene Lebensgefühl von Herrn Li selbst zwar als „postmodern" bezeichnet, lässt einen aber unwillkürlich an die klassischen Texte denken. Zum Beispiel gibt es folgende Formulierung im „Yangzhu" genannten siebten Kapitel des „Liezi":

---

3 Li Zehou 2008: Aufzeichnungen auf der Suche nach Philosophie, in: „Praktischer Rationalismus und musikalische Kultur". Beijing: SDX Joint Publishing Company, S.164.

Bau Schu Ya befragte den Guan I Wu über die Pflege des Lebens. Guan I Wu sprach: »Sich ausleben ist das Ganze! Nichts verhindern, nichts unterdrücken!« Bau Schu sprach: »Und wie macht man das in jedem Falle?« Guan I Wu sprach: »Laß deine Ohren hören, was sie begehren! Laß deine Augen sehen, was sie begehren! Laß deine Nase riechen, was sie begehrt! Laß deinen Mund reden, was er begehrt! Laß deinen Leib genießen, was er begehrt! Laß deinen Willen tun, was er begehrt! Die Ohren verlangen nach Klängen und Tönen; wenn man sie ihnen nicht zu hören gibt, so unterdrückt man die Ausbildung des Gehörs. Die Augen verlangen nach Schönheit und Farben; wenn man sie ihnen nicht zu sehen gibt, so unterdrückt man die Ausbildung des Sehvermögens. Die Nase verlangt nach Düften und Wohlgerüchen; wenn man sie ihr nicht zu riechen gibt, so unterdrückt man die Ausbildung des Riechvermögens. Der Mund verlangt, über Recht und Unrecht zu reden; wenn man ihn nicht darüber sprechen läßt, so unterdrückt man die Ausbildung der Klugheit. Der Leib verlangt, Pracht und Fülle zu genießen; wenn man ihn nicht gewähren läßt, so unterdrückt man sein Wohlbefinden. Der Wille verlangt darnach, sich unbehindert auszuwirken; wenn man ihn nicht so handeln läßt, so unterdrückt man seine Natur. Alle diese Unterdrückungen sind schlimme Tyrannen. Wer diese schlimmen Tyrannen beseitigt, der kann fröhlich sein Ende erwarten, sei es einen Tag, einen Monat, ein Jahr oder zehn Jahre lang. Das nenne ich Pflege des Lebens. Wer an diesen schlimmen Tyrannen festhält, ihrer gedenkt und sie nicht preisgibt, der schleicht elend dahin, um ein hohes Alter zu erreichen; und ob er hundert Jahre alt würde oder tausend Jahre oder zehntausend: ich nenne das nicht Pflege des Lebens.« Guan I Wu sprach: »Nachdem ich dir nun über die Pflege des Lebens gesprochen, wie steht es da wohl mit der Bestattung des Toten?« Bau Schu Ya sprach: »Die Bestattung des Toten ist Nebensache; was braucht man darüber zu reden?« Guan I Wu sprach: »Ich möchte es aber doch von dir hören.« Bau Schu Ya sprach: »Wenn ich erst tot bin, was geht das Weitere mich dann noch an? Mag man mich verbrennen oder ins Wasser werfen; mag man mich begraben oder offen liegen lassen; mag man mich in Stroh wickeln und in einen Graben werfen oder in prächtige Gewänder hüllen und in einem steinernen Sarkophag beisetzen: das alles mag gehen, wie es will!« Da blickte Guan I Wu den Bau Schu Ya an und sprach: »Des Lebens und des Todes Sinn haben wir beide erfaßt.«[4]

---

4 „Liezi: Das wahre Buch vom quellenden Urgrund". 2017: Übersetzt von Richard Wilhelm. S.125-126.

Liebe Leserinnen und Leser, ist die obengenannte Herangehensweise etwa nicht „natürlich, ungezwungen und spielerisch"? Auch hier werden ein zwangloses Leben und ein beliebiger Tod bevorzugt. Tatsächlich kann ich aus Erfahrung sagen, dass, wenn er gar kein zur Verfügung gestelltes Kapitel hat, Herr Li es sicherlich nicht so tief begreifen wird. Um zwischen beiden Texten eine „Vergleichbarkeit" herzustellen, wollen wir auch noch die Stelle über den bekannten europäischen Weiberhelden Don Juan aus „dem Mythos des Sisyphos" von Albert Camus heranziehen: „Don Juan weiß, und er hofft nicht. Er erinnert an jene Artisten, die die Grenzen ihrer Möglichkeiten kennen, sie nie überschreiten und in diesem unsicheren Spielraum, auf den ihr Geist sich einstellt, über alle wunderbare, meisterliche Leichtigkeit verfügen. Und eben das kennzeichnet das Genie: die Klugheit, die ihre Grenzen kennt. Bis zur Grenze des physischen Todes weiß Don Juan nichts von der Traurigkeit. Sobald er weiß, erschallt sein Gelächter und entschuldigt alles. [...] Was Don Juan in Tätigkeit versetzt, ist eine Ethik der Quantität – im Gegensatz zum Heiligen, der zur Qualität neigt. An den tiefen Sinn der Dinge nicht glauben – das ist die Eigentümlichkeit des absurden Menschen. Er überprüft rasch diese warmen oder erstaunten Gesichter, bringt sie in die Scheuer und eilt ohne Aufenthalt weiter. Die Zeit geht mit ihm. Der absurde Mensch trennt sich nicht von der Zeit. Don Juan denkt nicht daran, die Frauen zu <sammeln>. Er verbraucht viele und damit auch seine Lebens-Chancen. Sammeln heißt: von seiner Vergangenheit leben können. Er aber weist das Bedauern zurück, diese andere Form der Hoffnung."[5]

Einerseits spüre ich in mir, was das Thema Leben und Dasein betrifft, eine große Übereinstimmung mit dem Empfinden meines Lehrers. Genauer gesagt habe ich diesen Zusammenhang erst nachdem ich zwecks Studiums nach Beijing gekommen war und durch sein Reden, sein Verhalten und seine Inspiration wirklich bemerkt. Andererseits muss ich aber auch anmerken, dass Herr Li meiner Erinnerung nach bei der Lektüre von Heidegger an die eigene „Geworfenheit" des „Daseins" erinnert und darin eine gewisse Ähnlichkeit zu einer bestimmten Lebensart im traditionellen chinesischen Kontext gefunden hat. Aber dies werden wir erst später näher erläutern, um uns ein besseres Verständnis zu verschaffen.

---

5 Albert Camus 2000: „Der Mythos des Sisyphus". Reinbek bei Hamburg: Rowohlt. S.102-103.

In diesem Buch möchte ich vor allem den Konfuzianismus, wie er von Konfuzius vertreten wurde, mit dem von Sartre vertretenen atheistischen Existenzialismus vergleichen. Meinem Verständnis nach ist Existenzialismus, sofern man die Theorie konsequent zu Ende denkt, immer atheistisch. Das heißt dann natürlich, dass ich viel Wert darauf lege, dass beide Lehren nicht über Übernatürliches, Gewalt, Aufruhr oder Geister sprechen und sich auf die Schattenseiten fixieren. Auch unter Androhung des Todes würden sich diese beiden Philosophen dagegen sträuben, die berühmten Worte aus dem folgenden Zitat Heideggers nachzusprechen, die nach meinem eigenen Gefühl kaum mehr als eine Hoffnung auf etwas Unwahrscheinliches darstellen, da mir eine tatsächliche Rettung im Falle der Menschheit noch dunkler erscheint als die tiefste Verzweiflung: „Wenn ich kurz und vielleicht etwas massiv, aber aus langer Besinnung antworten darf: Die Philosophie wird keine unmittelbare Veränderung des jetzigen Weltzustandes bewirken können. Dies gilt nicht nur von der Philosophie, sondern von allem bloß menschlichen Sinnen und Trachten. Nur noch ein Gott kann uns retten. Uns bleibt die einzige Möglichkeit, im Denken und im Dichten eine Bereitschaft vorzubereiten für die Erscheinung des Gottes oder für die Abwesenheit des Gottes im Untergang: daß wir im Angesicht des abwesenden Gottes untergehen."[6]

Außerdem gibt es aufgrund der individuellen Mentalität noch feinsinnige Unterschiede zu erkennen. Dies liegt daran, dass die reiche und komplexe chinesische Kultur der Nachwelt ein breites Angebot an Wahloptionen hinterlassen hat. Ich habe daher das Gefühl, dass, obwohl Herr Li häufig von „geistiger Vorbereitung" spricht und sich für die Anreicherung eines „praxisorientierten Rationalismus" zu einer „glücklichen Kultur" ausspricht, es sich dabei in Wahrheit eher um eine reine oder virtuelle Schlussfolgerung im Sinne der „Erklärung von Kant anhand der Theorie Hegels" handelt. Ausgehend von seinen Handlungen kann ich darauf schließen, dass sich Herr Li eigentlich nach der sogenannten „Noblesse der Wei- und Jin-Dynastien" (220-420) sehnt, welche mit der Rationalität gebrochen hatte. Es erscheint mir daher unbestreitbar, dass er unter der Lebenseinstellung nach dem Motto „zwangloses Leben und beliebiger Tod", wie es sich in dem eben zitierten „Liezi" findet, ganz offensichtlich das allgemeine Empfinden selbiger Epoche versteht. In seinem Buch „Der Weg der

---

6   Martin Heidegger: Der Spiegel, Nr. 23/1976. S.209.

Schönheit" beschreibt Herr Li diese Noblesse wunderbar und eröffnet dem Leser dabei seine Einsichten über sie, die durchaus lehrreich und unverwechselbar sind: „Äußerlich wirkt es wohl sehr dekadent, pessimistisch und negativ, aber innerlich steckt darin genau das Gegenteil, nämlich ein starker Verweilenswille und eine tiefe Sehnsucht nach Leben, Dasein und Schicksal. [...] Diejenigen Maßstäbe, Kriterien und Werte, welche vorher propagiert und geglaubt wurden, wie ethnische Moral, Gespensterglaube und Fatalismus, sind täuschend, fragwürdig, verdächtig und wertlos. Nur der unvermeidbare Tod ist wahr. Das kurze Leben ist gefüllt mit Trennung, Trauer, Abschied und Unglück, nur das ist wahr. [...] Weshalb sollte man die Zeit nicht nutzen, um das Leben mit Leib und Seele zu genießen und warum darf man sein eigenes Leben nicht wertschätzen? ‚Der Tag ist kurz und die schmerzvolle Nacht lang. Warum dann nicht mit Kerzen aufbrechen?' ‚Lieber edle Tropfen trinken und feine Seidenkleidung tragen.' ‚Warum nicht zuerst rasch eine hohe Stelle annehmen um dann Ruhm und Reichtum zu genießen?' Solche Formulierungen sind direkt, offenherzig und kommen ohne Umschweife zur Sache. Äußerlich wirken sie genießerisch, dekadent und verdorben, in Wahrheit aber handelt es sich um eine tiefe Widerspiegelung des extremen Strebens nach Leben und Dasein unter besonderen historischen Umständen. Das unbeständige und flüchtige Leben ist von alters her ein allgemein bekanntes Thema. Der Grund dafür, dass es in der Lyrik und Prosa der Wei- und Jin-Dynastien eine besonders herzergreifende und ästhetisch faszinierende Ausprägung gefunden hat und in dieser Form über die Jahrtausende hinweg überliefert wird, liegt darin, dass in darin geschilderten Gedanken und Gefühlen detaillierte Informationen über die damalige Epoche enthalten sind."[7]

Ich kann also sagen, dass die objektiven Beurteilungen von Herrn Li und mir zwar sehr ähnlich ausfallen, wir hinsichtlich unserer subjektiven Präferenzen aber grundverschieden sind. Derartige Differenzen kommen zwischen uns ausgesprochen häufig vor. Konkret gesagt bin ich der Überzeugung, dass die Noblesse der Wei- und Jin-Dynastien im weiteren oder äußerlichen Sinne sehr wohl zur sogenannten „glücklichen Kultur" gehören mag, ihre individuellen ästhetischen Eigenschaften jedoch unverkennbar eher mit dem Egoismus des Yangismus als mit dem Altruismus des Konfuzianismus vereinbar sind. Anders gesagt repräsentiert

---

7 Li Zehou 1981: „Der Weg der Schönheit". Beijing: Cultural Relics Press, S.89.

sie eher den unmoralischen praktischen Rationalismus als die moralische Wertrationalität. Auf das Seufzen angesichts des flüchtigen und zerbrechlichen Lebens hin haben sie sich nach genauer Überlegung dazu entschieden, ein absurdes Benehmen aufzuführen, um mithilfe ungewöhnlicher Mittel die Regeln brechen und sich selbst befreien zu können. Sie verwendeten sogar die ichsüchtige Einstellung „Besser ich vergehe mich an der Welt, als dass die Welt sich an mir vergeht" um das Leben der anderen geringzuachten und sie so ausnutzen, unterdrücken und ausbeuten zu können. Solch ein Benehmen, wie man es in den Wei- und Jin-Dynastien oft entdeckt, kann im altruistischen Konfuzianismus nicht als Vorbild dienen und muss unterbunden werden.

Selbstverständlich ist diese Lebenseinstellung nicht völlig sinnlos, wenn man sie als Teil des gesamten chinesischen Zivilisationsprozesses sieht. Vielmehr erzielte sie einen wichtigen und entscheidenden Erfolg, der bislang oft vernachlässigt wurde und auf den ich separat im zweiten Band dieser Reihe näher einzugehen beabsichtige. Hier in diesem Buch aber gilt es zunächst, das übergeordnete Thema aufzustellen, und zwar den Kernpunkt dieses Wertes ohne jede Einleitung direkt aufzustellen. Daher erscheint es mir nun notwendig, ausdrücklich auf das Folgende hinzuweisen: Weil der Kernpunkt dieses Wertes im Herzen von Liang Qichao, der zu Beginn der Republikzeit gelebt hatte, noch nicht verloren war, bewertet er angesichts des damaligen Chaos das „Liezi", insbesondere das Kapitel „Yangzhu", wie folgt: „Die Aufsätze sind in diesem Buch zwar elegant geschrieben, aber alle nach der Han-Dynastie verfasst. Versucht man sie mit den ersten sieben Abschnitten des Zhuangzi zu vergleichen, ist dies sofort ersichtlich. Bei den Inhalten des Liezi handelt es sich ausnahmslos um dekadente Gedanken, vergleichbar mit den Qingtan („reinen Gesprächen") zur Zeit der Wei- und Jin-Dynastien. Die hundert Schulen vor der Qin-Dynastie besitzen alle einen tatkräftigen und aktiven Geist, und solch aussichtslosen Nihilismus gibt es unter ihnen definitiv nicht."[8] Es ist klar, dass zu dem, was Liang hier für so abscheulich hält, auch die Ansichten zu „zwanglosem Leben und beliebigem Tod" gehören. Offensichtlich hasst er auch die folgenden Sätze:

---

8 Liang Qichao 1989: Bewertung der Geschichte der chinesischen Philosophie in den Grundlinien von Hu Shi, in: „Gesammelte Werke aus der Kammer des Eistrinkers". Zhonghua Shuju. Bd. 38, S.58.

Verschieden sind die Wesen voneinander während des Lebens; im Tode sind sie gleich. Im Leben gibt es Weise und Narren, Vornehme und Geringe und dadurch Unterschiede; mit dem Tode kommt Verwesung, Fäulnis, Auflösung, Vernichtung und dadurch Gleichheit. Und trotzdem steht Weisheit oder Narrheit, Vornehmheit oder Niedrigkeit nicht in der Menschen Macht; Verwesung und Fäulnis, Auflösung und Vernichtung steht ebensowenig in ihrer Macht. Darum, die da leben, leben nicht aus sich selber; und die sterben, sterben nicht aus sich selber; die Weisen sind nicht weise aus sich selber; und die Narren sind nicht Narren aus sich selber; die Vornehmen sind nicht vornehm aus sich selber; und die Niedrigen sind nicht niedrig aus sich selber. Vielmehr ist es die Gesamtheit aller Wesen, die gleichzeitig lebt und gleichzeitig stirbt, gleichzeitig weise ist und gleichzeitig närrisch, gleichzeitig vornehm und gleichzeitig niedrig. **Einer stirbt mit zehn Jahren, ein anderer stirbt mit hundert Jahren. Vollkommene Heilige sterben, ebenso wie bösartige Narren sterben.** Im Leben waren es Patriarchen (Yau und Schun); im Tode sind es Modergebeine. Im Leben waren es Scheusale (Giä und Dschou); im Tode sind es Modergebeine. Als Modergebeine sind sie eins; **wer erkennt noch ihre Verschiedenheit? Darum laßt uns des Lebens Gegenwart ergreifen! Wozu sich sorgen um das, was nach dem Tode kommt!**[9]

Des Weiteren kommt er in seinem umfangreichen Werk zur Ideengeschichte bezüglich der „Noblesse der Wei- und Jin-Dynastien" und des Gedankenzusammenhangs von Laozi und Yang Zhu sowie dem davon ausgehenden negativen Einfluss zu folgender Bewertung:

Zusammengefasst lässt sich sagen, dass während der Wei- und Jin-Dynastien die daoistische Lehre eine Monopolstellung hatte. Zudem war die Literatur damals vielfältig und einflussreich. Am weitesten verbreitet war die lebensüberdrüssige Gesinnung. Das Zitat „Beim Trinken soll man vor dem Wein singen: Wie lang währt unser Leben? Es ist wie der Morgentau, der bald schon verschwindet" ist ein repräsentatives Beispiel dafür. Textstellen mit ähnlicher Bedeutung findet man auch bei Laozi: „Nicht Liebe nach Menschenart hat die Natur: Ihr sind die Geschöpfe wie stroherne

---

9 Liezi: „Das wahre Buch vom quellenden Urgrund" 2017. Übersetzt von Richard Wilhelm. S.123-124. H.d.V.

Hunde.[10]“ Oder auch bei Yang Zhu: „Wozu sich sorgen um das, was nach dem Tode kommt!“ In der zweitausendjährigen chinesischen Literaturgeschichte waren solche Gedanken die meiste Zeit über vorherrschend. Insbesondere während der Wei- und Jin-Dynastien erfreuten sie sich größter Beliebtheit. Der Grund, weshalb man dort keine positive Heldenhaftigkeit, sondern nur dekadente und einschmeichelnde Stimmen findet, ist im negativen Einfluss von Laozi und Yangzhu zu suchen. Zu den konfuzianischen Gelehrten zählten damals zwar Leute wie Wang Su, Du Yu, Yu Fan, Liu Zhuo, Liu Xuan und Xu Zunming, welche aber wortklauberisch und haarspalterisch waren und sich damit keine Verdienste erwarben. Im Kapitel „Gelehrtenwald“ der „Geschichte der Nördlichen Dynastien“ ist dazu folgendes aufgezeichnet: „Die Lehre der Südlichen Dynastie ist prägnant und erhält die Essenz, während die Lehre der Nördlichen Dynastie kompliziert und umfangreich darzustellen pflegt, ihr Augenmerk aber nur auf Unwesentliches richtet.“ Beide Lehren verfügen über unterschiedliche Konzepte und gehen in der über tausendjährigen konfuzianischen Geschichte keine weitere Verbindung mehr zueinander ein. **Diese Zeit stellt den absoluten Tiefpunkt des Konfuzianismus dar.**[11]

Wenn wir unseren geistigen Horizont etwas erweitern, fällt es uns nicht schwer, folgendes festzustellen: Wenn ich Li Zehous Formulierung „Nach der Benutzung werden die Dinge weggeworfen, auf das Leben folgt der Tod“ oder die Zusammenfassung von Liang Qichao „Stroherne Hunde [...] Wozu sich sorgen um das, was nach dem Tode kommt“ oder auch das Motto „Zwangloses Leben und beliebiger Tod“ in meine transkulturelle Forschung hineinziehe, werde ich sicherlich vor eine Reihe ernster Herausforderungen gestellt: Falls die Existenz eines transzendenten Gottes angefochten oder gar nicht erst diskutiert wird, wenn die Menschheit ihren „ultimate concern“ nicht auf Gott setzen kann, egal wie erbärmlich sie es sich wünscht und erbittet, wird es unserer Welt dann beschieden sein, mit der Wurzel ausgerissen zu werden? Gibt es dann noch einen Sinn für unser Dasein? Wenn wir den ultimativen Sinn partout nicht finden können oder auf der Suche nach ihm die Motivation verlieren, dann ergeht es unserem Leben so wie in Dostojewskis Aussage: „Wenn es keinen Gott gibt, dann ist alles erlaubt.“

---

10   Laotse: „Tao Te King – Das Buch des Alten vom Sinn und Leben“ 1952. Übersetzt von Richard Wilhelm. Eugen Diederichs Verlag. S.39.
11   Liang Qichao: Über die Veränderungslage der chinesischen Wissenschaftsgeschichte, in: „Gesammelte Werke aus der Kammer des Eistrinkers“. Bd. 1, 7, S.62. H.d.V.

Genau zu diesem Punkt wird im vorliegenden Buch vergleichende Forschung getrieben. Man kann sie als eine positive Antwort auf die moderne westliche Ideologie auffassen, die auf dem konfuzianischen Lösungskonzept basiert. Wie ich schon beim ersten Mal öffentlich erwähnte: Obwohl es im Detail zwar große Unterschiede zwischen dem vor über 2000 Jahren entstandenen Konfuzianismus und dem modernen atheistischen Existenzialismus gibt, teilen die beiden doch die gleichen Verstehensvoraussetzungen. Wir können daher die ernsthafte geistige Herausforderung, die der Konfuzianismus an uns stellt, auch 2000 Jahre später noch annehmen: Ist es heute, da sich die Existenz Gottes aus der westlichen Ideologie zurückgezogen hat, für uns moderne Menschen auf diesem Planeten möglich, unter Zuhilfenahme des Konfuzianismus, welcher auf rationalen Standpunkten basiert, die durch den Zufall verursachte hoffnungslose Absurdität erfolgreich zu beseitigen?

Eigentlich habe ich bereits vor etwa 30 Jahren versucht, die Absurdität zu überwinden. Die klassischste Repräsentation des atheistischen Existenzialismus hat bekanntlich Jean-Paul Sartre mit seiner Schilderung von Baumwurzeln geschaffen:

> Möchten Sie die absurde und entfremdete Natur sehen? Dann lesen Sie bitte das Werk „Ekel" von Sartre. Es geht um die unwissende Natur und die schwarzen Wurzeln eines alten Kastanienbaums: „Sie existieren und ich kann sie nicht erklären. Die Wurzeln sind knorrig, leblos und unerklärlich. Der Kastanienbaum fasziniert mich und drängt sich gegen meine Augen. Er bringt mich mehrmals zu seiner Existenz. Ich murmele ständig: Das ist eine Wurzel. Aber das Wort bleibt auf meinen Lippen, es weigert sich, sich auf das Ding zu legen. Die Wurzel mit ihrer Farbe, Gestalt und Regungslosigkeit kann ich überhaupt nicht einordnen. [...] Das schwarze Ding hat eine merkwürdige Erscheinung, bleibt schlapp und schlaff da liegen. Es sieht nach viel aus und riecht stark. Aber die Gestalt wird zu einem Chaos und endlich zu nichts. Da es zu viel ist." Ein beklemmendes Gefühl heftigen Ekels packt den Protagonisten Roquentin aufgrund der unerklärlichen Natur, welches ihn nie verlässt. Vielleicht will er das „entfremdende" Gefühl ausspucken und aufhören sich darüber Gedanken zu machen. Aber sein Bauch ist bereits leer durch die Entfremdung und so leidet er nur unter einem Würgereiz[12].

---

12 Liu Dong 2007: „Die Sensibilität des Westens: Mehrdimensionale Ausrichtungen". Beijing: Peking University Press. S.192.

Allerdings muss ich hier offenherzig zugeben, dass ich erst, als ich beim Lesen der Memoiren von Simone de Beauvoir erfahren habe, dass Sartre so eine Abscheu auch gegen saftige Tomaten, grüne Pflanzen und sogar die Natur an sich hatte, womit er nahezu das genaue Gegenteil von mir zu sein scheint, auf einmal verstanden habe, dass die knorrige Baumwurzel eher eine Metapher von starker Subjektivität ist als eine eidetische Reduktion der Phänomenologie. Sie bildet nicht nur keine Tendenz des „Anti-Psychologismus", sondern enthält im Gegenteil sogar noch viele Eigenschaften des „Psychologismus". Der entscheidende Anhaltspunkt in seiner Ideenassoziation liegt darin, dass der Baum durch seine überflüssigen Wucherungen die Kontingenz bedeutet.[13] Das wahre Geheimnis des obengenannten Absatzes hatte Sartre schon im „Ekel" wie folgt formuliert:

> Dieser Moment war ungeheuerlich. Ich saß da, reglos und eisig, in eine entsetzliche Ekstase versunken. Aber aus dem Innern dieser Ekstase war etwas Neues aufgetaucht; ich verstand den Ekel, ich beherrschte ihn. Eigentlich formulierte ich mir meine Entdeckungen nicht. Aber ich glaube, daß es mir jetzt leichtfallen würde, sie in Worte zu fassen. **Das Wesentliche ist die Kontingenz.** Ich will sagen, daß die Existenz ihrer Definition nach nicht die Notwendigkeit ist. Existieren, das ist dasein, ganz einfach; die Existierenden erscheinen, lassen sich antreffen, aber man kann sie nicht ableiten. Es gibt Leute, glaube ich, die das begriffen haben. Nur haben sie versucht, diese Kontingenz zu überwinden, indem sie ein notwendiges und sich selbst begründendes Sein erfanden. Doch kein notwendiges Sein kann die Existenz erklären: **die Kontingenz ist kein Trug, kein Schein, den man vertreiben kann; sie ist das Absolute, folglich die vollkommene Grundlosigkeit.** Alles ist grundlos, dieser Park, diese Stadt und ich selbst. **Wenn es geschieht, daß man sich dessen bewußt wird, dreht es einem den Magen um,** und alles beginnt zu schwimmen, wie neulich abends im Rendezvous des Cheminots: das ist der Ekel, das ist das, was die Schweine - die vom Coteau Vert und die anderen - vor sich selbst mit ihrer Idee vom Recht zu vertuschen suchen.[14]

Wenn man Bezug auf den näheren Kontakt zwischen Beauvoir und Sartre nimmt, kann man die versteckte Logik des oben zitierten Textes anhand einer Formulierung Beauvoirs noch genauer erläutern. Und zwar

---

13   Simone de Beauvoir 2015: In den besten Jahren. Reinbek bei Hamburg: Rowohlt. S.55.
14   Sartre 1981: Der Ekel. Reinbek bei Hamburg: Rowohlt. S.72. H.d.V.

meine ich die Stelle, in der sie erklärt, wie Marquis de Sade den Kampf mit der „Natur" aufdeckte.

In ,Aline et Valcour' deutet Sade bereits an, dass er sich von der Natur losreißen und sich gegen sie wenden kann: Diese Natur, die unverständlich ist, wagen wir es endlich, sie zu beleidigen, um die Kunst, sie zu genießen, besser zu kennen. Und noch entschiedener erklärt er in ,Juliette': Einmal geworfen, hängt der Mensch nicht mehr von der Natur ab; sobald die Natur geworfen hat, kann sie nichts mehr gegen den Menschen ausrichten. Er beharrt darauf, dass der Mensch in seiner Beziehung zur Natur mit dem Schaum, dem Dampf, der aus der in einem Gefäß durch Feuer verdünnten Flüssigkeit aufsteigt, vergleichbar ist: Dieser Dampf ist nicht geschaffen, er ist resultativ, er ist heterogen; er bezieht seine Existenz aus einem fremden Element, er kann sein oder nicht sein, ohne dass das Element, von dem er ausgeht, darunter leidet; **er schuldet diesem Element nichts, und dieses Element schuldet ihm nichts.** Die Ordnung der Natur kann den Menschen nicht versklaven, da er radikal heterogen ist; daher ist ihm eine ethische Entscheidung erlaubt und es steht niemandem zu, sie ihm zu diktieren.[15]

Hieraus ist ersichtlich, dass das Wesentliche nicht die sogenannte „Entfremdung von der Natur" ist, sondern die Zufälligkeit des Daseins, aufgrund derer der Mensch, welcher sich zuvor als die „Essenz aller Kreaturen" angesehen hatte, plötzlich den Eindruck eines schwerelosen und schwindelerregenden Schwebezustands erfährt. Es ist wie eine Ausforschung des Lesers: Wenn alle Notwendigkeiten nicht mehr da sind, welches Ziel, in das wir unser Vertrauen setzen können, hat dann unser Dasein, das wir durch Zufall erhalten haben und das alles für uns bedeutet? Sind wir denn nur wegen der zufälligen Begegnung unserer Eltern? Waren sie sich während der Fortpflanzung der daraus entstehenden Konsequenzen bewusst, sind sie zufrieden mit ihrem eigenen Lebenszustand? Wenn die Eltern nicht mal ihr eigenes Leben im Griff haben, weshalb werfen sie uns in diese wurzellose Schwebe? Sind sie jemals auf die Idee gekommen, uns nach unserer Meinung zu fragen, bevor sie uns mit diesem zufälligen Leben ausstatten?

---

15 Simone de Beauvoir 2012: „Soll man de Sade verbrennen?" Übersetzt ins Chinesische von Zhou Mang. Shanghai: Shanghai Translation Press. S.61. H.d.V.

Auch habe ich früher einmal zitiert, wie Albert Camus, Sartres berühmtester Gefährte und Rivale, aufgrund der Zufälligkeit des Daseins dem Tod hoffnungslos gegenüberstand:

> Wollen Sie das entfremdete Selbst sehen? Dann lesen Sie bitte den Roman „Der Fremde" des Existenzialisten Camus. Der Protagonist namens Meursault ist allem gegenüber ungerührt und gefühllos, egal ob es der Tod seiner Mutter ist oder die Liebesbeziehung mit Marie. Seine emotionale Kälte ist erstaunlich. Sogar nach dem von ihm begangenen Mord bleibt er während des Gerichtsverfahren, das gegen ihn läuft, ganz emotionslos: „Auch ihn werde man verurteilen. Was läge daran, wenn er, des Mordes angeklagt, hingerichtet würde, weil er beim Begräbnis seiner Mutter nicht geweint habe? Salamanos Hund sei genauso viel wert wie seine Frau. Die kleine alte Frau sei ebenso schuldig wie die Pariserin, die Masson geheiratet hatte, oder wie Maria, die von mir geheiratet werden wollte. Was bedeutete es, daß Raymond, genau wie Celeste, der wertvoller war als er, mein Freund war? Was bedeutete es, daß Maria heute ihren Mund einem anderen Meursault bot?"[16] Ja, wenn das Leben in Wahrheit keinen Sinn hat, macht es doch keinen Unterschied, ob man als Heiliger oder Verbrecher bezeichnet wird. Wenn es dem Leben unvermeidbar ist, in einen leeren Tod zu stürzen, macht es doch keinen Unterschied wann und wie man dahinscheidet.[17]

Anhand dieser Stelle können wir begreifen, dass, da es in Camus' äußerst weit hergeholter Geschichte an sich bereits sehr absurd ist, das Dasein wohl weniger absurd wird, wenn man es, statt mit ernsthaftem Widerstand, mit einer absurden Einstellung angeht. Andererseits ist aber, wenn man über den letzten Stützpunkt seiner Gedanken spricht, das Gefühl des Absurden bei Camus auf das Loslassen der Welt Gottes zurückzuführen, wie sein Biograph Olivier Todd verkündet:

> Um Camus' These zu akzeptieren oder abzulehnen, müssen wir uns eine metaphysische Frage stellen: Hat das Leben genug Sinn, so dass wir uns nicht umbringen sollten? Obwohl er die Logik erwähnt, hat Camus die formale Logik nie wirklich untersucht. Er bezog sich

---

16   Albert Camus: „Der Fremde". Übersetzt ins Deutsche von Georg Goyert und Hans Georg Brenner. S.93.
17   Liu Dong 2007: „Die Sensibilität des Westens: Mehrdimensionale Ausrichtungen". Beijing: Peking University Press. S.194-195.

auf die Kohärenz des von einem Menschen gewählten Verhaltens, auf die Moral, die er sich selbst auferlegt. Für den Essayisten besteht zwischen der Welt und den rationalen Bestrebungen des Menschen ein großes Gefühl der Absurdität. Camus erklärte, dass wir ein Gefühl des Absurden haben, wenn die Zeit vergeht, wenn wir einen Mann sehen, der in einer Telefonzelle Gesten macht, oder wenn wir dem unvermeidlichen Geheimnis des Todes gegenüberstehen. Es besteht ein Widerspruch zwischen dem irrationalen Charakter der Welt und dem Wunsch jedes denkenden Menschen nach Klarheit. Das Universum ist an sich nicht absurd, ebenso wenig wie es gelb oder zuckrig ist: Es ist einfach so. **Das Leben und die Welt haben einen Sinn für den Gläubigen, der in den Evangelien einen Verhaltenskodex hat, der auf dem Wort Christi beruht. Camus hat sich darüber geärgert, dass die Welt eines Atheisten oder Agnostikers keine Moral vorschreibt.**[18]

Wer sich der Täuschung hingibt und meint, dass diese ernste Lebensfrage, welche von zwei französischen Literatur-Nobelpreisträgern gestellt wurde und die gesamte moderne westliche Welt zum Nachdenken brachte, einfach zu beantworten oder zu polemisieren ist, wo doch beide gegensätzliche Einstellungen zu ihr hielten und der eine sie bejahte während der andere sie verneinte, der ist wirklich zu naiv. Als ich das Buch „Die Sensibilität des Westens" verfasst habe, hat mich diese Frage eigentlich tief gequält und mein junges Herz durch zahlreiche schlaflose Nächte begleitet. An sich fehlte es mir in diesem dynamischen und glühenden Alter zwar keineswegs an Lebenslust, aber noch bevor diese recht geweckt werden konnte, hat der „Tod" beziehungsweise die reale Begrenztheit in Form eines vom „gottlosen Universum verursachten Lebensendes" sie kurzerhand eingefroren. Angesichts solcher Bedrängnisse werden manche Leute wohl das Denken eines Søren Kierkegaards bevorzugen, welches die Philosophie lediglich als Mittel betrachtet, über den christlichen Glauben neu nachzudenken. Sie denken dabei wohl, dass mit ihr zumindest die Trostlosigkeit überwältigt und dadurch seelische Ruhe erreicht werden kann.[19] Gabriel Marcel hin-

---

18 Olivier Todd 1998: Albert Camus: A Life. New York: Alfred A. Knopf. S.306-307. H.d.V.

19 Vergleichen Sie hierzu bitte meine Formulierungen aus früheren Jahren: „Obwohl der krankhafte Zustand ein natürlicher Zustand der Christen ist, verlangte Kierkegaard nicht, dass man aus diesem Zustand heraus springen sollte. Vielmehr rief er dazu auf, sich den krankhaften Zustand noch zu erschweren, ein einsamer Glaubensritter zu werden, der,

gegen, ein anderer Existenzialist aus Frankreich und ein Zeitgenosse von Sartre und Camus, liefert uns ein Beispiel für einen grundverschiedenen Lösungsansatz. „Ist unsere Existenz eine brachiale Tatsache, die es zu verarbeiten gilt, oder ein Geschenk, das in Dankbarkeit angenommen werden muss? Marcel schlägt seine eigene Alternative vor und bemerkt, dass die Materialität der Baumwurzel und seiner eigenen Existenz ‚von Sartre nicht als Überfluss des Seins erfahren wird, sondern als grundlegend und absurd‘. Marcel hingegen würde es als eine wunderbare Überfülle des Seins und ein fesselndes Beispiel für das alte platonische Prinzip erleben, dass das Gute dazu neigt, sich zu verbreiten wie eine Liebe, die darauf besteht, mitgeteilt zu werden, oder eine Erfahrung von Schönheit, die geteilt werden möchte".[20]

Wenn Sartre einen derartigen Ansatz akzeptieren könnte, würde nicht nur sein eigenes Dasein nicht länger in den Bereich des Absurden gehören, sondern auch das der anderen Leute nicht mehr die Hölle für ihn bedeuten. Des Weiteren wäre seine Baumwurzel plötzlich lebendig und sogar der Sisyphos von Camus nicht länger zum Scheitern verurteilt. Allerdings ist die Ersetzung des „Absurden" durch die „Ästhetik" bei Marcel auf die ultimative Existenz Gottes zurückzuführen. Am Anfang dieses Buches habe ich jedoch eindeutig festgelegt, dass wir uns, da wir von dem Rationalismus der Zeit vor der Qin-Dynastie ausgehen möchten, und weil Konfuzius die Existenz eines höchsten Wesens bestritten hat, hier nicht mit theistischem Existenzialismus befassen werden. Bedauerlicherweise verweist uns Marcel auf einen irrealen Trost und damit auf eine Prämisse, die selbst in der westlichen Kultur bereits ins Wanken geraten ist, seit dort nach einer umfassenden und einheitlichen Lösung der Lebensfrage gesucht wird.

---

obwohl er vor die Wahl gestellt wird, erfüllt von Schmerz in den dunklen Abgrund hinabspringt und frei an das glaubt, was nicht glaubhaft ist. Hierin liegt der Zwiespalt in Kierkegaards Gedanken: Die Grenze zwischen den Extremen Mystizismus und Atheismus lässt sich nicht mehr erkennen: In der Verzweiflung ist der Atheismus jene Einstellung, welche dem Glauben am nächsten kommt, da er bereits ein Lebensglaube ist. Andersherum ist, wenn ein Glaube einem keine trostlosen und zweifelhaften Qualen mehr zufügt, Atheismus kein Glaube mehr." (Liu Dong 2007: Die Sensibilität des Westens: Mehrdimensionale Ausrichtungen. Beijing: Peking University Press. S.161.)

20 Thomas R. Flynn 2008: Existentialism: A Very Short Introduction. Oxford University Press. S.60.

Selbstverständlich kann ich, was auch dem Aufbau dieses Buches sowie den psychologischen Erwartungen des Lesers geschuldet ist, meine endgültige Antwort nicht schon im ersten Kapitel darstellen. Selbst wenn ich mich doch leichtfertig dazu entschlösse, sie hier preiszugeben, fehlte ihr dann jede Überzeugungskraft. Deswegen möchte ich gerade zu Beginn lediglich auf einen Punkt hinweisen: Dieses extrem wesentliche und vielleicht sogar wichtigste Thema verlangt nach einem wiederholten Schreiben oder Lesen. Nur so lässt sich herausfinden, ob man zu einer vertrauenswürdigen oder zumindest akzeptablen Lösung gelangen kann. Auch wenn wir hier keine befriedigende Antwort auf die Lebensproblematik erhalten sollten, so wird doch immerhin ernsthaft und deutlich auf die Frage hingewiesen.

Darüber hinaus muss ich im Vorfeld noch einen weiteren Punkt etwas näher ausführen: Der Grund dafür, dass ich dieses Werk, welches ich schon seit langem vor mir her trage, nun mit Mühe und Not in den Pausen zwischen meinen anderen Schreibtätigkeiten verfasse, liegt in meiner Erkenntnis der Zufälligkeit des Lebens und der Unbeständigkeit des Daseinszustandes. Ich möchte damit verhindern, dass ich, während ich ratlos und geschäftig auf meinem aktuellen Gleis entlanglaufe, es versäume, Fragen von solch enormer Wichtigkeit nachzugehen. Der Stil dieses Buchs erinnert infolgedessen mehr an Notizen zum Ordnen der Gedanken. Dadurch, dass es, einer privaten Niederschrift gleich, frei und in vertrautem Ton abgefasst wird, kann ich vielen der komplizierten technischen Beschränkungen entgehen, denen es sonst unterläge. Bei unbestrittenen Elementarkenntnissen aus Literatur und Philosophie werde ich daher eher wenig erläutern. Anders gesagt nehme ich erst einmal an, dass die Leserinnen und Leser über den gleichen Wissensstand verfügen wie ich. Des Weiteren tendiere ich bei denjenigen Problemen, mit welchen ich mich bereits befasst habe, dazu, bevorzugt meine eigenen Bücher zu zitieren, um meine geistigen Energien auf neue Themengebiete konzentrieren zu können und kein Denkvermögen mehr an das Planen von Wortwahl und Satzbau verschwenden zu müssen. Selbstverständlich werde ich zur weiterführenden Lektüre und zur genaueren Recherche vorsichtig Quellenangaben hinzufügen, die auch erwähnen, wo die Schrift seinerzeit publiziert wurde, wenn ich mich selbst zitiere.

Zweites Kapitel

Ein atheistisches Unterfangen

Zunächst gilt es herauszufinden, ob es überhaupt möglich ist, einen glaubwürdigen Vergleich zwischen dem Konfuzianismus, welcher auf dem Rationalismus der Zeit der Frühlings- und Herbstannalen und der Zeit der Streitenden Reiche basiert, und dem atheistischen Existentialismus, der auf der Renaissance beruht, anzustellen. Um uns mit dieser Frage gründlich auseinandersetzen zu können, müssen wir uns in den emotionalen Zustand einer Epoche zurückversetzen, die von Karl Jaspers als „Achsenzeit" bezeichnet wird und in mehreren voneinander unabhängigen Kulturräumen gleichzeitig bedeutende Zivilisationen hervorbrachte. In unserem Kontext meint dies natürlich eine Rückkehr in das Zeitalter von Konfuzius und Sokrates, welches auf den Wiederaufbau der Zivilisation harrte. Obwohl ich mich dazu entschlossen habe, den Begriff der Achsenzeit in diesem Buch zu verwenden, geschieht dies nur mit gedanklicher Zurückhaltung, da das dahinter stehende Konzept einerseits zwar die Grenzen des Westens zu überschreiten ansetzt, andererseits aber doch darauf hinausläuft, andere Zivilisationen von der Warte des Westens aus zu beurteilen. Die Darlegung meiner tiefer gehenden Zweifel an und Argumente gegen diesen Begriff können allerdings noch bis später warten, da sie zumindest momentan noch keinerlei Auswirkung auf unseren Versuch haben, uns beginnend mit meinen ca. 30 Jahre alten Ausführungen die ähnliche Bedrängnis der vier „maßgebenden Menschen" (Sokrates, Buddha, Konfuzius und Jesus) zu vergegenwärtigen:

Es war ein Zeitalter zivilisatorischen Niedergangs, eines zerstörten Systems. Der uralte Glaube verschwand und von allen Seiten drangen die anschwellenden Stimmen der Unzufriedenheit heran.

Ich schau' empor zum hohen Himmel,
Uns zeigt er nicht Barmherzigkeit.
So lange schon war keine Ruhe;
Nun schickt er dieses große Leid.
Nichts Festes gibt es mehr im Lande;
Wie quält sich Volk und Obrigkeit!
Ein Wurmfraß ist's, ein Würmerschaden,
Dem nichts mehr Halt noch Ziel verleiht.
Nie wird das Strafnetz aufgewunden;
Da ist kein Halt und kein Gesunden…
Des Himmels ausgeworf'ne Schlingen,
Wie zahllos sind sie allerwärts!
Die Männer, sie von dannen gingen,
Wie tief bekümmert sie mein Herz!
Des Himmels ausgeworf'ne Schlingen,
Wie nahe drohen sie herein!
Die Männer, die von dannen gingen,
Wie bringen sie mein Herz in Pein!
(Buch der Lieder, Große Festlieder, Schlimme Zustände).

Erhaben ist der Höchste Herr,
Des Untervolk's Obwaltender.
Erschrecklich ist der Höchste Herr, dessen Will' ein viel verfälscheter.
Der Himmel schaffet alles Volk;
Sein Will' ist nicht verläss'ge Spende.
Es mangelt nie beim Anbeginn,
Doch Wenige besteh'n am Ende.
(Buch der Lieder, Große Festlieder, Warnungen an König Li).
Hoch schimmert die Milchstraße her,
Und dreht' am Himmel sich mit Prangen,
Da sprach der König: Wehe, weh!
Was haben wir jetzt Lebenden begannen?
Der Himmel sendet Tod uns Wirren,
Stets wird des Hungerns mehr verhangen.
Kein Geist ist, den ich nicht verehrt,

Kein Opfer, dem ich mich erwehrt,
Halbzepter, Zepter sind zu Ende,
Weswegen werd' ich nicht gehört?

(Buch der Lieder, Große Festlieder, König Siuans Klagelied über
die Dürre)[1].

Allerdings war es auch ein Zeitalter der Ankunft neuer Ideen.
In seiner „Einführung in die Philosophie" weist Jaspers darauf hin,
dass in der Achsenzeit der Glaube in Gefahr war: „Das Neue dieses
Zeitalters ist überall, daß der Mensch sich des Seins im Ganzen,
seiner selbst und seiner Grenzen bewußt wird. Er erfährt die
Furchtbarkeit der Welt und die eigene Ohnmacht. Er stellt radikale
Fragen, drängt vor dem Abgrund auf Befreiung und Erlösung. Indem
er mit Bewußtsein seine Grenzen erfaßt, steckt er sich die höchsten
Ziele. Er erfährt die Unbedingtheit in der Tiefe des Selbstseins und
in der Klarheit der Transzendenz" (Jaspers 1971: 78).[2]

Fast dreißig Jahre nach dem Verfassen dieses Absatzes muss ich heute feststellen, dass ich, verglichen mit damals, einigen der oben verwendeten Wörter, wie „Befreiung", „Erlösung" oder „höchstes Ziel", inzwischen
deutlich skeptischer gegenüberstehe, sie zu benutzen zögere oder bei ihnen
sogar Abscheu empfinde. Denn hinsichtlich seiner geistigen Ausrichtung
unterscheidet sich Jaspers mit seinem philosophischen „Sprung", welcher
von einem trostlosen Abgrund ausgeht, im Wesentlichen kaum von den
Theologen Lev Shestov und Søren Kierkegaard. Seine Methode, von sich
auf andere oder vom „Westen auf den Osten" zu schließen, beschränkt ihn
auf ein Ablaufen jener vorgezeichneten Wege, die auf dem Fundament
der abrahamitischen Religionen möglich sind. Das Potenzial, das in seinem Konzept der Achsenzeit liegt, bleibt somit weitestgehend ungenutzt,
und die schöpferischen Möglichkeiten, welche den vier „maßgebenden
Menschen" damals offenstanden, werden von ihm verkannt. Aber auf dieses lästige Problem können wir noch im achten Kapitel näher eingehen, wo
wir auf seine Herangehensweise und die sich aus ihr ergebende ungelöste
Problematik des „inneren Sprungs" noch einmal zurückkommen werden.

---

1   „Schi-king–Das kanonische Liederbuch der Chinesen". 1880: Heidelberg. Übersetzung
von Victor von Strauß.
2   Liu Dong 1989: „Blüte und Niedergang der Ästhetik". Dissertation an der Chinesischen
Akademie der Sozialwissenschaften. S.58-59.

Diese Beschränktheit von Jaspers soll uns aber zumindest hier nicht daran hindern, uns mithilfe seines Achsenzeit-Konzeptes in den emotionalen Zustand des 5. Jahrhunderts v. Chr. zurückzuversetzen, um dann einen erweiterten Blick auf die Gestaltungsmöglichkeiten zu erhalten, die innerhalb dieses Vakuums allgemeingültiger Werte bestanden. Genauer gesagt: Wenn die Lebenswelt des Konfuzius, wie oben bereits beschrieben, sich durch ein Nebeneinanderbestehen von Gefahr und Gelegenheit auszeichnete, so entstand und gedieh in der anderen Waagschale unseres Vergleichs die griechische Philosophie doch gerade aus der Suche nach Orientierung, die während dieses gefährlichen Schicksalsmoments herrschte, der auch als Übergang vom „Mythos" zum „Logos" beschrieben wird. Auch in Griechenland war diese Zeit voller Unbestimmtheiten. Angesichts der konkreten Bedrohung der Kultur gab es dort ebenfalls ein breites Spektrum an Tendenzen, sodass sich die Zivilisation von diesem Punkt aus in alle denkbaren Richtungen hätte wenden können. Man muss nur an die schicksalhaften Verstrickungen der griechischen Tragödie und die großen Unterschiede in den individuellen Entscheidungen der Tragödiendichter denken, um sich vor Augen zu führen, dass es nicht unmöglich gewesen wäre, die zutiefst pessimistischen Einstellungen, das verzweifelte Fragen, die hilflosen Widerreden, die empörten Vorwürfe, die tief verwurzelte Skepsis gegenüber der Gerechtigkeit der Götter (Theodizee) sowie die Befreiungsbehauptung „der Mensch ist das Maß aller Dinge" zum geistigen Mainstream der damaligen Kultur aufzuwerten. Genau über diesen Punkt entrüstete sich Platon, der als Verteidiger der existierenden Ordnung die reale Gefahr eines Zusammenbrechens der Gesellschaft spürte.

Dies war sicher auch der Auslöser für die sogenannten „Auseinandersetzungen zwischen Philosophie und Literatur", die man in Platons Werken findet, insbesondere in jenen aus der Mittelphase seines Schaffens. Mit der Vertreibung provokativer Dichter befreite sich die griechische Philosophie allmählich von den Verwirrungen der Sophisten und Humanisten. Damit wurden gleichzeitig die Herausforderungen des Rationalismus abgeschwächt, mit welchen die griechische Zivilisation konfrontiert war. Bedauerlicherweise verschwanden auch diese Alternativen nach und nach. Aufgrund der geographischen Lage kam es nicht unerwartet, dass diese Zivilisation schließlich den abrahamitischen Religionen gegenüberstand, woraufhin die Vielfalt der griechischen und römischen Kultur durch den Monotheismus der hebräischen schlagartig blockiert oder zumindest stark eingeschränkt wurde. Hieraus ergibt sich für uns die merkwürdige und ironisch anmutende Frage, wo genau eigentlich der „wahre Westen" zu verorten ist. Klar ist, dass damit eine gewisse unscheinbare Seltsamkeit ihren Anfang nahm, welche sogar im heutigen modernen Zeitalter der hochentwickelten Informationstechnologie noch andauert. Denn wenn man diese alten Gedanken, die glücklicherweise bis heute überliefert wurden, unter ausschließlicher Verwendung der aus Westasien eingeführten dogmatischen Geisteshaltung betrachtet, wird man nicht umhinkommen, den von Europa hervorgebrachten griechischen Geist als „Häresie" und „Irrlehre" anzusehen. Mit anderen Worten sahen die Westler aus einem gewissen nicht geistigen, sondern rein praktischen Grund heraus über einen langen Zeitraum hinweg ihre eigenen kulturellen Traditionen durch die Brille einer fremden und aus der Peripherie stammenden Geisteshaltung, weshalb sie ihnen als abstruse Hirngespinste erschienen. Shadi Bartsch, Professorin für klassische Philologie an der University of Chicago, stellte mir schriftlich einmal folgende Frage: „Sind Sie der Ansicht, dass das moderne Europa und Amerika von der westlichen Altphilologie gestaltet wurde? Wenn ja, wie hat sich dann das Christentum darin integriert?" Ich habe damals nicht gezögert und ihr wie folgt geantwortet: „Die optimistische Antwort auf Ihre Frage lautet: Natürlich hat die westliche Altphilologie das moderne Europa und Amerika gestaltet, allerdings tat sie dies gemeinsam mit dem Christentum. In China spricht man diesbezüglich von den „zwei Säulen", welche die Kultur des Westens tragen und als die man die beiden ‚H-Zivilisationen' bezeichnet, nämlich die griechische (hellenic) und die hebräische Zivilisation (hebrew civilization). Mit diesem Bild wird eine gewisse Einheitlichkeit suggeriert. Zwar konnte Matthew Arnold zeigen, wie komplementär sich beide zueinander verhalten und wie harmonisch sie miteinander auskommen. Wenn man aber von einer Kultur ausgeht, die ‚eine Moral ohne Religion' hat, wird man andauernd große Risse in der westlichen Zivilisation entdecken."[3]

Obwohl der religiös begründete Dogmatismus den Geist Europas verfinsterte, trat gegen Ende dieses dunklen Zeitalters (dark ages) die humanistische Bewegung der Renaissance hervor, infolge derer die kulturellen Leistungen

---

3 Liu Dong: „Dialoge zwischen beiden Philologien". Noch nicht veröffentlicht.

der Antike wiederbelebt wurden. Der griechische Geist, ehemals als verdächtige Häresie eingestuft, befreite sich nach und nach von dem Druck des hebräischen Geistes, dank des Reimports alter Aufzeichnungen, welche in anderen Kulturkreisen im Verborgenen überlebt hatten. Es ist daher unvermeidbar, dass die Westler nun, da der Monotheismus den Schutzmantel der Dogmatik verloren hat, in den emotionalen Zustand der Achsenzeit zurückversetzt werden und zumindest einen Teil jener Bedrängnis zu spüren bekommen, mit der seinerzeit die antiken Philosophen konfrontiert waren.

Jedenfalls werde ich, da ich hier keine Ideologiegeschichte aufstellen möchte, nicht zu jeder Stelle ordnungsgemäß Zitate anführen. Mit solchen Fragen können Sie sich an Friedrich Nietzsche aus der altphilologischen Tradition wenden, der oft als wahnsinniges großes Philosophie-Genie angesehen wird, da er im Angesicht der Vorherrschaft des Christentums den subversiven Ausspruch „Gott ist tot" tat:

> Diese Welt, die ewig unvollkommene, eines ewigen Widerspruches Abbild und unvollkommnes Abbild—eine trunkne Lust ihrem unvollkommnen Schöpfer:–also dünkte mich einst die Welt.
>
> Also warf auch ich einst meinen Wahn jenseits des Menschen, gleich allen Hinterweltlern. Jenseits des Menschen in Wahrheit?
>
> Ach, ihr Brueder, dieser Gott, den ich schuf, war Menschen-Werk und -Wahnsinn, gleich allen Goettern! Mensch war er, und nur ein armes Stueck Mensch und Ich: aus der eigenen Asche und Gluth kam es mir, dieses Gespenst, und wahrlich! Nicht kam es mir von Jenseits![4]

Sein Biograph Rüdiger Safranski schreibt dazu: „Die Religion verstand Nietzsche in seinen Werken „Menschliches, Allzumenschliches" und „Morgenröte" zunächst als Metaphysik und übte im aufklärerischen Stil seines Zeitalters Kritik an ihr. Er bemühte sich zu argumentieren, dass Religion ausschließlich der Betäubung diene, da sie statt der Krankheit bloß den Schmerz zu beseitigen vermag. Wenn sich die Erkenntnisse über die Natur kontinuierlich entwickeln, werde ihr Ersetzen des tatsächlichen Kausalzusammenhangs durch einen illusorischen irgendwann aufgedeckt. Beispielsweise sehe man Krankheiten nicht länger als Strafe Gottes an, und anstatt zu beten oder zu opfern nehme man Medikamente gegen sie ein.

---

4   Friedrich Nietzsche: „Also Sprach Zarathustra". S.20.

Die Macht des Schicksals als Ausgangspunkt aller religiösen Illusion sei zwar noch nicht zerschlagen aber bereits eingeschränkt. Dies verletze aber den Anspruch der Priester und Tragiker, da ein Schmerz, der notfalls geheilt werden kann, damit auch seine dunkle und tiefe Leidenschaft verliere.[5]

Angesichts der Tatsache, dass existenzialistisches Denken vor allem in Frankreich zu finden ist, möchte ich zu Gunsten der Kohärenz dieses Buches noch kurz auf die lange Tradition hinweisen, die seit der Wiederbelebung des Humanismus auf dem Gebiet des ehemaligen Galliens besteht, und sich von François Rabelais und Michel de Montaigne über Voltaire, Julien Offray de La Mettrie, Diderot, D'Alembert, D'Holbach, Marquis de Sade und Charles Pierre Baudelaire bis zu André Gide fortsetzt. Diese Tradition verlief zwar keineswegs geschmeidig, aber immerhin gelang es, jene Richtung beizubehalten, die darin bestand, entweder das Leben an sich einer Neubewertung zu unterziehen oder mithilfe von Sarkasmus die Religion zu verspotten, sodass selbst späte Denker wie Sartre und Camus noch an sie anknüpfen konnten. So stellte Sartre dann auch selbst im Rückblick fest: „Meine Familie war von der langsamen Bewegung der Entchristlichung erfaaat worden, die ihren Ursprung in der hohen Bourgeoisie des Voltaire-Zeitalters hatte und ein Jahrhundert brauchte, um alle Schichten der Gesellschaft zu erfassen."[6]

Der Bequemlichkeit halber werde ich die Haltung Voltaires im nächsten Kapitel anhand einiger Beispiele erläutern. Hier soll vorerst ein Beispiel von Michel de Montaigne genügen, einem weiteren französischen Skeptiker und Philosophen, welcher äußerlich zwar nur versteckte Anspielungen verwendete, bei dem aber nichtsdestotrotz sehr eindeutig erkennbar ist, an welche Adresse er seinen Angriff richtete:

> Dinge, über die wir nichts wissen können, fallen in den Bereich der Täuschung. Denn erstens ist es so, dass Fremdheit und Neuartigkeit an sich schon Respekt auslösen; Zweitens lassen sich solche Inhalte mithilfe der Vernunft weder erklären noch widerlegen. Darum sagte Platon, dass über das Wesen der Götter zu reden viel befriedigender sei als über jenes der Menschen, da die Zuhörer von ihm keine Kenntnis haben, und man es daher so rätselhaft und

5 Rüdiger Safranski 2000: „Nietzsche–Biographie seines Denkens". München: Hanser. Übersetzt ins Chinesische von Wei Maoping 2010. Shanghai: East China Normal University Press. S.216.
6 Jean-Paul Sartre 1968: „Die Wörter". Reinbek bei Hamburg: Rowohlt. S.36.

> mysteriös darstellen kann, wie man nur will. Daraus ergibt sich folgende Situation: Je weniger bekannt die Dinge sind, desto unbezweifelbarer und glaubwürdiger wirken sie. Je irrsinniger desto systematischer, wie sich an Alchimisten, Wahrsagern, Handlesern, Quacksalber und „solchen Leuten" (Horaz) zeigt. [...] Für einen Christen genügt es daran zu glauben, dass alles von Gott und seinem heiligen Geist stammt, und mit dankendem Herzen alles zu akzeptieren. Egal wie solche Dinge auftreten, muss man in guter Hinsicht denken.[7]

Zwar wollen wir an dieser Stelle die Details schnell überspringen und direkt zum Hauptgedanken kommen, aber die beiden Fäden können wir dennoch kurz zusammenbringen: Einerseits ist Sartres atheistische Einstellung von dem deutschen Philosophen Nietzsche tief beeinflusst; sie stellte gewissermaßen die speziellen Phänomene dar, die nach dem Ausruf „Gott ist tot" auftreten. Andererseits aber basiert seine Gottesleugnung auf den geistigen Ressourcen Frankreichs und bedeutet eine Weiterführung der Tradition der Renaissance. Einer der Wissenschaftler, die sich mit ihm auseinandersetzen, formuliert dies so: „Sartre ist ein totaler Atheist. Das Abenteuers des Atheismus ist mit dem Abenteuer, als das uns sein Leben erscheint, quasi identisch. Er war der Meinung, dass Gide es ‚bis zum Ende erlebt' habe und dies äußerst ruhmreich sei, womit Sartre zum Ausdruck bringen wollte, dass Gide aus Nietzsche seine Lehren gezogen haben dürfte. Fünf Jahre später, nach der Veröffentlichung seines Romans ‚Der Ekel', verfasste er einen Kommentar über Georges Batailles ‚Die innere Erfahrung nebst Methode der Meditation und Postskriptum'. In diesem unauffälligen Artikel erläutert Sartre erneut, dass er dem Werk Nietzsches viel Aufmerksamkeit schenkt. Nach ihm ist Nietzsche ein Atheist und wird unvermeidlich die daraus entstehenden schweren Folgen tragen."[8]

Des Weiteren hat Sartre in seiner Gedenkschrift für Gide bewusst seine Stellung figurativ gebraucht. Zusammenfassend meinte er, dass Gide die Leugnung Gottes weder als ein rein gedankliches Argumentationsproblem noch als ein abstraktes Erkenntnisproblem betrachtete, sondern sie im Gegenteil als eine allmählich wachsende Lebenspraxis und als konkrete

---

7 Michel de Montaigne 2011: „Essays". Übersetzt ins Chinesische von Ma Zhenchi. Shanghai: Shanghai Bookstore Press. S.197.
8 Bernard-Henri Lévy 2005: Sartre. Der Philosoph des 20. Jahrhunderts. Übersetzt ins Chinesische von Yan Suwei, Beijing: Die Commercial Press. S.214-215.

Wahrheit ansah, für die es zu kämpfen galt. Oder aber er hielt es für ein Abenteuer, welches jeder von Anfang an selbst erleben muss:

> Kurz gesagt erlebte er seine verschiedenen Gedanken selbst, insbesondere eines: Gott ist tot. Es ist für mich unvorstellbar, dass sich heutzutage noch jemand anhand der Argumente von Bonaventura und Anselm von Canterbury zum Christentum bekehren ließe. Allerdings gehe ich ebenso wenig davon aus, dass Gläubige auf Gegenargumente hin auf ihren christlichen Glauben verzichten werden. Die Frage nach der Existenz Gottes ist eine Frage des Menschseins und betrifft zwischenmenschliche Beziehungen, weshalb jeder sie mit seinem ganzen Leben beantworten muss. Darüber hinaus spiegelt sich in der eigenen Antwort auf diese Frage wider, für welche Einstellung zu sich selbst und den anderen man sich entschieden hat. Das wertvollste, was Gide uns angeboten hat, ist sein Entschluss, Gottes Abwesenheit und Tod konsequent und bis zum Ende zu leben. Eigentlich hätte er es so halten können wie viele andere, die auf eine Weltanschauung wetten und sich mit zwanzig Jahren entscheiden, ob sie an Gott glauben wollen oder nicht und diese Entscheidung das ganze Leben halten. Er war aber leider nicht so und **wollte sich in seine Beziehung zur Religion selbst einfühlen. Die gelebte Dialektik, die ihn schließlich zum Atheismus führte, ist ein Verlauf, welchem er zwar immer wieder folgen konnte, der aber nicht von einem Konzept oder einer Anschauung festgelegt werden kann.** Seine kontinuierlichen Auseinandersetzungen mit Christen, der ehrliche Ausdruck seiner Gefühle, die wiederholte Ironisierung, der Wechsel von Bezauberung und plötzlichem Bruch, Fort- und Rückschritte, Abstürze, die Mehrdeutigkeit des Wortes Gott in seinem Werk und dass er, auch wenn er den Menschen nicht vertraute, sie niemals aufgab: Solche strengen Erfahrungen bringen uns viel mehr Inspiration als hundert Beweise.[9]

Vor dem Hintergrund der Tradition, die von François Rabelais und Michel de Montaigne über Voltaire, Julien Offray de La Mettrie, Diderot, D'Alembert, D'Holbach, Marquis de Sade und Charles Pierre Baudelaire bis zu André Gide verläuft, können wir den gedanklichen Werdegang von Sartres atheistischem Standpunkt als eine natürliche Entwicklung

---

9 Jean-Paul Sartre: „Gide lebt", in: „Sartre–Sämtliche Werke" 2000. Beijing: People's Literature Press. Bd. 7, S.345-346. H.d.V.

betrachten. Selbstverständlich sollten wir gleichzeitig klar und deutlich erkennen, dass letztendlich nur dieser moderne Mensch, der den Existenzialismus mit dem Atheismus verband, ausreichend selbstreflektiert war, um das in dieser Tradition ruhende Sprengpotenzial zu bergen. Er bekannte sich öffentlich zu seiner Haltung, für die er lebenslang kämpfte, und befasste sich mit ihr unter Aufbringung all seiner Kräfte. Freimütig und entschlossen verkündet er etwa in seinen Memoiren zum Nobelpreis: „Wenn man zurückblickt, ist die Illusion bereits geplatzt. Martyrium, Erlösung, Unsterblichkeit, all diese Konzepte sind derzeit in Auflösung begriffen. Das Gebäude stürzt ein und hinterlässt nur noch Ruinen. In seinem Keller habe ich den heiligen Geist gefangen und ihn verjagt. Der Atheismus ist ein grausames Unterfangen, das von langer Dauer ist. Ich glaube, dass er schon etabliert ist. Nun ist mein Kopf nüchtern und meine Augen sehen klar, ich hege keine Illusion mehr und erkenne deutlich meine Aufgabe. Niemand kann bestreiten, dass ich einen Orden für bürgerliches Pflichtbewusstsein verdient habe.“[10] Gegen Ende seines Lebens wies er im Gespräch mit Beauvoir voller Selbsterkenntnis darauf hin, dass ihm die Behandlung Gottes mit Ockhams Rasiermesser Möglichkeiten zur wissenschaftlichen Forschung verschaffte, die es vorher nicht gegeben hatte. Denn eine „richtig großartige atheistische Philosophie“ habe es vor seinem Auftreten innerhalb der wissenschaftlichen Ideologiegeschichte des Westens nie gegeben und stelle eine „Lücke“ dar, welche noch gedeckt werden müsse.

> Ich habe in der hypokhâgne, schon in der khâgne beschlossen, Philosophie zu studieren. Und zu der Zeit war ich von der Nichtexistenz Gottes vollkommen überzeugt, und was ich wollte, war eine Philosophie, die meinem Gegenstand Rechnung trug, «meinem» im menschlichen Sinn, das heißt ebensogut Ihrem Gegenstand, dem Gegenstand der Menschen. Das heißt seinem ihm eigenen Sein, in und außerhalb der Welt, und der Welt ohne Gott. **Mir schien übrigens, dass das ein neues Unternehmen war, weil ich über die Arbeiten der Atheisten wenig auf dem Laufenden war.** Sie haben im Übrigen wenig Philosophie betrieben, alle großen Philosophen waren mehr oder weniger gläubig. Das bedeutet für die verschiedenen Epochen Verschiedenes. Spinozas Glaube an Gott ist nicht der von Descartes oder Kant. Aber mir schien, dass **eine große**

---

10 Jean-Paul Sartre 1988: „Die Wörter". Übersetzt ins Chinesische von Shen Zhiming, Beijing: People's Literature Press. S.157.

atheistische Philosophie, wirklich atheistische, in der Philosophie fehlte. Und in dieser Richtung musste man sich jetzt bemühen zu arbeiten.[11]

Damit wollen wir uns hier noch etwas weiter auseinandersetzten. Wie Sie sich vielleicht noch erinnern können, betrachtete Sartre dieses atheistische Unterfangen bewusst als eine „gelebte Dialektik" und konkrete Wahrheit, die jeder für sich von Anfang an und bis zum eigenen Ende erleben sollte. Folgt man der Tradition von François Rabelais und Michel de Montaigne über Voltaire, Julien Offray de La Mettrie, Diderot, D'Alembert, D'Holbach, Marquis de Sade und Charles Pierre Baudelaire bis zu André Gide, ist es nicht schwer sich vorzustellen, dass dasjenige, was Sartre im Kreis der modernen französischen Literatur anzustellen versuchte, eigentlich ein Anknüpfen an ein ideologisches Experiment war, welches schon mehrere Jahrhunderte angedauert hatte und eine natürliche Ausdehnung von Voltaires Standpunkt aus der Renaissance darstellte. Die ruhmreiche Aufgabe dieser Bewegung ist die Ersetzung Gottes durch den Verstand. Ein Wissenschaftler, der sich mit Sartre befasste, formulierte dies wie folgt: „Sartre sieht im Glauben an Gott das Bedürfnis des Menschen, der ohne Grund und Ziel in die Welt geworfen wird, einen Sinn in seiner Existenz zu finden; der Mensch, der sich nutzlos und überflüssig fühlt, möchte wissen, dass er vorherbestimmt, gerechtfertigt und somit von Gott zu einem bestimmten Platz im Universum berufen ist. Gott gibt uns die Illusion unserer Notwendigkeit und lässt uns vergessen, dass alles menschliche Leben kontingent und unentgeltlich ist."[12]

Rufen wir uns noch einmal jene klassische Erläuterung Kants in Erinnerung: „Aufklärung ist der Ausgang des Menschen aus seiner selbstverschuldeten Unmündigkeit. Unmündigkeit ist das Unvermögen, sich seines Verstandes ohne Leitung eines anderen zu bedienen. Selbstverschuldet ist diese Unmündigkeit, wenn die Ursache derselben nicht am Mangel des Verstandes, sondern der Entschließung und des Mutes liegt, sich seiner ohne Leitung eines andern zu bedienen. Sapere aude! Habe Mut, dich deines eigenen Verstandes zu bedienen! ist also der Wahlspruch der Aufklärung"[13].

---

11 Simone de Beauvoir 1974: La Cérémonie des adieux, suivi de Entretiens avec Jean-Paul Sartre: Août-Septembre. Paris: Gallimard. S.548. H.d.V.

12 Laurent Gagnebin 1972: Connaître Sartre. Paris: Éditions Resma. S.90.

13 Immanuel Kant 1968: „Beantwortung der Frage: Was ist Aufklärung?" Weischedel-Ausabe. 9.53.

Selbstverständlich ist es erforderlich, den festen Standpunkt Sartres mit den wichtigsten Überzeugungen der Renaissance insgesamt in Beziehung zu setzen. Obwohl Kant gegen die Religion kämpfte, fürchtete er, dass dabei die westliche Moral in Mitleidenschaft gezogen werden könnte. In der Einleitung seiner „Kritik der reinen Vernunft" äußerte er sogar: „Ich mußte also das Wissen aufheben, um zum Glauben Platz zu bekommen". An seinem Lebensabend verfasste er zudem hinsichtlich der Begrenztheit der menschlichen Vernunft die Schrift „Die Religion innerhalb der Grenzen der bloßen Vernunft". Wenn man aber die geistige Aufklärung nach dem von ihm erklärten Vernunftprinzip weiterführt, um sich aus der „selbstverschuldeten Unmündigkeit" allmählich zu befreien, werden die überkommenen Glaubensformen als Überreste alter Zeiten innerhalb dieses kritischen Unterfangens nur noch schwer „einen Platz bekommen".

So gesehen tauchte Sartre wie ein Forschungsreisender zur richtigen Zeit auf. Sein ganzes Leben lang beharrte er auf seinem Konzept und zeigte uns, dass man bei dieser geistigen Expedition beharrlich und ausdauernd sein soll und auf keinen Fall immerdar hasenherzig. Man sollte sich also fragen, welche gesellschaftlichen Folgen es überhaupt hätte, wenn der auf Vernunft basierende Skeptizismus nun auch in das letzte Sperrgebiet der westlichen Kultur einträte, die Religion. Welche kulturelle Unordnung würde denn dadurch verursacht? Man kann doch nicht ewig auf die Theologen mit ihren furchteinflößenden Reden hören und sich von ihnen einschüchtern lassen, sondern muss diesen mutigen Versuch nun auch zu Ende führen! In diesem Sinne verkörpert der atheistische Existenzialismus, welcher von Sartre repräsentiert wird und als typischer Ausdruck modernen Denkens die logische Folgerung der Aufklärung ist, den beherzten Geist. Michel Foucault hat, wie später noch gezeigt wird, die mutige Abenteuerlust, die hinter diesem Vorstoß ins Ungewisse steht, auf eine lange Tradition zurückblicken kann und von Sartre als „Weg zur Freiheit" bezeichnet wird, in einem gleichnamigen Artikel über jenen, mit dem Kant diesem Thema einst angestoßen hatte, wie folgt zusammengefasst: „In den vergangenen zwei Jahrhunderten war die Rückbesinnung auf Kant im Wesentlichen oder im Endeffekt stets eine philosophische Denkweise. Dabei ist es doch selbstverständlich, dass wir eine kritische Ontologie, die uns selbst zum Gegenstand hat, weder als Theorie oder Dogma, noch als ein ewig wachsendes wissenschaftliches System betrachten können. Vielmehr sollten wir sie als eine Haltung, als ein geistiges Merkmal, als eine philosophische Lebensführung verstehen, mit der wir die Umstände unseres Daseins kritisieren und gleichzeitig historisch erkunden, welche Begrenztheit uns dabei aufgezwungen worden ist.[14]

Bedauerlicherweise wird die Komplexität dieses Problems aufgrund des Dualismus sowie der darin versteckten kulturellen Defekte verkannt. Als Nietzsche ehemals den Alarm für die Leute schlug, dass sie für die Erde unter ihren Füßen auf den irrealen Gott verzichten und für ihren realen Leib die illusionäre Seele aufgeben sollen, schrieb er folgendes:

> Ich beschwöre euch, meine Brüder, bleibt der Erde treu und glaubt Denen nicht, welche euch von überirdischen Hoffnungen reden! Giftmischer sind es, ob sie es wissen oder nicht. Verächter des Lebens sind es, Absterbende und selber Vergiftete, deren die Erde müde ist: so mögen sie dahinfahren!
>
> Einst war der Frevel an Gott der grösste Frevel, aber Gott starb, und damit auch diese Frevelhaften. An der Erde zu freveln ist jetzt das Furchtbarste und die Eingeweide des Unerforschlichen höher zu achten, als der Sinn der Erde![15]

Hinsichtlich des Sonderwegs der westlichen Kultur wird die Befreiung sicherlich von vielen Schmerzen, Wiederholungen und Zögerungen begleitet sein. Deswegen ist heute ständig zu lesen, dass ausgerechnet diejenigen, die sich kritisch mit dem aktuellen Leben auseinandersetzen und sich rückbesinnen, den Ausruf Nietzsches „Gott ist tot" erfahrungsgemäß oft als einen großen Verlust für die Menschheit oder sogar als den „Tod der Zivilisation" betrachten, woraufhin sie nicht anders können, als sich von der Renaissance abzuwenden.

Beispielsweise finden wir folgende verzweifelte und mitleiderregende Verwünschung in einer Novelle von Alexander Issajewitsch Solschenizyn, der sich in seinen frühen Jahren leidenschaftlich der Revolution der kommunistischen Bolschewiki widmete, sich später aber nachdrücklich zum orthodoxen Christentum bekannte:

> Unter den Prozessionsteilnehmern gibt es nicht einen einzigen, der betet! Unter den Prozessionsteilnehmern gibt es nicht einen einzigen, der das Kreuzzeichen macht! Die Prozessionsteilnehmer

---

14 Michel Foucault 1997: Was ist Aufklärung. Übersetzt ins Chinesische von Li Kang, in Soziologie des Auslands. 6; S.10.

15 Friedrich Nietzsche: Also Sprach Zarathustra. S.5-6.

tragen Hüte auf dem Kopf, haben Zigaretten im Mund und Radios vor die Brust gehängt. Wie die Leute, die in der ersten Reihe stehen, in die Einfriedung einbrechen, es soll und muss ins Bild kommen …

Welche Angelegenheiten werden die jüngere Generation und die bereits erwachsenen Millionen frische Kräfte durchführen? Welche Funktion erfüllen überhaupt die Bemühungen für die Erziehung der Denker und die erleichterten Verheißungen. Welche schönen Erwartungen können wir für unsere Zukunft hegen?

Ehrlich gesagt werden sie sich eines Tages umdrehen und uns alle in tausend Scherben zertreten!

Sogar diejenigen, die sie hierherkommen lassen, teilen das gleiche Schicksal.[16]

Ein anderes Beispiel ist der russische Schriftsteller Boris Leonidowitsch Pasternak, der in seinem Gedicht „Morgendämmerung" den Wert des Christentums für ihn nach der blutigen Revolution angedeutet hat:

Du hast alles für mein Schicksal bedeutet.

Dann kam der Krieg, die Verwüstung,

Und für eine lange, lange Zeit

Von dir war kein Zeichen zu sehen, kein Ton zu hören.

Und nach vielen, vielen Jahren

hat deine Stimme mich wieder aufgerüttelt.

Die ganze Nacht hindurch las ich dein Testament

Und als wäre ich ohnmächtig geworden, kam ich zur Besinnung.

Ich möchte zu den Menschen gehen, zu der Menge,

Bei ihrer morgendlichen Erweckung.

Ich bin bereit, sie alle in Stücke zu reißen

Und sie alle in die Knie zwingen.[17]

Des Weiteren gibt es Charles Taylor, der eigentlich ein gläubiger Katholik ist und angeblich philosophische Beweisführungen verwendet, damit die christliche Lehre auf andere überzeugender wirkt. In seinen späteren Schriften sieht er in der Säkularisierung des Humanismus einen „sehr von sich selbst eingenommenen" geschlossenen Käfig, oder sogar die Hauptfehlerquelle des modernen Lebens:

---

16   Solschenizyn 2012: Osterprozession, in: Solschenizyns Lesebuch. Beijing: People's Literature Press. S.287-288.

17   Boris Leonidowitsch Pasternak: Morgendämmerung. https://boris-pasternak.su/rassvet-pasternak/?lang=de. Letzter Abruf: 23.07.2020.

Veränderungen in Identität und Existenz bieten der modernen Säkularisierung eine Bühne, auf der Gott oder die Religion nicht völlig aus dem öffentlichen Leben verschwinden, sondern einen wichtigen Platz in der Identität des Einzelnen oder der Massen einnehmen, womit sie auch stets ein möglicher Bestandteil politischer Identitäten sind. Es ist daher eine weise Entscheidung, unsere politische Identität von irgendwelchem religiösen Glauben zu trennen. Dieses Prinzip der Trennung wird in der Anwendung aber ständig neu definiert. Überall spielt die Religion eine wichtige Rolle im Leben der meisten Bürger, bei nahezu allen Regionen ist dies so. Die Möglichkeit, dass Religion wieder in die politische Identität eingreift, besteht also immer noch, wie die Entstehung der Bharatiya Janata Party zeigt.[18]

Außerdem ist es ein wenig schockierend zu lesen, dass Jürgen Habermas, welcher sich als Bollwerk gegen gegenaufklärerische Strömungen in der Philosophie versteht und sich lange Zeit gegen eine Welt der Göttersage ausgesprochen hatte, in seinem Spätwerk „Nachmetaphysisches Denken" der Religion gegenüber immer toleranter wird:

> Die ihrer Weltbildfunktionen weitgehend beraubte Religion ist, von außen betrachtet, nach wie vor unersetzlich für den normalisierenden Umgang mit dem Außeralltäglichen im Alltag. Deshalb koexistiert auch das nachmetaphysische Denken noch mit einer religiösen Praxis. Und dies nicht im Sinne der Gleichzeitigkeit von Ungleichzeitigem. Die fortbestehende Koexistenz beleuchtet sogar eine merkwürdige Abhängigkeit einer Philosophie, die ihren Kontakt mit dem Außeralltäglichen eingebüßt hat. Solange die religiöse Sprache inspirierende, ja unaufgebbare semantische Gehalte mit sich führt, die sich der Ausdruckskraft einer philosophischen Sprache (vorerst?) entziehen und der Übersetzung in begründende Diskurse noch harren, wird Philosophie auch in ihrer nachmetaphysischen Gestalt Religion weder ersetzen noch verdrängen können.[19]

Derart negative Rücksprünge sind entweder auf eine hartnäckige Abhängigkeit von Auslaufmodellen, ein Bereuen moderner Erkrankungen oder eine Flucht vor dem Vergleich der von beiden jeweils verursachten

---

18 Charles Taylor 2014: Modern Social Imaginaries. Übersetzt ins Chinesische von Lin Manhong. Einige Bezeichnungen wurden geändert. Nanjing: Yilin Press. S.165.
19 Jürgen Habermas 1988: „Nachmetaphysisches Denken". Frankfurt a. M.. S.60.

Schäden zurückzuführen. Der Grund hierfür ist jedenfalls in der pessimistischen Beurteilung der Aufklärung zu suchen. Somit verfügen wir über die nötige geistige Vorbereitung. Vor dem Hintergrund eines ordnungsgemäßen Buchaufbaus und angesichts der Lesererwartung wird zumindest das Bereuen erst später ausführlich erläutert werden, damit nicht gleich am Anfang schon die ganze Spannung vertrieben wird. Andererseits darf hier so viel verraten werden, dass wir unter allen Gesichtspunkten erkennen werden, dass wir das grundlegende Lebensproblem nicht wirklich lösen können, indem wir uns einfach in „erfundene Traditionen" oder die Idee einer „nostalgische Zukunft" stürzen. Denn wenn man an die bekannte Metapher von Marx denkt, dann gibt es keinen wesentlichen Unterschied zwischen diesen Ansätzen und dem Opiumrauchen eines Drogensüchtigen: Ohnehin wollen sie ihre irreale hohe Illusion (ganz bewusst) erhalten.

Ähnliches ist von Charles Taylor in dem neuen Buch „The Joy of Secularism" zu lesen, wie folgende Formulierung zeigt:

> Aus den obigen Ausführungen ergibt sich, dass sich die Fragen der Entzauberung und Wiederverzauberung auf mindestens zwei Ebenen stellen. Erstens stellt sich die Frage, ob die Entzauberung in dem von mir eingangs beschriebenen Sinne - also die Auflösung der verzauberten Welt, die Leugnung der Großen Kette sowie die weit verbreitete Ablehnung des westlichen Theismus - dem Universum nicht jegliche menschliche Bedeutung entzogen hat. Insbesondere wurde hier behauptet, dass es keine Grundlage mehr für ein Gefühl der Ehrfurcht und des Staunens über das Universum gibt, das wiederum im Menschen Liebe und sogar Dankbarkeit gegenüber dem größeren Ganzen, in das er eingebettet ist, hervorrufen kann. Die Antwort darauf ist, dass zweifellos einige Formen des Staunens, die auf eine bestimmte Weise artikuliert werden, entscheidend untergraben werden. Aber die Frage bleibt offen, ob andere Formen, die auf unserer eigenen Erfahrung des Seins in der Welt beruhen, wiedergewonnen werden können. Mir scheint, dass die Antwort hier positiv ausfällt.[20]

Wir dürfen auch nicht vergessen, dass in demselben Sammelband ein anderer westlicher Autor folgenden Kommentar zu Taylor äußert:

---

20 Charles Taylor 2011: Disenchantment—Reenchantment, in: „The Joy of Secularism: 11 Essays for How We Live Now". Princeton and Oxford: Princeton University Press. S.73.

Die Geschichte des Säkularismus, auch (oder gerade) die brillante und fast erschöpfende, die Charles Taylor erzählt, ist für meinen Geschmack und meine Überzeugungen zu sehr von „Nostalgie" durchzogen. Und das bedeutet natürlich Heimweh. Wie schön war es doch zu glauben! Heimat ist dort, wo wir waren, nicht dort, wo wir sind! Und so impliziert die Enttäuschung, dass wir wieder nach Hause wollen, aber nicht können: für mich genau die falsche Art, die Welt zu betrachten. Dies ist unser Zuhause. All diese Art des Denkens und Fühlens bildet also eine Version der Erzählung von der Enttäuschung, mit der sich jede Diskussion über den Säkularismus heutzutage auseinandersetzen muss.[21]

Noch nachdenklicher macht eine folgende Tatsache: Während die unterschiedlichen Zweige der abrahamitischen Religion unsere ereignisreiche Welt gerade bis zur Verzweiflung spalten und die Emotionen der Menschen in den allgemeinen Terror führen, hat der amerikanische Soziologe Phil Zuckerman in ihr erfreulicherweise eine relativ glückliche Ecke namens Nordeuropa entdeckt. Und in der Tat liegt deren Erfolg gerade darin, dass die Einheimischen dort keinerlei Religion angehören:

Im sauberen und grünen Skandinavien sprechen nur wenige Menschen von Gott, nur wenige Menschen verbringen viel Zeit damit, über theologische Fragen nachzudenken, und obwohl ihre Medien in den letzten Jahren ungewöhnlich viel über Religion berichtet haben, wird selbst dies als eine Art Versuch angeboten, sich mit diesem seltsamen fremden Phänomen da draußen in der Welt auseinanderzusetzen und ihm einen Sinn zu geben, das sich weigert, zu verschwinden, ein Phänomen, das für alle eine so schreckliche Bedeutung annimmt - außer, nun ja, für Dänen und Schweden. Wenn es einen irdischen Himmel für säkulare Menschen gibt, dann sind das das heutige Dänemark und Schweden: idyllische Dörfer, einladende Städte, schöne Wälder, einsame Strände, gesunde Demokratien, eine der niedrigsten Gewaltverbrechensraten der Welt, die geringste Korruption der Welt, hervorragende Bildungssysteme, innovative Architektur, starke Volkswirtschaften, geförderte Kunst, erfolgreiches Unternehmertum, saubere Krankenhäuser, köstliches Bier, kostenlose Gesundheitsfürsorge, eigenständiges Filmemachen,

---

21 George Levine 2011: Introduction, in: „The Joy of Secularism–11 Essays for How We Live Now". Princeton and Oxford: Princeton University Press. S.10.

egalitäre Sozialpolitik, elegantes Design, bequeme Fahrradwege -
und nicht viel Glaube an Gott.[22]

Diese Szene der „säkularen Freude" lässt einen unwillkürlich an die Aussagen Voltaires denken, denn zumindest in seinen idealisierenden Beschreibungen erlebte das säkulare China ein ähnliches Wohlergehen. Darauf werden wir anschließend noch ausführlich eingehen. Jedenfalls kommt einem hier der Gedanke auf, dass zwischen dem Konfuzianismus und dem atheistischen Existenzialismus, beziehungsweise zwischen dem säkularen China und dem säkularen Europa, eine solche kulturelle Vergleichbarkeit besteht.

Darum sollten wir uns klar machen, dass der spezielle Ausgangspunkt im Konfuzianismus „nicht über Übernatürliches, Gewalt, Aufruhr oder Geister zu sprechen" von Anfang an gewissermaßen eine aufklärerische Rede darstellt. Dies führt dazu, dass das im transkulturellen Vergleich bemühte Argument eines „Kampfes der Götter" oder eines „Dialogs der Götter" lediglich in übertragener Bedeutung verwendet werden sollte. Mit anderen Worten zeigt sich nach genauer Überprüfung, dass es keinen Kampf zwischen Religionen gibt, sondern nur zwischen Werten oder Gedanken. Der Grund, weshalb ich dies hier erkläre, liegt darin, dass ich die Leute wie folgt ermahnen muss: Seien Sie bloß nicht wie einige Kollegen, die den westlichen Konventionen blind folgen und sich ein abstraktes Feld der „Religion" ausdenken. Innerhalb dieses übergroßen Feldes leiten sie dann, dem formelhaften Denkschema „Ein Prinzip, viele Erscheinungsformen" folgend, aus anderen Kulturen eine „Religion" ab, weshalb der Konfuzianismus dann auch als „konfuzianische Religion" angesehen wird. Wenn man so vorgeht, springt bei dieser angeblichen „Gleichbehandlung" verschiedener Kulturen letztlich immer wieder der alte Weg des „Eurozentrismus" heraus. Die potenziellen Werte, welche sich im Besitz der anderen Kulturen befinden und die modernen Bedrängnisse der Menschheit beseitigen könnten, werden unter dieser eingeschränkten Sichtweise übersehen oder nicht erkannt.

---

22 Phil Zuckerman 2010: Introduction, in: „Society without God: What the Least Religious Nations Can Tell Us About Contentment". New York: University Press. S.2.

Drittes Kapitel

Grundlagen der Vergleichbarkeit

Hier müssen wir wieder bei Sartres Atheismus anfangen. In seinem berühmten Theaterstück „Der Teufel und der liebe Gott" beschreibt Sartre, der als wahres Multitalent in einer Vielzahl westlicher Literaturgattungen bewandert war, mit der Rolle Götz die Abwesenheit Gottes in den modernen Herzen der Leute:

> Ich selbst, Pfarrer, du hast recht. Ich selbst. Ich flehte, ich rang um ein Zeichen, ich sandte dem Himmel Botschaften zu, doch es kam keine Antwort. Der Himmel weiß nicht einmal, wer ich bin. In jedem Augenblick fragte ich mich, was ich den Augen Gottes wohl sei. Ich kenne die Antwort jetzt: nichts. Gott sieht mich nicht, Gott hört mich nicht, und Gott kennt mich auch nicht. Du siehst die Leere zu unseren Häuptern? Diese Leere ist Gott. Du siehst die Öffnung in der Tür? Ich sage dir, sie ist Gott. Du siehst dieses Loch in der Erde? Gott. Das Schweigen ist Gott. Die Abwesenheit ist Gott, die Verlassenheit des Menschen ist Gott. Was da war, war einzig ich: ich allein habe mich für das Böse entschieden, habe das Gute erfunden. Ich habe betrogen und Wunder getan, ich selber klage mich heute an, und auch freisprechen kann nur **ich mich, der Mensch. Wenn Gott existiert, ist der Mensch ein Nichts.**[1]

In seinem philosophischen Hauptwerk „Das Sein und das Nichts" versucht er seine atheistische Behauptung „Gott existiert nicht" zu beweisen,

---

1 Jean-Paul Sartre 1951: Der Teufel und der liebe Gott. Reinbek bei Hamburg: Rowohlt. S.131f. H.d.V.

indem er als Begründung das Paradoxon des „An-und-für-sich-Sein" anführt: „Wenn wir uns eine synthetische Organisation denken wollten, in der das Für-sich untrennbar vom An-sich wäre und umgekehrt das An-sich unlösbar mit dem Für-sich verbunden, müßten wir sie uns so denken, daß das Ansieh seine Existenz von der Nichtung erhält, die von ihm Bewußtsein gewinnen läßt. **Was heißt das, wenn nicht daß die unauflösliche Totalität aus An-sich und Für-sich nur in Form des Ursache-von-sich-Seins denkbar ist ?**... Dieses ens causa sui ist zwar *unmöglich*, und sein Begriff enthält, wie wir gesehen haben, einen Widerspruch."[2]

Vielleicht können Sie sich noch an das zuvor erwähnte Zitat erinnern, in dem Sartre bezweifelt, dass sich jemand heutzutage auf die Argumente von Bonaventura und Anselm von Canterbury hin zum Christentum bekehren ließe, oder umgekehrt man einen Christen durch Gegenargumenten davon überzeugen könne, seinen Glauben doch bitte abzulegen. Man kann sich also gut vorstellen, dass er sich derartig theoretische Beweisführungen nicht allzu sehr zu Herzen nahm. Und tatsächlich war die Frage nach der Existenz Gottes seiner eigenen Aussage zufolge für ihn eigentlich gar nicht so kompliziert und bloß ein spontaner Einfall, wie er es in einer seiner Kindheitserinnerungen beschreibt: „Im Jahre 1917 wartete ich eines Morgens in La Rochelle auf Mitschüler, die mich ins Gymnasium begleiten sollten; sie verspäteten sich, so daß ich bald zu meiner Zerstreuung nichts mehr zu erfinden vermochte und beschloss, an den Allmächtigen zu denken. Augenblicklich machte er sich in den Azur davon und verschwand ohne irgendeine Erklärung: er existiert nicht, sagte ich, höflich erstaunt, zu mir selbst, und hielt die Angelegenheit für abgetan."[3]

Später formulierte Sartre im Dialog mit Beauvoir seine damalige geistige Veränderung, die sich auf eine plötzliche Eingebung hin vollzog, noch umgangssprachlicher und auf eine dramatischere und lebendigere Weise, so dass sie sich geradezu anhört wie Buddhas Erleuchtung unter dem Baum oder Wang Yangmings Ergriffenheit in Longchang:

> Und eines schönen Tages, etwa mit zwölf, in La Rochelle, wo
> meine Eltern etwas außerhalb der Stadt eine Villa gemietet hatten, nahm ich morgens mit meinen Nachbarinnen, die auf das

---

2   Jean-Paul Sartre 1991: Das Sein und das Nichts. Gesammelte Werke in Einzelausgaben. Philosophische Schriften Band 3. Reinbek bei Hamburg: Rowohlt. S.1063. H.d.V.
3   Jean-Paul Sartre 1968: „Die Wörter". Reinbek bei Hamburg: Rowohlt. S.94.

Mädchengymnasium gingen, die Straßenbahn, drei Brasilianerinnen, die kleinen Machados, und ich ging vor ihrem Haus auf und ab und wartete, dass sie fertig waren, das heißt ein paar Minuten. Und ich weiß nicht, woher dieser Gedanke gekommen ist, wie er mich überrascht hat, plötzlich habe ich mir gesagt: Gott existiert ja gar nicht! Ganz sicher muss ich vorher neue Ideen über Gott gehabt und angefangen haben, das Problem für mich zu lösen. Aber jedenfalls habe ich an jenem Tag und in Form einer kleinen Intuition, ich erinnere mich sehr genau, zu mir gesagt: Gott existiert nicht. Es ist merkwürdig, dass ich das mit elf Jahren gedacht habe und mir die Frage nie wieder gestellt habe, das heißt sechzig Jahre.[4]

Mich hat diese Erinnerung Sartres allerdings nicht überzeugt, enthüllt sie doch vielmehr, dass neben dem westlichen Theismus auch der westliche Atheismus mehr oder weniger in den Bereich der Erkenntnistheorie gehört, was ihn letztlich genauso zu einer Form des Dogmatismus macht. Kant auf der anderen Seite sah wenigstens ein, dass der Mensch in Wirklichkeit gar nicht über „vernünftige und intuitive" Augen verfügt, mit denen er das Göttliche oder dessen Abwesenheit direkt erkennen könnte. Die Zielsetzung der klassischen Metaphysik lässt sich darum lediglich erahnen, nicht aber erreichen, ganz gleich ob sie in positiver oder negativer Form formuliert ist. So gesehen zählen die Aussagen des Konfuzius strenggenommen weder zum Theismus noch zum Atheismus, sondern stellen bloß eine Art des vorsichtigen Skeptizismus dar, oder anders gesagt lassen sie die Frage einfach offen. Nichtsdestotrotz hindert uns dies nicht daran, eine hinreichende Vergleichbarkeit zwischen dem antiken Denker Konfuzius und dem modernen Denker Sartre festzustellen, insbesondere was ihren geistigen Ausgangspunkt angeht. Sie besteht darin, dass beide sich mit der in ihrem jeweiligen Gedankensystem üblichen Annahme einer Existenz transzendenter Gottheiten nicht zufrieden gaben und stattdessen nach einem zuverlässigeren Ausgangspunkt suchten, von dem aus ein Sinn, für den es sich zu leben lohnt, ausgemacht und eine geistige Zuflucht gefunden werden kann.

Es ist vorstellbar, dass unsere Haltung zu Erkenntnisglauben und Dogmatismus zum Teil auf den versteckten „Vorurteilen" (im Sinne der Hermeneutik) beruht, die uns unmerklich und schon von Kindesbeinen

---

4   Simone de Beauvoir 1974: La Cérémonie des adieux, suivi de Entretiens avec Jean-Paul Sartre: Août-Septembre. Paris: Gallimard. S.545.

an von unserer Umgebung eingeimpft werden. Zum Beispiel haben wir beim Zurückverfolgen von Sartres kulturellem Hintergrund eine ganze Reihe geistiger Protagonisten aufgelistet, an die er mit seinem atheistischen Unterfangen hatte anknüpfen können. Nun aber kommen wir zurück zu Deutschland und schauen uns die Situation Heideggers an. Verdeutlichen wir uns einmal, welchen Widerwillen er verspürte, wenn es darum ging, sich von der Religion zu trennen. Obwohl er auf der Ebene der Vernunft keine Erklärung für Gott finden konnte, stand er ihm auf der Ebene der Emotion voller Erwartung gegenüber. Auch er verfügte also über ein gewisses kulturelles „Vorverständnis", eine Art Dogmatismus, aus dem er sich nicht ohne fremde Hilfe zu befreien wusste. Und dies, obwohl er ja für seine besonders durchdringenden und tiefgehenden Gedanken bekannt war:

> Als ich mit ihm zusammen einen Ausflug machte, besuchten wir manchmal auch Kirchen und Chöre. Was mich überraschte war, dass auch er seine Finger mit Weihwasser benetzte, sich hinkniete und betete. Dazu fragte ich ihn einmal: „Sie halten doch Abstand zur Kirche und glauben nicht an die Menschwerdung Gottes. Weshalb knien Sie noch nieder? Für Sie befindet sich Christus doch nicht am Opferaltar." Heidegger erklärte: „Ich glaube nicht, dass Brot und Wein zum Leib Christi werden können. Die Menschwerdung Gottes ist ein Missverständnis der aristotelischen Physik im späteren Mittelalter. [...] Geschichtlich muss man denken. Und wo soviel gebetet worden ist, da ist das Göttliche in einer ganz besonderen Weise nahe. [...] Für eine Kirche wie diese, welche Jahrhunderte lang verehrt wurde, gibt es doch Gründe. Hier muss man Respekt haben." Er lehnte kirchliche Dogmen und Versklavung ab, dachte aber gleichzeitig, dass Kirchen mit langer Geschichte Gott nahe stehen und vom Menschen verehrt werden sollten. Nun ist Gott aus der Glaubensgemeinschaft verschwunden. Darum gibt es Dinge wie den Advent. Endlich wird es irgendwann eine neue Religion geben, da sie nach wie vor unabdingbar ist. Zu den traditionellen gedanklichen Hinterlassenschaften befindet sich auch Heidegger im Widerspruch: Der Mensch soll die Nachlassenschaften nicht wegwerfen, sondern darauf aufbauend sich auf den Weg zu neuen Ufern machen.[5]

---

5 Max Müller. Martin Heidegger–Ein Philosoph und die Politik, in: Antwort. Martin Heidegger im Gespräch. Übersetzt ins Chinesische von Chen Chunwen. Nanjing 2005: Jiangsu Educational Press. S.183.

Seine Verwendung der hermeneutischen Begriffe „Verständnis" und „Vorverständnis", oder anders gesagt die innere Spannung zwischen der vernunftgeleiteten „eigenständigen Überlegung" und ihrer kulturell bedingten „Pfad-Abhängigkeit", führt meiner Meinung nach zu der paradoxen Situation, dass er einerseits zwar einen sogenannten „Existenzialismus" begründete, andererseits aber seine Zugehörigkeit zur Schule der Existenzialisten verleugnete. Innerhalb der Philosophiegeschichte ging man schließlich aller Widersprüchlichkeit zum Trotz dazu über, seine Theorie als „theistischen Existenzialismus" zu bezeichnen. Ebenso blieb Heidegger sein ganzes Leben lang in einem Zustand der Unentschlossenheit stecken, da er sich nicht zwischen griechischer und hebräischer Zivilisation entscheiden konnte, weshalb er nie einen Ausweg aus diesem Dilemma fand.

Daher können wir, ähnlich wie wir seine Einstellung dem „Führer" gegenüber abzulehnen haben, auch Heideggers Einstellung zu Gott nicht zustimmen. Ich bin deshalb der Meinung, dass sich ein geistiger Existenzialismus ausschließlich als „atheistischer Existenzialismus" und niemals als „theistischer Existenzialismus" äußern kann. Ehrlich gesagt ist der Grund für diese Beurteilung meinerseits nicht etwa darin zu suchen, dass ich mit Heidegger oder Sartre einen der beiden westlichen Denker dem anderen gegenüber bevorzugen würde. Vielmehr liegt dies an einer gewissen Tradition, die mindestens genau so stark in meinem kulturellen Vorverständnis vertreten ist. Diese erinnert mich nämlich deutlich daran, dass allein der kulturstiftende Standpunkt des vor der Qin-Dynastie gelehrten Konfuzianismus, im Unterschied zu den Intuitionen der westlichen Kultur, mit seiner Forderung, „was man weiß, als Wissen gelten [zu] lassen" und „was man nicht weiß, als Nichtwissen gelten [zu] lassen"[6] gleichzeitig sowohl eine Erkenntnis lehrt, die ihre eigenen Grenzen klar erkennt, als auch dem Rationalismus zugehörig ist. Interessanterweise hat Sir Reginald Fleming Johnston, der als Englischlehrer des letzten chinesischen Kaisers Puyi tätig war, vor hundert Jahren schon die feinsinnigen Eigenschaften des konfuzianischen Denkens erfasst:

> Meadows merkt an, dass jeder konsequente Konfuzianist ein glatter Atheist sein sollte, obwohl er das Wort wahrscheinlich in dem Sinne verwendet, in dem es vor vielen Jahren fälschlicherweise verwendet wurde, als „Atheist" die Bezeichnung für alle Personen war,

---

6 Lun Yu–Gespräche 1975. Übersetzt von Richard Wilhelm. Düsseldorf und Köln. Buch II, 17.

die sich außerhalb der christlichen Gemeinschaft befanden. In diesem Sinne war Konfuzius ein Atheist, und da er ein halbes Jahrtausend vor Christi Geburt lebte, ist es offensichtlich, dass er unmöglich etwas anderes gewesen sein kann. Arthur H. Smith stellt fest, dass die Masse der Konfuzius-Gelehrten „durch und durch agnostisch und atheistisch" ist, obwohl es bei korrekter Verwendung dieser Begriffe schwer vorstellbar ist, wie sie beides gleichzeitig sein können.[7]

Natürlich erleben wir heute alles aus einer anderen Perspektive. Obwohl wir es nicht mehr wie Johnston mit unseren eigenen Augen sehen, können wir doch wie Voltaire, der ja immerhin der bedeutendste Vertreter der Aufklärung war, es einst tat, anhand einiger chinesischer Tatsachen behaupten, dass das damalige China, obwohl es über keine Religion hatte, dennoch über Höflichkeit, Gesetze, Philosophie, Toleranz und Frieden verfügte. Dies verstärkt hinsichtlich der wesentlichsten Punkte die Vergleichbarkeit, mit der sich dieses Buch befasst. Wenn wir von John Langshaw Austins Sprechakttheorie ausgehen und den großen Einfluss in Betracht ziehen, den Voltaire ausgeübt hat, haben wir Grund genug zu glauben, dass sich die Vergleichbarkeit im Laufe der Geschichte durch das Wirken seiner Schriften auf die Realität verstärkte. In seinen Idealvorstellungen, welche er mit viel Scharfsinn beschreibt, lesen wir etwa:

> Es ist ziemlich sicher, dass der Atheismus nicht in den Schulen der Gelehrten Chinas gelehrt wird, aber viele dieser Gelehrten sind Atheisten, denn sie sind gleichgültige Philosophen. Es ist sicher, dass es besser ist, mit Atheisten in China zu leben, in dem man die Milde ihrer Sitten und Gesetze genießt, als in Goa in Ketten geschmiedet in den Kerkern der Inquisiton zu schmachten und daraus mit einem Schwefelrock und darauf genähten Teufeln zu gehen und in den Flammen sterben zu müssen.

> Daher haben die, welche behauptet haben, ein Staat von Atheisten könne bestehen, Recht gehabt; denn es sind die Gesetze, welche die Gesellschaft bilden und die Atheisten können unter dem Schatten der Gesetze ein sehr weises und glückliches Leben führen. Sie werden gewiss besser leben als abergläubische Fanatiker. Bevölkert eine Stadt mit Männern wie Epikur, Simonides, Protagoras, Spinoza; bevölkert eine andere Stadt mit Jansenisten und Molinisten; in welcher

---

7 Reginald Fleming Johnston 1910: Lion and Dragon in Northern China. New York: E. P. Dutton And Company. S.322-323.

glaubt ihr, dass es mehr Verwirrungen und Klagen geben werde ? Der Atheismus, der sich nur auf dieses Leben bezieht, wäre in einem wilden Volk sehr gefährlich, und falsche Vorstellungen von der Gottheit wären nicht weniger verderblich. Die meisten großen Männer dieser Welt leben, als ob sie Atheisten wären. [...] Es lebt sich angenehmer mit ihnen als mit Abergläubischen und Fanatikern.[8]

Wenn ich zurückblicke, habe ich mich schon einmal zum Thema der Vergleichbarkeit geäußert. Dies geschah anlässlich des 75-jährigen Jubiläums der Bewegung des 4. Mai, also vor 25 Jahren, als ich zur These von der sogenannten „Aufklärung und Rettung", wie sie von dieser Bewegung aufgestellt wurde, folgende Vorbehalte öffentlich machte:

Strenggenommen bedeutet das chinesische Wort „qimeng", welches man als Übersetzung für „Enlightenment" oder „Aufklärung" verwendet hat, die Befreiung eines naiven Kindes aus der Unwissenheit durch Belehrung. Die beiden westlichen Wörter dagegen meinten ursprünglich auch, sich der Ahnungslosigkeit, der Vorurteile und des Aberglaubens zu entledigen, um sich selbst das Licht der Vernunft erblicken zu lassen. Wäre ich mit den „Ausführungen zur chinesischen Ideengeschichte" fertig, würde ich auf keinen Fall die Umwandlung einer auf der „Vereinigung von Himmel, Erde und Menschheit" basierenden Form von Kultur hin zu einer auf den Lehrstücken von Ibsen gründenden als Aufklärung bezeichnen. Ganz im Gegenteil: Ich möchte lieber mithilfe chinesischer rationaler Werte den Westen aufklären, um ihm den Egoismus, die unersättliche Gier und die ökologische Zerstörung abzugewöhnen. Dies sage ich nicht aus eigenem engstirnigen Nationalismus heraus. Bei der Lektüre der klassischen chinesischen Texte können wir erkennen, dass die Konfuzianer einst Yang Zhu, der nicht bereit gewesen sein soll, auch nur ein einziges seiner Haare herzugeben, selbst wenn so die ganze Welt hätte gerettet werden können, aufklärten. Außerdem kann man beim Lesen westlicher Bücher herausfinden, dass es in Wahrheit die chinesische Kultur war, welche durch Montesquieu, Voltaire und Emersons Verbreitung und Erläuterung erfuhr und so den Westen aufklärte.[9]

8　Voltaire 1985: Philosophisches Wörterbuch. Frankfurt a.M.: Insel Verlag. S.63-64.
9　Liu Dong 1997: Die Tradition der Universität Peking und die Bewegung des 4. Mai: Eine andere Möglichkeit der Geschichte, in: „Selbstgewählte Sammlung von Liu Dong". Guilin: Guangxi Normal University Press. S.200.

Als ich vor 4 oder 5 Jahren die Vorrede für „Überlegungen zur moralischen Erziehung" von Liang Qichao verfasste, erläuterte ich darin auf Basis dieser Vergleichbarkeit den Fehler im Geschichtsverständnis der Bewegung des 4. Mai: „Was diese [negative] Beurteilung [des Konfuzianismus] betrifft, so sollten wir uns noch einmal den Enthusiasmus in den Sinn rufen, den Voltaire ihm entgegenbrachte. Denn aus dessen scharfsinniger Rezeption lässt sich unschwer ableiten, dass der Konfuzianismus hinsichtlich seiner theoretischen Ebene unschuldig ist und von dieser chinesischen aufklärerischen Bewegung nicht hätte abgelehnt werden dürfen, da er ursprünglich der Aufklärung zugehörig war und eigentlich gerade in Zusammenarbeit mit der Bewegung die geistige Befreiung hätte verstärken müssen."[10] Des Weiteren scheint mir hier erwähnenswert, dass ich einst, in meiner Funktion als Vertreter der Akademie für Sinologie der Tsinghua-Universität, mit Charles Taylor in einem Restaurant in New York saß. Ich lud ihn damals auf einen erneuten Besuch nach China ein und erzählte ihm, dass er dort höchstwahrscheinlich eine kulturelle Alternative fände, die „in allen Dingen nach Höhe und Klarheit strebt und doch auf dem Weg von Maß und Mitte schreitet."[11] Ich bezog mich dabei auf die pessimistische Einschätzung, welche er in seinen Büchern „Modern Social Imaginaries" und „Ein säkulares Zeitalter" geäußert hatte, nach der die rationale Aufklärung heute wegen ihres „Humanismus" und angesichts „der eigenen Taten" keinen anderen Ausweg mehr hätte, als die Religion ins säkulare Zeitalter zurückzubringen.[12]

Noch bestimmter habe ich diese kulturelle Überzeugung, die ich seit langem hege, in der obengenannten Vorrede formuliert: „Was die chinesische Philosophie am sinnvollsten für die Welt macht, ist, dass sie über keine Religion und doch über eine Moral verfügt". Und tatsächlich ist für uns ersichtlich, dass diese positive These gerade durch die zwischen dem Konfuzianismus und dem Existenzialismus bestehende Vergleichbarkeit einerseits, sowie durch die zwischen der chinesischen Kultur und der

---

10 Liu Dong 2011: Die Überlagerung des Bewusstseins ist die Wachstumsstelle der Weisheit. Vorrede in: „Überlegungen zur moralischen Erziehung" (Hg. Liang Qichao). Peking: Beijing University Press, S.9.

11 Li Gi: Das Buch der Riten, Sitten und Gebräuche 1981. Übersetzt von Richard Wilhelm. Düsseldorf und Köln: Holzinger. S.40.

12 Zwar hat Herr Taylor die Einladung persönlich angenommen, aber bedauerlicherweise gestaltet sich ein erneuter Besuch in China aufgrund seines hohen Alters und körperlichen Zustandes immer schwieriger.

Aufklärung bestehende Vergleichbarkeit andererseits gestützt wird: „Trotz der großen Entmutigung und des Niedergangs ihrer eigenen Zivilisation glaube ich bis heute fest daran, dass die größte Herausforderung, vor welche uns die chinesische Kultur stellt, darin besteht, dass sie langfristig in lebendiger Form existierte und uns damit bewies, dass, wenn man die auf Pfadabhängigkeit zurückzuführenden Unterschiede, also die Umwandlungsschwierigkeiten anderer Zivilisationen, nicht in Betracht zieht, eine säkulare Welt ohne Religion nicht nur selbstständig existieren, sondern auch ein hohes zivilisatorisches Niveau erreichen kann! Der Welt gegenüber bezeugt sie, dass die geistig aktiven Menschen ein systematisches und wissenschaftliches Erziehungsethos zur Entwicklung von moralischen Qualitäten benötigen, damit die gütige Natur der Gesellschaftsmitglieder angeregt und ausgebildet werden kann. Denn auf diese Weise wird dafür gesorgt, dass im alltäglichen Leben moralische Werturteile gelten, was nicht nur von Vorteil ist, um die allgemeinen Regeln und Tugenden aufrechtzuerhalten, sondern auch um jedem den Genuss des eigenen Lebens zu ermöglichen."[13]

An dieser Stelle können wir nun, entlang des oben beschriebenen Denkwegs, noch genauer etablieren, auf welcher Erkenntnisgrundlage unsere Vergleichbarkeit eigentlich besteht. Der größte Zusammenhang zwischen den beiden Lehren ist die ihr gemeinsame Erkenntnis ähnlicher Bedrängnisse. Im Grunde genommen ist es doch so, dass Denker, die aus unterschiedlichen Sprachräumen und sogar aus unterschiedlichen Zeitaltern stammen, nur dann zu jenem „mitleidigen Verständnis", welches sie miteinander teilen, gelangen können, wenn dies aus einer ähnlichen geistigen Bedrängnis heraus geschieht. In diesem Fall aber dürfte es völlig unerheblich sein, wer von beiden seinen Lösungsansatz für die allgemeine Lebensproblematik zuerst vorgebracht hat, so dass sie durchaus auf eine gemeinsame geistige Plattform gestellt werden können. Nur so kann der kulturelle Pfad, den die klassischen chinesischen Philosophen einst entdeckten und der sich von jenem des Westens unterscheidet, zu diesem in jenen gleichberechtigten und parallelen Vergleich gestellt werden, in welchem er seinen für andere Zivilisationen großen Referenzwert entfalten kann.

---

13 Liu Dong 2011: Die Überlagerung des Bewusstseins ist die Wachstumsstelle der Weisheit. Vorrede, in: „Überlegungen zur moralischen Erziehung" (Hg. Liang Qichao). Peking: Beijing University Press, S.8.

Wo wir nun bis zu dieser Stelle vorgedrungen sind, können oder sollten wir nun feststellen, dass der Ausgangspunkt der philosophischen Betrachtungen Sartres, zumindest meiner Einsicht nach, von großer Ähnlichkeit zu jenem des Konfuzianismus vor der Qin-Dynastie ist. Gemeint ist damit, dass ungeachtet der Unterschiede in Sachen Situation, Sprachgebrauch und Vorgeschichte, sich die von ihnen verwendeten Termini, die von ihnen beschriebenen Phänomene und die von ihnen geäußerten Haltungen in jeder Hinsicht kaum unterscheiden. Durch die Abwesenheit äußerer Beherrschung war in den Menschen eine innere Leere entstanden. Man war ergriffen von Schwermut und einem Gefühl der Wertlosigkeit angesichts des gesellschaftlichen Zerfalls sowie des allgemeinen Verlusts kultureller Normen. Den Philosophen ermöglichte dies eine Art geistigen Vorstoß, die damalige Ideologie infrage zustellen. Dies hatten die beiden im Verborgenen und in ihrem Innersten letztendlich miteinander gemeinsam.

Zufälligerweise habe ich schon in zwei früheren Büchern jeweils den Konfuzianismus und den Existenzialismus erläutert. Ich kann daher die betreffenden Stellen zum Vergleich hier zitieren, um nachzuschauen, ob es zwischen ihnen tatsächlich so eine tiefsinnige Verbindung gibt. Zuerst soll die Bedrängnis, mit der Konfuzius damals konfrontiert war, geschildert werden: „Die Seele eines Propheten ist stets von Schmerzen geschüttelt. Der wahre Grund, weshalb Konfuzius ‚beim Essen nicht nach Sättigung und beim Wohnen nicht nach Bequemlichkeit‘[14] strebt, liegt darin, dass er, wie Benjamin Schwartz es in ‚The World of Thought in Ancient China‘ beschreibt, intensiv die gewaltige Spannung spürte, welche zwischen der Wirklichkeit seines historischen Zeitalters, dem ‚so wie es war‘, und dessen eigentlichen Anspruch, dem ‚so wie es sein soll‘, herrschte. Dieser Zwiespalt der menschlichen Psyche, den er im Alltag erfahren konnte, hatte seine Ursache in dem zu seiner Zeit bestehenden Gegensatz zwischen den moralischen Verhaltensregeln, welche die damalige Gesellschaft zusammenhielten, auf der einen Seite, und der tatsächlichen gesellschaftlichen Situation auf der anderen Seite, die er wie folgt zusammenfasst: ‚Daß Anlagen nicht gepflegt werden, daß Gelerntes nicht besprochen wird, daß man seine Pflicht kennt und nicht davon angezogen wird, daß man Ungutes an sich hat und nicht imstande ist, es zu bessern‘[15]. Darum trauert Konfuzius

---

14   Lun Yu. Gespräche 1975. Übersetzt von Richard Wilhelm. Düsseldorf und Köln. Buch I, 14.
15   Ebd., S. 81. Buch VII, 3.

‚um der Wahrheit willen, [...] nicht um der Armut willen‘[16]. Diese geistige Bedrängnis musste er beseitigen, da er seelische Ruhe begehrte. Er war entschlossen, beide Hälften der Spaltung miteinander zu vereinen und für sich selbst und für die ganze Gesellschaft einen Wertstützpunkt zu finden, der beharrlich und ausdauernd durchzusetzen sei. Daraufhin widmete er sich seiner Lehre: ‚Die Menschen können die Wahrheit verherrlichen, nicht verherrlicht die Wahrheit die Menschen‘[17]; ‚Da König Wen nicht mehr ist, ist doch die Kultur mir anvertraut‘[18]!“[19]

Anschließend schauen wir uns noch die Bedrängnis an, welche Sartre erlebte: „Einsamkeit ist etwas, das nahezu alle existenzialistischen Philosophen am eigenen Leib erfuhren. Es handelt sich um ein Gefühl, als wären sie nach dem Tod Gottes allein in der Welt als Waisen zurückgelassen worden. Bei Kierkegaard wurde diese Einsamkeit von der Inhärenz von apriorischer Religion, Eigenartigkeit und Emotion verursacht. Nur wenn man sich als Glaubensritter von den atheistischen Massen befreit, für die anderen in die Dunkelheit hinabspringt und dem Absurden gegenüber eine absurde Beziehung aufrechterhält, kann man laut ihm allein mit Gott kommunizieren. So aber ist man auf jeden Fall einsam und von der Welt abgeschnitten. Natürlich ist es unmöglich, sich auf der Suche nach der Wahrheit von einer Art Schwarmintelligenz leiten zu lassen, da diese nur in der individuellen Einsamkeit entsteht. Der Weg auf der Suche nach Wahrheit ist unabwendbar einsam, aber er ist auch der einzige Pfad. Für Sartre entsteht diese Einsamkeit aufgrund von Gottes Abwesenheit. Da der Mensch im Himmel keine standardisierten Normen finden kann, die überall gelten, entsteht in uns ein einsames und hilfloses Gefühl des Ausgesetztseins in einer absurden Welt.“[20]

Dies ist natürlich kein reiner Zufall! Da beide zu denjenigen Denkern gehören, die zwischen Beschränkung und Unbegrenztheit zauderten und sich somit in ähnlicher Bedrängnis befanden, mussten sie konfrontiert mit einem Wertevakuum auch vergleichbare Einstellungen annehmen. Das heißt, dass sowohl für den Konfuzianismus, mit seiner Behauptung

---

16 Ebd., S.160. Buch XV, 31.
17 Ebd., S.160. Buch XV, 28.
18 Ebd., S.98. Buch IX, 5.
19 Liu Dong 1989: „Blüte und Niedergang der Ästhetik“. Dissertation an der Chinesischen Akademie der Sozialwissenschaften. S.60-61.
20 Liu Dong 2007: „Die Sensibilität des Westens: Mehrdimensionale Ausrichtungen“. Peking: Beijing University Press. S.169-170.

„die Menschen können die Wahrheit verherrlichen, nicht verherrlicht die Wahrheit die Menschen", als auch für den Existenzialismus, welcher der Meinung ist, es sei mit einer Art Schwerelosigkeit gegen die „gottlose" Leere vorzugehen, gilt, dass sie auf göttlichen Beistand verzichten und eben nicht wie der Protagonist der „Blechtrommel" ein „ewiges Kind" bleiben möchten. Ihnen geht es darum, das Selbst zu stärken und es dazu zu motivieren, die Last der Menschheit auf sich zu nehmen und gegen die Dunkelheit und Unbestimmtheit des Schicksals anzukämpfen. Dieser Widerstand ist aber an sich noch keine Erfolg versprechende Strategie. Stattdessen wäre es erforderlich, sich dieser Sache mit seinem ganzen Leben zu widmen. Es fragt sich also, zu welchen Schlussfolgerungen die Denker in der jeweiligen Waagschale unseres Vergleichs kommen. Dies hängt wiederum davon ab, welche Seite mit seinem Selbst und seiner Einstellung im Vergleich am stärksten und reifsten ist.

Mit der Frage, wie der Konfuzianismus damit umgeht, werden wir uns im nächsten Kapitel auseinandersetzen. Hier wollen wir uns zunächst mit dem atheistischen Existenzialismus beschäftigen. Einerseits sollten wir direkt an dieser Stelle verdeutlichen, dass, falls diese geistige Bewegung des modernen Frankreichs tatsächlich in direkter Linie auf den von Voltaire gestarteten Aufklärungsprozess zurückgeht, Sartre und Camus auf fast ironische Weise Voltaires Begeisterung in ihr Gegenteil verkehrt haben. Denn in dessen Anfangsphase dachten die Menschen noch, dass sie zur Entfaltung ihrer eigenen Stärke der Befreiung von Gott bedürfen. Als dann aber Nüchternheit und Sehnsucht nach Erwachsenwerden in der Spätphase ausgebildet waren, fühlte man auf dem gleichen Boden wie Voltaire plötzlich einen „Schwindel der Freiheit". Sobald man sich des Verlusts Gottes bewusst geworden war, fand die Seele keine Orientierung mehr. Obwohl die sogenannten „Industrienationen" einen materiellen Aufschwung erlebt haben und jetzt angeblich zu den „glücklichen und freien" Ländern diese Erde gehören, vermittelt uns ihre Kunst doch eine völlig gegensätzliche Vorstellung, wie ich in meinem Buch „Die Sensibilität des Westens" analysiere. Die dort geschaffene Kunst stellt nämlich unvermeidlich Dunkelheit, Trübheit, Depression, Einsamkeit und Entfremdung dar und zeigt gerade eine Unruhe und Heimatlosigkeit des Herzens. Ganz offensichtlich ist ihre Zivilisation mit einer Zahl von Herausforderungen konfrontiert, die es noch nie zuvor gegeben hatte.

Nur wenn wir dies bedenken, können wir uns in Camus hineinversetzen und verstehen, weshalb er, während sich im Westen einerseits, wie schon von Max Weber beschrieben, die „Zweckrationalität" erfolgreich durchsetzte, anhand der tragischen Existenz des Sisyphus die Vernunft ablehnte und mit Demut die Zufälligkeit akzeptierte: „Zu keiner Zeit aber war der Angriff gegen die Vernunft so heftig wie heute. Seit Zarathustras großem Ruf ‹Von Ohngefähr – das ist der älteste Adel der Welt, den gab ich allen Dingen zurück … als ich lehrte, daß über ihnen und durch sie kein ewiger Wille – will›, seit Kierkegaards ‹Krankheit zum Tode›, diese Krankheit, ‹die zum Tode ist, bei der der Tod das Letzte und bei der das Letzte der Tod ist›, lösten bezeichnende und quälende Themen des absurden Denkens einander ab. Oder zumindest – und diese Nuance ist wesentlich – Themen eines irrationalen und religiösen Denkens".[21]

Nun aber zurück zum Thema: Voller Mitgefühl müssen wir erkennen, dass der „Weg der Freiheit", wie es Sartre formuliert, den fliegenden Flocken der Blütenkätzchen ähnelt, die mit dem sich hebenden Wind verweht werden. Außerdem ist er wie eine Reihe Voreiligkeiten, die ohne Grund kommt und spurlos wieder verschwindet. Wie er selbst in „Die Wörter" äußerte, war das mutige Kind, welches sich in das gefährliche Territorium des Atheismus begab, damals lediglich ein zwölfjähriges Kind. Obwohl er nicht mehr an Gott glaubte, der eben auch für die Erklärung der irdischen Welt zuständig ist, wollte Sartre nicht auf den Grund seiner Existenz, oder zumindest nicht auf die hartnäckige Suche nach diesem Grund, verzichten. Im Gegenteil schätzte dieser Denker, der sogar so mutig war, sich aktiv zu involvieren und zu kämpfen, in extremem Maße und lebenslang die Freiheit, die er dadurch erhielt und obwohl er sich dadurch wurzellos erschien. Gewagt prüfte Sartre alle möglichen Lösungspläne, auch die originellen und eigenartigen und sogar diejenigen, die vom Pfad der westlichen Zivilisation abweichen. In diesem Sinne wurde seine Einstellung in einem Buch über ihn einmal wie folgt zusammengefasst:

> Ob es sich um den „Ekel" handelt, wo Roquentin auf der letzten Seite der Erzählung endlich eine Zukunft, eine Hoffnung und die Möglichkeit findet, sich selbst zu akzeptieren; ob es sich um „Die Fliegen" handelt, wo Orest Argos ohne Reue verlässt; ob es sich um „Die Wege der Freiheit" handelt, wo Mathieu nach und

---

21 Albert Camus 2000: „Der Mythos des Sisyphus". Reinbek bei Hamburg: Rowohlt. S.32.

nach die Tatsachen der Verantwortung und Solidarität entdeckt; ob es sich um „Bariona oder Der Sohn des Donners" handelt, wo Sartre in einem Gefangenenlager die Hoffnung als das wertvollste Gut des Menschen beschwört; ob „Der Teufel und der liebe Gott", in dem Goetz die Verzweiflung oder die Suche nach unmöglichen Absolutheiten ablehnt und stattdessen seinen Weg in einem ständigen Kampf sucht; ob „Die Eingeschlossenen von Altona", in dem Frantz mutig eine Last auf sich nimmt, die er doch so leicht auf die Schultern anderer abwälzen konnte; die meisten Bücher Sartres vermitteln uns einen Optimismus, der zwar mehr oder weniger gedämpft, aber dennoch optimistisch ist.[22]

Nichtsdestotrotz stellt Sartre angesichts der Absurdität des Lebens fest, dass es nur ein wirklich ernstes philosophisches Problem gibt: den Selbstmord. Allerdings siegte bei ihm schließlich die aktive Einstellung. Selbst wenn er mit der Absurdität gegen das Absurde kämpfte, lehnte er doch den negativen Verzicht auf das Leben ab:

> Man könnte meinen, der Selbstmord folge der Auflehnung. Aber zu Unrecht. Denn er ist nicht ihr logischer Abschluss. Er ist aufgrund der Zustimmung, die ihm zugrunde liegt, genau ihr Gegenteil. Der Selbstmord ist, wie der Sprung, die Zustimmung, die an ihre Grenzen gelangt ist. Alles ist vollzogen, der Mensch kehrt in seine wesentliche Geschichte zurück. Er erkennt seine Zukunft, seine einzige und furchtbare Zukunft, und stürzt sich in sie hinein. Auf seine Weise löst der Selbstmord das Absurde. Er zieht es mit in den gleichen Tod. Ich weiß aber, dass das Absurde, um sich zu behaupten, sich nicht auflösen darf. Es entgeht dem Selbstmord in dem Maße, wie es gleichzeitig Bewusstsein und Ablehnung des Todes ist… Diese Auflehnung gibt dem Leben seinen Wert. Erstreckt sie sich über die ganze Dauer seiner Existenz, so verleiht sie ihr ihre Größe. Für einen Menschen ohne Scheuklappen gibt es kein schöneres Schauspiel als die Intelligenz im Widerstreit mit einer ihn überschreitenden Wirklichkeit. Das Schauspiel des menschlichen Stolzes ist unvergleichlich. Alle Entwertungen können ihm nichts anhaben.[23]

---

22   Laurent Gagnebin 1972: Connaître Sartre. Paris: Éditions Resma. S.90.
23   Albert Camus 2013: „Der Mythos des Sisyphus". Übersetzt von Vincent von Wroblewsky. Hamburg: Rowohlt. S.74.

Wenn man sie mit einem Wort aus den Gesprächen des Konfuzius beschreiben wollte, zählen Sartre und Camus mit ihrer notgedrungenen Einstellung zu denjenigen, über die es dort heißt: „Ist das nicht der (Mann), der weiß, daß es nicht geht, und dennoch fort macht?"[24] Auf diese Weise können wir erneut entdecken, dass es, wenn man Gott als „Standardannahme" behandelt, zwischen dem Konfuzianismus und dem atheistischen Existenzialismus bezüglich der „notgedrungenen aktiven Tat" durchaus vergleichbare Seiten gibt, obwohl beide sowohl zeitlich als auch räumlich voneinander entfernt entstanden sind.

Aus diesem Grund sollten wir uns folgender Tatsache bewusstwerden: Auf dem heutigen Schauplatz des globalisierten Denkens liegt der Hauptvorteil chinesischer Gedanken darin, dass sie sich dank ihres „mitfühlenden Verständnisses" in die westliche Aufklärung hineinversetzen können, ohne dabei gleich in deren Fußstapfen treten zu müssen. Den Erben der konfuzianischen Tradition bietet sich somit die einzigartige Gelegenheit, sich von einem anderen kulturellen Pfad aus mit der in Bedrängnis geratenen Aufklärung in Verbindung zu setzen. Dies bedeutet also, dass der Konfuzianismus nicht nur durch den von den chinesischen Werten vertretenen Standpunkt von Natur aus mit der westlichen Aufklärung Mitleid haben, sondern basierend auf der speziellen Ausrichtung, die seinem Intellekt zu eigen ist, das großartige Unterfangen auf dem Weg zu Vernunft und Reife auch unterstützen wird. Sobald man dies einsieht, sollte man eigentlich die „Rückbesinnung auf die Aufklärung", über welche in den letzten Jahren oft gesprochen wurde, mit der tatsächlich aber in die Fußstapfen der anderen getreten werden soll, durch eine noch originellere kulturelle Konzeption ersetzen. Das Ziel dieser Konzeption läge just darin, zusammen mit dem modernen Westen die „Aufklärung zu retten"!

---

24 Lun Yu. Gespräche 1975. Übersetzt von Richard Wilhelm. Düsseldorf und Köln. Buch XIV, 41.

Viertes Kapitel

Am Himmel gibt es eine dunkle Wolke

Das Thema, mit dem wir uns in diesem Buch beschäftigen wollen, kann gewissermaßen als Teil einer „interkulturellen Philosophie" betrachtet werden. Ein hervorragender Vorteil dieser Sichtweise ist, dass wir folgende simple Technik anwenden können: Während wir unsere Überlegungen anstellen, nehmen wir abwechselnd unterschiedliche Positionen ein. Entlang der zuvor schon begründeten Vergleichbarkeit können wir nämlich immer wieder zum Ausgangspunkt des Existenzialismus zurückkehren und uns mithilfe der dadurch „entfremdeten" Sichtweise unsere bereits vorhandenen Verständnisse konfuzianischer Gedanken neu überdenken, selbst wenn uns diese eigentlich aus lauter Gewohnheit schon dermaßen natürlich erscheinen, als könne man zu ihnen gar keine frischen Einsichten mehr haben.

Bevor wir darauf genauer eingehen, können wir uns an dieser Stelle noch einmal einen groben Rückblick zu folgender Fragestellung gestatten: Welche entscheidenden Einflüsse brachte die seinerzeit auf ähnliche Weise hergestellte Vergleichbarkeit zwischen Konfuzianismus und Kant den chinesischen Denkern früherer Generationen? Beispielsweise zog Liang Qichao in einem Artikel über Kant die folgenden überzeugenden Vergleiche: „Wenn man Kant mit den klassischen Philosophen des Ostens vergleicht, so ist er in seiner Theorie wie Buddha, in seiner Praxis wie Konfuzius und in seiner Verbindung von Theorie und Praxis wie Wang Yangming." Auf Basis dieser Vergleichbarkeit gelangte Liang schließlich zu folgender Beurteilung: „Kant gehört nicht nur zu Deutschland, sondern zur

Welt, er ist nicht nur aus dem 18. Jahrhundert, sondern wird für hundert Generationen überliefert werden"[1].

Bedauerlicherweise ist eine derartige transkulturelle Geistesgeschichte, wie sie mit den Urteilen von Kang Youwei und Liang Qichao begonnen wurde, bis heute nicht systematisch und akademisch erforscht worden. Auch ich habe, nur kurz und nur die wichtigsten Punkte betrachtend, ein oberflächliches System vorgeschlagen, das grob in diese Richtung ging: „Folgte Liang Qichao zuerst Kang Youwei und stimmte der chinesischen ,Bewusstseinslehre' zu und schenkte Kant erst später seine Anerkennung, nachdem er einige japanische Bücher über ihn studiert hatte? Oder bewunderte er zuerst diesen großen westlichen Philosophen und blickte dann zurück, woraufhin er den eigentlichen Wert der chinesischen Bewusstseinslehre erkannte? Wirkten etwa beide Theorien in ihm und verstärkten sich dort gegenseitig, so dass er auf ihrer gemeinsamen Basis seine weitere interkulturelle Lehre errichtete? Solcherlei Forschungsfragen bedürfen wohl noch einer ganzen Menge sorgfältiger Analyse. Jedenfalls können wir jetzt schon erkennen, dass der deutsche Philosoph, der in seinem Leben keine einzige weite Reise unternahm, angesichts dieses intensiven Dialogs nicht umsonst auch ,der Chinese von Königsberg' genannt wurde. Insbesondere bis zur sogenannten ,neuen Bewusstseinslehre' von He Lin und Mou Tsung San gehörte seine Lehre zu den wichtigsten Ressourcen chinesischer Intellektueller, welche er in erheblichem Maße stimulierte."[2]

Zumindest ein Punkt dürfte jetzt klar sein: Kants Philosophie genoss seit Beginn der Neuzeit unter chinesischen Philosophen, insbesondere unter den zum Konfuzianismus tendierenden, offensichtlich einiges an Wertschätzung. Auch ist zu diesem Forschungsschwerpunkt bereits eine Reihe wissenschaftlicher Arbeiten in China erschienen, die eindeutig aufeinander aufbauen. Für mich liegt der Grund hierfür vor allem darin, dass man die von ihm verfasste „Kritik der reinen Vernunft" wie Ockhams Rasiermesser verwendete, um sich transzendenter Gottheiten und ähnlich spekulativer Elemente zu entledigen: „In China gelang es Konfuzius, früher

---

1   Liang Qichao 1984: Die Lehren der größten Philosophen der Moderne, in: „Ausgewählte Artikel über Philosophie: Gedanken von Liang Qichao". Peking: Beijing University Press. S.153.
2   Liu Dong 2011: Die Überlagerung des Bewusstseins ist die Wachstumsstelle der Weisheit. Vorrede in: „Überlegungen zur moralischen Erziehung" (Hg. Liang Qichao). Beijing: Peking Universitätsverlag, S.15.

als in allen anderen Nationen, jene Nabelschnur abzuschneiden, die das eigene moralische Bewusstsein mit der gewissermaßen als Mutterkörper fungierenden Religion verband, an welcher sich die Kristalle der Moral zuvor gebildet hatten. Welch großen Einfluss seine Methodik auf den chinesischen Geist hatte, lässt sich am besten an der gegenseitigen Bewunderung erkennen, mit welcher später der Austausch zwischen Ost und West ablief. Wir wissen, dass die konfuzianischen Denker, seitdem sich die Chinesen im 20. Jahrhundert ein relativ vollständiges Verständnis über die westliche Philosophie erworben haben, stets ein großes Interesse an der Philosophie Immanuel Kants gezeigt haben, insbesondere zwischen 1840 und 1949. Wenn es darum ging, seine Schriften zu übersetzen, diese zu kommentieren oder sich auf sonstige Weise mit ihm auseinandersetzen zu können, war ihnen jedes Mittel recht. Dieses Phänomen war natürlich kein Zufall. Vielmehr stand das konfuzianische Denken seinerzeit ähnlichen philosophischen Fragen gegenüber wie einst Kant."[3]

Mit der Vergleichbarkeit zwischen der Philosophie Kants und der Lehre des Konfuzius verhält es sich manchmal wie mit einem zweischneidigen Schwert. Denn einerseits beginnen selbst chinesische Gedanken, wenn man sie nur oft genug mit dem Fremden kontrastiert, irgendwann allmählich wie moderne deutsche Gedanken zu wirken, wodurch sie mehr oder weniger zu einer Art „erfundener Tradition" werden. Ein Beispiel dafür ist Mou Tsung San, der, ganz unter dem Eindruck von Kants Theorie stehend, der die Bedeutung der Bewusstseinslehre von Lu Jiuyuan (1139-1193) bis Liu Zongzhou (1578-1645) derart überbetonte, dass er mit der Cheng-Zhu-Schule die eigentliche Hauptrichtung mehr oder weniger vernachlässigte. In der Konsequenz scheint der Song-Ming-Rationalismus, welcher tatsächlich die Gesellschaft regelte, bei ihm stark buddhistischen Einflüssen zu unterliegen. Andererseits müssen wir aber auch erkennen, dass ein wesentlicher Grund, weshalb wir auch heute noch im modernen China die „Gespräche des Konfuzius" auf eine stark vom Westen beeinflusste philosophische Weise besprechen können und sie nicht einfach mit Hegels Übersehen und Ironie als konfuse und oberflächliche Reden abtun, in der autoritativen Unterstützung liegt, welche sie durch die Theorie Kants erfahren haben.

---

3 Liu Dong 1997: Über die Entstehung der chinesischen Kulturtypen, in: „Selbstgewählte Sammlung von Liu Dong". Guilin: Guangxi Normal University Press. S.148.

Des Weiteren möchte ich hier ein besonderes Augenmerk darauf lenken, dass durch den Nachdruck, mit dem unter anderem Li Zehou die Ähnlichkeiten zwischen Konfuzius und Kant betonte, auch die folgenden Ausführungen, welche ich vor über 20 Jahren verfasst habe, unverkennbar an seinen Gedankengang anknüpfen und darüber hinaus wahrscheinlich sogar mit der Wissenschaftstradition der „kantischen Lehre" von Zheng Xin (1905-1974) und Qi Liangji (1915-1990) verbunden sind:

> Wie dem deutschen Philosophen, der erweckt von David Humes seine „Kritik der reinen Vernunft" verfasst hatte, stehen offensichtlich auch den chinesischen Konfuzianern zwei Dinge im Weg: Erstens kommt es mit dem steigenden Bedeutungsgewinn des Atheismus zu einer allmählichen Entfremdung von der äußeren Natur. Zweitens wird das Wachstum von Selbstbewusstsein und geistiger Aktivität auch von zunehmenden Sorgen um den Sinn des Lebens begleitet. Zusammen führten sie dazu, dass Kant die Notwendigkeit verspürte, auch eine „Kritik der praktischen Vernunft" zu schreiben, in der er begründen wollte, dass er durch den Gebrauch seiner praktischen Vernunft zum moralischen Gesetzgeber in eigener Sache werden kann. Für die in ähnlichen Bedrängnissen steckenden Konfuzianer stellt sich nun ebenso die Frage, ob es denn für sie, wenn sie die allgemeinen Werte einer normalen Gesellschaft nicht mit „der Mensch ist von Natur aus gut" und „sobald ich die Sittlichkeit wünsche, so ist diese Sittlichkeit da[4]" zusammenfassen, noch bessere Optionen geben könnte. In diesem Sinne ist Konfuzius nichts anderes als ein 2000 Jahre eher geborener Kant, auch wenn seine spezielle Lehrmethode zum Inspirieren seiner Schüler oft mit rhetorischen Fragen arbeitete: „›Riten‹ heißt es: wahrlich, heißt das denn Edelsteine und Seide?[5]" Oder auch: „Ein Mensch ohne Menschenliebe, was hilft dem die Form?[6]" Hinter seinem Konzept der „Menschlichkeit", welches innerhalb seines Gedankensystems als Kernpunkt fungiert, stecken wie hinter der Metaphysik Immanuel Kants genügend Gründe, deren Schlussfolgerung mit Hilfe von formaler Logik erreicht wurde. Diejenigen, die sich tief in den konfuzianischen Geist eingefühlt haben, verstehen meiner Meinung nach auf indirekte Weise

---

4 Lun Yu. Gespräche 1975. Übersetzt von Richard Wilhelm. Düsseldorf und Köln, S.88. Buch VII, 29.
5 Ebd., S.173-174. Buch XVII, 14.
6 Ebd., S.50. Buch III, 3.

auch die Bedeutung der tiefsinnigen Werke Kants. Wenn Sie seine „Kopernikanische Wende" gelesen hätten, würden Sie mir umgehend zustimmen. Dies ist der eigentliche Grund, warum die Konfuzianer der kantischen Philosophie besondere Beachtung schenken.[7]

Die obengenannten historischen Beispiele werden uns dabei helfen, uns nun mit den folgenden Fragen auseinandersetzen: Wenn wir auf Grundlage der eben im Buch hergestellten „Vergleichbarkeit" zwischen dem Konfuzianismus auf der einen und den philosophischen Schulen des Westens auf der anderen Seite und anhand der speziellen Bedrängnisse, mit denen sich der atheistische Existenzialismus konfrontiert sah, sowie des für Sartre spezifischen Lösungsansatzes den konfuzianischen Plan zur Lösung der allgemeinen Lebensproblematik betrachten, welche grundlegende Bedrängnis war dann gegeben und welche Weisheiten und Denkrichtungen boten sich damals an? Diese Betrachtungsweise ist besonders hervorzuheben, denn meinen eigenen Erfahrungen zufolge besteht eines der größten Missverständnisse dem Konfuzianismus gegenüber darin, dass man die Bedrängnisse ignoriert, vergisst oder zumindest unterschätzt, mit denen dieser seinerzeit beschäftigt war.

Auch wenn der Grad der Ähnlichkeit zwischen ihnen nicht auf komplette Gleichheit hinausläuft, gehören immerhin beide von ihnen zu denjenigen Denkern, die sich der Begrenztheit des Lebens bewusst geworden sind, weshalb sie über die von ihnen angesichts dessen empfundene Bedrängnis letztlich doch tief miteinander verbunden sind. Kurz gesagt stellt sich diese Verbundenheit in Sachen Bedrängnis besonders in zwei Punkten dar: Einerseits waren Götter als transzendente Existenzen in ihrer jeweiligen Kultur schon nicht mehr vorhanden und konnten dem Geist daher auch nicht länger als Ausgangspunkt oder Zuflucht dienen, wodurch Sorgen verursacht wurden, die sie alleine nicht beseitigen konnten. Andererseits war die geistige Leere, die der Rückzug dieser transzendent existierenden Gottheiten in der jeweiligen Kultur hinterlassen hatte, zwar schon längst im Bereich des Physikalischen zu beobachten, hatte sich aber noch nicht in Form eines psychologischen Vakuums gezeigt. Sowohl im Westen als auch in China hat sie daher den Menschen einen langen Schatten hinterlassen.

---

7 Liu Dong 1997: Über die Entstehung der chinesischen Kulturtypen, in: „Selbstgewählte Sammlung von Liu Dong". Guilin: Guangxi Normal University Press. S.148.

Es bewegt uns sehr zu sehen, dass Sartre einerseits die Existenz Gottes schon während seiner Kindheit bestritt und dies zeitlebens nicht bereute, andererseits aber wiederholt erklärte, dass der Atheismus für ihn wie eine lebenslange Expedition sei. Der vor 2500 Jahren lebende Konfuzius sprach einerseits „niemals über Zauberkräfte und widernatürliche Dämonen"[8] und vertrat auch die Meinung: „Wenn man noch nicht das Leben kennt, wie sollte man den Tod kennen?"[9] Andererseits stellte er sich hinsichtlich dieser allmählich verschwindenden „transzendenten Existenzen" wiederholt Fragen oder zeigte unbeschreiblichen Respekt. Beispielsweise ist folgender Ausspruch von ihm im Lun Yu aufgezeichnet: „Der Edle hat eine (heilige) Scheu vor dreierlei: er steht in Scheu vor dem Willen Gottes, er steht in Scheu vor großen Männern, er steht in Scheu vor den Worten der Heiligen (der Vorzeit). Der Gemeine kennt den Willen Gottes nicht und scheut sich nicht vor ihm, er ist frech gegen große Männer und verspottet die Worte der Heiligen."[10] Ein anderes Beispiel: „Wang Sun Gia fragte und sprach: »Was ist der Sinn des Sprichworts: Man macht sich eher an den Herdgeist als an den Geist des inneren Hauses?« Der Meister sprach: »Nicht also; sondern wer gegen den Himmel sündigt, hat niemand, zu dem er beten kann.«"[11] Aus diesen Stellen lässt sich ableiten, dass, obwohl für Konfuzius im Himmel keine konkreten personifizierten Götter mehr existieren, für ihn dennoch jene „Heiligkeit", die man sich schon seit der Vorzeit vorgestellt hatte und die zum Menschen selbst gehören sollte, nach wie vor in der menschlichen Welt verbleibt.

Es spricht nichts dagegen, an dieser Stelle noch etwas weiter ins Detail zu gehen. Ausgehend von dieser umgewandelten „Heiligkeit" gelang es im Neokonfuzianismus, trotz der Abwesenheit der personifizierten Götter das Konzept des „Respekts" herauszubilden, um dieses dann jenem der buddhistischen „Stille" entgegenzusetzen. Dadurch, dass man die umgewandelte „Heiligkeit" bereits vom Himmel auf die Erde verlagert hatte, bedeutete der „Respekt" des Neokonfuzianismus dann auch eher eine Form der inneren Kultiviertheit und nicht etwa einen äußeren Götzendienst, weswegen eine Rückkehr der Götter dann auch ausblieb. In der westlichen

---

8   Lun Yu. Gespräche 1975. Übersetzt von Richard Wilhelm. Düsseldorf und Köln, S.86. Buch VII, 20.
9   Ebd., S.115. Buch XI, 11.
10   Ebd., S.167. Buch XVI, 8.
11   Ebd., S.53-54. Buch III, 13.

Kulturgeschichte hat die Religion sämtliche Formen der Herrlichkeit monopolisiert, so dass dort nicht nur „Heiligkeit" oft „Großherzigkeit" meint, sondern auch „Großherzigkeit" oft gleichbedeutend mit „Heiligkeit" ist. In der chinesischen Kultur hingegen kam es wegen Konfuzius zu einer größeren Distanz zwischen diesen beiden Begriffen. Obwohl Konfuzius selbst auch als „Heiliger" bezeichnet wird, heißt dies nur, dass er in den Herzen der Gelehrten sowie der Beamtenschaft als „großherzig" galt. Mit „Großherzigkeit" meinten sie das Gegenteil von moralischem Egoismus, Gefühlslosigkeit, Böswilligkeit, ästhetischer Geschmacklosigkeit, Vulgarität und Anstößigkeit dar.

Nach Max Weber trieb Konfuzius den Rationalismus, wie er vor der Qin-Dynastie existierte, voran und begann damit langsam aber aufrichtig den Prozess der „Entzauberung", wobei seine Gedanken selbst auch Teil dieses langsamen Prozesses sind. Für einen Philosophen, der schon vor 2500 Jahren gelebt hat, verfügt er also über ziemlich klare gedankliche Merkmale und ist in seiner Wertausrichtung relativ fest. Allerdings wurde er von dem Prozess, den er eigenhändig angestoßen hatte, teilweise auch selbst wieder beeinflusst, weil er sich ihm geöffnet hatte. Wenn man ihn mit Sartre vergleicht, sieht man, dass die himmlischen Gottheiten vergleichsweise viele Spuren in ihm hinterlassen hatten, insbesondere was die Konfrontation der Unbestimmtheit des Lebens angeht. Wenn Konfuzius spürte, sein Schicksal nicht selbst kontrollieren zu können, redete auch er über den sogenannten „Willen des Himmels". Zum Beispiel gibt es folgende Aufzeichnung in Lun Yu: „Der Meister war schwer krank. Dsï Lu bat, für ihn beten lassen zu dürfen. Der Meister sprach: »Gibt es so etwas?« Dsï Lu erwiderte und sprach: »Ja, es gibt das. In den Lobgesängen heißt es: ›Wir beten zu euch, ihr Götter oben und ihr Erdgeister unten.‹« Der Meister sprach: »Ich habe lange schon gebetet.«"[12] Ein anderes Beispiel: „Be Niu war krank. Der Meister fragte nach ihm und ergriff durch das Fenster seine Hand und sprach: »Er geht uns verloren. Es ist Fügung. Solch ein Mann und hat solch eine Krankheit! Solch ein Mann und hat solch eine Krankheit!«"[13]

Das heißt aber nicht, dass Konfuzius den Götterglauben vollständig oder in hohem Maße beibehalten hatte. Wäre dem wirklich so gewesen, würden seine Gedanken zum Glauben nicht so viel Originalität enthalten. Ganz

---

12 Ebd., S.89-90. Buch VII, 34.
13 Ebd., S.75. Buch VI, 8.

im Gegenteil ist es, wenn wir die entsprechenden Stellen des Lun Yu sorgfältig lesen, nicht schwer festzustellen, dass sich das Wort tian (wörtlich
„Himmel", oft aber als „Gott" übersetzt) bei Konfuzius auf kein konkretes
Glaubenssystem mehr bezieht. Es handelt sich vielmehr um übriggeblie-
bene sprachliche Ausdrücke, wie sie auch im modernen Chinesisch noch
zu finden sind. Solche verwendet er beispielsweise manchmal bei unerwarteten Rückschlägen: „Als Yen Yüan starb, sprach der Meister: »Wehe,
Gott verläßt mich, Gott verläßt mich.«"[14] Manchmal benutzt er sie, um
damit zu schwören: „Der Meister besuchte die Nan Dsï. Dsï Lu war miß-
vergnügt. Der Meister verschwor sich und sprach: »Habe ich unrecht ge-
handelt, so möge der Himmel mich hassen, so möge der Himmel mich
hassen.«"[15] Meistens aber gebraucht er sie, um sich selbst Mut zuzuspre-
chen: „Der Meister sprach: »Gott hat den Geist in mir gezeugt, was kann
Huan Tui mir tun?«"[16] Oder auch: „Als der Meister in Kuang gefährdet
war, sprach er: »Da König Wen nicht mehr ist, ist doch die Kultur mir
anvertraut? Wenn der Himmel diese Kultur vernichten wollte, so hätte ein
spätgeborner Sterblicher sie nicht überkommen. Wenn aber der Himmel
diese Kultur nicht vernichten will: was können dann die Leute von Kuang
mir anhaben?«"[17] Des Weiteren: „Der Meister sprach: »Ich murre nicht wider Gott und grolle nicht den Menschen. Ich forsche hier unten, aber ich
dringe durch nach oben. Wer mich kennt, das ist Gott.«"[18]

Der späte Liang Shuming wies in seinem „Diskurs über die Unterschiede
und Gemeinsamkeiten zwischen Konfuzianismus und Buddhismus" auf
Basis seines speziellen Verständnisses und mit seinen Vergleichen auf diese Feinsinnigkeit in den Gedanken des Konfuzius hin. Einerseits steht
für ihn außer Zweifel, dass „Konfuzius nicht den religiösen Weg ging.
Nach ihm zählten Mengzi und Xunzi zu den bedeutendsten Vertretern
des Konfuzianismus. Mengzi hat einmal gesagt: ,Was ohne menschliches Zutun geschieht, kommt vom Himmel; was ohne menschliches
Betreiben eintrifft, ist sein Schicksal'. Daraus geht eindeutig hervor, dass
er die Existenz eines Gottes, der über die menschliche Welt bestimmt,
nicht anerkennt. Xunzi gehörte zum linken Konfuzianismus und sprach

---

14   Ebd., S.114. Buch XI, 8.
15   Ebd., S.79-80. Buch VI, 26.
16   Ebd., S.86. Buch VII, 22.
17   Ebd., S.98. Buch IX, 5.
18   Ebd., S.149. Buch XIV, 37.

sich dagegen aus, auf menschliches Betreiben zu verzichten und seine Hoffnungen in den Himmel zu setzen. Außerdem sagte er, dass der Edle auf seine eigene Anstrengung zu achten habe und nicht auf den Himmel hoffen solle. Solche Beispiele sind zahlreich und werden nicht alle hier aufgelistet. Kurzum haben, diejenigen, die den Konfuzianismus als Religion betrachten, die Fakten vernachlässigt.“[19] Auf der anderen Seite müssen wir uns auch über folgendes klar werden: „Der Grund, weshalb Konfuzius so war, ist nicht einfach zu erkennen. Anhänger des Mohismus spürten diese Widersprüchlichkeit und spotteten daher auf die Konfuzianer: ‚Ohne Geist lernen sie Sitten zur Gedenkfeier‘. Tatsächlich aber handelt es sich dabei gar nicht um einen Gegensatz. Konfuzius hatte eindringlich erkannt, dass die damalige Gesellschaft und das Leben in ihr die Religion außerordentlich nötig hatten. Gleichzeitig beunruhigten ihn aber die Nachteile der bestehenden gesellschaftlichen religiösen Beschäftigungen. Er wollte sie rationalisieren, damit sie an das Leben und die Gesellschaft angepasst und um ihre Nachteile bereinigt werden können. Unter diesem Aspekt begriff er den weitreichenden Bedeutungsgehalt des von den Herzogen von Zhou bekannten Systems aus Ritualen und Musik. Damit konnte er sich identifizieren. Darum ‚beschrieb er nur aber erschuf nicht‘. Eigentlich aber beschrieb er und erschuf auch. Diejenigen, die diesen Sinn nicht gründlich verstehen, behaupten, dass auch er zu Religion gehört hätte“[20].

An dieser Stelle können wir als Beleg für meine Beurteilung ein Zitat von Cai Yuanpei nehmen. Bemerkenswert daran ist, dass er damals unter dem Einfluss der Bewegung des 4. Mai stand und trotzdem nicht der Ansicht war, dass die geistige Tendenz des Konfuzius insgesamt betrachtet die aufklärerische Strömung verletzen würde:

> Das geistige Leben des Konfuzius umfasst neben den obengenannten drei Aspekten von Wissen, Menschlichkeit und Mut noch zwei weitere Eigenschaften: Erstens gibt es darin kein bisschen religiösen Aberglauben. Zweitens ist die Verwendung der ästhetischen Kultivierung zu nennen. Er sprach auch von Himmel und Schicksal. Nach Mengzi kommt das, was ohne menschliches Zutun geschieht, vom Himmel, und was ohne menschliches Betreiben eintrifft, ist

---

19 Liang Shuming 2014: Diskurs über die Unterschiede und Gemeinsamkeiten zwischen Konfuzianismus und Buddhismus, in: Zhai Kuifeng (Hg.) „Gesammelte Werke von Liang Shuming“. Nanjing: Jiangsu People's Press S.370.
20 Ebd. S.371.

sein Schicksal. Es ist für ihn wie das X in der Mathematik eine unbekannte Variable, für die er überhaupt keine religiöse Empfindung übrig hat. Was die Religion betrifft, herrscht entweder Monotheismus oder Polytheismus. Aber Konfuzius redete nicht über Geister und Götter. Er hatte Respekt vor ihnen, hielt sie aber auf Distanz. Er sprach: „Wenn man noch nicht den Menschen dienen kann, wie sollte man den Geistern dienen können![21]" Mit der Existenz Gottes oder jener der Geister setzte er sich nicht auseinander. Was die Religion betrifft, so gibt es für sie stets eine Welt nach dem Tod. Konfuzius sagte: „Wenn man noch nicht das Leben kennt, wie sollte man den Tod kennen?" „Wenn man die Verstorbenen als Tote behandelt und ihnen keine Dinge opfert, ist man unmenschlich und man kann dies nicht machen. Wenn man die Verstorbenen als Lebendige behandelt und ihnen Dinge opfert, ist man unintelligent und man kann dies nicht machen." Er gab sich überhaupt nicht mit Himmel und Hölle ab. Was die Religion betrifft, gibt es in ihr immer eine Funktion und Wirkung des Betens. Konfuzius sprach: „Ich habe lange schon gebetet." „Wer gegen den Himmel sündigt, hat niemand, zu dem er beten kann." Daher hat der Geist von Konfuzius kein einziges religiöses Element an sich.[22]

Das Wesentlichste, was wir uns davon merken sollten, ist also folgendes: Obwohl Konfuzius das Wort „Himmel" auch nach einer solchen „Kopernikanischen Wende" noch gebrauchte, war dies für ihn eine bloße Gewohnheit. Bei seinen Erklärungen konnte es ihm nicht wirklich weiterhelfen. Im Gegenteil: Im damaligen Zeitalter des Rationalismus lebte man nach dem Motto „die Doktrin des Himmels ist weit weg von uns, aber die der Menschenwelt ist nah" und tendierte dazu, die Verantwortung für sämtliche der erlebten Probleme, egal wie unglaublich oder knifflig diese waren, den Wirren des echten Lebens zuzuschreiben. Vor vielen Jahren entdeckte ich, dass auf Basis dieser Rationalität eine ähnliche Vergleichbarkeit auch zwischen der Lehre von Max Weber und dem Konfuzianismus hergestellt werden kann: „Die originellen und unvergänglichen Schriften des Meisters der Soziologie, sowie die ewigen Auseinandersetzungen, die sie umgeben, eröffneten mir ein völlig neues und unabhängig funktionierendes Reich des

---

21   Lun Yu. Gespräche 1975. Übersetzt von Richard Wilhelm. Düsseldorf und Köln, S.115. Buch XI, 11.
22   Cai Yuanpei 1997: Das geistige Leben von Konfuzius, in: „Sämtliche Werke von Cai Yuanpei". Hanzhou: Zhejiang Education Press. Bd. 8, S.362.

Wissens, das nicht nur ein nebensächliches Dasein fristet, eine Untersuchung der Ontologie darstellt oder das System der Erkenntnistheorie untersucht, sondern darüber hinaus auch die aktivste Vorstellungskraft noch auszufüllen vermag und auch das eindringlichste Begriffsvermögen sich noch weiter entfalten lässt. Noch wichtiger dabei ist aber, dass es seinen ‚ultimate concern' nicht auf irgendetwas außerhalb des realen Lebens befindliches setzt. Trotzdem bildet es aber auch eine gewisse geistige Form aus, die über die Existenz hinausgeht, um damit das andauernde Spannungsverhältnis abzubilden, in welchem wir zu den Problemen der irdischen Welt stehen. Diese Denkrichtung weist damit, zumindest nach meinen eigenen Erfahrungen, zufälligerweise eine hohe Kompatibilität zu jenen Seelen auf, die tief von der konfuzianischen Kultur beeinflusst sind. Darum besteht auf jeden Fall die Möglichkeit, dass sich „Weberismus" und Konfuzianismus in gewisser Form gegenseitig anregen werden"[23]. Meine Beurteilung diesbezüglich wurde am bereits am Anfang dieses Buches erläutert.

Auch ist darauf hinzuweisen, dass in dem von Charles Taylor verfassten und zuvor erwähnten Buch „A Secular Age" nicht nur die kantische Philosophie, sondern eben auch Webers Soziologie, die von mir einem Vergleich mit dem Konfuzianismus unterzogen wurde, vom Autor zusammenfassend als einer der geistigen Ursprünge der Moderne aufgeführt wird. Außerdem gehören sowohl das von Kant erklärte Konzept der „Reife" als auch Webers „Entzauberung", die „Subtraktion" von Taylor oder auch die „Standardannahme" mysteriöser Elemente zu der gleichen humanistischen Vorstellung, der zufolge irdische Angelegenheiten innerhalb der irdischen Welt bleiben sollen und als erklärbar erkannte Angelegenheiten zu erklären seien. Die Verschiebung an unerklärbare Gottheiten wird hingegen verweigert.

Lenken wir nun unsere Aufmerksamkeit zurück auf China. Wie ich in Bezug auf dessen Phylogenetik beobachtet habe, besitzt das Schriftzeichen „tian" (Himmel) im klassischen Chinesischen vielerlei Bedeutungen, die gemeinsam den allmählich vollzogenen kulturellen Prozess der sich immer weiter von der Gesellschaft entfernenden Gottheiten abbilden: „Zuerst sei gesagt, dass das Zeichen ‚tian' nicht nur zu den ältesten Schriftzeichen gehört und in seiner Orakelschrift-Variante eine personifizierte Gottheit

---

23 Liu Dong 2001: Weber und Konfuzianismus, in: „Theorie und Geist". Nanjing: Jiangsu People's Press S.182.

darstellt, sondern im Buch der Urkunden tatsächlich in der Bedeutung von ‚Gott' verwendet wird, zum Beispiel: ‚Der Himmel (Gott) beschützt und segnet das Volk'. Diese Bedeutung von ‚tian' können wir als eine Widerspieglung der alten Religion betrachten, wie sie mit ihren schamanistischen Eigenschaften vor Beginn der Achsenzeit Bestand hatte."[24] Wenn wir mit dem Wissen um diese erste Bedeutung des Schriftzeichens nun auf die zuvor erwähnten Textstellen im Lun Yu zurückblicken, fällt es uns nicht länger schwer, uns in Konfuzius hineinzuversetzen, als dieser ohne Nachzudenken sprach: „Wer gegen den Himmel sündigt, hat niemand, zu dem er beten kann". Oder auch: „Gott hat den Geist in mir gezeugt". Bei beiden Malen handelt es sich lediglich um eine unreflektierte Verwendung umgangssprachlicher Ausdrucksformen. Aus der ersten Bedeutung entwickelte sich nach und nach und gemeinsam mit dem rationalistischen Denken dann die zweite Bedeutung. Der „Himmel" wurde zunehmend zum Objekt des Zweifels, insbesondere unter der intellektuellen Oberschicht. In den „Großen Festliedern" im „Buch der Lieder" findet sich etwa folgende Kritik: „Erhaben ist der Höchste Herr, Des Untervolk's Obwaltender. Erschrecklich ist der Höchste Herr, dessen Will' ein viel verfälscheter. [...] Der Himmel sendet Tod uns Wirren, Stets wird des Hungerns mehr verhangen. Kein Geist ist, den ich nicht verehrt, Kein Opfer, dem ich mich erwehrt, Halbzepter, Zepter sind zu Ende, Weswegen werd' ich nicht gehört?"[25] Hier zeigt sich, dass das Zeichen „Himmel", nun aus dem abwägenden Blickwinkel des Skeptizismus betrachtet, in seiner Verwendung zwar weiterhin gewisse Elemente der Personifikation enthielt, aber auf die ihm zugesprochene unbegrenzte Macht und Wohltätigkeit keine blinden Hoffnungen mehr gesetzt wurden.

Der rationale Geist breitete sich nach und nach weiter aus und man folgte der Richtung, die man zu Beginn der Zhou-Dynastie eingeschlagen hatte: „Die Stimme des Volks ist die Stimme des Himmels' und ‚Vom Himmel bestimmt wird das Schicksal'. Da die Kausalität der irdischen Welt nun schon relativ eigenständig funktionierte, musste sich der Himmel, zuvor allmächtig und für jedes erdenkliche Übel verantwortlich, langsam aber unweigerlich von der nun humanistischen Welt verabschieden und mehr und

---

24 Liu Dong 2001: Einstellung zur Natur im konfuzianischen Kulturkreis, in: „Theorie und Geist". Nanjing: Jiangsu People's Press. S.78.
25 Ebd. S.78-79.

mehr Abstand zu dieser einhalten, was ihn immer entfernter und unklarer wirken ließ. Daher wurde der Himmel bruchstückhafter und distanzierter und galt schließlich als etwas, auf das man sich nicht verlassen könne. Dies ist quasi die dritte Bedeutung von ,tian'. Weil ein solcher ,Himmel' nicht länger in der Lage war, als allwissende und allmächtige Gottheit den Menschen zu beschützen und ihn zu segnen, entfremdete er sich von den menschlichen Angelegenheiten. Daraufhin wurde der Menschen geistiges Bewusstsein erweckt, so wie es uns auch die ,Überlieferung des Zuo zur Zeit der Frühling-und-Herbstperiode' erzählt: ,Die Doktrin des Himmels ist weit weg von uns, aber die der Menschenwelt ist nah. Und darum ist die Doktrin des Himmels nicht zu erreichen.' Ein weiteres Beispiel hierfür stammt aus dem ,Buch der Urkunden': ,Auf den Himmel kann man sich nicht verlassen, ich vertraue der Moral vom Wen König von Zhou.'[26]

Ebenso ist es selbstverständlich, dass damit, dass die „Doktrin des Himmels" und jene der Menschenwelt immer weiter auseinanderdrifteten, allmählich auch der heilige Charakter des „Himmels" verschwand, so dass nur noch seine physikalische Komponente übrigblieb. In der relativen Auflösung erhielt er so gewisse natürliche Eigenschaften, womit dann die vierte Bedeutung dieses Schriftzeichens in Erscheinung trat: Nach und nach erhielt es einen Sinn wie in den westlichen Sprachen das Wort „Natur". Das heißt, es verwies nun auch auf den „Gegenstand" im Kontrast zum „Subjekt", auf verborgene objektive Eigenschaften sowie auf objektiv feststellbare Gesetzmäßigkeiten. Beispielsweise sprach Konfuzius: „Wahrlich, redet etwa der Himmel? Die vier Zeiten gehen (ihren Gang), alle Dinge werden erzeugt. Wahrlich, redet etwa der Himmel?"[27] Genauso formulierte Zhuangzi: „Den Sinn erkennen ist leicht, nicht zu reden ist schwer. Zu erkennen und nicht zu reden, das schafft die himmlische Natur in uns; zu sagen, was man weiß, dazu verführt uns unser Menschliches. Die Alten waren himmlisch gesinnt, nicht menschlich[28]."[29] Seit einer weiteren Bedeutungsentfaltung kann das Schriftzeichen „Himmel" sogar als

---

26   Ebd. S.79.
27   Lun Yu. Gespräche 1975. Übersetzt von Richard Wilhelm. Düsseldorf und Köln. Buch XVII, 19.
28   Zhuang Zi 1972: Das wahre Buch vom südlichen Blütenland. Übersetzt von Richard Wilhelm. Düsseldorf/Köln: Eugen Diederichs Verlag 1972, S.289.
29   Liu Dong 2001: Einstellungen zur Natur im konfuzianischen Kulturkreis, in: Theorie und Geist. Nanjing: Jiangsu People's Press. S.79-80.

Attribut verwendet werden, wobei es dann „von Natur aus" oder „angeboren" meint. Das Urteil des Li Houze, demzufolge Zhuangzi zur Schule der „Anti-Entfremdung" gehöre, beruht wohl auf eben dieser Bedeutung.

Interessanterweise haben sich also die Bedeutungen dieses uralten Schriftzeichens im Rahmen einer historischen Entwicklung, die wir im nächsten Kapitel noch genauer betrachten werden, vermehrt. Es ist nicht schwer sich vorzustellen, dass sich auf Ebene der tatsächlichen und unerwarteten Entwicklung die Semantik auch durch Zufall verändert. Oft genug wandelt sie sich sogar in ihr Gegenteil, so dass ein Begriff genau die umgekehrte Bedeutung erhält. Aus Sicht der historischen Sprachwissenschaft betrachtet könnte also ein Wort gegensätzliche Bedeutungen und vielerlei Sinngehalte haben, ohne dass dieser tiefsinnige und verborgene Widerspruch von den Verwendern jedes Mal wahrgenommen wird. Und in der Tat haben wir eine solche Situation eben auch gesehen, was den Gebrauch des Wortes „Himmel" durch Konfuzius angeht. Nichtsdestotrotz hindert uns dies gerade nicht daran zu urteilen, dass das Fundament, auf dem Konfuzius seine Denkrichtung errichtete, im Verzicht auf geistige Willkür und Abhängigkeiten bestand. Dies ist dann auch der Grund, weshalb er nicht über etwas reden wollte, worüber er sich selbst im Unklaren war. Auf seinen Schüler Zigong machte dies einen tiefen Eindruck, wie folgende Textstelle zeigt: „Des Meisters Reden über Kultur und Kunst kann man zu hören bekommen. Aber die Worte des Meisters über Natur und Weltordnung kann man nicht (leicht) zu hören bekommen."[30]

Betrachtet man nun den gerade erwähnten Bedeutungswandel im Kontext zuvor konstruierten speziellen Vergleichs, lassen sich interessante neue Erkenntnisse gewinnen. Die erste Veränderung, die sich daraus ergibt, ist meiner Meinung nach wie folgt: Dadurch, dass der als magisch wahrgenommene Himmel das Element der Heiligkeit, das ihm ursprünglich zu eigen war, langsam verliert und die Menschen daher nicht länger beschützen und segnen kann, und dadurch, dass jene Funktion der Natur, welche „die vier Zeiten (ihren Gang) gehen" lässt, nun der Erde zugeschrieben wird, kommen die Denker, die sich hinter nichts mehr verstecken können, nicht umhin, all ihren Mut zusammen zu nehmen und ihre alte Weltanschauung aufzubrechen und zu öffnen. Sie sind gewissermaßen gezwungen, sich

---

30   Lun Yu. Gespräche 1975. Übersetzt von Richard Wilhelm. Düsseldorf und Köln, S.67-68. Buch V, 12.

zuverlässigeres Wissen zu erwerben und aus diesem ein neues Weltsystem zu bilden, auch wenn es relativ begrenzt ist, egal ob darin eine Lücke klafft, mit anderen Worten selbst wenn eine dunkle Wolke des Zweifels über diesen neuen Himmel zieht, die jederzeit eine erschreckende oder gar tödliche Wirkung haben könnte.

Was daran besonders nachdenklich stimmt, ist die logische Erkenntnis, dass nicht nur das aufklärerische Denken Voltaires von dieser dem Konfuzianismus anhaftenden Tendenz zum Skeptizismus verstärkt wurde, sondern sogar die moderne Betrübnis von Sartre und Camus sich auf sie zurückverfolgen lässt, was uns bei unserem Neuverstehen der konfuzianischen Tradition als äußerst hilfreich erweist. Dank der von uns hergestellten Vergleichbarkeit haben wir nun erst begriffen: Das ursprüngliche Umfeld des Konfuzianismus sowie seine unentbehrliche Seite als Denksystem wurde, bewusst oder unbewusst, vergessen. Schon in dem Zeitalter, das den Konfuzianismus zur Staatsdoktrin erhob, gerieten sie in Vergessenheit, ganz zu schweigen von der Moderne, in der die alte konfuzianische Gesellschaftsordnung hinterfragt und umgestürzt wurde: Ohne genau darüber nachzudenken kritisierte man den Konfuzianismus entlang der Reductio ad absurdum. So gelangte man dann auch zu dem Urteil, er würde das menschliche Mühsal und Leiden ignorieren oder vertuschen und schrieb ihm sogar die Eigenschaft zu, jede Demütigung als psychologischen Sieg zu interpretieren. Nach und nach wurde dieses Missverständnis zur neuen „Wahrheit".[31]

Da ich meinen Standpunkt nun vorgestellt habe, wird man mir wohl beipflichten, wenn ich es genau aus diesem Grund für unbedingt erforderlich halte, dass wir uns gerade mit denjenigen Eigenschaften des Konfuzianismus, die im Allgemeinen vernachlässigt werden, gründlich auseinandersetzen. Zum einen hat er einen ähnlichen gedanklichen Ausgangspunkt wie der atheistische Existenzialismus. Zum andern wurde gezeigt, dass sich unter der weitherzigen und optimistischen Lehre des

---

31 Im Vergleich zu anderen bin ich wohl von Natur aus sehr empfänglich, was den Lebenskonflikt betrifft, nicht zuletzt weil ich zuerst über „Sensibilität" geschrieben und mich dann mit der Tragödie auseinandergesetzt habe. Dieser Punkt wollte mir daher wirklich nicht einleuchten. Aber wenn ich mich nicht zuerst mit westlicher Ästhetik befasst und danach mit Herrn Li noch die chinesische Ästhetik erforscht, den Entwicklungsprozess von Westen und China also nicht geistig nacherlebt hätte, wäre höchstwahrscheinlich auch ich zu diesem Schluss gekommen.

Konfuzius eine große Grundtrauer versteckt, welche auf seine nüchterne Erkenntnis der Begrenztheit des menschlichen Lebens zurückgeht. Dies wird klar, sobald man sich eingehend mit ihm beschäftigt und ausreichend über ihn nachdenkt. Wenn man dies nicht einsieht, so kann man seinen fleißigen Charakter, seine Betrübnis und Beklemmung sowie die darunter versteckte Sorge um die Realität und das Leben nicht erfassen.

Zu jener bedrohlichen Zeit, als man dem alten Glauben nicht mehr blind nachlaufen konnte, sprach Konfuzius angesichts der damaligen „Götterdämmerung": „Wenn man noch nicht den Menschen dienen kann, wie sollte man den Geistern dienen können!" Und: „Wenn man noch nicht das Leben kennt, wie sollte man den Tod kennen"[32]. Seine Seele war nicht gefühllos, sondern im Gegenteil ziemlich empfindsam. Darum kommentierte er das Leben mit: „So fließt alles dahin, wie dieser Fluß, ohne Aufhalten Tag und Nacht!"[33] Dies muss unser Ausgangspunkt sein, sonst können wir folgende Textstellen nicht begreifen: „Die Jahre der Eltern darf man nie vergessen: erstens, um sich darüber zu freuen, zweitens, um sich darüber zu sorgen."[34] Warum soll man sich sorgen, wenn nicht deshalb, weil die Eltern sich Schritt um Schritt ihrem Lebensende nähern und man dieser ungeheuerlichen Grenze zwischen Leben und Tod hilflos ausgeliefert ist. Natürlich wäre es möglich, dass wir uns über das Seelenleben des Konfuzius täuschen, aber wie sollen wir dann seine Trauer über den Verlust seines Lieblingsschülers verstehen? Im Lun Yu ist diese nämlich wie folgt dokumentiert: „Als Yen Hui starb, brach der Meister in heftiges Weinen aus. (Die Schüler in) seiner Umgebung sagten: »Der Meister ist zu heftig.« Der Meister sprach: »Klage ich zu heftig? Wenn ich um diesen Mann nicht bitterlich weine, um wen sollte ich es dann tun?«"[35] Das gleiche gilt für folgenden Kommentar aus dem „Buch der Riten", den er zu seinem eigenen Lebensende verfasst hat: „Wenn Tai Shan einstürzt, was soll ich mit Ehrfurcht betrachten? Wenn die Firstpfette zusammenbricht, wo soll ich wohnen? Wenn tugendhafte Leute dahinscheiden, wem soll ich nacheifern?"[36]

---

32 Lun Yu. Gespräche 1975. Übersetzt von Richard Wilhelm. Düsseldorf und Köln, S.115. Buch XI, 11.
33 Ebd., S.102. Buch IX, 16.
34 Ebd., S.62. Buch IV, 21.
35 Ebd., S.114. Buch XI, 9.
36 Das Buch der Riten: Tangong 2.

Das große Thema dieses Buchs ist damit klar geworden: Obwohl der vom Konfuzianismus errichtete geistige Himmel heller und blauer ist als der des atheistischen Existenzialismus, war der ihm als Ursprung dienende Standpunkt niemals ein blinder Optimismus. Er hat nämlich nie bestritten, dass es am Himmelsrand eine tiefe und grauenhafte Lücke der Ungewissheit gibt, aus der Wind und Regen, Blitz und Donner herunterkommen könnten. Das heißt, dass vom Standpunkt des Konfuzianismus aus betrachtet, egal wann und wo man ist und egal wie gut das Leben gerade läuft, am Rand des blauen Himmels eine unauffällige aber dunkle Wolke schwebt. Obwohl sie sich fast außer Sichtweite befindet, bedroht sie uns tatsächlich und kann uns jederzeit in ein schwarzes Loch ziehen.

Die dunkle Wolke ist dabei ein Bild für die Unbestimmtheit der Geschichte, die Zufälligkeit und Unbeständigkeit des Lebens, die Unerklärbarkeit und Unmenschlichkeit des Schicksals, die Veränderlichkeit des Lebens, die Unberechenbarkeit der Welt sowie die Vergänglichkeit schöner Landschaften und der Jugend. Des Weiteren repräsentiert sie auch die Krankheiten, welche jederzeit bei uns auftreten könnten sowie das gewisse Kommen der Todesstunde. Im Alltag erscheint sie uns ganz gewöhnlich, als ob der kleine Fleck am Rand des Himmels nicht besonders ernst zu nehmen wäre macht er uns nicht schwermütig und scheint manchmal sogar in Vergessenheit zu geraten. In Wahrheit jedoch kann sie uns jeden Augenblick heimsuchen. Sie kann zu einer roten Wolkendecke werden, in der Lage den Himmel an sich zu verbergen, oder zum Sturm, der unsere Bäume mitsamt der Wurzeln herauszureißen vermag. Ja sie kann sich sogar in den Teufel persönlich verwandeln, aus dessen aufgesperrten Mäulern das Blut trieft, unsere eben noch sonnengebadete, in Saft und Kraft stehende Welt völlig zu verheeren. Wir können also nicht umhin, zum Himmel hinaufzublicken und dabei zu seufzen: Wie zerbrechlich ist das Leben und wie grausam das Schicksal!

Wenn ich mich zurückerinnere, wies ich damals in einem Brief an Pang Pu genau in diesem Sinne darauf hin, dass Liu Xiaofeng seinerzeit leichtfertig handelte, als er sich anschickte, den Hauptinhalt des konfuzianischen Geistes in nur zwei Schriftzeichen zusammenzufassen, und schließlich „frei und ungezwungen" auswählte. Bei dieser Vorstellung handelt es sich um ein reines Vorurteil. Ich schrieb: „Es ist ohne Zweifel festzustellen, dass, so wie einst im Buch „Sein und Zeit" die Furcht oder Angst des Subjektes, in Ihrem Artikel nun auch dessen Sorge enthüllt wird, bei der es sich um eine Form von Selbstdisziplin oder Selbstsuche handelt." Dies ist ein tiefsitzender und bedeutungsschwerer Bestandteil konfuzianischen Denkens. Vor einigen Jahren beurteilte Liu Xiaofeng einmal die Tendenz der chinesischen Kultur insgesamt einfach als „frei und ungezwungen". Dies ist zwar nicht falsch, ignoriert aber fast völlig diesen Aspekt der Sorge, welche die Konfuzianer, während sie bei ihm unerwähnt bleibt, nicht einen Moment lang vergaßen.[37]

Selbstverständlich gibt es auch eine freie und ungezwungene Seite der Konfuzianer. Es lässt sich nicht leugnen, dass die Einstellung der Konfuzianer dem Leben und Tod gegenüber im Vergleich zu anderen Denkungsarten am gemäßigten ist und die meiste Selbstkontrolle aufweist. Von Meister Zengs „Deckt meine Füße auf, deckt meine Hände auf"[38] bis Meister Zhangs „Nach dem Tod bin ich in Ruhe und Frieden": Alle zeigen sie Offenheit und Befreiung, wenn es um Leben und Tod geht. Dennoch müssen wir uns vor Augen halten, dass diese seelische Ruhe Zeugnis eines hohen geistigen Niveaus ist, welches erst nach mühseligem Denken, nach angespannter Nachforschung und nach dem Erleben sämtlicher Gefahren erreicht werden kann. Diejenigen, die über sie verfügen, begegnen existenziellen Bedrohungen zwar auf Ebene der Vernunft und schätzen sie daher gering, haben aber zuerst die dunkle Wolke am Rand des Himmels erkannt und erst dann diesen seelischen Zustand der relativen Ruhe erreicht.

Vor diesem Hintergrund betrachtet, liegt wohl das wahre Kennzeichen von Reife darin, dass wir uns im Laufe unseres Daseins der Tatsache bewusst werden müssen, dass das Leben an sich auch eine grausame Seite hat. Vor nicht allzu langer Zeit zog ich einmal den Fußball als Beispiel zur Erläuterung dieser Grausamkeit heran und seufzte ratlos: „Wenn man über ein bisschen Phantasie verfügt, beginnen die Läufer auf dem Fußballplatz den Zuschauer an sich selbst zu erinnern. Innerhalb der begrenzten Spielzeit erwarten uns überall zufällige Fallen. Das Lebensende ist wahrscheinlich kaum fairer als das eines Fußballspiels. Oder werden etwa die fleißigen Leute immer mit Erfolg belohnt? Können denn die Wünsche von denjenigen mit guten Aussichten stets in Erfüllung gehen? Eingangs

---

37 Liu Dong 2001: Über Sorge und Fröhlichkeit: Briefe mit Herrn Pang Pu über Gelehrsamkeit, in: Theorie und Geist. Nanjing: Jiangsu People's Press. S.66.
38 Lun Yu. Gespräche 1975. Übersetzt von Richard Wilhelm. Düsseldorf und Köln, S.91-92. Buch VIII, 3.

die größte Gewinnwahrscheinlichkeit zu haben, garantiert dies einem, dass man sich auch am Ende noch freuen kann? Neben dem Schicksal, befürchte ich, wagt es niemand angesichts solcher Fragen zu prahlen. Statistische Wahrscheinlichkeitszahlen taugen uns kaum zur Beruhigung, da jeder von uns ja nur ein Leben hat. So wie das Ergebnis jedes Fußballspiels einzigartig ist, so sind auch die Erfahrungen jedes Individuums speziell und nicht austauschbar. Daher wird uns die Sorge um die Zufälligkeit lebenslang begleiten. Denn wenn sich die Spannung endlich löst, ist es auch schon Zeit für uns, das Spielfeld zu verlassen und uns auszuruhen."[39]

Tatsächlich war selbst Konfuzius im Laufe seines unsteten Lebens ständig mit solchen Bedrängnissen konfrontiert. Darum seufzte er so viel und monierte häufig die Grausamkeit des „Schicksals". Dies ist auch der interne Grund, weshalb der Meister selten über materiellen Vorteil und Nutzen sprach, das Schicksal und die Menschlichkeit aber betonte: „Konfuzius geriet im Süden auf dem Weg nach Chu zwischen den Staaten Chen und Cai in Not. Sieben Tage gab es kein warmes Essen außer einer Suppe aus Gänsefuß ohne ein Korn Reis. Alle [seine] Schüler machten hungrige Gesichter. Zilu trat vor und fragte: „Ich habe gehört, dass der Himmel denen, die Gutes tun mit Glück, denen, die Böses tun, mit Unheil vergilt. Nun habt Ihr, Meister, für lange Zeit Tugend angehäuft, Gerechtigkeit gesammelt und Euch um Vollkommenheit gesorgt. Warum geratet Ihr jetzt in solche Not?" Konfuzius sagte: „You, du verstehst nicht, was ich dir gesagt habe. Du glaubst wohl, dass intelligente Männer unbedingt eine Anstellung finden. Aber wurde nicht das Herz von Prinz Bigan aus dem Leibe geschnitten? Du glaubst wohl, dass loyale Männer unbedingt eine Anstellung finden. Aber dann hätte Guan Longfeng nie Körperstrafen erleiden dürfen. Du glaubst wohl, dass Männer, die Herrschern Vorhaltungen machen, unbedingt eine Anstellung finden. Aber dann hätte Wu Zixu nicht außerhalb des Osttores von Gusu aufgehängt werden dürfen. **Ob es einer gut trifft oder nicht, das hängt von der [richtigen] Zeit ab; ob einer tüchtig ist oder untauglich, das hängt von [seinem] Talent ab.** Von den Edlen, die weit gebildet sind und tiefe Pläne haben und trotzdem nicht auf die richtige Zeit treffen, gibt es viele. You, von [diesem Standpunkt aus] gesehen heißt das: Es gibt viele, die nicht die richtige Generation antreffen. Wie

---

39 Liu Dong 1996: Kunstfertigkeit des Fußballschauens, in: Bilder der fließenden Welt. Shenyang: Liaoning Education Press. S.57.

wäre ich der Einzige? Obwohl die Iris und die Orchidee im tiefen Wald wachsen, und von niemandem geschätzt werden, verlieren sie nicht ihren Wohlgeruch. Der Edle lernt nicht, um damit erfolgreich zu sein. Wenn er scheitert, dann [bringt ihn das] nicht in Bedrängnis. Wenn er Sorgen hat, dann [wird] sich sein Denken nicht mindern. Wenn er Anfang und Ende von Glück und Unglück kennt, dann wird sich sein Herz nicht beirren lassen; **ob einer tüchtig ist oder untauglich, das hängt von [seinem] Talent ab; ob einer handelt oder nicht, das hängt vom Menschen [selbst] ab.** Ob es einer gut trifft oder nicht, das hängt von der [richtigen] Zeit ab. Ob einer stirbt oder lebt, das hängt vom Schicksal ab. Nun gibt es Menschen, die nicht auf die richtige Zeit treffen. Auch wenn einer tüchtig ist, wie könnte er da handeln? Wenn er nun tatsächlich auf die richtige Zeit trifft, wie kann er dann Schwierigkeiten haben. Deshalb ist der Edle weit gebildet und [hat] tiefe Pläne, kultiviert seinen Körper und korrigiert sein Handeln, um auf seine Zeit zu warten. You, setz dich, ich habe dir etwas zu sagen: Einst hat der Sohn von Herzog von Jin, Chonger, [seine Ambitionen] Hegemon zu werden [wegen der Ereignisse] in Cao hervorgebracht. König Goujian von Yue hat [seine Ambitionen] Hegemon zu werden [wegen der Ereignisse] in Guiji hervorgebracht. Xiaobo, der Herzog Huan von Qi, hat seine Ambitionen Hegemon zu werden [wegen der Ereignisse] in Ju hervorgebracht. Die, die nicht im Versteckten wohnen müssen, denken nicht an das Fernliegende. Die, die nicht untätig sind, denken nicht an das Weite. Warum denkst du, dass ich nichts erreiche hier unterhalb von Sangluo. "[40]

Ferner gibt es Zi Xias Rede, obschon man ihre Bedeutung schon seit langer Zeit nicht mehr vollständig versteht: „Tod und Leben haben ihre Bestimmung, Reichtum und Ansehen kommen vom Himmel"[41] Im Gegensatz zum Konfuzianismus sind Daoismus und Mohismus einseitig und sehen entweder eine Aufhebung des „Schicksals" durch „menschliche Macht" oder umgekehrt eine Verneinung der „menschlichen Macht" durch das „Schicksal". Zum Glück zeigt uns Liang Qichao, der ehemalige Dozent meiner Akademie, mit einem seiner Gedichte die Weisheit: „Bei allen Dingen ist Unglück bereits im Glück verborgen, die menschliche Macht und das Schicksal beeinflussen sich im Leben gegenseitig." Einerseits führt

---

40   Xunzi 28.8: 526–7.
41   Lun Yu. Gespräche 1975. Übersetzt von Richard Wilhelm. Düsseldorf und Köln, S.122-123.

er die konfuzianische Einstellung der „Kenntnis des himmlischen Gesetzes"
weiter: „Mengzi sprach: ‚Was ohne menschliches Betreiben eintrifft, ist
sein Schicksal', d.h. es kommt auf natürliche Weise und von selbst, ohne
durch unsere Macht verursacht zu werden. Xunzi sprach: ‚Zufällig erfahre-
ne Begebenheiten heißen Schicksal'. Im Buch der Riten steht: ‚Das geteilte
Dao (Prinzip, Weg) ist das Schicksal'. Diese Stelle hat der Gelehrte Dai
Zhen (1724–1777) am ausführlichsten interpretiert: Nach ihm ist das Dao
an sich eine allgemeine Einheit, deren Teile vom Ganzen bestimmt werden.
Die einzelnen und begrenzten Teile sind daher Schicksal. Zusammenfassen
lässt sich dies, wenn man vereinfacht sagt, **dass unser Betreiben von einer
unwiderstehlichen Macht bestimmt wird, so dass wir einer Chance zufällig begegnen oder unser freies Verhalten innerhalb eines bestimmten
Umfeld begrenzt wird. Dies ist quasi das Schicksal.**"[42] Andererseits forderte er dieses „geteilte Dao" oder das „Schicksal" durch seine „menschlichen Anstrengungen" heraus. Dies erklärt dann die wichtige Bedeutung,
die hinter der Beschreibung des Konfuzius steht, laut der er derjenige sei,
„der weiß, daß es nicht geht, und dennoch fort macht". Wir werden im
nächsten Kapitel darauf näher eingehen.

Vorerst aber zurück zum Thema. Zwangsläufig erleben wir folgende
Bedrängnis: „Das Lebensende ist wahrscheinlich kaum fairer als das eines
Fußballspiels. Oder werden etwa die fleißigen Leute immer mit Erfolg belohnt? Können denn die Wünsche von denjenigen mit guten Aussichten
stets in Erfüllung gehen? Eingangs die größte Gewinnwahrscheinlichkeit
zu haben, garantiert dies einem, dass man sich auch am Ende noch freuen
kann?" Hinsichtlich solch heikler Fragen offenbarte ich in den zitierten
Texten ehemals die Einstellung des „Mitleids mit den Starken". Der Grund
dafür war, dass die „Starken" in ihrem Leben mit Sicherheit die ungewöhn-
lichere Not erlebt haben und über mehr Entwicklungsmöglichkeiten verfügen. Falls es ein „himmlisches Gesetz" innerhalb der irdischen Welt gäbe,
so müsste ihre Laufbahn eigentlich noch brillanter und vielfältiger sein.
Vom Verfassen der „Sensibilität des Westens" in meiner Jugend an bis zu
meiner Lektüre konfuzianischer Gedanken im mittleren Alter erlebte ich
stets Stress im Leben, der sich stets in dunklen Ecken versteckte. Darum

---

42 Liang Qichao 1992: Die Gesetze des Himmels kennen sowie die Anstrengung, in: Xia
Xiaohong (Hg.) „Ausgewählte Werke von Liang Qichao". Beijing: China Radio Film & TV
Press. S.499. H.d.V.

bewundere ich aus dem gleichen Grund auch die Heldenfiguren von Ernest Hemingway, obwohl sie zu den „ungelegenen Helden" zählen, so wie der mit dem Meer kämpfende alte Mann, dem am Ende nur das blanke Skelett des Marlins gegenübersteht.

Wenn wir den Mut zur Niederlage nicht hätten, wäre es uns unmöglich, sich mit genug Courage auch der dunklen Tiefenstruktur des Lebens direkt zu stellen, denn diese könnte ja ein bodenloses schwarzes Loch sein und unseren ganzen Todeskampf auf einmal verschlingen. „Wie harsch und unbarmherzig ist der Fußball, wie unberechenbar und schwierig ist das Leben! Und doch kann ich nicht anders, als mir diese heftigen Spiele anzuschauen, wenn ich von ihnen höre. Denn auch wenn man den Fußball meidet, kann man dem Leben letztendlich nicht aus dem Weg gehen. Es ist wohl besser, angesichts der sich bietenden Gelegenheit es erneut durchzukosten. Meiner Ansicht nach ist es ein Training des Willens, das uns jedem Lebensende ruhig und gelassen gegenüberstehen lässt. Wenn ich ein Wagnis eingehen und innerhalb meines begrenzten Lebens eine bestimmte Angelegenheit durchführen möchte, dann sollte ich auch den Entschluss dazu fassen und bereit sein, jeden unerwarteten Rückschlag zu erleben und auch die totale und irreversible Niederlage zu akzeptieren. Ich bin sicher nicht wie jene wilden Fußballfans, die mit vergeblichem und gar verbrecherischem Verhalten gegen die Ungerechtigkeiten des Zufalls ankämpfen. Im Gegenteil bin ich jederzeit bereit, mit Ruhe und Gelassenheit auch der kältesten Neckerei des Schicksals ins Auge zu sehen. Solange der Abpfiff noch nicht ertönt ist, werde ich mit Leib und Seele spielen. Auch wenn ich den ersten Preis gewänne, so hielte ich mich doch gewiss nicht für einen Teil der erfolgreichen Elite. Und gelänge dies nicht, so hätte ich schon längst damit gerechnet. In jedem Fall kann ich mit Anstand verlieren!"[43] Wenn man an die Vergangenheit und die Zukunft denkt, wie viel Kämpfe mit dem Schicksal sind dann enthalten in dem Sprichwort: „Der Mensch denkt, Gott lenkt"!

Selbstverständlich wirkt es ironisch und merkwürdig, dass Hemingway zwar Heldenfiguren schuf, selbst aber eine verletzbare und weiche Seite hatte. Ansonsten hätte er sein Leben nicht selbst beendet. Außerdem habe ich bemerkt, dass er in den frühen Jahren seiner literarischen Laufbahn seine Einstellung zum Thema Leben und Tod schon in einer seiner Erzählungen

---

43   Liu Dong 1996: Kunstfertigkeit des Fußballschauens, in: „Bilder der fließenden Welt". Shenyang: Liaoning Education Press. S.58.

geäußert hatte: „»Sie haben Recht«, sagte Wilson. »Das Schlimmste, was er tun kann, ist, dass er einen tötet. Wie geht es noch? Shakespeare. Verdammt gut. Pflegte es mir seiner Zeit selber vorzuzitieren. Warten Sie. »Meiner Treu, was geht's mich an; ein Mann kann nur einmal sterben; wir schulden Gott einen Tod, und wie's auch gehen mag, wer dieses Jahr stirbt, braucht's im nächsten nicht mehr zu tun.« Verdammt schön, was?«"[44]

Zählt Hemingway nun zu den Starken oder zu den Schwachen? Wurde er letzten Endes vom Schicksal überwältigt oder hat er bloß eine Niederlage eingesteckt? Nach welchem Motto sollen wir das Leben, so wie es nun einmal ist, denn jetzt betrachten: Ein „langes Lied als Weinen", oder ein „langes Weinen als Lied"? „Wem schlägt die Stunde" oder „Wer schlägt die Stunde"? Bedauerlicherweise können wir dergleichen Fragen dem Autor niemals stellen. Es scheint mir unumgänglich, dass wir uns der Grundtrauer gegenüberstellen und dabei eine heroische Tragik, Verlassenheit und Undurchsichtigkeit zu empfinden.

---

44 Ernest Hemingway 1954: Das kurze glückliche Leben des Francis Macomber. 49 Stories. Hamburg: Rowohlt Verlag. S.34.

Fünftes Kapitel

Sorglos durch Eifrigkeit

> Die Chinesen schlagen ihre Götzenbilder, wenn ihre Gebete
> nicht erhört werden[1].
>
> David Hume: Die Naturgeschichte der Religion

Neben der „Kenntnis vom Gesetz des Himmels" und dem „Fleiß" müssen
wir besonders auf das Begriffspaar „Eifrigkeit" und „Sorglosigkeit" achten,
die für das Erreichen einer wesentlichen und feinsinnigen Lebensbalance
genauso unverzichtbar sind. Wenn eines dieser beiden Segmente vernachlässigt wird, tendieren wir entweder zum Nihilismus oder zum Dogmatismus.
Der Grund hierfür liegt im Empfinden heroischer Tragik und Verlassenheit
sowie in der Enttäuschung, die wir angesichts des Schicksals verspüren.
Einerseits zeugt das Aufkommen solcher Gefühle zwar davon, dass unser
Lebenszustand schon einen gewissen Grad an Reife erreicht hat, andererseits führen sie aber unvermeidlich zum Verlust des „ultimate concerns".

Rufen wir uns also noch einmal die Stelle aus dem „Buch der Lieder" in
Erinnerung, die hier bereits zitiert wurde: „Der Himmel sendet Tod uns
Wirren, Stets wird des Hungerns mehr verhangen. Kein Geist ist, den ich
nicht verehrt, Kein Opfer, dem ich mich erwehrt, Halbzepter, Zepter sind
zu Ende, Weswegen werd' ich nicht gehört?" Solcherlei Klagen führten tatsächlich zum vor der Qin-Dynastie verbreiteten Skeptizismus und sogar

---

1 David Hume 1984: „Die Naturgeschichte der Religion". Übersetzt und herausgegeben
von Lothar Kreimendahl. Hamburg: Felix Meiner Verlag. S.15.

zur Entstehung des Rationalismus:

> Hoch schimmert die Milchstraße her,
> Und dreht' am Himmel sich mit Prangen,
> Da sprach der König: Wehe, weh!
> Was haben wir jetzt Lebenden begangen?
> Der Himmel sendet Tod uns Wirren,
> Stets wird des Hungerns mehr verhangen.
> Kein Geist ist, den ich nicht verehrt,
> Kein Opfer, dem ich mich erwehrt,
> Halbzepter, Zepter sind zu Ende,
> Weswegen werd' ich nicht gehört?
>
> Die Dürr' ist über Maßen groß;
> Stets wächst des heißen Dunstes Wallen.
> Kein reines Opfer ward versäumt
> Vom Grenzherd bis zur Ahnenhallen.
> Auf-, abwärts opfert' ich, grub ein;
> Ohn' Ehren blieb kein Geist von allen.
> Doch auch Héu-tsĭ vermochte nichts;
> Dem Höchsten Herrn hat nichts gefallen.
> Des Landes Schwinden und Vergeh'n,
> O wär's auf mich allein gefallen!
>
> Die Dürr' ist über Maßen groß,
> Ich kann's nicht von mir wälzen wollen.
> Ich bin erschrocken, bin entsetzt,
> Wie beim Gekrach', beim Donnerrollen
> Vom Rest aus Tschēu's schwarzhaar'gem Volk
> Wird auch nicht Einer bleiben sollen.
> Vor'm Höchsten Herrn in Himmelshöh'n
> Werd' ich ja selbst nicht bleiben sollen.
> Wie fürchteten wir alle nicht,
> Daß auch die Ahnen bald verschollen?[2]

(Buch der Lieder, Große Festlieder: König Siuan's Klagelied über die Dürre)

---

2 Übersetzung von Victor von Strauß, 1880: „Schi-king–Das kanonische Liederbuch der Chinesen". Heidelberg.

Die aus dieser Haltung entstandene geistige Tradition führte durch die Pfadabhängigkeit dazu, dass ähnliche Volkslieder auch mehrere Jahrtausende später weiterhin in China verbreitet sind. Professor Chao Yuen Ren, ein ehemaliger Dozent meiner Akademie, dichtete noch im letzten Jahrhundert ein modernes Lied zu diesem Thema:

> Du lieber Himmel, man mag meinen,
> Das hohe Alter mache dich schwach!
> Dein Aug' ist trüb, hast taube Ohren.
> Denn keinen siehst du, hörest auch nichts.
> Wer Menschen ermordet und Brandschatzen treibt,
> Der genießt dann in Fülle die Herrlichkeit.
> Wer Sutren aufsagt, vegetarisch sich nährt,
> Der wird sicher von Hunger, Gewalt verheert.
> Du lieber Himmel, man mag meinen,
> Du kannst kein rechter Himmel mehr sein,
> Zerfallen magst du und nieder mit dir!
> Du kannst kein rechter Himmel mehr sein,
> Zerfallen magst du und nieder mit dir![3]

Betrachtet man diese beiden Lieder, kann man sich leicht vorstellen, wie jemand, der mit Theorie und Denkrichtung Immanuel Kants vertraut ist, angesichts dieser sich über tausende Jahre hinweg erstreckenden Inspiration für die Musik folgenden Schluss zieht: Je mehr eine transzendente Existenz als ultimative Ursache innerhalb einer Erkenntnistheorie ins Wackeln gerät, desto wichtiger werden Fragen der ethischen Fairness und Gerechtigkeit in der irdischen Welt, da vermehrt diese eine zentrale Rolle dabei spielen, ob die Seele der Menschen beruhigt werden kann oder nicht. Obwohl es also zunächst so scheint, als würden Erfolg oder Misserfolg in der moralischen Praxis einerseits und die Beurteilung der Metaphysik andererseits zu zwei sehr unterschiedlichen Bereichen der Philosophie gehören, besteht in Wahrheit zwischen beiden ein wichtiger seelischer Zusammenhang.

Schnell klar wird dies, wenn wir ein Beispiel aus der anderen Waagschale unseres Kulturvergleichs betrachten: Kaum hatte man im Westen den Triumph der Aufklärung verkündet, als man auch schon ihre negativen

---

3 Aina Jushi 1984: „Plaudereien in der Bohnenlaube". Interpunktion und Überprüfung von Zhang Min. Beijing: People's Literature Press. S.117.

Effekte erkannte. Es ist auch heute noch bewegend zu lesen, dass sowohl Voltaire als auch Kant damals von einer Sorge um den Zusammenhang von Glauben und Moral umgetrieben wurden. Zweifelsohne zerbrachen sich die beiden keinesfalls unnötig den Kopf darüber, und ihre Furcht war alles andere als unbegründet. Denn innerhalb dieser bestimmten Zivilisation, die sich durch eine lange Tradition der Abhängigkeit von Religion auszeichnet, erscheint die Frage, ob Gott weiter existieren soll, nur auf den ersten Blick als eine bloße Frage der Erkenntnistheorie, die tatsächlich aber das Potenzial hat, die öffentliche Moral umzustoßen. Obwohl sie also wie eine Frage der Transzendenz aussieht, berührt sie doch das Erfahrungsumfeld der Menschen und schadet sogar der gesellschaftlichen Grundlinie.

Aus diesem Grund gibt uns Kant, der seine „Religion" mithilfe einer alternativen Logik zu beweisen versuchte, das Argument einer „Religion innerhalb der Grenzen der bloßen Vernunft". Die Logik dahinter ist, dass er, um die moralischen Regeln zu bewahren, die Funktionsweise der Erkenntnis stellenweise aufheben musste, um für den Glauben Platz zu schaffen. Zumindest teilweise hat er also sein aufklärerisches Prinzip verleugnet, indem er dessen Ausweitung Grenzen setzte. Dieses interessante, aber versteckte Geheimnis der Aufklärung können wir gut in Terry Eagletons Formulierung erblicken:

> Ein klares Dilemma also. Man konnte sich für ein politisch gebändigtes Volk entscheiden, dessen rückwärtsgewandte religiöse Ansichten den eigenen Glauben an die Universalität der Vernunft implizit in Frage stellten. Oder man konnte auf eine vernünftige Bürgerschaft setzen, die den eigenen Glauben an die Reichweite der Vernunft stützte, allerdings mit dem Risiko potenzieller politischer Unzufriedenheit. Sollten die Gelehrten sich selbst als Avantgarde sehen, als Hüter von Wahrheiten, die irgendwann allen Menschen zur Verfügung stehen würden, oder als eine Elite, die die Wahrheit vor den Massen schützte?
>
> „Mutig diskutierten sie über den Atheismus", bemerkt Carl Lotus Becker mit scharfer Zunge über einige Denker der Aufklärung, „aber nicht vor den Ohren der Dienerschaft." Voltaire war bekannt für seine Nervosität bezüglich der Wirkung seiner eigenen Heterodoxie auf seine Bediensteten. Religion war für ihn wie auch für viele seiner Kollegen ein nützliches Werkzeug zum Erhalt der Moral und damit der gesellschaftlichen Harmonie. Die Aufklärung sehnte sich

theoretisch nach universeller Erleuchtung, wünschte sich in der Praxis aber etwas ganz anderes.[4]

Dies gilt freilich nicht nur für Voltaire, denn von Heinrich Heine kennen wir den Kommentar über Kant, dass dieser, um von seinem Diener Lampe weiterhin loyale Bedienung zu erhalten, diesem gegenüber seinen Deismus beibehielt, obwohl er diesem eigentlich mit seiner „Kritik der reinen Vernunft" bereits den Garaus gemacht hatte: „Der alte Lampe muss einen Gott haben, sonst kann der arme Mensch nicht glücklich sein – der Mensch soll aber auf der Welt glücklich sein–das sagt die praktische Vernunft – meinetwegen – so mag auch die praktische Vernunft die Existenz Gottes verbürgen"[5]. Auch wissen wir, dass Friedrich Nietzsche, der „Gott ist tot" behauptete, aus seiner entschlossenen Leugnung der Religion heraus und um die Autonomie des souveränen Individuums zu beschützen sich auch gegen den von Kant angepriesenen sogenannten „kategorischen Imperativ" aussprach: Ein Wort noch gegen Kant als Moralist. Eine Tugend muß unsre Erfindung sein, unsre persönlichste Notwehr und Notdurft: in jedem andern Sinne ist sie bloß eine Gefahr. Was nicht unser Leben bedingt, schadet ihm: eine Tugend bloß aus einem Respekts-Gefühle vor dem Begriff »Tugend«, wie Kant es wollte, ist schädlich. Die »Tugend«, die »Pflicht«, das »Gute an sich«, das Gute mit dem Charakter der Unpersönlichkeit und Allgemeingültigkeit – Hirngespinste, in denen sich der Niedergang, die letzte Entkräftigung des Lebens, das Königsberger Chinesentum ausdrückt. Das Umgekehrte wird von den tiefsten Erhaltungs- und Wachstumsgesetzen geboten: daß jeder sich seine Tugend, seinen kategorischen Imperativ erfinde. Ein Volk geht zugrunde, wenn es seine Pflicht mit dem Pflichtbegriff überhaupt verwechselt. Nichts ruiniert tiefer, innerlicher als jede »unpersönliche« Pflicht, jede Opferung vor dem Moloch der Abstraktion. – Daß man den kategorischen Imperativ Kants nicht als lebensgefährlich empfunden hat!... Der Theologen-Instinkt allein nahm ihn in Schutz![6]

---

4   Terry Eagleton 2014: Der Tod Gottes und die Krise der Kultur. München: Pattloch. S.40.
5   Heinrich Heine 1972: „Werke und Briefe in zehn Bänden". Band 5. Berlin und Weimar. 2. Aufl.
6   Friedrich Nietzsche 1954: „Der Antichrist–Fluch auf das Christentum". München: Hanser. S.11.

Egal wie inspirierend Nietzsches schonungslose Kritik am Christentum und seine wiederholte abschätzige Behandlung der westlichen Werte gewesen sein mag, musste man, angesichts der negativen Effekte, welche durch die Aufklärung bereits ausgelöst wurden, doch unweigerlich meinen, dass, sobald sich die Menschen von der verrückten Vorstellung einer Eingeschränktheit durch ursprüngliche moralische Regeln befreien würden, sich mit Sicherheit auch das Fundament der westlichen Gesellschaft auflösen und sogar die westliche Zivilisation insgesamt bedeutenden Schaden davontragen werde. Trotzdem sah Nietzsche keine Notwendigkeit, zur Religion zurückzukehren. Im Gegenteil hatte er sehr viel Verachtung für diejenigen übrig, die „ignorant" oder „unanständig" genug waren, um sich in die Obhut der Religion zurückzubegeben:

> Es gibt Tage, wo mich ein Gefühl heimsucht, schwärzer als die schwärzeste Melancholie – die Menschen-Verachtung. Und damit ich keinen Zweifel darüber lasse, was ich verachte, wen ich verachte: der Mensch von Heute ist es, der Mensch, mit dem ich verhängnisvoll gleichzeitig bin. Der Mensch von Heute – ich ersticke an seinem unreinen Atem... Gegen das Vergangne bin ich, gleich allen Erkennenden, von einer großen Toleranz, das heißt großmütigen Selbstbezwingung: ich gehe durch die Irrenhaus-Welt ganzer Jahrtausende, heiße sie nun »Christentum«, »christlicher Glaube«, »christliche Kirche«, mit einer düsteren Vorsicht hindurch – ich hüte mich, die Menschheit für ihre Geisteskrankheiten verantwortlich zu machen. Aber mein Gefühl schlägt um, bricht heraus, sobald ich in die neuere Zeit, in unsre Zeit eintrete. Unsre Zeit ist wissend... Was ehemals bloß krank war, heute ward es unanständig – es ist unanständig, heute Christ zu sein. Und hier beginnt mein Ekel.[7]

Durch das hier beschriebene Dilemma der westlichen Lebenseinstellung können wir nun erkennen, von welcher Bedeutung die Erschaffung der Werte durch Konfuzius gewesen ist. Zumindest lässt sich sagen, dass das wesentlichste Element seines Wertesystems in dieser Rückfrage liegt: „Riten heißt es, Riten heißt es: wahrlich, heißt das denn Edelsteine und Seide?" Sowie in diesem Hinweis: „Ist denn die Sittlichkeit gar so fern? Sobald ich die Sittlichkeit wünsche, so ist diese Sittlichkeit da.". Mit diesen zwei Aussprüchen bewirkte er quasi eine substanzielle Verwandlung der

---

7 Friedrich Nietzsche 1954: Der Antichrist–Fluch auf das Christentum. München: Hanser. S.37.

moralischen Regeln, die eine Gesellschaft für ihre Funktion jederzeit benötigt. Aus einer negativen Einschränkung durch eine äußere und transzendente Ursache wurde ein aktives Potenzial mit innerer Ursache. Auf diese Weise veränderte sich die Grundlage der moralischen Praxis, weg von einer Überwachung und Behütung durch Gott und hin zu einer Selbstprüfung und -reflexion durch den Menschen mittels Mitleid und -gefühl. Wenn man also von der „Reife" spricht, nach der sich Kant sehnte, kann die spezielle Lebensintelligenz des Konfuzius als „Frühreife" bezeichnet werden, auch, da sie tatsächlich über deren Merkmale verfügt. Genau diese frühe oder vielmehr rechtzeitige „Reife", oder anders formuliert die besondere Eigenschaft der „Unbefangenheit und Standhaftigkeit", bildet das geistige Wesensmerkmal der späteren Chinesen und daraufhin auch die spezielle Grundlage, auf der diese ihre Zivilisation errichteten:

> Ich wurde einmal überraschend gefragt, wie ich den Satz „am Anfang ist der Mensch gut" beurteile. Ich habe dann geantwortet: „Versuchen Sie bloß nicht, ihn mit Erfahrungswerten wissenschaftlich auszutesten. Es handelt sich nämlich bloß um eine kulturelle A-Priori-Suggestion, womit er auch dem A-Priori-Verständnis zuzurechnen ist. Dieses wird von jeder Zivilisation im Voraus errichtet und gründet auf einer Erkenntnis des Individuums, die im Verborgenen liegt. Wenn man wirklich gründlich nach dem erhofften Resultat dieser Suggestion sucht, sollte man es in den vergangenen oder zukünftigen historischen Prozessen umgesetzt finden. Anders gesagt ist es trotz des Bestehens dieser kulturellen Suggestion sehr wahrscheinlich, dass auch Ausnahmen auftreten, wo ihre erzieherische Wirkung versagt hat. Aber auch wenn man meint, in einzelnen Fällen den Beweis dafür entdeckt zu haben, dass der Mensch von Natur aus böse ist, so gehören doch die meisten Menschen nicht zu den Ausnahmen, sondern sind von dieser Suggestion namens ‚der Mensch ist von Natur aus gut' beeinflusst. Darum können wir eine Gesellschaft vorweisen, die im Großen und Ganzen harmonisch und geordnet ist."[8]

Interessanterweise ging man in der Moderne, trotz der damals starken Neigung hin zur Verhaltensforschung, einfach davon aus, es handle sich bei dem Satz „am Anfang ist der Mensch gut" um eine optimistische

---

8 Liu Dong 2014: Nach dem Verlust der Sittlichkeit sucht man sie im Volk–Vernünftige Gedanken nach der Popularität der Sinologie, in: „Die Eisscholle des Denkens". Shanghai: Shanghai People's Press. S.154.

Hypothese. Allerdings zeigt uns die neuere Forschung, dass die damalige Wissenschaft diesen Bereich noch nicht einmal ansatzweise untersucht hatte. Würden uns Untersuchungen, wie sie etwa im Zitat weiter unten erwähnt werden, endlich überzeugende Beweise liefern, könnte dies wohl als starke Begründung für so manche in den Klassikern zu findende Textstelle herhalten. So heißt es etwa im Buch der Lieder: „Der Himmel schafft das viele Volk; Gibt's Etwas, gibt's Gesetz dafür; Und was das Volk als Ew'ges hält, Dies lieben, das ist Tugendzier"[9]. Im Buch Mengzi heißt es: „Liebe, Pflicht, Schicklichkeit und Weisheit sind nicht von außen her uns eingetrichtert, sie sind unser ursprünglicher Besitz, die Menschen denken nur nicht daran"[10]. Diese beiden Zitate sind keineswegs einfach erfunden und erdichtet, sondern gehen ganz im Gegenteil einer möglichen Wahrheit nach, von der unsere Herzen schon immer still und heimlich berührt wurden.

> In dieser Hinsicht stehen Ethik und Wissenschaft, das „Sollen"
> und das „Sein", in direkter Beziehung zueinander, zumindest insofern, als die Ethik überhaupt keinen Sinn machen würde, wenn
> die Natur uns von Natur aus zu moralischen Grundsätzen und
> Verhaltensweisen unfähig macht. Aber wir alle, selbst die größten
> Zyniker, haben Beweise dafür, dass wir nicht unfähig sind, und daher muss die Erklärung entweder in Bezug auf das Übernatürliche
> kommen, eine eher traditionelle Antwort, die sogar Alfred Russel
> Wallace, der Mitentdecker der natürlichen Selektion, in Bezug auf
> das Vorhandensein von menschlichem Bewusstsein und Geist akzeptierte; oder es gibt etwas in der Natur des natürlichen Prozesses,
> das ohne transzendentale Hilfe das Ethische möglich macht. Wir
> wissen, wie Darwin zu dieser Frage stand. De Waal legt überzeugend
> dar, dass das Studium der Primaten eindeutige Beweise dafür liefert,
> dass das Ethische in den evolutionären Prozess eingebaut ist. Sie ist
> mit Sicherheit in die Natur der Primaten eingebaut. Die Natur, so
> scheint es, ist nicht nur, aber auch nicht nur, zähneknirschend, auch
> wenn - wie Richard Dawkins uns gerne in Erinnerung ruft - in dem
> Augenblick, in dem Sie dies lesen, Millionen von Lebewesen verfolgt, verschlungen, zerstört und brutalisiert werden.[11]

---

9   Buch der Lieder. Übersetzung von Victor von Strauß 1880 als: Schi-king Das kanonische Liederbuch der Chinesen. Heidelberg.

10   Mengzi. Übersetzung von Richard Wilhelm. Buch VI, Abschnitt A, 6.

11   George Levine 2011: Introduction, in: „The Joy of Secularism: 11 Essays for How We Live Now". Princeton and Oxford: Princeton University Press. S.20.

Auch wenn dies noch nicht genügt, so können wir immerhin noch eine Begründung aus sprachwissenschaftlicher Perspektive heranziehen, auch wenn diese etwas schwächer ausfällt: So lässt sich nämlich anmerken, dass es sich der „Sprechakttheorie" von John Austin zufolge bei unseren Sprechhandlungen, und dies schließt selbst den Gebrauch moralischer Sprache mit ein, um bestimmte, mit einer Absicht verbundene Taten handelt, die über einen performativen Aspekt verfügen und daher in der Lage sind, die Realität zu verändern und kulturelle oder historische Fakten zu erzeugen. Und in der Tat weise ich unermüdlich auf die vom Konfuzianismus geschaffenen kulturellen und historischen Fakten hin, die ich klar und deutlich vor Augen habe, was ich einmal wie folgt formuliert habe:

Die positiven und negativen Seiten der chinesischen Geschichte, insbesondere jene der gegenwärtigen historische Entwicklungen, erteilen uns eine bittere Lektion: Einerseits war die chinesische Gesellschaft auch mit der positiven Beschränkung, Standardisierung und Lenkung, die sie der konfuzianischen Lehre zu verdanken hatte, nicht einwandfrei; Andererseits wäre sie aber ohne diese positive Beschränkung, Standardisierung und Lenkung nichtsnutzig gewesen![12]

Vergegenwärtigt man sich den Prozess der französischen Säkularisierung, dann kann man erkennen, dass der von Sartre und Camus ausgelöste gesellschaftliche Wandel nicht zufällig geschah. Gleichsam war die vor der Errichtung der Qin-Dynastie in China erfolgte „humanistische Revolution" nicht nur ein erheblicher gesellschaftlicher Umbruch, sondern auch eine folgerichtige Entwicklung. Das heißt, dass es für Konfuzius, egal wie kreativ seine Transformation der Gesellschaft auch sein mochte, erforderlich war, die damalige Tradition aufzugreifen. Deshalb heißt es von ihm, er habe eine „Liebe für das Altertum" gezeigt und „nur die Doktrin der Vorfahren" beschrieben, „ohne seine eigenen Gedanken hinzuzufügen". Folgt man den Regeln der westlichen Wissenschaft, scheint es wohl unglaublich oder unvorstellbar, dass seine „milden, einfachen, ehrerbietigen, mäßigen und nachgiebigen" Worte von einer solchen allgewaltigen Performativität waren. Betrachtet man aber den sprachgeschichtlichen Kontext, erscheint es uns nur natürlich und sogar alternativlos. Denn wie bereits erläutert existierten

---

12 Liu Dong 2014: Nach dem Verlust der Sittlichkeit sucht man sie im Volk–Vernünftige Gedanken nach der Popularität der Sinologie, in: „Die Eisscholle des Denkens". Shanghai: Shanghai People's Press. S.155.

für Konfuzius im Himmel keine konkreten, personifizierten Götter mehr, aber die „Heiligkeit", von der man sich schon in der Vorzeit eine Vorstellung gemacht hatte und die eigentlich dem Menschen selbst hätte zueigen sein sollen, verblieb dennoch in der menschlichen Welt. In diesem Sinne lässt sich daher sagen, dass die von Konfuzius verkündete Transformation des Wertesystems genau zur richtigen Zeit erfolgt ist.

Wenn wir uns in den emotionalen Zustand zurückversetzen, der zur Zeit des damaligen Umbruchs geherrscht hat, können wir uns folgendes gut vorstellen: Wenn Konfuzius seinerzeit eine andere Wahl getroffen hätte, wenn er, so wie andere Heilige und Philosophen dies taten, eine Religion als Lösung für die Probleme einer bereits im Zerfall begriffenen Religion gewählt hätte, dann wäre ein solcher Weg der Restauration oder Reformation für die Leute damals vielleicht einfacher zu akzeptieren gewesen. Allerdings wäre der auf einer Kultur der Rationalität gründende Geist dann nicht schon so früh zur „Reife" gekommen. Auch dieser Punkt ist mir eine große Inspiration: Im Westen zögerte man die Schwächung beziehungsweise Beseitigung der Religion bis in die Moderne hinaus und erlebt daher gerade eine starke Schwerelosigkeit, Einsamkeit und Hilflosigkeit. Dies aber sind die unabdingbaren kulturellen Konsequenzen, die der Westen damit auf sich zog, dass er sich damals der Illusion hingab, dem Leben mithilfe von Religion einen Sinn geben zu können.

Ebenso zu denken geben muss uns die Tatsache, dass, offen gesagt, der trübe Anblick, den Europa seit den beiden Weltkriegen abgibt, tatsächlich wie eine der erschreckenden Welten aus der Feder von Baudelaire oder Kafka anmutet. Aber vor dem Hintergrund der gesamten Zivilisationsgeschichte betrachtet ist dies eigentlich doch eine anormale Ausnahme. Daher sollten wir diese deprimierende Einstellung nicht als allgemeingültigen geistigen Zustand oder sogar als tiefsinnige und unverzichtbare Gesinnung betrachten, nur weil der Westen derzeit eine große Ausdehnung und ein fortschrittliches Niveau erreicht hat. Vielmehr sollten wir folgendes begreifen: Aufgrund des extrem abnormalen Sprachkontextes geschah es, dass Sartre und seine Mitstreiter zwar auf einem ähnlichen Ausgangspunkt standen wie seinerzeit einst Konfuzius, inmitten der verzerrten Atmosphäre und vermutlich irrtümlicherweise aber eine völlig andere geistige Richtung einschlugen als dieser.

Weil sie im Skeptizismus befanden, hatten sie keine Vorausbedingung mehr, sich dem Himmel und seinem Schicksal zu überlassen. Darum warteten sie nicht mehr passiv, mussten sich aktiv in das Leben einmischen. Dafür sollten zuerst allen Mut und zusammennehmen und alle Hoffnung erheben. Darum sagte Sartre in seinem letzten Gespräch über Philosophie: „Seit 1945 habe ich immer mehr gedacht - und derzeit denke ich das ganz genau -, dass ein wesentliches Merkmal der unternommenen Handlung, wie ich dir vor einer Weile gesagt habe, die Hoffnung ist. Und Hoffnung bedeutet, dass ich eine Handlung nur dann vornehmen kann, wenn ich damit rechne, dass ich sie auch verwirklichen werde. Und ich glaube nicht, wie ich dir sage, dass diese Hoffnung eine lyrische Illusion ist, sondern sie liegt in der Natur der Handlung selbst. Das heißt, dass die Handlung, die gleichzeitig Hoffnung ist, nicht prinzipiell zum absoluten und sicheren Scheitern verurteilt sein kann. Das bedeutet nicht, dass es den Zweck notwendig verwirklichen muss, aber es muss sich in einer Verwirklichung des als Zukunft gesetzten Zwecks darstellen. Und es gibt eine Art Notwendigkeit in der Hoffnung."[13] Nur in diesem Sinne lassen sich Aussagen wie die folgende verstehen: „Diese Bücher von Sartre vermitteln uns einen mehr oder weniger verhaltenen Optimismus, gewiss, aber dennoch zu einem Optimismus. Handeln, freiwillige Entscheidungen, Freiheit sind präsente und letztlich siegreiche Größen."[14]

Sartres Einstellung „trotz allen Kummers noch Anlässe zur Freude finden" lässt sich auch in seiner Trauerrede von Camus erkennen: "Selten haben die Anlage eines Werkes und die Erfordernisse des geschichtlichen Augenblicks so eindeutig verlangt, dass ein Schriftsteller am Leben bleibe. Für alle, die ihn liebten, liegt in diesem Tod etwas unerträglich Absurdes. Aber wir werden lernen müssen, dieses verstümmelte Werk als ein Ganzes zu sehen. In dem selben Maß, wie der Humanismus Camus' eine menschliche Haltung gegenüber dem Tod einschließt, der ihn nun eingeholt hat, in dem selben Maß, wie seine stolze Suche nach dem Glück auch die unmenschliche Notwendigkeit des Sterbens enthielt und voraussetzte, werden wir in diesem Werk und in dem Leben, das unzertrennbar damit verbunden ist, den reinen, siegreichen Versuch eines Menschen erkennen, jeden

---

13 Benny Lévy, Jean-Paul Sartre 1991: L'espoir maintenant. Les entretiens de 1980, Lagrasse verdier. S.25.
14 Laurent Gagnebin 2003: Sartre et L'espoir, in: Autres Temps. Cahiers d'éthique sociale et politique. N°76-77. S.156.

Augenblick seines Lebens seinem künftigen Tod abzubringen".[15] Diese Seltenheit findet doch ihresgleichen, man gleicht nahezu mit dem Gleichen Ton Sartres Figur vor dem Tod aus: „Ungeduldige Leser gehen davon aus, dass Sartre eine melancholische Person sei [...] Es war die Leere, die ihn beunruhigte [...] Hieß denn sein ‚Ekel' nicht lange Zeit ‚Melancholie'? Doch der Verlag Éditions Gallimard lehnte diesen romantischen aber trübsinnigen Buchtitel von Anfang an ab. Es ist dies aber nur der Schein, denn Merleau-Ponty berichtete erstaunlicherweise aus der Erinnerung, dass Sartre in Wahrheit ein Sanguiniker gewesen sei, dass er voller Energie war und seine Stimme wohlklingend und kraftvoll wie die eines Tenors. Es sei bei ihm kein bisschen melancholischer Trübsinn zu sehen gewesen."[16]

Theoretisch gesehen ist so eine Einstellung eigentlich überhaupt nicht verwunderlich. Betrachtet man nämlich die logischen Auswahlmöglichkeiten, die sich einem eröffnen, sobald man sich entschlossen hat, wie Konfuzius „niemals über Zauberkräfte und widernatürliche Dämonen"[17] zu sprechen, dann gibt es im negativen Sinne keinerlei äußerliche Beherrschung zur Unterdrückung des Subjektes mehr. Es kann dann quasi alles tun, solange es dies möchte. Im positiven Sinne gibt es dann neben den eigenen Taten nichts mehr, in das man irgendwie Hoffnungen oder Erwartungen setzen könnte. Dies führt, was den Zustand des eigenen Lebens betrifft, unvermeidlich zu Akzeptanz und Enthusiasmus.

Daraus ist zu erkennen, von welch wesentlicher Bedeutung die zuvor erreichte Vergleichbarkeit zwischen Konfuzianismus und Existenzialismus für uns ist. Denn nur in diesem Zusammenhang gelingt es uns, der Denklogik zu folgen und dabei folgendes zu entdecken: Im positiven Sinne waren beide Seiten mit einer Standardannahme bezüglich transzendenter Existenzen konfrontiert, angesichts derer sie unumgänglich eine positive Neuorientierung durchführten, was sich auch auf ihre jeweilige Gesellschaft auswirkte. Allerdings fällt, im Vergleich zu den durchweg positiven Ansichten des Konfuzius, Sartres „absurder Optimismus" aufgrund der Einschränkungen, denen er aufgrund des dunklen sprachlichen Kontexts der französischen Moderne unterliegt, weitaus pessimistischer

---

15 Jean-Paul Sartre 1971: Porträts und Perspektiven. S.102-104.

16 Bernard-Henri Lévy 2005: „Sartres–Der Philosoph des 20. Jahrhunderts". Übersetzt ins Chinesische von Yan Suwei. Beijing: The Commercial Press. S.51.

17 Lun Yu. Gespräche 1975. Übersetzt von Richard Wilhelm. Düsseldorf und Köln. Buch VII, 20.

und beunruhigender aus. Manchmal kämpfte er geradezu mithilfe von „Absurdität" gegen das „Absurde".

Gleichzeitig sind beide Denkrichtungen immerhin im negativen Sinne gleichbedeutend, denn für Sartre wie für Konfuzius trifft zu, was im Lun Yu der Türmer spricht: »Ist das nicht der (Mann), der weiß, daß es nicht geht, und dennoch fort macht?«[18] Somit stellen die „Seufzer gegen den Himmel", die von Konfuzius geäußert wurden, einerseits eine wahre Klage über das Schicksal dar, stimmen andererseits aber auch mit Sartres lebensbejahenden Grundhaltung überein. In diesem Sinne ist es uns emotional nachvollziehbar, dass es sich bei der vorsichtig optimistischen Einstellung des Konfuzius um eine Form der autonomen Selbstbeschränkung handelt.

Wir müssen also begreifen, dass sich Konfuzius selbst festgelegt hat. Erst dann ist es uns möglich, den Gliedern seiner Gedankenkette logisch nachzugehen und die einzelnen Schritte seiner Schlussfolgerung korrekt aneinanderzureihen, um verstehen zu können, wie er durch ordnungsgemäße Anwendung der Vernunft zu jenem Ergebnis kam, welches wir als „eingeschränkten Optimismus" bezeichnen. In meiner Doktorarbeit habe ich dies wie folgt erläutert:

> Ich denke oft, dass Konfuzius ein Mensch ist, „der in seinem Eifer (um die Wahrheit) das Essen vergißt und in seiner Freude (am Erkennen) alle Trauer vergißt."[19] Diese Textstelle eignet sich nämlich wunderbar dazu, das Leben dieses klassischen Philosophen zusammenzufassen: Der erste Teil behandelt seine eifrige Suche nach dem Lebenssinn und der zweite Teil seine Gelassenheit nach der Errichtung eines Wertesystems. Der erste Teil zeigt uns, dass er bei der Verbreitung seiner Prinzipien bereit war, seinen Standpunkt mit aller Kraft zu verfechten, während der zweite Teil uns die Seelenruhe zeigt, welche er nach dem Vervollkommnen seiner moralischen Eigenschaften genoss. Zwar sind die beiden Teile komplementär, aber der erste Teil ist dabei der Prozess und der zweite Teil das Ziel. Demnach wird der erste Teil, wenn er endlich erledigt ist, vom zweiten Teil ersetzt. Es lässt sich also sagen, dass das Prinzip der konfuzianischen Vervollkommnung der Moral auf jeden Fall mit Leiden und Not beginnt und mit Fröhlichkeit endet. Dies zeigt sich auch deutlich an der Reihenfolge, in welcher Konfuzius selbst die Dinge

---

18 Ebd., Buch XIV, 41.
19 Ebd., S.85. Buch VII, 18.

in Textstellen wie „Sich das Ziel setzen im Pfad, sich klammern an die guten Naturanlagen, sich stützen auf die Sittlichkeit, sich vertraut machen mit der Kunst"[20] oder „Wecken durch die Lieder, festigen durch die Formen, vollenden durch die Musik"[21] anführte.[22]

Fast 30 Jahre später möchte ich nun den obengenannten Faden wieder aufgreifen, um daran anknüpfend dem Leser noch die profunde Bedeutung zu erklären, welche sich in dem Ausdruck „in seiner Freude (am Erkennen) vergißt er alle Trauer" verbirgt. Wir haben gesehen, dass der spezielle Seelenzustand des Konfuzius es ihm ermöglichte, inmitten eines mit Kämpfen aber auch Genießen zu verbringenden Lebens das Zerrinnen seiner Jugend zu vergessen. Innerlich parierte er also erfolgreich den dunklen Fleck am Rand des Himmels und hatte daher das Gefühl, dass er „nicht merkt, wie das Alter herankommt"[23]. Diese Textstelle klingt aber vollkommen anders als sein folgender Kommentar, der zu ihr im Widerspruch zu stehen scheint: „So fließt alles dahin, wie dieser Fluß, ohne Aufhalten Tag und Nacht!"[24] Alle Konfuzianer der Nachwelt konnten, von dieser Aufmunterung inspiriert, zwischen „Eifrigkeit" und „Sorglosigkeit" eine relative Balance finden und daraufhin tatsächlich das Erlebnis haben, dass sie nicht mehr merken, „wie das Alter herankommt". Allerdings „vergaßen" sie die Zeit und ihr Alter dabei nicht wirklich. Vielmehr ist es so, dass sie, wenn sie sich der Moral und der Gerechtigkeit widmeten, von jenem Moment an, in dem ihr Unterfangen seinen lange herbeigesehnten Höhepunkt erreicht hatte, dem Vergehen ihres Lebens keine Beachtung mehr schenkten, anstatt seinetwegen in Verwirrung oder Melancholie zu versinken. So finden sich sogar 1500 Jahre später noch Verse wie der folgende von Su Shi (1037-1101): „Verjüngt zeige ich meinen feurigen Eifer [...] Ein vom kräftigen Wein beglücktes Herz, wer kümmert sich da um ein paar neu aufgetaute Haare?"[25] Und: „Wer sagt, dass das Leben sich nicht verjüngen lässt? Der Fluss vor der Tür kann noch von Osten nach Westen rückfließen." Solche

---

20   Ebd., S.82. Buch VII, 6.
21   Ebd., S.93. Buch VIII, 8.
22   Liu Dong 1989: „Blüte und Niedergang der Ästhetik". Dissertation an der Chinesischen Akademie der Sozialwissenschaften. S.75-76.
23   Lun Yu. Gespräche 1975. Übersetzt von Richard Wilhelm. Düsseldorf und Köln, S.85. Buch VII, 18.
24   Ebd. Buch IX, 16.
25   Su Shi: Jiang Chengzi 1991, in: „100 Tang And Song Poems". Übersetzt ins Englische von Xu Yuanchong. Beijing: The Commercial Press. S.87.

Verse stammen aus eben diesem kulturellen Kontext. Und auch noch 2500 Jahre später betrachtete Liang Qichao den oben genannten Ausdruck als eine treffende Zusammenfassung für das Leben des Konfuzius:

> Konfuzius sprach: „Lerne, als hättest du's nicht erreicht, und dennoch fürchtend, es zu verlieren"[26]. Des Weiteren sagte er: „Daß Anlagen nicht gepflegt werden, daß Gelerntes nicht besprochen wird, daß man seine Pflicht kennt und nicht davon angezogen wird [...]: das sind Dinge, die mir Schmerz machen"[27]. Daraus ist ersichtlich, dass er sich lebenslang mit seiner Gelehrtheit befasste. Als er sich mit Laozi traf, war er schon über 50 Jahre alt. Die Dialoge zwischen den beiden, von denen in verschiedenen Büchern berichtet wird, sind zwar nicht alle glaubwürdig. Dennoch kann man sagen, dass seine Kombination von Bescheidenheit und Begeisterung wirklich selten war. Gegen Ende seines Lebens hatte er noch einen unstillbaren Lesehunger, der sich auf das I Ging (Buch der Verwandlung) richtete, weshalb er darauf sann, ein paar Jahre länger zu leben, auf dass er sie für dessen Erforschung verwenden könne. Auch seine „Frühlings- und Herbstannalen" soll er noch ein bis zwei Jahre vor seinem Tod kompiliert haben. Nimmt man auch nur ein oder zwei solcher Beispiele, so kann man damit schon die Abkömmlinge zum Lernen anfeuern. Es gibt viele Leute, die wie wir nur einen einzigen Abschluss vorweisen können und schon behaupten, sie hätten ihre Bildung vollendet. Im Vergleich mit Konfuzius sollten wir uns wirklich schämen! Sich selbst beschrieb er zudem wie folgt: „Er ist ein Mensch, der in seinem Eifer (um die Wahrheit) das Essen vergißt und in seiner Freude (am Erkennen) alle Trauer vergißt und nicht merkt, wie das Alter herankommt." Man kann sich also erschließen, dass er von 15 bis 73 die ganze Zeit nach Wissen gestrebt haben muss. Dies ist auch der Grund, weshalb er im Bereich der Vernunft ein so hohes Niveau zu erreichen vermochte.[28]

Da wir nun schon bis zu dieser Stelle fortgeschritten sind, wollen wir uns auch noch mit dem Wichtigsten Aspekt dieses Prinzips befassen. Möchten wir ein Verständnis von Konfuzius erlangen, das noch tiefer und

---

26 Lun Yu. Gespräche 1975. Übersetzt von Richard Wilhelm. Düsseldorf und Köln, S.94-95. Buch VIII, 17.
27 Ebd. Buch VII, 3.
28 Liang Qichao: Konfuzius, in: „Gesammelte Werke aus der Kammer des Eistrinkers". Bd. 36, S.59-60. H.d.V.

noch vollständiger ist und uns nachzuvollziehen erlaubt, wie er sich von jemandem, der „in seinem Eifer das Essen vergißt", zu jemandem entwickelte, der „in seiner Freude alle Trauer vergißt", dann ist es für uns unabdingbar, noch einmal auf unseren Vergleich mit Immanuel Kant zurückzukommen. Wir werden uns dafür anschauen, wie das Problem der Nötigung und Entfremdung der Natur (des Himmels) von Kant unter Zuhilfenahme der ästhetischen Psychologie gelöst wurde. Zum Beispiel verwendete Kant in seinem Werk „Zum ewigen Frieden" erneut die These der sogenannten „subjektiven Zweckmäßigkeit", welche er zuvor schon in seiner „Kritik der Urteilskraft" vorgebracht hatte: „Das, was diese Gewähr (Garantie) leistet, ist nichts Geringeres, als die große Künstlerin Natur (natura daedala rerum), aus deren mechanischem Laufe sichtbarlich Zweckmäßigkeit hervorleuchtet, durch die Zwietracht der Menschen Eintracht selbst wider ihren Willen emporkommen zu lassen, **und darum, gleich als Nötigung einer ihren Wirkungsgesetzen nach uns unbekannten Ursache, Schicksal**, bei Erwägung aber ihrer Zweckmäßigkeit im Laufe der Welt, als tiefliegende Weisheit einer höheren, auf den objektiven Endzweck des menschlichen Geschlechts gerichteten, und diesen Weltlauf prädeterminierenden Ursache Vorsehung genannt wird, die wir zwar eigentlich nicht an diesen Kunstanstalten der Natur erkennen, oder auch nur daraus auf sie schließen, sondern (wie in aller Beziehung der Form der Dinge auf Zwecke überhaupt) nur hinzudenken können und müssen, um uns von ihrer Möglichkeit, nach der Analogie menschlicher Kunsthandlungen, einen Begriff zu machen, deren Verhältnis und Zusammenstimmung aber zu dem Zwecke, den uns die Vernunft unmittelbar vorschreibt (dem moralischen), sich vorzustellen eine Idee ist, die zwar in theoretischer Absicht überschwänglich, in praktischer aber (z.B. in Ansehung des Pflichtbegriffs vom ewigen Frieden, um jenen Mechanismus der Natur dazu zu benutzen) dogmatisch und ihrer Realität nach wohl gegründet ist."[29]

Geht man von einer prinzipiellen Vergleichbarkeit ihrer gedanklichen Bedrängnisse aus, so entdeckt man, dass der Lösungsplan des Konfuzius durchaus hiermit vergleichbar ist: Was bei Kant „subjektive Zweckmäßigkeit" heißt, wird von Konfuzius als „Rede über den Himmel auf Basis des Menschen" bezeichnet. Vier der möglichen Bedeutungen, die

---

29   Immanuel Kant 1977: Zum ewigen Frieden: Ein philosophischer Entwurf, in: „Werke in zwölf Bänden" (hg. Von Wilhelm Weischedel). Frankfurt a.M.: Suhrkamp. H.d.V.

mit dem Schriftzeichen für Himmel ausgedrückt werden können, haben wir bereits erläutert. Hier aber ergibt sich nun eine fünfte Bedeutung, nämlich der sogenannte „ethische Himmel". Was hinter diesem Konzept steckt, habe ich vor vielen Jahren einmal wie folgt dargelegt: „Im Zuge der sogenannten „Achsenzeit" wandelte sich das klassische chinesische Weltbild und wurde zunehmend dualistisch. Von Konfuzius wurde vor diesem Hintergrund eine innerhalb der chinesischen Philosophie historische Wende hin zur Ethik initiiert, weshalb er auch schon als „chinesischer Sokrates" bezeichnet wurde. So wie später Immanuel Kant nach dem Verfassen seiner Kritiken der reinen und der praktischen Vernunft einen großen Riss zwischen dem „Himmel" und den „Menschen" entdecken sollte, bemerkte auch Konfuzius eine weite Kluft. Angesichts der Entfremdung der äußerlichen Natur und der Fremdbestimmtheit moralischer Prinzipien wollte er anhand einer von ihm verbreiteten originellen Interpretation des aus dem „Buch der Wandlungen" entlehnten Konzeptes der „Menschlichkeit", welches bei ihm als Wertstützpunkt der Ontologie „der Mensch ist von Natur aus gut" fungiert, dem Himmel wieder eine moralische Bedeutung zuweisen, um damit die zu distanziert gewordene Beziehung zwischen Mensch und Himmel von einem „er und ich" zu einem „du und ich" zusammenrücken zu lassen."[30]

An dieser Stelle ist eine sorgfältige Unterscheidung und Analyse notwendig. Einerseits lässt sich aufgrund der Bekräftigung seiner Vorstellungen von einem „Gesetz des Himmels" und einer „Trennung von Mensch und Himmel" feststellen, dass die Aussage „mit fünfzig war mir das Gesetz des Himmels kund"[31] für das Verständnis seines Lebensabends von besonderer Wichtigkeit zu sein scheint. Der Grund hierfür liegt darin, dass, wenn ihm das Gesetz des Himmels eben nicht kund geworden wäre, wenn er im Laufe seines Lebens also keine schmerzhafte Wende erlebt hätte, mit sechzig dann auch nicht sein „Ohr aufgetan" gewesen wäre, und er mit siebzig dann umso weniger dazu in der Lage gewesen wäre, seines „Herzens Wünschen [zu] folgen, ohne das Maß zu übertreten"[32]. Genau diesem Denkweg folgte auch Liang Qichao, als er in seiner Rede über das „Kennen des Himmelsgesetzes" und den „Fleiß" die Balance zwischen beidem auf die

---

30 Liu Dong 2001: Einstellungen zur Natur im konfuzianischen Kulturkreis, in: „Theorie und Geist". Nanjing: Jiangsu People's Press. S.80-81.
31 Lun Yu. Gespräche 1975. Übersetzt von Richard Wilhelm. Düsseldorf und Köln, S.42-43. Buch II, 4.
32 Ebd., S.42-43. Buch II, 4.

folgende, feinsinnige Weise erläuterte: „Im Lun Yu gibt es einen wichtigen Satz über das Kennen des Himmelsgesetzes, welchen die Figur des Türmers als Kritik an Konfuzius richtet: „Ist das nicht der (Mann), der weiß, daß es nicht geht, und dennoch fort macht?"[33] Wenn man weiß, dass es geht und dann fort macht, ohne ein Ende zu kennen oder an eines zu glauben, dann ist dies kein Mut. Weiß man mit Sicherheit, dass sich auf einem Berg eine Goldmine befindet, verlangt es keinen Mut, sich dorthin zu begeben und das Gold abzubauen. Nur diejenigen, die wissen, dass es nicht geht, aber trotzdem fort machen, sind erhabene Menschen. Dieser Satz lässt sich einerseits als äußerst treffende Beschreibung der gesamten Persönlichkeit des Konfuzius auffassen. Und andererseits dient er auch als Anmerkung über das Verhältnis vom „Kennen des Himmelsgesetzes" und dem „Fleiß": Zu wissen, dass es nicht geht, meint das „Kennen des Himmelsgesetzes"; trotzdem damit fortzufahren ist eine Art von „Fleiß". Die Großartigkeit und der Mut des Konfuzius können anhand dieser Textstelle vollkommen erkannt werden."[34]

Allerdings müssen wir vorsichtig sein und auch die andere Seite begreifen: So wie Immanuel Kant an seinem Lebensabend noch das Konzept der „subjektiven Zweckmäßigkeit" vorstellte, brachte uns Konfuzius in seinen Spätjahren die sogenannte „Rede über den Himmel auf Basis des Menschen", bei der es sich um ein extrem freies Ideal handelt, nach dem man sich wie der alte Faust bei Goethe auch gegen Ende seines Lebens noch mit Leib und Seele sehnt. Letztendlich gehört sie aber nur zu den „kulturellen Andeutungen", wurde also subjektiv erstellt und nicht etwa objektiv dargestellt, und ist willentlich gar nicht beeinflussbar. In diesem Sinne könnte man tatsächlich sagen, dass ihr Ziel in der „Vereinigung von Mensch und Himmel" läge, wobei eine solche aber eine Fortführung der „Rede über den Himmel auf Basis des Menschen" wäre und sich daher grundlegend von einer Vereinigung, wie sie im alten Glauben angestrebt wurde, unterscheiden würde: Da sie dann nämlich aus dem Konzept der Menschlichkeit entspränge und damit nicht mehr als eine Wunschvorstellung innerhalb des Zivilisationsprozesses darstellen würde, käme ihr dann lediglich eine „subjektive Zweckmäßigkeit" zu.

---

33   Ebd. Buch XIV, 41.
34   Liang Qichao 1992: Der Fleiß und die Kenntnis der Himmelsgesetze, in: „Ausgewählte Werke von Liang Qichao" (Xia Xiaohong Hg.). Beijing: China Radio Film & TV Press. S.503. H.d.V.

Es verhält sich gewissermaßen wie mit den Bergen aus dem chinesischen Sprichwort: „Das Verfassen von Aufsätzen gleicht der Betrachtung von Bergen, denn in beidem werden statt der flachen die steil emporragenden bevorzugt." Dieser Gedanke geht wohl auf eine unter den Gelehrten des Altertums verbreitete ästhetische Gewohnheit zurück, bei der Wahl von Naturlandschaften diese gemäß der subjektiven Neigung zu treffen. In den konfuzianischen Kommentaren zum I Ging – Xiangzhuang heißt es: „As nature's movement is ever vigorous, so must a gentleman ceaselessly strive along". Im Grunde genommen verfügten die Edlen also über die Eigenschaft, sich unermüdlich emporzuarbeiten und dabei dennoch großmütig zu sein. Auf Basis einer „subjektiven Zweckmäßigkeit" übertrugen sie dieses für sie spezifische Ethos sowohl auf den Himmel als auch auf die Erde. In Anlehnung an die Wortwahl Kants könnte man sagen, dass diese als Schein dargestellte Schönheit der „Vereinigung vom Subjekt und Gegenstand" eigentlich als „Symbolisierung der Sittlichkeit" gedacht war.

Im Hinblick auf diesen feinsinnigen Unterschied wies ich direkt nach den obenzitierten Sätzen auch noch auf das Folgende hin: So wie Kant die Notwendigkeit fühlte, gemäß den Anforderungen der Ethik ein „Ding an sich" aufzustellen, nahmen Konfuzius und seine Schüler die Grundzüge des früheren Weltbildes wieder auf und stellten eine Kontinuität zum alten Schamanismus der Dinge her, um so eine für den Schutz ihrer moralischen Philosophie geeignet scheinende Hypothese zu erlangen. Allerdings war dies keine einfache Wiederherstellung des alten Glaubens, da der Begriff des „Himmels" zu dieser Zeit bereits über eine ethische Bedeutung verfügte. Der Grund, weshalb das Universum mit dem moralischen Subjekt identifiziert wurde, lag also keinesfalls darin, irrationalen Aberglauben zu fördern, sondern in einer Umwandlung der gesellschaftlichen Vernunft, um mit dieser die innerliche Sensibilität des Einzelnen zu unterstützen. Laut der konfuzianischen Lehre liegt „die größte Moral von Himmel und Erde darin, dass alle Lebewesen einander fortwährend leben und sich fortpflanzen lassen". Mit anderen Worten: Dadurch, dass nicht mehr nur die potenziellen Eigenschaften des Menschen, sondern nun eben auch das potenzielle Ziel des Universums menschlich ist, wird die innere Spannung des moralischen Bewusstseins aufgelöst und in eine dem Naturgesetz entsprechende Spontaneität umgewandelt. Die sogenannten strengen Regeln, wie etwa „was du selbst nicht wünschest, das tue nicht den Menschen an"[35], werden somit zu einer bewussten Gestaltung der freien menschlichen Natur: „Nur wer auf Erden die höchste Wahrheit hat, kann sein Wesen durchdringen. Wer sein Wesen durchdringen kann, kann das Wesen der Menschen durchdringen. Wer das Wesen der Menschen durchdringen kann, der kann das Wesen der Dinge durchdringen. Wer das Wesen der Dinge durchdringen kann, der kann wie Himmel und Erde schöpferisch gestalten. Wer wie Himmel und Erde schöpferisch gestalten kann, der bildet mit Himmel und Erde die große Dreieinigkeit[36]".[37]

Hier muss noch erwähnt werden, dass, angesichts des wenig geradlinig verlaufenden Zivilisationsprozesses, theoretisch jedes Wort, das auch nur über einen Hauch von Komplexität verfügt, im Zuge historischer Entwicklungen zu einer Reihe unterschiedlicher Bedeutungen gelangen kann. In der Nachwelt führen derartige Fälle von Polysemie dann aufgrund der Zufälligkeit, mit der sie entstanden sind, zu allerlei Verständnisschwierigkeiten. Forscht man allerdings im Bereich der Ideengeschichte, so verkörpern solche mehrdeutigen Wörter auch gewisse historische Prozesse, die oft schon in Vergessenheit geraten sind. Im Falle einer wissenschaftlichen Auseinandersetzung nach dem Vorbild der Archäologie wären hier vermutlich große Entdeckungen zu erwarten. Aus diesem Grund sah John Austin in der Analyse der Konzeptstruktur hinsichtlich der alltäglichen Sprachbedeutung die wesentlichste Forschungsaufgabe der Philosophie. Bedauerlicherweise hat man bislang viel zu häufig derlei verborgene Fakten aus mangelnder Sorgfalt vernachlässigt.

Wie bereits gezeigt, kann man anhand der verschiedenen Bedeutungen des Schriftzeichens für „Himmel" die historische Entwicklung des dahinter stehenden Konzeptes rekonstruieren, welcher sich die Forschung künftig noch stärker widmen sollte. Vor der Qin-Dynastie etablierte sich das Konzept der „Menschlichkeit", wodurch der „Rede über den Himmel auf Basis des Menschen" der Stützpfeiler errichtet wurde. Daraus wurde dann nicht nur der „ethische Himmel" abgeleitet, sondern nach dem gleichen Prinzip, mit dem man zu dieser fünften Bedeutung des Schriftzeichens

---

35   Lun Yu. Gespräche 1975. Übersetzt von Richard Wilhelm. Düsseldorf und Köln. Buch XII, 2.
36   Li Gi 1981: Übersetzt von Richard Wilhelm. Düsseldorf/Köln. S.37-40.
37   Liu Dong 2001: Einstellungen zur Natur im konfuzianischen Kulturkreis, in: „Theorie und Geist". Nanjing: Jiangsu People's Press. S.81.

gefunden hatte, gleich noch eine sechste, nämlich diejenige des „fröhlichen"
oder „ästhetischen Himmels", mit welcher sich dieser den Eigenschaften
des Menschen noch weiter annäherte.

Die prinzipiellen Ursachen dieser geistigen Entwicklung habe ich einmal
wie folgt erklärt: „Zum einen stellte sich Konfuzius mit seinen Schülern
eine Natur (Wahrheit) vor, die von gleicher Struktur wie ihr eigenes subjektives Streben (Güte) ist und zusammen mit diesem eine einheitliche
Welt bildet. Darum erscheint uns Chinesen die Natur viel näher und ver-
trauter und wird von uns auch als unsere poetische Heimat (Schönheit)
angesehen. Und zum andern glaubten die konfuzianischen Denker, anders
als die Christen, die behaupten, die menschliche Natur sei niedriger als
die göttliche, daran, dass ein unmoralisches Leben auch dann unerträglich
oder unvorstellbar wäre, wenn es der eigenen Natur entspräche. Aus diesem
Glauben entsteht zwangsläufig auch eine gewisse Gelassenheit, die auf den
eigenen Wertvorstellungen gründet. Das ganze Leben wird dann als fröhliche Erfahrungsreise betrachtet, in der jeder Zeit die Natur des Universums
entdeckt werden kann[38].

Es ist auch anzumerken, dass dementsprechende philosophische Konzepte,
die innerhalb der chinesischen Geistesgeschichte immer wieder aufgetaucht
sind, wie „Entsprechung der Moral von Himmel und Erde", „Ausgleich
von Himmel und Erde" oder „Vereinigung von Mensch und Himmel", das
Ergebnis einer bilateralen Wiederannäherung von Subjekt und Gegenstand
sind, welche man einst voneinander getrennt hatte. Als sich Cheng Hao
(1032-1085), ein bedeutender Philosoph aus der Song-Dynastie, seinerzeit
zu dieser Thematik äußerte und darauf hinwies, dass Mensch und Himmel
eigentlich keine zwei voneinander verschiedenen Dinge seien und es daher
müßig sei, über eine Vereinigung der beiden zu sprechen, griff diese kulturelle Einsicht auf die vor der Qin-Dynastie diskutierte Trennung und
Vereinigung von Mensch und Himmel zurück. Dieser geistige Sprung hier
entwickelte sich heimlich entlang der folgenden Logik:

Wenn man fest daran glaubt, dass alle irrationalen Dinge sich letztlich
auch als irreal erweisen werden, dass die von ihnen gestützten Konzepte
von Moral und Gerechtigkeit nach und nach auf ihre allgemeingültige
Wahrheit hin überprüft werden können, und, was noch wichtiger ist, dass

---

38 Liu Dong 2001: Einstellungen zur Natur im konfuzianischen Kulturkreis, in: „Theorie
und Geist". Nanjing: Jiangsu People's Press. S.73-87.

ein unmoralisches Leben unvorstellbar oder unerträglich ist, dann stellen auch die strengsten ethischen Regeln nicht länger eine Qual für einen dar. Egal ob Konfuzius persönlich die Zehn Flügel zum I Ging verfasst hat oder nicht, im Lun Yu spricht er über den Edlen folgendes: „Sittlichkeit macht ihn frei von Leid, Weisheit macht ihn frei von Zweifeln, Entschlossenheit macht ihn frei von Furcht.[39]“ Und: „Der Edle ist ohne Trauer und ohne Furcht. [...] Wenn einer sich innerlich prüft, und kein Übles da ist, was sollte er da traurig sein, was sollte er fürchten?[40]“ So änderte beziehungsweise entwickelte er die Haltung eines Denkers, der „in seinem Eifer (um die Wahrheit) das Essen vergißt und in seiner Freude (am Erkennen) alle Trauer vergißt“. Aus seinen oben bereits genannten Sprüchen über die Reihenfolge des Vervollkommnens der Moral, wie „sich das Ziel setzen im Pfad, sich klammern an die guten Naturanlagen, sich stützen auf die Sittlichkeit, sich vertraut machen mit der Kunst“ und „Wecken durch die Lieder, festigen durch die Formen, vollenden durch die Musik“, lässt sich der Prozess dieser Veränderung rekonstruieren. Betrachten wir nun sein Lob des Hui: „Eine Holzschüssel voll Reis, eine Kürbisschale voll Wasser, in einer elenden Gasse. Andre Menschen hätten es in einer so trostlosen Lage gar nicht ausgehalten. Aber Hui ließ sich seine Fröhlichkeit nicht rauben.“[41] Hier ist noch deutlicher zu erkennen, wie die „Fröhlichkeit“ im Laufe der logischen Entwicklung der konfuzianischen Philosophie die „Sorge“ endlich besiegt.[42]

So wie Kant in seiner „Kritik der Urteilskraft“ mithilfe der Ästhetik die Kluft zwischen Wissen und Ethik, wenn auch innerhalb der Grenzen der Subjektivität, zu überwinden versuchte, wies schon Konfuzius im Lun Yu darauf hin: „Der Wissende ist noch nicht so weit wie der Forschende, der Forschende ist noch nicht so weit wie der heiter (Erkennende)[43]“. Daher bestand er darauf, mithilfe einer fröhlichen Grundhaltung ein selbstbestimmtes und sogar angenehmes und doch gleichzeitig auch moralisches Leben zu führen. Dieser Wandel der subjektiven Einstellung hing dabei wesentlich von der Übertragung der „Fröhlichkeit“ oder „Ästhetik“ auf den Himmel ab.

---

39   Lun Yu. Gespräche 1975. Übersetzt von Richard Wilhelm. Düsseldorf und Köln, S.147-148. Buch XIV, 30.

40   Ebd., S.122. Buch XII, 4.

41   Ebd., S.75-76. Buch VI, 9.

42   Liu Dong 1997: Über die Entstehung der chinesischen Kulturtypen, in: Selbstgewählte Sammlung von Liu Dong. Guilin: Guangxi Normal University Press. S.153.

43   Lun Yu. Gespräche 1975. Übersetzt von Richard Wilhelm. Düsseldorf und Köln, S.77-78. Buch VI, 18.

„Beim Bergsteig setzt man Gefühle auf den Berg auf; Bei der Seebetrachtung widmet man die dichterische Art dem See", auf diese Weise betrachtet man die Außenwelt und kann dann nicht umhin, sie zu bewundern: "O wie des Himmels Vorbestimmung. So hehr, so unergründlich ist![44]" Wenn man auf diese Weise auch sich selbst betrachtet und „sich selbst ehrlich fragt, gibt es nichts mehr, welches einen noch glücklicher macht." Dies ist vergleichbar mit dem folgenden Spruch, der sich bei Mengzi findet: „Wenn Stärkere Schwächeren dienen, liegt es daran, dass sie mit dem Willen des Himmels froh sind. Wenn Schwächere Stärkeren dienen, liegt es daran, dass sie den Willen des Himmels fürchten.[45]" Feng Youlan sagte diesbezüglich einmal, dass Freude für diejenigen, welche den Ausgleich von Himmel und Erde erreicht haben, darin besteht, froh mit dem Willen des Himmels zu sein.[46]

Hier gilt es nun, einige der weit verbreiteten Lesarten genauer zu analysieren und gewisse Unterscheidungen zu treffen. Einerseits basiert das geistige Niveau, das mithilfe der Textstellen „Des Meisters Zustimmung an Zeng Dian" und „Die Fröhlichkeit von Konfuzius und Hui" veranschaulicht wird, ebenso wie jene grotesk ausgeklügelten Thesen, die von diversen aus anderen Zivilisationen stammenden Traditionen vorgebracht wurden und sowohl transzendente „Heiligkeit" als auch eigene „Authentizität" für möglich halten, letztlich auf gewissen etablierten Vorstellungen und ist daher selbstverständlich von starker Subjektivität. Aus dem Vergleich erkennen wir, dass der aus dem „ethischen Himmel" sublimierte „fröhliche Himmel" sich letztendlich auf ästhetische Empfindungen stützt und daher zu den „subjektiven Zweckmäßigkeiten" gehört, was wir unbedingt einsehen müssen. Andererseits aber ist es doch so, dass, obwohl es sich bei der „Natur", welche unsere Sinne erfreut, um ein menschengemachtes Konstrukt handelt, trotzdem gilt, was wir vorher zum Thema kulturelle Performativität erwähnt haben, nämlich dass dann, wenn aus ihr tatsächlich ein bestimmtes kulturelles Subjekt abgeleitet wird, die davon angestoßenen konkreten historischen Prozesse sowie die bestimmten kulturellen Effekte, die auf Entwicklungen zurückgehen, die durch derlei ästhetischen Empfindungen hervorgerufen wurden, dennoch absolut wahr sind.

---

44 Übersetzung von Victor von Strauß 1880: Schi-king Das kanonische Liederbuch der Chinesen. Heidelberg.
45 Mengzi. Buch I, B, 3.
46 Liu Dong 1997: Über die Entstehung der chinesischen Kulturtypen, in: Selbstgewählte Sammlung von Liu Dong. Guilin: Guangxi Normal University Press. S.153.

Wenn man zurückblickt, dann haben in den 80er Jahren eine Reihe Studierende, die unter dem Einfluss von Li Houze standen, genau aufgrund der Erkenntnis solch wesentlicher Unterschiede heftig darüber diskutiert, ob im Bereich der Ideologie denn nun die Religion oder die Ästhetik das Höchste sei. Diese Frage bezog sich eigentlich darauf, ob die westliche Kultur der chinesischen überlegen sei oder umgekehrt. Folgende Stellungnahme verfasste ich gegen Ende der 80er:

> Meiner Einsicht nach ist dies die wichtigste „Mutation". Die gesamte Struktur der chinesischen Kultur geht in ihrer Entwicklung auf sie zurück. Auch die spezielle Denkrichtung, welche die klassischen Philosophen praktizierten, wurde maßgeblich von ihr bestimmt. Sie führte zur Entstehung der chinesischen Wertorientierung und sämtlicher kultureller Eigenschaften, in denen wir uns seit tausenden Jahren von der westlichen Kultur unterscheiden. Auch ist sie für jeden Vor- und Nachteil, jeden Ruhm und jede Schande, jeden Erfolg und Misserfolg der chinesischen Kultur seitdem verantwortlich. Das grundlegendste Merkmal der Völker Chinas und der klassischen Geschichte liegt weder in den verschiedenen Volkscharakteren, die als Scheinkulturen fungieren und von denen oft schwadroniert wird, noch in den historischen Gelegenheiten, die man ergriff oder verpasste. Es liegt darin, dass die klassischen Philosophen bereits zur Achsenzeit entdeckten: „Gott ist tot". Darum mussten sie statt eines Wertesystems nach dem Schema „Himmel-Erde-Mensch-Gott" ein neues gründen, das nur mit „Himmel-Erde-Mensch" funktionierte. Alles was danach kam, entwickelte sich ausschließlich entlang der darin enthaltenen Logik.[47]

Wie man unschwer erkennen kann, trage ich große Teile der im vorliegenden Buch dargelegten Argumentation schon seit einigen Jahrzehnten in meinem Kopf herum:

> Die Interaktionen zwischen dem „Subjekt" und dem „Gegenstand" sowie die Umwandlungen der beiden, zu denen es in der Menschheitsgeschichte schon gekommen ist, haben eine derart große Zahl an unerwarteten und wechselvollen Variationen hervorgebracht, dass wir nur darüber staunen können, wie viele Möglichkeiten es bei der Erschaffung von Kultur doch gibt: Die Lehren des Konfuzius sind keine rein ethische Philosophie. Wie

---

47   Liu Dong 1989: „Blüte und Niedergang der Ästhetik". Dissertation an der Chinesischen Akademie der Sozialwissenschaften. S.63-64.

eben analysiert, vermochten sie die klassische chinesische Kultur mit einem geschlossenen Wertesystem auszustatten, das sich am Menschen orientierte und nur mit den Faktoren „Himmel-Erde-Mensch" auskam. Darum verfügt es unvermeidlich über einige Strukturmerkmale der Philosophie Immanuel Kants: Letztendlich muss die subjektive Ästhetik die Kluft zwischen Erkenntnis und Ethik, Begrenztheit und Unbeschränktheit überwinden, damit eine Einheitlichkeit der inneren Gedanken gewährleistet werden kann. Die konfuzianische Ethik ist daher definitiv mit viel Ästhetik ange-füllt, die ihr sogar als Sehnsucht, Motivation und Hauptzweck dient. Die humanistischen Ergebnisse, die sie erzielt, basieren darum nicht etwa auf Ethik, sondern viel mehr auf ästhetischem Empfinden[48].

Abschließend erscheint es mir notwendig, das verbreitete Konzept ei-ner „Komplementarität von Konfuzianismus und Daoismus" im Lichte der „Vereinigung von Mensch und Himmel" zu diskutieren. Wie ich bereits erwähnt habe, versuchen sowohl Konfuzianismus als auch Daoismus eine gewisse „Kontinuität" zwischen Mensch und Himmel darzustellen. Im Falle des Konfuzianismus aber geschieht dies nach dem Prinzip der „Rede über den Himmel auf Basis des Menschen", während der Daoismus sei-nerseits das entgegengesetzte Prinzip einer „Rede über den Menschen auf Basis des Himmels" verfolgt. Xun Zi kritisierte aus diesem Grund, dass sich Zhuang Zi zwar mit dem Himmelsgesetz gut auskannte, aber nicht mit dem Menschen, und setzte seinen Schwerpunkt daher außerhalb von Himmel, Mensch und Erde. Wir können zwar nicht behaupten, dass sich Konfuzius gut mit dem Menschen ausgekannt habe aber nicht mit dem Himmelsgesetz, aber im Vergleich fällt auf, dass er sich nur auf die irdi-sche Welt bezog und stets von dieser erfahrbaren Existenz auszugehen ver-suchte. Darum sprach er „niemals über Zauberkräfte und widernatürliche Dämonen" und sagte: „Was man weiß, als Wissen gelten lassen, was man nicht weiß, als Nichtwissen gelten lassen: das ist Wissen." Aus dem glei-chen Grund heißt es bei ihm auch: „Die Menschen können die Wahrheit verherrlichen, nicht verherrlicht die Wahrheit die Menschen".

Betrachtet man den dahinter stehenden gedanklichen Entwicklungsprozess in seiner vollen Länge, so wird man erkennen müssen, dass es in Wahrheit vielmehr so war, dass sich der Konfuzianismus nach mutiger Reform aus

---

48 Ebd. S.78-79.

dem alten Rahmen des Daoismus befreit hat. Es ist deswegen unverantwort-
lich, von einer sogenannten „Komplementarität von Konfuzianismus und
Daoismus" zu sprechen. Laut dem Geschichtswerk „A General History of
China" von Qian Mu zählt ein gewisser Vertreter der sogenannten „Schule
vom Yin und Yang" aus der Spätphase der Zeit der Streitenden Reiche, der
mit Namen Zou Yan (ca. 305-240 v. Chr.) hieß, zu den frühesten Urhebern
dieser frevelhaften Behauptung. Über ihn schreibt Qian Mu: „Es gab auch
die Schule vom Yin und Yang, welche etwas später entstand. Ihr Vertreter
war Zou Yan. Für ihre Errichtung mischte er Lehren aus Konfuzianismus
und Daoismus miteinander."[49] Direkt danach analysiert der Autor Qian Mu
auf anschauliche Weise diesen „diplomatischen" wissenschaftlichen Ansatz
und kritisiert scharf die widerlichen Einflüsse, welche er auf die han-zeitli-
che wie auch auf die spätere Gelehrsamkeit ausübte:

> Bezüglich der Übertragung von Naturerscheinungen auf mensch-
> liche Angelegenheiten gleichen sich die Natur des Daoismus und
> die Sittlichkeit sowie Musik des Konfuzianismus wie ein Ei dem
> anderen. Mithilfe von Yin und Yang, Himmel und Erde werden
> Herrscher, Staatsbeamte, Höhergestellte und Untergebene repräsen-
> tiert. Äußerlich verwendet sie die Formen des Legalismus, welcher
> der Diktatur nahesteht und von den Herrschern bevorzugt wurde.
> Des Weiteren reden sie anhand von Yin und Yang über Geister und
> predigen vulgäre Lehren. Ihre Argumentation ist vage und hohl,
> so dass sie sich nicht tief ergründen lässt. Aus vielen verschiede-
> nen Lehren entnahmen sie jeweils einzelne Thesen. Als die hun-
> dert Schulen niedergingen, wurden die Lehren von Xunzi und Han
> Feizi vom Herrscher der Qin-Dynastie bevorzugt. Unter den zahl-
> reichen Lehren war die vom Yin und Yang am beliebtesten. In der
> Han-Dynastie war sie sogar noch verbreiteter und ihr Erfolg dauer-
> te auch viele Generationen später noch an. Es ist keine Periode er-
> kennbar, in der diese abgedroschene Lehre je beseitigt worden wäre.
> Das größte Problem dieser Schule liegt darin, dass sie nach oben
> hin eine Diktatur förderte und nach unten hin irrsinnige Gedanken
> verbreitete[50].

An dieser Stelle sollte sich so mancher philosophische Historiker er-
schrecken, der sich selbst für noch „umfassender" hält. Man sollte sich

---

49   Qian Mu 1997: A General History of China. Beijing: The Commercial Press. S.61-62.
50   Qian Mu 1997: A General History of China. Beijing: The Commercial Press. S.63.

folgendes gut überlegen: Wenn die konfuzianischen Gedanken ohne die Ergänzung durch den Daoismus tatsächlich so schwächlich, befangen und fehlerhaft ausgesehen hätten, welche Bedeutung wäre dann noch dem Schaffen des Konfuzius zugekommen? Wird aus seiner Formulierung „mit siebzig konnte ich meines Herzens Wünschen folgen, ohne das Maß zu übertreten" nicht bloß eine leere Floskel oder ein hochtrabendes Geschwafel? Wir müssen uns der Tatsache bewusst sein, dass es sich bei der Vorstellung, dass eine Lehre, die eine Zivilisation von hohem Niveau anleitet, unfähig sein könnte in Eigenregie ein vollständiges System zu gestalten, zur Beruhigung unserer Seelen und zur Bildung eines vollwertigen Lösungskonzepts für unsere Probleme also zwingend auf Ergänzung durch andere Lehren, ja sogar durch konkurrierende, angewiesen sein könnte, um ein tiefes Missverständnis, ja um eine Verspottung derselben handeln muss. Der Grund dafür, dass ich für die Erläuterung des „ethischen" und des „ästhetischen Himmels" diese nach dem Prinzip der „Rede über den Himmel auf Basis des Menschen" abgeleitet habe, liegt darin, dass ich damit diesem Missverständnis und dieser Verspottung etwas entgegensetzen möchte.

Auf Ebene der Ideengeschichte betrachtet muss andererseits aber auch klargestellt werden, dass diese Einschätzung keinesfalls eine Verurteilung derjenigen bedeutet, die in späteren Generationen Positionen der konfuzianischen und daoistischen Lehre vermischten und durcheinanderbrachten, ohne die Essenz des Konfuzianismus völlig zu verstehen. Sie erwarben sich Verdienste, indem sie innerhalb der Gesellschaft jene Aspekte des Konfuzianismus durchsetzten, die sie verstanden. Was ihren eigenen Charakter betrifft und auch im Bereich der Metaphysik verwendeten sie aber eine eigene Interpretation des Daoismus, die vor allem auf der Lehre des Zhuangzi aufbaute, von der sie sich Freiheit, Unabhängigkeit und einen höheren (oder imaginären) Trost versprachen. Dennoch ist festzuhalten, dass diese ideengeschichtliche Tatsache auf ein fehlgeleitetes Verständnis des Konfuzianismus zurückzuführen ist. Dies hindert uns aber nicht daran von der Essenz her darauf hinzuweisen, dass der Konfuzianismus entschlossen war, „niemals über Zauberkräfte und widernatürliche Dämonen" zu sprechen, und nach dem Prinzip „was man nicht weiß, als Nichtwissen gelten lassen: das ist Wissen" den ultimativen Problemen, die man nicht aus eigener Kraft lösen kann, der praktischen Vernunft gemäß als bloße Standardannahmen seitens der Gesellschaft zu behandeln, damit man sich stattdessen konzentriert mit der eigenen Existenz beschäftigen kann. Anders formuliert wurde die daoistische Denkweise mutig reformiert. Nach der kreativen Umwandlung durch den Konfuzianismus in eine „freiwillige" Moral basiert sie auf dem wirklich wesentlichen Wert – der „Menschlichkeit". Daher ist im Konfuzianismus maximal eine Rede über den Himmel auf Basis des Menschen möglich, die einer gewissen subjektiven Zweckmäßigkeit entspricht. Letztendlich können sich die beiden Lehren also keineswegs ergänzen, sondern stoßen sich zwangsläufig gegenseitig ab.

Zum Schluss möchte ich hier noch einmal wie folgt betonen: Betrachtet man die Weltgeschichte insgesamt, so muss man diese Form des Rationalismus, die in China vor der Qin-Dynastie von Konfuzius weitergeführt und verbreitet wurde, aufgrund ihrer vorzeitigen Entzauberung der Welt als Frühreife betrachten. Damit soll gesagt sein, dass seine Gedanken wie eine leuchtende Fackel inmitten einer unzivilisierten Umgebung waren. Um ihn herum spukten noch viele alte dunkle Geister, die sich mit großer Hartnäckigkeit zu halten wussten. Es war also unvermeidlich, dass die konfuzianischen Gedanken beim Erleuchten der chinesischen Welt auf viel Missverständnis und Fehldeutung trafen, oder ihnen zumindest das allgemeine Unvermögen entgegenstand, ihre Essenz zu begreifen. Genau deshalb gab es ja immer wieder Versuche, sie mithilfe anderer Lehren, deren gedankliche Tiefe weit unter der ihrigen lagen, einzuhüllen, sie zu neutralisieren und abzuschwächen, in der Hoffnung, dass sie damit ihre unliebsamen ursprünglichen Eigenschaften verlieren möge, ihren herausfordernden Charakter, ihre Kreativität, Reife und Schärfe.

Sechstes Kapitel

Immanent aber nicht transzendent

Die obengenannte Formulierung bedarf einer weitergehenden Analyse, denn erst wenn wir ihre Bedeutung vollständig erfasst haben, sind wir in der Lage, die seit der Neuzeit verbreiteten Fehlinterpretationen hinsichtlich der Essenz des Konfuzianismus mit ausreichender Deutlichkeit zu erkennen. Dadurch, dass dieses Buch die Geschichtsschreibung aus einem erweiterten Blickwinkel betrachtet, bietet sich eine günstige Gelegenheit, derlei Verwirrungen, ganz beiläufig, zu entschleiern.

Wir müssen allerdings genau unterscheiden: Da sich das konfuzianische Verständnis von „Natur" in den sechs verschiedenen Bedeutungen des Schriftzeichens für Himmel versteckt, wo es dem Begriff des Himmels beigeordnet und sogar mit ihm vermischt ist, und da diejenigen unter ihnen, die einen relativen Optimismus vertreten, nämlich die Vorstellung eines „ethischen Himmels" sowie die eines „ästhetischen (oder auch fröhlichen) Himmels", auf einer innerlichen „Mitmenschlichkeit" aufbauen und somit eigentlich zu den subjektiven Zweckmäßigkeiten gehören, kommt es zu dem zuvor bereits erläuterten Phänomen: „Obwohl der vom Konfuzianismus errichtete geistige Himmel heller und blauer ist als der des atheistischen Existenzialismus, war der ihm als Ursprung dienende Standpunkt niemals ein blinder Optimismus. Er hat nämlich nie bestritten, dass es am Himmelsrand eine tiefe und grauenhafte Lücke der Ungewissheit gibt, aus der Wind und Regen, Blitz und Donner herunterkommen könnten." Aufgrund der Dialektik, die uns zum Erkenntnisgewinn führt, müssen wir uns noch einmal auf die seinerzeit verbreitete Vorstellung von einer

„immanenten Transzendenz" sowie auch auf jene von einer „Vereinigung von Mensch und Himmel"[1] zurückbesinnen. Dabei gilt allerdings, noch vorsichtiger zu sein, damit wir nicht aus der Bahn geraten, denn ansonsten würde der Konfuzianismus, der sich ja eigentlich nach „Unvoreingenommenheit" sehnt, schon nach wenigen unüberlegten Erläuterungen dermaßen abdriften, dass er entweder in Richtung des westlichen Christentums oder in aber in Richtung der Hexerei ausgleitet. Auf die abweichenden Interpretationen des Konzepts einer „Vereinigung von Mensch und Himmel" wurde bereits hingewiesen. Später werde ich diese Problematik noch etwas ausführlicher darlegen. Zunächst aber betrachten wir das Problem der sogenannten „immanenten Transzendenz". Am Anfang des Buches erwähnte ich das von Karl Jaspers so bezeichnete Konzept der „Achsenzeit", womit ein bestimmtes Zeitalter gemeint ist, zu dem sich in verschiedenen voneinander unabhängigen Kulturräumen gleichzeitig mehrere bedeutende Zivilisationen hervortaten. Aber ich habe ebenso zu bedenken gegeben, dass dieses Konzept einerseits zwar die Grenzen des Westens zu überschreiten ansetzt, andererseits aber doch wieder dazu neigt, die anderen von der Warte des Westens aus zu beurteilen. Meine grundlegende persönliche Beurteilung diesbezüglich ist damit treffend zusammengefasst.

Die Zivilisationsreformen, die wie von Jaspers korrekt beobachtet vor 2000-3000 Jahren in fast der ganzen Welt stattfanden, gehören natürlich zu den bemerkenswerten historischen Tatsachen der Menschheitsgeschichte, denen auch viele Gelehrte aus anderen Zivilisationen Beachtung geschenkt haben. So wurden sie zum Beispiel schon sechs Jahre früher als Jaspers

---

1 Hier ist, da ich mir meiner Verantwortung diesbezüglich bewusst bin, ein wenig Introspektion vonnöten. In meinen ersten Publikationen hatte ich diese These nämlich noch nicht ausreichend genau durchdacht. So gibt es in meinen „Methoden der Gesundheitspflege, die mit dem Gesetz des Himmels in Einklang stehen" etwa folgende Formulierung: „Versuchen wir das ganze wie folgt zu hinterfragen: Wenn die hundert Schulen vor der Qin-Dynastie gedanklich doch so aktiv waren, und wenn das Wetteifern zwischen ihnen genau darauf aufbaute, weshalb zeigten sie dann alle eine, wie Gottfried Wilhelm Leibniz es ausdrücken würde, ‚prästabilierte Harmonie' und stimmten miteinander in so vielen Dingen überein, wie etwa in Sachen ‚Vereinigung von Mensch und Himmel', ‚Monismus', ‚Mittelmaß' oder ‚immanente Transzendenz'? Der Grund kann zweifellos nur in jenen kleinen Traditionen liegen, an welche die Menschen des Altertums gewohnt waren und aus denen sie die großen Traditionen erst erschufen." (Liu Dong (Hg.) 1994: Chinesische Zivilisation. Beijing: Social Sciences Academic Press. S.371.) Zu dieser Zeit hatte ich gerade die Bücher „Über die chinesische Weisheit" von Li Zehou und „Die Bedeutung der chinesischen Kultur in der Moderne, vom Wertesystem her betrachtet" von Yu Yingshi gelesen. Beide Werke gehörten während des Studiums zu meiner ständigen Lektüre.

geschichtsphilosophische Betrachtungen mit dem Titel „Vom Ursprung und Ziel der Geschichte" vom ehemaligen Dozenten Wen Yiduo bemerkt, der sie unter einem anderen Aspekt untersuchte: „Mehrere zehntausend Jahre lang humpelte die Menschheit in ihrem Evolutionsprozess, bis plötzlich jene vier alten Nationen, welchen den größten Beitrag zur Entstehung der neuen Zivilisation leisteten, nämlich China, Indien, Israel und Griechenland, fast gleichzeitig dazu ansetzten, erhobenen Hauptes und in großen Schritten voranzuschreiten. Ungefähr eintausend Jahre vor unserer Zeitrechnung begann man in diesen vier Ländern zu singen und diese Gesänge mithilfe der Schrift zu dokumentieren, wodurch sie den folgenden Generationen überliefert wurden. Die ältesten Teile vom Buch der Lieder, die Hymnen der Zhou-Dynastie sowie die größeren Festlieder in China, der Rigveda in Indien, der Psalter des Alten Testaments in Israel, die Ilias und die Odyssee in Griechenland. Sie alle entstanden fast zur gleichen Zeit. Ein paar hundert Jahre später erwachten dann an den selben vier Orten die Denker, woraufhin die ersten vertrauenswürdigen historischen Aufzeichnungen auftauchten. Im Altertum entwickelten sich diese vier Kulturen zunächst parallel und unabhängig voneinander, um dann im Zuge ihrer kulturellen Ausbreitung aufeinanderzutreffen. Nach einigem Erstaunen folgte dann viel Zustimmung, es kam zu wechselseitiger Einladung und Kommunikation, so dass die Gedanken und Einstellungen allmählich untereinander getauscht wurden. Danach begannen sich die vier Kulturen zu verändern. Sie verschmelzen miteinander und eines Tages wird die Individualität der vier Kulturen verschwunden sein und es nur noch eine einzige Weltkultur geben. Dies ist unvermeidbar und Teil des historischen Entwicklungswegs der Menschheit. Keiner kann ihn ändern und genau sowenig lässt er sich umkehren"[2].

Karl Jaspers konnte solche chinesischen Schriften keinesfalls lesen und hatte zu ihnen sicher auch keinen Zugang. Sucht man nach seinen wissenschaftlichen Quellen, so sollte man seine Theorie meiner Meinung nach auf Max Weber und insbesondere auf dessen einflussreiches Werk „Wirtschaftsethik der Weltreligionen" zurückführen, obwohl auch Weber chinesische Texte nicht ohne fremde Hilfe lesen konnte. Diesen wissenschaftlichen Zusammenhang begriff ich unter anderem, als ich mich vor

---

2 Wen Yiduo 1982: Historische Tendenz der Literatur, in: „Gesamtausgabe Wen Yiduo". Beijing: SDX Joint Publishing Company. Bd.1, S.201.

seinem ehemaligen Wohnsitz am Neckar einfand. Man sagte mir, dass sich viele Dozenten der Universität Heidelberg zum Gedenken an ihn wöchentlich dort getroffen haben sollen, darunter angeblich auch Karl Jaspers. Außerdem wies mich Cheng Wei, ein ehemaliger Student von mir aus meiner Zeit an der Universität Peking, der in Deutschland promovierte, darauf hin: „Das Konzept der Achsenzeit zur Beschreibung dieses historischen Phänomens wurde nicht erst von Jaspers eingeführt. Eigentlich verdanken wir es nämlich zwei ganz anderen Wissenschaftlern. Der eine ist Ernst von Lasaulx, der in seinem Werk ‚Neuer Versuch einer Philosophie der Geschichte‘ diesem Phänomen auch schon Beachtung geschenkt hatte. Der andere ist Victor von Strauß, in dessen kommentierter Übertragung des Daodejing sich die Anmerkung findet, dass um das Jahr 600 v. Chr. herum in vielen verschiedenen Zivilisationen essentielle Beiträge zu Philosophie und Gelehrsamkeit geleistet wurden (Jaspers dagegen konzentrierte sich vor allem auf China, Indien und Griechenland). Daher kann man sagen, dass Jaspers das Konzept nicht erfand, sondern lediglich weiterentwickelte.“[3]

Obwohl Jaspers, wie oben gezeigt, den entscheidenden Hinweis von anderen erhielt und sich von ihnen inspirieren ließ, bleibt festzustellen, dass wir es seiner Beschreibung zu verdanken haben, dass dieses Phänomen allmählich bis in das Allgemeinwissen der Fachwelt vorrückte: „In dieser Zeit drängte sich Außerordentliches zusammen. In China lebten Konfuzius und Laotse, entstanden alle Richtungen der chinesischen Philosophie, dachten Mo-Ti, Tschuang-Tse, Lie-Tse und ungezählte andere,–in Indien entstanden die Upanischaden, lebte Buddha, wurden alle philosophischen Möglichkeiten bis zur Skepsis und bis zum Materialismus, bis zur Sophistik und zum Nihilismus, wie in China, entwickelt,–in Iran lehrte Zarathustra das fordernde Weltbild des Kampfes zwischen Gut und Böse,–in Palästina traten die Propheten auf von Elias über Jesaias und Jeremias bis zu Deuterojesaias,–Griechenland sah Homer, die Philosophen–Parmenides, Heraklit, Plato–und die Tragiker, Thukydides und Archimedes. Alles, was durch solche Namen nur angedeutet ist, erwuchs in diesen wenigen Jahrhunderten annähernd gleichzeitig in China, Indien und dem Abendland, ohne daß sie gegenseitig voneinander wußten.“[4]

Während das Phänomen an sich für jeden offensichtlich ist, regt uns die Bezeichnung, die Jaspers dafür fand, nämlich die der „Achsenzeit“ (oder

---

3   E-Mail von Cheng Wei an Liu Dong.
4   Karl Jaspers 1952: Vom Ursprung und Ziel der Geschichte Fischer. S.19-20.

„Axis Age" im Englischen), zum Nachdenken an. Eigentlich ist sie sogar ein wenig unbegreiflich. Dieser Meinung war auch Eric Weil, der zur Beschreibung dieser separaten Durchbrüche, die überall in der klassischen Welt zeitgleich stattgefunden haben, den Begriff *bifurcation* („Gabelung") vorschlug[5], womit er gewissermaßen auch das Konzept der „Großen Divergenz" vorwegnahm, mit welchem später die entscheidende Trennung unserer modernen Welt beschrieben werden sollte[6]. Wie die oben erwähnten Entdeckungen des Konfuzius eindrücklich belegen, muss man sich, zumindest was die tatsächlichen Durchbrüche innerhalb der Wertesysteme der verschiedenen Zivilisationen angeht, den historischen Prozess, welchen die Menschheit damals erlebte, tatsächlich eher wie eine Flussgabelung vorstellen und nicht wie den Ärmel eines Zauberers, aus dem allerlei Dinge wie aus dem Nichts auftauchen können. Denn die Achse erfasst ja als Metapher, ähnlich wie der Ärmel und anders als die Gabelung, nicht den zivilisatorischen Prozess vor oder nach diesem Ereignis. Andererseits ist auch das Bild des sich gabelnden Flusses nicht perfekt, da die separaten Durchbrüche alle eine hohe Eigeninitiative aufweisen, was wir nicht zuletzt daran erkennen können, dass bei der Etablierung der verschiedenen Wertesysteme auch der Zufall eine gewisse Rolle gespielt haben muss, da die so entstandenen Zivilisationen nach und nach ja immer unterschiedlichere Eigenschaften angenommen haben. Der späteren menschlichen Entwicklung bietet diese Reihe von Experimenten wertvolle Erkenntnisse.

Da das Wort „Achsenzivilisation" nicht in allen Wörterbüchern enthalten ist, kann ich nicht abschließend beurteilen, ob damit, wie mit dem fast zur gleichen Zeit geprägten Begriff der „Achsenmacht", ein Überlegenheitsgefühl zum Ausdruck gebracht werden sollte. Selbstverständlich ist dies aber dennoch vorstellbar. Vielleicht hat das Wort „Achse" in Deutschland ja eine ganz eigene Gebrauchsweise, die es inkompatibel zu den Gewohnheiten anderer Länder macht. Jedenfalls entstand zusammen mit dem stark nach Überlegenheit klingenden Konzept der Achsenzivilisation sofort auch ihre Negation, die „Nicht-Achsenzivilisation". Der Assyriologe Adolf Leo Oppenheim folgte diesem Weg als er die Zivilisation Mesopotamiens erforschte und befasste sich mit

---

5 Eric Weil 1975: What is a Breakthrough in History, in: Daedalus 104,2 (spring): „Wisdom, Revelation, and Doubt–Perspectives on the First Millennium B.C.". American Academy of Arts and Sciences. S.21-36.

6 Kenneth Pomeranz 2004: The Great Divergence: China, Europe, and the Making of the Modern World Economy. Übersetzt ins Chinesische von Shi Jianyun. Nanjing: Jiangsu People's Press.

der Frage, weshalb die dortigen Gelehrten es nicht schafften, einen ähnlichen „Achsendurchbruch" zu erreichen, so dass die gesellschaftliche Entwicklung im Stillstand verharrte[7]. Noch später bezog sich Alan Macfarlane auf dieses Konzept, als er die Meinung vertrat, dass auch Japan zu jener Gruppe der „Nicht-Achsenzivilisationen", die keinen Durchbruch erlebten, gehörte. Vielleicht hätte er noch hinzufügen sollen, dass es sich bei Japan um die einzige Nicht-Achsenzivilisation handelt, welcher die Modernisierung gelang[8]. Wenn sich selbst sogenannte „Nicht-Achsenzivilisation" in rasantem Tempo modernisieren können und dem keine kulturellen Hindernisse entgegenstehen, so muss man sich doch fragen – aller tiefgreifenden Analyse eines Shmuel Eisenstadts zum Trotz – welchen Wert dieses widersprüchliche Konzept dann überhaupt noch als Erklärungsansatz hat.

Aus diesem Grund sorgt der von Karl Jaspers geprägte Begriff der Achsenzeit bei mir eher für gemischte Gefühle. Einerseits steht er im Vergleich zu Hegels „absolutem Geist" bereits für eine Verschiebung des Zentrums der Weltzivilisation weg von einem von Gott gewählten Ort oder einer Machtbasis des Christentums und hin zu der gemeinsamen Zeit vier „maßgebender Menschen". Dadurch, dass Jaspers die Schwerpunktlegung der Wissenschaft von einem egozentrischen Monofokus zu einem auch andere mit einschließenden Multifokus korrigierte, vollzog er gewissermaßen auch die Wende von einer auf göttlicher Offenbarung ausgerichteten Wissenschaft zum philosophischen Denken. Solch positive Veränderungen, wie sie hier dargestellt wurden, sollten durchaus anerkennt und bewundert werden: „Nach Karl Jaspers war der Perspektivenwechsel dieser Zeit, der auf unterschiedliche Ursprünge zurückging, als eine Art Appell zu verstehen, dass trotz der Verschiedenheit von Kulturen, religiösen Institutionen und politischen Systemen häufiger miteinander kommuniziert werden sollte, um Weltprobleme zu lösen, von denen die gesamte Menschheit betroffen ist. Jaspers sah die damalige Gefahr durch Atomwaffen und von Machtkonzentration geprägten Regierungssysteme als direkte Bedrohung, angesichts derer die Freiheit des individuellen Lebens zur Unmöglichkeit gerät."[9]

---

7 Eric Weil 1975: What is a Breakthrough in History, in: Daedalus 104,2 (spring): „Wisdom, Revelation, and Doubt–Perspectives on the First Millennium B.C.". American Academy of Arts and Sciences. S.21-36.
8 Alan Macfarlane 2010: „Japan Through the Looking Glass". Übersetzt ins Chinesische von Guan Kenong. Shanghai: Shanghai Joint Publishing.
9 Kurt Salamun 2010: Karl Jaspers und Karl Popper – maßgebende Philosophen einer

Andererseits müssen wir, wenn wir uns wirklich in ihn hineinversetzen wollen, auch einsehen, dass es sich bei Jaspers um einen wegen des Glaubens lebenslang bekümmerten Philosophen handelte, der, obwohl es seine ursprüngliche Absicht gewesen war, mithilfe eines Konzeptes „pluralistischer Zentren" das Postulat der Einzigartigkeit des westlichen Geistes zu umgehen oder zu beseitigen, anhand des eigenen philosophischen Gedankens vom Pluralismus zur Vereinheitlichung aufsteigen wollte. Solange sich dieser deutsche Philosoph nach Aufstieg sehnte, konnte er lediglich jene aus der westlichen Tradition stammende Gedankenstruktur als Unterstützung anfordern, die er beherrschte. Dies führte dann zu einer gewissen Komplexität. Konkret gesagt: Der Grund, weshalb das von ihm geprägte Konzept der „Achsenzeit" eine derart magische Wirkmacht entfalten konnte, dass die gesamte Zivilisationsgeschichte der Menschheit sich von einzelnen Bildnissen zu einer Bildrolle zusammenzufügen schien, liegt darin, dass er eine Methode für jede Zivilisation hatte, der er in „Tragedy Is Not Enough" am meisten Beachtung schenkte und ursprünglich auf Basis der westlichen Zivilisation zusammengefasst wurde, nämlich die Einstellung der „Transzendenz".

Nach der Einsicht dieses theistischen Existenzialisten lag der Grund, weshalb sich während der Achsenzeit in verschiedenen Weltregionen zivilisatorische Durchbrüche wie zufällig einfach ergaben, im Konzept der „Transzendenz": „Jaspers wies auf einen philosophischen Mythos hin, dessen Kernstruktur im Weg vom Ursprung zur Ewigkeit besteht. Der Mensch ist frei und unvergänglich. Aber die Freiheit und Unvergänglichkeit verschwinden in der Entfremdung. Es ist leider unmöglich, diese Freiheit und Unvergänglichkeit aus eigener Macht zu entdecken. Wie Jaspers formulierte, ist der Mensch von der Transzendenz geschenkt. Daraufhin bildet die Philosophie Jaspers' eine Motivation, die den Mythos übertrifft und auf einen religiösen Hintergrund hindeutet. Das Dasein ist der Transzendenz zu verdanken. In der Religion spricht man von Erlösung."[10]

---

liberal-aufklärerischen Denkungsart, in: Philosophie und Glauben: Philosophische Forschung zu Karl Jaspers. Übersetzt ins Chinesische von Lu Lu. Beijing: People's Press. S.151.
10 Rüdiger Hillgärtner 2010: Über die Philosophische Glaubensvorstellung von Karl Jaspers, in: Philosophie und Glauben: Philosophische Forschung zu Karl Jaspers. Übersetzt ins Chinesische von Lu Lu. Beijing: People's Press. S.10.

In dieser Hinsicht können wir vermuten, dass sich Jaspers, auch wenn er nicht starr an der westlichen Zivilisation festhielt, doch zumindest deren religiöse Zivilisation heimlich aufbewahrte. Man kann sogar aus dem Kontext erschließen, dass er das abstrakte Konzept der „Transzendenz" manchmal wie einen Ersatz für „Gott" verwendet.

Aufgrund der Einschränkungen ihres Fachgebietes kamen wohl manche der chinesischen philosophischen Historiker, die auf seine Theorie geradezu versessen waren, nie auf die Idee, dass das Konzept der Transzendenz eigentlich genau dem zuzurechnen sein könnte, was der andere (aber atheistische) Existenzialist Albert Camus so stark und mitleidslos kritisierte: „Camus gelangt zum Schluss, dass sie alle ohne einzige Ausnahme vor dem Absurden ausweichen: Sie gehen, vom Absurden aus, auf den Trümmern der Vernunft in eine geschlossene, auf das Menschliche begrenzte Welt, und durch eine sonderbare Überlegung vergöttlichen sie das, was sie zerschmettert, und sie finden einen Grund zur Hoffnung in dem, was sie hilflos macht. Diese gewaltsame Hoffnung ist bei allen wesenhaft religiös. […] Ich werde hier nur als Beispiele einige Themen analysieren, die Schestow und Kierkegaard eigentümlich sind. Aber Jaspers wird uns ein bis zur Karikatur überspitztes typisches Beispiel für diese Haltung liefern."[11]

Mir scheint es höchst ironisch, dass viele Sinologen oder chinesischen philosophischen Historiker seine irrationale Bevorzugung von Transzendenz gegenüber der Erfahrungswelt beziehungsweise seine Bejahung der transzendenten Welt ohne genaue Überprüfung nicht zu verstehen vermochten, während Camus aber ihn einer kritischen Prüfung unterzog:

> Wird er weitergehen oder wenigstens Schlüsse aus dieser Niederlage ziehen? Er bringt nichts Neues. Er ist bei der Untersuchung nur zu dem Eingeständnis seiner Ohnmacht gekommen und hat dabei nur einen Vorwand für die Ableitung irgendeines zufriedenstellenden Prinzips gefunden. Dennoch bejaht er – ohne Rechtfertigung, wie er selber sagt – in einem Zuge zugleich das Transzendente, das Sein der Erfahrung und den übermenschlichen Sinn des Lebens, wenn er schreibt: Erweist nicht das Scheitern, jenseits von jeder möglichen Erklärung oder Interpretation, nicht das Nichts, sondern das Sein der Transzendenz? Dieses Sein, das

---

11   Albert Camus 2013: Der Mythos von Sisyphos. Übersetzt von Vincent von Wroblewsky. Hamburg: Rowohlt. S.32-33.

plötzlich durch einen blinden Akt des menschlichen Vertrauens alles erklärt, definiert er als „die unbegreifliche Einheit des Allgemeinen und Individuellen". So wird das Absurde Gott (im weitesten Sinne des Wortes) und diese Verstehensohnmacht das Sein, das alles erleuchtet. Nichts führt der Logik folgend zu diesem Schluss. Ich kann ihn einen Sprung nennen. Und paradoxerweise versteht man Jaspers' Beharrlichkeit und seine unendliche Geduld, die Erfahrung des Transzendenten nicht nachvollziehbar zu machen. Denn je mehr sich diese Annäherung verflüchtigt, desto deutlicher erweist sich die Vergeblichkeit dieser Definition und desto wirklicher ist das Transzendente selbst; denn die Leidenschaft, mit der er es bejaht, entspricht genau dem Abstand zwischen seinem Deutungsvermögen und der Irrationalität der Welt und der Erfahrung. So scheint Jaspers mit umso größerer Erbitterung die Vorurteile der Vernunft zu zerstören, je radikaler er durch sie die Welt zu erklären versucht.[12]

In der Tat begriffen viele Jaspers' Aussage nicht und plapperten sie nur nach, darum herrschte sowohl in der sinologischen Welt als auch im chinesischen philosophischen Fachkreis ein generelles Chaos. Nach der Komplexität liegt die größte Verlegenheit darin, dass ein weltberühmter Meisterphilosoph den Wert der chinesischen Zivilisation mit „Transzendenz" zusammenfasste und sogar lobte. Wie bei allen anderen Lobpreisungen gilt: Egal wie wohlklingend sie sind, falls dem Objekt des Lobes genau die Eigenschaft, welche ihm das Lob eingebracht hat, in Wahrheit abgeht, führen sie zur Verwirrung. Jaspers' Begriff der „Achsenzeit" wurde dank der Verbreitung durch Benjamin Isadore Schwartz in den 70ern des 20. Jahrhunderts allmählich immer populärer in der chinesischen Forschungswelt sowie in den sinologischen Fachkreisen. Dies führte dann unvermeidlich zu peinlichen Situationen. Einerseits kann die Anerkennung der chinesischen Zivilisation durch den deutschen Denkmeister in China zweifellos das kulturelle Selbstbewusstsein stärken, welches seit langer Zeit äußerlich vernachlässigt und innerlich sogar verachtet wird. Auf der anderen Seite: Da die chinesische Kultur eine Zivilisation ist, die über „keine Religion aber Moral" verfügt, bereitete es vielen Kopfzerbrechen, wie man seine kulturellen Ressourcen überhaupt verstehen soll, um sie an Jaspers' „Transzendenz" anzupassen.

---

12 Ebd. S.32-33.

Nicht ohne Mitleid können wir erkennen, dass man sich mithilfe der sogenannten „immanenten Transzendenz" der obengenannten Verlegenheit, die zumeist aber unbemerkt blieb, entledigen wollte. Die kulturellen Maßnahmen, die dabei ergriffenen wurden, zeigen deutlich, dass, egal wie groß die Unterschiede zwischen seiner vagen Zusammenfassung und der tatsächlichen säkularen Zivilisation auch gewesen sein mögen und egal ob es sich dabei um eine bloße Verwechselung hätte handeln können, sie zunächst blind akzeptiert wurde. In einem nächsten Schritt wurde dann eine ähnliche These mit noch mehr Ambiguität erstellt, um sich an unterschiedliche Kontexte anzupassen und auf gleiche Weise vage kulturelle Erklärungen machen zu können. Konkret gesagt lautet diese Herangehensweise wie folgt: Mithilfe von rhetorischen Spitzfindigkeiten oder eines dialektischen Dreierschritts wird die eigene Kultur einerseits als „immanent, aber auch nicht ganz" beschrieben, und andererseits als „transzendent, aber auch nicht völlig" dargestellt.

Eigentlich schenkte man den Konzepten von „Achsenzeit" und „Transzendenz" am Anfang nicht viel Beachtung. Erst nachdem sie Akzeptanz in der amerikanischen Fachwelt, mit Schwartz als Vertreter, erfahren hatten, lenkte sie die Aufmerksamkeit der sinologischen Kreise auf sich, so dass sowohl in Hongkong, Taiwan, als auch in Nordamerika und auf dem Festland die Aussage der „immanenten Transzendenz" nach und nach häufiger vorkommt.

Das Himmelsgesetz ist einerseits transzendent und andererseits immanent. Es verfügt gewissermaßen sowohl über eine religiöse als auch über eine moralische Bedeutung: Der religiöse Sinn betont die Transzendenz, während die Moral die immanenten Eigenschaften beachtet.[13]

Die chinesische Metaphysik stellt sich in einer sonderlichen Form dar, sie ist nämlich nicht nur transzendent, sondern auch immanent. Sie unterscheidet sich stark von der übernatürlichen Metaphysik (preternatural metaphysics), welche in der westlichen philosophischen Tradition verbreitet ist.[14]

Ich bin natürlich nicht der Meinung, dass sämtliche Kritik an der chinesischen Tradition grundverkehrt sei und dass die traditionelle chinesische

---

13 Mou Zongsan 1974: Eigenschaften der chinesischen Philosophie. Taiwan: Student Book Store. S.30-31.

14 Fang Dongmei 2012: Der Geist der chinesischen Philosophie sowie ihre Entwicklung. Übersetzt von Sun Zhishen. Beijing: Zhonghua Book Company. S.7.

Kultur überhaupt keine Nachteile habe. Die Missstände, welche die Leute während der Bewegung des 4. Mai entlarvten, sind alle Tatsachen, aber die Kritik war noch nicht durchdringend genug. Die Krankheiten der chinesischen Kultur häuften sich auf Dauer im Prozess der immanenten Transzendenz an, welche sich von den Krankheiten aufgrund der Trennung zwei Welten in der westlichen äußerlichen transzendenten Kultur enorm unterscheidet. Obwohl sich die Symptome vom Osten und Westen sich ähneln, sind die Krankheitsursachen verschieden. Die Leute der Bewegung des 4. Mai behandelten die internistischen Krankheiten als chirurgische und die Behandlungsmethoden beschränkten sich daher auf Einschnitt und Organtransplantation[15].

Sollen wir angesichts moderner Gesellschaft bei der Entwicklung der Philosophie mit dem „immanenten und transzendenten" Merkmal eine philosophische Theorie auf Basis der „äußerlichen Transzendenz" einführen oder errichten? Ich halte es für nötig. Neben der transzendenten Erhöhung anhand vom innerlichen Geist sollte für die menschliche Gesellschaft eine äußerliche transzendente Macht zur Unterstützung oder zum Vorantreiben der geistigen Erhöhung geben. Der Grund liegt nicht nur darin, dass die westliche Philosophie und Religion mit dem Merkmal der „äußerlichen Transzendenz" einen positiven Beitrag für die menschliche Zivilisation leisteten, sondern auch darin, dass sie eine wichtige Rolle bei der Errichtung eines rationalen politischen und rechtlichen Systems spielen. Wenn die chinesische Philosophie mit dem „immanenten und transzendenten" Merkmal zur Selbstvollendung auf einem höheren Niveau die „äußerliche transzendente" Philosophie und Religion sowie die entsprechenden politischen und gesetzlichen Systeme in sich aufnehmen und integrieren lassen kann, wird sie wohl den Anforderungen der modernen gesellschaftlichen Lebensentwicklung besser passen[16].

Ähnlich wie die Wirkung der Freuds Psychoanalyse in der Nachwelt entstehen in den Begriffen „Achsen" und „Transzendenz" von Jaspers, insbesondere in dem darauf basierten Konzept „immanente Transzendenz"

15   Yu Yingshi 2012: Vom Wertsystem betrachtende moderne Bedeutung chinesischer Kultur, in: Tradition der Kultur und Geschichte sowie kultureller Wiederaufbau. Beijing: SDX Joint Publishing Company. S.457.
16   Tang Yijie 1999: Philosophische Überlegung zur chinesischen Philosophie, in: Selbstgewählte Sammelwerke der modernen Gelehrten: Band von Tang Yijie. Hefei: Anhui Education Press. S.814.

in den sinologischen Fachkreisen aufgrund ihrer Verschwommenheit viele Lücken. Dies führt dazu, dass solche mehrdeutigen Begriffe über reichliche „Produktivität" verfügen. Nach meiner „beschränkten" Einsicht gehört Zhang Haos Aussage unter diesen Formulierungen am kreativsten: Was ist das „transzendente Bewusstsein des Selbstes"? Die sogenannte „Transzendenz" bedeutet, dass es eine ultimative Wahrheit hinter der realen Welt gibt, welche die Wirklichkeit der realen Welt nicht unbedingt negiert. Aber zumindest gibt es über deren Wert noch eine höhere Sphäre. In der „Achsenzeit" zeigte das transzendente Bewusstsein eine immanente Tendenz zum individuellen Leben. Auf Basis dieser Verinnerlichung wird den Sinn des Lebens erkannt und rückbesinnt. Dies ist das „transzendente Bewusstsein des Selbst", welches ich meine.[17] Interessanteweise können wir anhand der Kommentare des Wissenschaftlers Ren Jiantao aus dem Festland uns hineinversetzen, welche Botschaft es hinter den Formulierungen der „Achsenzeit" gibt: „Der Schwerpunkt der Aufmerksamkeit der auf dem Zentrum stehenden westlichen Wissenschaftler liegt stets auf die Frage der Zukunft der westlichen Zivilisation, auch wenn sie nicht westlichen Zivilisationen Beachtung schenken. Sie befürchten, dass die gegenwärtige zentrale Rolle sich vom Mittelpunkt entfernt. Nicht westliche Zivilisationen mit ihren Vertretern sowie Thesen, die sich gerade an der peripheren Seite befinden, wollen durch neue Errichtung der Achsen ihre marginale Situation zentralisieren. Daher interessieren sich sowohl östliche als auch westliche Gelehrten für die „Achsen"-These, dies wurde aus Sorge der marginalen Position verursacht.[18]

Wenn man die erweiterten Thesen nicht berücksichtigt und nur die ursprüngliche Bedeutung der „immanenten Transzendenz" betrachtet, ist die folgende Aussage über ihren Ursprung und die Bedrängnis von einem jungen Studierenden aus Hong Kong klarer:

> Unter den Diskussionen über die Durchbruchstypen der Transzendenz ist die Positionierung der chinesischen Zivilisation am umstrittensten. Wenn man die allgemeine Eigenschaft der

---

17 Zhang Hao 2000: Aus der Kulturgeschichte der Welt betrachtende Achsenzeit, in: 21. Jahrhundert. 58. S.8. Hier verwendete der Autor eine andere Übersetzung für Achsen, um wahrscheinlich mit den Achsenmächten zu auseinanderzuhalten.

18 Ren Jiantao 2008: Sorge der marginalen Position und die These der „Achsen", in: Die öffentliche Kultur in der Post revolutionären Ära. Guangzhou: Guangdong People's Press. S.154.

Achsenzivilisationen betrachtet, kann die kulturelle Veränderung wie die Bildung des „ultimate concern", Rückbesinnung des kulturellen Bewusstseins und Entstehung der neuartigen Eliten – nämlich Gelehrten, die später als Macht zur Integration der Gesellschaft wurden, während der Frühlings- und Herbstannalen sowie der Zeit der Streitenden Reiche durchaus als Achsendurchbruch bezeichnet werden. In den transzendenten Durchbrüchen der hebräischen und indischen Kultur wurde die Spannung zwischen der transzendenten Ordnung und der säkularen Welt durch Erlösung und Religionen realisiert. Der transzendente Durchbruch in Griechenland fehlte diesen Punkt und hatte daher eine fatale Lücke. Allerdings entstand in China weder Erlösung noch Religionen mit der Orientierung anderer Welt, es gab aber die Spannung zwischen der transzendenten und säkularen Ordnung. Darum stellt es eine theoretische Schwierigkeit dar, wie man den transzendenten Durchbruch der chinesischen Kultur definieren soll. Einige Wissenschaftler glauben, dass dieser transzendente Durchbruch immanent sei. Wie Schwartz verfasste: „Wir können merken, dass Lun Yu die Beziehung zwischen Konfuzius und dem Himmel besonders hervorhebt. Der Himmel wird nicht nur als das innere Gesetz der Natur und Gesellschaft betrachtet, sondern als ein transzendenter Wille der Erlösungsmission von Konfuzius angesehen. [...] Es ist deutlich erkennbar, dass das Schriftzeichen nach Konfuzius' Einstellung nicht nur die subjektive Ordnung der Gesellschaft und des Universums bezeichnet, sondern die innere Ordnung des Menschen. Viele nennt sie immanente Transzendenz."[19]

Darum lässt sich der letzte Satz aus dem obengenannten Zitat der Logik entlang wie folgt ableiten: Die chinesische Kultur stellt immer eine Herausforderung für die Achsenzivilisationen dar, welche auf Basis der westlichen Erfahrung beruhen. Ich schenke aber stets mehr Beachtung auf die Aussage der „immanenten Transzendenz", ob es wirklich noch „Lücken" oder „Unpassenheit" gibt. In meiner Dissertation vor über 20 Jahren brachte ich meine Verwirrung bezüglich der Aussage zum Ausdruck. Kurz danach verfasste ich einen Artikel in der Zeitschrift des „21. Jahrhunderts" und wies darauf hin: „Einerseits kann der Erhöhungsprozess in der Kultiviertheit

---

19　Yu Guoliang 2000: Diskussionen und Kommentare der Achsenzivilisationen, in: 21. Jahrhundert. 57, S.39-40.

und Moral wohl einfach mithilfe der „Transzendenz" bezeichnet werden, um die vielseitigen Schichten der konfuzianischen ethischen Thesen darzustellen. Andererseits kann man wirklich nicht nur das Wort übernehmen um das höchste Niveau der Selbstverbesserung „Herzens Wünschen folgen, ohne das Maß zu übertreten" zu beschreiben. Dies hindert sogar das Verständnis der Ästhetik der chinesischen Kultur sowie die Einstellungen der Fröhlichkeit.[20]

Obwohl ich die „Produktivität" des Konzeptes von „Achsen" oder „Transzendenz" sehen und anerkennen, schenke ich mehr Beachtung auf das Problem der „Unterdrückung der Zivilisation". Im damaligen Sprachkontext machte das Wort „Achsen" sowie ihre Zustimmung für die chinesischen Zivilisation sicher viele chinesische Wissenschaftler im Ausland fröhlich. Im Gegenteil ließ das Wort „Transzendenz" viele Wissenschaftler mit postkolonialistischen Einstellungen nervös fühlen. Der Grund, weshalb ein fremder Begriff über die chinesische Weisheit bestimmt, liegt genau darin, dass unter dem langen Druck der westlichen Sprachen und Worten das fremde Wort „Transzendenz" schon längst eine Wertvorstellung bekommt: Viele unterscheiden gar nicht mehr, ob sie chinesische oder eine Art „westlicher" Philosophie erklären, denn es scheint so, falls es keine ähnlichen kulturellen Gene in der eigenen Geschichte unter dem unsichtbaren Druck der evolutionären Ethik gibt, kann man kein Recht für die Existenz und Entwicklung der chinesischen Zivilisation verschaffen.[21]

Auf jeden Fall ist der Fakt der geistigen Geschichte hier: Die chinesische Kultur, welche mit Konfuzianismus als Kern des Wertes ist, beachtet eher die Natur der Menschen und dieses Dasein nicht die Natur der Götter und den Himmel. Daher kann sie im allgemein nur immanent sein, nämlich sie ist in einer aufgestellten Grenze vom Subjekt inbegriffen. Daraufhin wird innerhalb des menschlichen Wahrnehmungsumkreises von ihrer „subjektiver Zweckmäßigkeit" ausgegangen und es wird ein kontinuierlicher Prozess der Verbesserung der eigenen Persönlichkeiten geben. Der Himmel und die Erde, die als „Natur" angesehen wird, wird der Denkrichtung der „Rede über Himmel auf Basis von Natur" entlang mit der gleichen Struktur unserer ethnischen Bedürfnisse gesetzt und gleichzeitig unsere Sinnesorgane

---

20 Liu Dong: Dialog der zivilisatorischen Grenze: Erklärung einer komparativen Philosophie, in: Theorie und Geist. Nanjing: Jiangsu People's Press. S.143.
21 Ebd. S.143.

mit Ästhetik befriedigt. All dies überschreitet nicht unsere Erfahrung, insbesondere ist es unabhängig von allen Stützpunkten, welche dieses Dasein übertreffen. Daher ist chinesische Kultur unabwendbar „immanent aber nicht transzendent".

Was zum Nachdenken anregend ist der Tadel von dem Missionar James Legge an „Buch der Riten · Mitte und Maß", welcher vermutlich aufgrund der Denkrichtung „Rede über Himmel auf Basis von Menschen" entstand: „In den kritischen Erklärungen des Buches „Mitte und Maß" von Legge erkannte er deutlich durch die Aussage über die menschliche Kreation einen prometheus-artigen schöpferischen Helden, welcher seine Arroganz dem Gott gegenüber zeigte. Bei der Interpretation des Textes tendierte er konfuzianische Heilige als stolze, mutige und einsame Beispielhelden, welche mit den Massen trennen und großartige Leistung erzielten. Für ihn konnten solche schöpferischen Tätigkeiten nur ein Erzeugnis des Scharfsinns (sagacitas), nicht Ergebnis der Weisheit (sophia oder sapientia), welche nur Gott besitzt"[22].

Es ist nicht schwer nachzuvollziehen, dass Legge besonders mit der folgenden Formulierung aus „Mitte und Maß" nicht einverstanden kann, da sie zu „menschen-zentrisch" ist: „Nur wer auf Erden die höchste Wahrheit hat, kann sein Wesen durchdringen. Wer sein Wesen durchdringen kann, kann das Wesen der Menschen durchdringen. Wer das Wesen der Menschen durchdringen kann, der kann das Wesen der Dinge durchdringen. Wer das Wesen der Dinge durchdringen kann, der kann wie Himmel und Erde schöpferisch gestalten. Wer wie Himmel und Erde schöpferisch gestalten kann, der bildet mit Himmel und Erde die große Dreieinigkeit", oder „darum gibt es für die höchste Wahrheit kein Ablassen; Unablässigkeit führt zur Dauer, Dauer führt zur Wirkung, Wirkung führt zur Fortwirkung in die Ferne, Fortwirkung in die Ferne führt zu Weite und Festigkeit, Weite und Festigkeit führen zu Höhe und Klarheit. Weite und Festigkeit: dadurch werden die Dinge getragen; Höhe und Klarheit: dadurch werden die Dinge beschirmt. Durch ununterbrochene Dauer werden die Dinge vollkommen. Weite und Festigkeit ist der Erde zugeordnet. Höhe und Klarheit ist dem Himmel zugeordnet. Ununterbrochene Dauer ist Unendlichkeit."[23]

---

22 Roger T. Ames 2017: Von dem Konfuzianismus betrachtete Religiosität des Konfuzianismus, in: Chinesische Wissenschaft. Beijing: The Commercial Press. 39.
23 Li Gi: Das Buch der Riten, Sitten und Gebräuche 1981: Übersetzt von Richard Wilhelm. Düsseldorf/Köln, S.37-40.

Diese konfuzianische Theorie aus der Han-Dynastie gehört eigentlich zum Zirkelschluss, da sie ursprünglich Immanentismus ist. Mit anderen Worten wurden die menschlichen Persönlichkeiten, welche Konfuzianer empfunden, auf den Himmel, welcher als „moralisches Symbol" fungiert, übertragen. Daraufhin wurden eigene kulturelle Tätigkeiten mithilfe des „Himmelsgesetz" rechtfertigt, welches mit dem menschlichen Charakter übereinstimmt und als ethnischer Hintergrund fungiert, als würde die Tätigkeit wie Himmel und Erde schöpferisch gestaltet. Nach meinem jetzigen Standpunkt soll der Artikel „Mitte und Maß" im „Buch der Riten" streng genommen auf rationale Weise erneut bewertet und nicht einfach als unangreifbarer Klassiker behandelt werden. Wie bereits erwähnt leitete Konfuzius zuerst die Revolution der Menschlichkeit mit sehr fortgeschrittenem und unverwechselbarem Gedankenstil. Aufgrund seiner Pionierposition wurde er von vielen späteren Gedanken neutralisiert. Auch in „Mitte und Maß" gibt es mehr oder weniger solche Probleme. Die Neokonfuzianer wählten diesen Abschnitt aus dem „Buch de Riten" und erklärten ihn als „eines der Vier Bücher", welcher mit Lun Yu gleichbedeutend wurde. Dies stimmte offensichtlich mit der ideengeschichtlichen Tatsache überein.

Yu Dunkang (1930-2019) hatte eine neutrale Formulierung, welche analysewürdig ist: „Die Denkrichtung der Vereinigung zwischen Himmel und Menschen wurde zuerst von Schicksalstheologie der westlichen Zhou-Dynastie festgelegt und dann von Konfuzianismus, Daoismus, Mohismus weitergeführt. Allerdings trennte jede Schule bei der Gründung eigenes Gedankensystems den Zyklus des Gedankenfadens und bevorzugte nur einen Abschnitt. Manche legten den Schwertpunkt auf die Vereinigung mit dem Himmel anhand von Menschen, während einige die Vereinigung mit Menschen anhand vom Himmel betonten. Im Allgemein legte der daoistische Gedanke mehr Gewicht auf den Erstgenannten. Mit dem Menschengesetz wurde es sich zwar auch auseinandergesetzt, der Schwerpunkt lag aber auf die Forschung des Himmelsgesetzes, damit die subjektive Idealvorstellung dem objektiven Himmelsgesetz des Nichthandelns (Wuwei) entspricht. Die Gedanken des Konfuzianismus und Mohismus betonten genau das Gegenteil, nämlich die Vereinigung mit Menschen anhand vom Himmel. Sie schenkten mehr Beachtung auf die Fragen der gesellschaftlichen und politischen Ethik. Häufig wurde das

Himmelsgesetz anhand von subjektiver Idealvorstellung errichtet, welches wiederum als Beweisführung der menschlichen Vorstellung diente. Darum haben alle drei Schulen jeweils ihre Beschränkung. Am Standpunkt des Konfuzianismus kritisierte Xunzi Daoismus und machte Anmerkung über Zhuangzi, dass „er sich mit Himmelsgesetz gut auskannte aber nicht die Menschen". An der Stelle des Daoismus können wir Konfuzianismus und Mohismus auch folgende Kritik üben, dass sie sich mit den Menschen auskannten aber nicht das Himmelsgesetz."[24]

Der Denkweg gehört noch zur vergangenen gegenseitigen Ergänzung vom Konfuzianismus und Daoismus, deren Mangel wir bereits im letzten Kapitel anhand von Qian Mus Analyse über Zou Yan erläuterten. Interessanterweise können wir mithilfe Yu Dunkangs Aussage unsere Beurteilung für konfuzianistische Eigenschaften bestätigen: Wir erkennen, dass der Gedanke „Vereinigung mit Menschen anhand vom Himmel" oder „Rede über Himmel auf Basis von Menschen" ist. Andererseits glauben wir nicht, dass es Mängel im Kennen der eigenen „Unwissenheit" oder in der rationalen Beschränkung der eigenen Kenntnisse gibt, welche mit anderen Orientierungen oder Thesen ausgeglichen werden müssen. Jedenfalls ist die konfuzianische Handlungsweise „Vereinigung mit Menschen anhand vom Himmel" oder „Rede über Himmel auf Basis von Menschen" nur eine virtuelle Setzung, die jegliche menschliche Erfahrung nicht übertrifft. Die daoistische „Rede über Menschen auf Basis von Himmel" oder „Vereinigung mit Himmel anhand von Menschen" zieht allerdings zurück in den alten zerschellenden Glauben zurück. Von gewissenhaftem Rationalismus betrachtet, wie kann der Mensch anhand von abergläubiger Wahrsagerei wie die vagen Hexagramme wie im „Buch der Wandlungen" schon eigenmächtig behaupten, dass er das „Himmelsgesetz" kennt?

Die Aussage von Yu Dunkang, dass der Konfuzianismus die Menschen auskennt aber nicht das Himmelsgesetz zeigt sicherlich eine gewisse Beschränktheit des Konfuzianismus. Allerdings ist diese nicht sein Nachteil, sondern kann als eine Überlegenheit angesehen werden. Ansonsten würde er seinen Scharfsinn neutralisiert, wenn andere Gedanken mit ihm „mischten". Wenn dem so ist, würde der Konfuzianismus zu einer unzeitgemäßen Metaphysik und verliert die Bedeutung seiner Gedanken in der Welt.

---

24 Yu Dunkang 2016: Vergangenheit und Gegenwart des Buches der Wandlung. Beijing: Zhonghua Shuju. S.38.

Basierend auf dieser Beurteilung legen wir fortlaufend in diesem Buch dar, dass die Standardannahme des Übernatürlichen und die klare Begrenzung von „was man nicht weiß, als Nichtwissen gelten lassen" zu den hervorragendsten Stärken der konfuzianischen Gedanken gehören. Wenn wir von dieser Beurteilung ausgehen, können wir weiter erläutern: Kant musste hierzu das Wissen aufheben, um zum „unreifen" und „anti-aufklärerischen" Glauben Platz zu haben". Wir können aus Sicherheit sagen, obwohl es wohl genau das Gegenteil wie das gewöhnliche Verständnis ist, gehören solche westliche Denker zu denjenigen, welche glauben, dass die „Ethik im Mittelpunkt" stehen. Die Konfuzianer hingegen, die auf „was man weiß, als Wissen gelten lassen" beharren, glauben, dass das „Wissen im Mittelpunkt" stehen.

Darum ist es notwendig weiter zu fragen: Falls man sich von dem großen Druck der westlichen Worte befreit, können wir auch einen Durchbruch unter dem alten Modell des sogenannten „Achsendurchbruchs" erzielen? Wenn die chinesischen philosophischen Historiker die Bedeutung noch nicht begreifen, können die beiden westliche Autoren, welche die eigene Beschränktheit erkannten und daher die „Transzendenz" nicht als „Rassenüberlegenheit" betrachteten, können sich vom heiklen Problem loslösen und unvoreingenommen klar darauf hinweisen, dass „immanent" und „transzendent" nicht nebeneinander bestehen und die befremdende Aussage „immanente Transzendenz" von Logik her eigentlich unhaltbar ist:

Einerseits speilen Prinzipien in der abendländischen philosophischen Tradition eine beherrschende Rolle, gibt es jedenfalls eine Setzung für „Transzendenz": „Streng genommen soll die Transzendenz wie folgt verstanden werden: Wenn die Bedeutung und Wichtigkeit der Prinzip B nicht anhand von Prinzip A nicht völlig analysiert und begriffen wird und umgekehrt nicht, so ist Prinzip A gegenüber B transzendent." Andererseits verleiht die starke Orientierung der traditionellen chinesischen Gedanken, in der anhand vom Naturalismus das Dasein erklärt wird, nicht wie der Begriff „Himmel", außerhalb der Welt übernatürliche Charakter und Erschaffungsfähigkeit: Der Himmel ist durchaus immanent und sein Dasein ist nicht alleinstehend von der Summe der Erscheinungen, aus denen er sich zusammensetzt. Es ist gleich zu behaupten, ob die Erscheinungen den „Himmel" erschaffen oder ob der Himmel die Erscheinungen schöpfen. Daher ist der Beziehung zwischen dem Himmel und den Erscheinungen gegenseitig abhängig. Die

Bedeutung und der Wert des Himmels richten sich nach der Bedeutung und dem Wert der Erscheinungen. Die Himmelsordnung liegt in der erreichten Harmonie seiner Zusammensetzungen.[25]

Ich bin immer für diese Gedanken, in diesem Buch möchte ich mein Einverständnis erneut erklären. Denn der Zweck des Buchs ist die Darlegung des folgendes: Falls das äußerliche „transzendente" Dasein immer im konfuzianischen Gedankensystem existiert, wird es als eine logische virtuelle Setzung die Welt absichern. Obwohl es Lücken in den Erscheinungen gibt, ist die Ontologie makellos. Auf diese Weise wird die von mir eingeführte „dunkle Wolke" am Rand des Himmels selbstständig weggestrichen! Allerdings glaubte die konfuzianische Menschlichkeit, in welcher die Kopernikanische Wende im Hintergrund des Rationalismus vor der Qin-Dynastie durchgeführt wurde, nicht mehr an solche grundlosen Vermutungen. Daher würde er lieber die Zähne zusammenbeißen als ein Betäubungsmittel ins Herz spritzen zu lassen, oder die Absicherung liefern, die sich und andere betrügen. Im Gegenteil appelliert er, genau wegen der „dunklen Wolken" für unerwartete Entwicklung bewusst zu sein und ein Gefühl der Zeitnot zu entwickeln, damit man das jetzige Dasein bewusst nutzen und genießen. Andererseits erweckt er die Moral der anderen, um das Bewusstsein der Gefahr zu erhalten und sich gegen die schrecklichen Veränderungen der Außenwelt zu wehren.

Es ist nicht zu leugnen, dass unter dem langfristigen westlichen Einfluss ist der Konfuzianismus nicht nur immer wie eine „Religion", viel mehr wird er wie eine westliche „Religion" interpretiert. Wie der Wissenschaftler Roger T. Ames, wen wir vorher schon zitierte, formulierte:

> Bei der Einführung des Konfuzianismus in den westlichen Fachwelten wurden dessen philosophischen Kernwörter und die konfuzianischen religiöse Kunstfertigkeitsverhältnisse durch die religiösen Werte der abrahamitischen Religionen und nicht seine eigenen Werte umgeschrieben. In der Tat wurde der Konfuzianismus in den Augen vieler Leute als eine ungenügende und zweitklassige christliche Region reduziert. Wir betrachten zuerst die Übersetzung einiger Begriffe: Tian (Der Himmel) wurde als heaven übersetzt, li (Zeremonie, Höflichkeit, Sittlichkeit) als ritual, yi (Aufrichtigkeit,

---

25 Liu Dong: Dialog der zivilisatorischen Grenze: Erklärung einer komparativen Philosophie, in: Theorie und Geist. Nanjing: Jiangsu People's Press. S.144.

Gerechtigkeit) als righteousness, dao (Weg) als the way, ren (Menschlichkeit) als benevolence, de (Moral, Tugend) als virtue, xiao (Pietät) als filial piety usw. Zusammenfassend lässt es sich sagen, dass solche Wörter zu einer gesetzte Welt mit nur einer Ordnung und heiliger Ahndung führen, welche von einem gerechten Gott leitet, der den Glaube und die Folgsamkeit der Leute anregen kann.[26]

Angesichts der angehäuften Missverständnisse sollen wir deutlich und umfassend darauf hinweisen: Anders als Christentum und andere Religionen der Welt liegt das eigenartigste Verständnis der Welt gegenüber vom Konfuzianismus darin, dass sie einerseits reizend genug sei, damit wir weltentrückt ein Leben führen, und sie andererseits auch nicht vollkommen und mangelhaft sei. Aufgrund der bitteren und fröhlichen Erfahrungen drückte der Beamter aus der Südlichen Song-Dynastie Luo Dajing diese Verwirrung aus: „Wir lernen Dao (den Weg und die Doktrin) und das Herz muss glücklich sein. Konfuzius konnte die Fröhlichkeit durch gewöhnliche Speise zur Nahrung, Wasser als Trank und den gebogenen Arm als Kissen erreichen; „ Yan Hui ließ sich seine Fröhlichkeit nicht rauben, auch wenn er eine Holzschüssel voll Reis, eine Kürbisschale voll Wasser hatte, in einer elenden Gasse war; Zeng Dian hatte seine Fröhlichkeit durch Baden, ein Lied zusammen singen und heimwärts ziehen; Zeng Sen hatte seine Fröhlichkeit, obwohl er einen Flicken verdeckte, lugte ein anderer hervor; Zhou Cheng hatte seine Fröhlichkeit durch die Liebe für Lotusblüten, Gras, Mond, Blumen-betrachtung. Wenn man dieses Niveau erreicht, kann man wirklich was gewinnen. Vielleicht wenn man auf alle Süchte der Welt verzichtet und jede Schande und jeden Ruhm durchschaut, beginnt dann die Fröhlichkeit. Andere sagen, dass die Edlen lebenslange Sorge haben; Manche sagen, dass sie die Sorgen der Welt als eigene Sorge betrachten, oder „man soll sich zuerst Sorgen machen, bevor das Volk besorgt ist. Was soll es hier bedeuten?"[27]

Für die obengenannten Fragen möchte ich hier zuerst eine einfache Antwort geben: Einerseits, wenn man von die ursprüngliche Bewertungskriterien der chinesischen Kultur spricht, ist die „Fröhlichkeit", die von Logik her hinterher erzeugt wird, höhergestellt

26 Roger T. Ames 2017: Von dem Konfuzianismus betrachtete Religiosität des Konfuzianismus, in: Chinesische Wissenschaft. Beijing: The Commercial Press. 39.
27 Luo Dajing 1983: Helin Yulu (Kranichwald und Jadetau). Interpunktiert und lektoriert von Wang Ruilai. Beijing: Zhonghua Shuju. Bd. 3.2, S, 273.

als die „Sorge". Ansonsten könnte Konfuzius doch nicht in seiner Freude alle Sorgen vergessen. Andererseits heißt Höherstellung keine Negation und Bedeckung. Im Gegenteil müssen die zwei Begriffe nebeneinanderstehen und je nach Situation die passenden Maßnahmen ergreifen. Mit anderen Worten versteckt in der puren „Sorge" wie in der puren „Freude" nach origineller und inspirierender konfuzianischer Weltanschauung Gefahr zum Absturz in die dunkle Ecke des Lebens. Die wirklich wirksame Lösung kann nur in einer feinsinnigen Balance zwischen den Sorgen und Freude erzielt werden, auch wenn die ziemlich zerbrechlich oder sogar schnell vorübergehend ist.

Siebtes Kapitel

Das Leben vom Tode aus betrachten

Im letzten Kapitel habe ich bereits dargelegt, dass die Konfuzianer, im Vergleich zu den westlichen Philosophen, welche den Vorrang des Wissens zugunsten der Ethik aufheben, eher die Meinung vertreten, dass das „Wissen im Mittelpunkt" stehen sollte. Der Vorteil dieser Weltanschauung liegt darin, dass sie auf Selbsttäuschung und Betrug an den Mitmenschen verzichtet und Erkenntnistheorie mit Ethik, Empirie mit Lebenspraxis sowie Menschsein mit Weisheit und Sittlichkeit zu vereinigen vermag. Da man sich aufgrund der Begrenztheit seines individuellen Lebens früher oder später zwangsläufig auch mit dessen Ende konfrontiert sieht, gleichzeitig aber die Fähigkeit zur Erkenntnis des eigenen Lebens an der Grenze zum Tod aufhört und diese niemals überschreiten kann, liegt die größte Herausforderung für den Konfuzianismus darin, wie er auf die drängenden Fragen, die sich der Mensch zu diesem ernsten Thema nun einmal stellt, überhaupt angemessen reagieren und eine wohlüberlegte Antwort geben kann.

Betrachten wir dafür zunächst das Gegenteil des Konfuzianismus: Obwohl jene problematische Diskrepanz, die zwischen Glaube und Erkenntnis besteht, in jeder religiösen oder dogmatischen Weltanschauung offen zutage tritt, was einer Religion durchaus auch einiges an Schwierigkeiten einhandeln kann, wird diese enorme Herausforderung oft auf relativ bequeme Weise gelöst. Denn auch wenn die Missionare selbst nicht unbedingt zuversichtlich sind, was ein Leben nach dem Tod angeht, werden sie ja trotzdem von ihren Anhängern für fest davon überzeugte Menschen gehalten.

Mit diesem Trick verschaffte man sich lange einen illusorischen Trost, in dem mit der Zeit aber immer mehr Schwachstellen sichtbar wurden. Wie die bekannte Formulierung „Credo quia absurdum est (ich glaube, weil es widersinnig ist)" schon zeigt, läuft die Religion unseren individuellen Lebenserkenntnissen eigentlich zuwider und hält sich nur, indem sie die Schwäche der Menschheit erkennt und einfach ausnutzt.

Im Folgenden soll daher die besondere Einstellung zu Leben und Tod, welche der Konfuzianismus hervorgebracht hat, detailliert und anschaulich präsentiert und dabei der Bedrängnis des Existenzialismus gegenübergestellt werden. Herausfinden wollen wir damit, ob sie in der Lage ist, das menschliche Herz zu überzeugen und ihm fortan eine Zuflucht zu sein, und ob dieses sich dann endlich von der seelischen Gehstütze namens Religion loszureißen vermag. Der Grund, weshalb wir den Vergleich zum Existenzialismus benötigen, liegt größtenteils darin, dass dieser bereit war, sich mit den Problemen hinsichtlich des Lebens und Sterbens auseinanderzusetzen: Einerseits können wir mit ihm alles von der positiven Seite her betrachten, um die Einzigartigkeit unseres individuellen Daseins zu betonen. So beschrieb Sartres Gefährtin Beauvoir etwa in ihrem Roman „Alle Menschen sind sterblich" die Unvermeidbarkeit des Sterbens, indem sie auf Mittel der Fabel zurückgreift und auf all die lästigen Umstände hinweist, welche uns die Unsterblichkeit andernfalls bereiten würde. Andererseits können wir uns aber auch die negative Seite anschauen, denn aufgrund seiner extremen Hervorhebung des individuellen Wertes bedeutet der Tod genannte Endpunkt des Lebens für Sartre auch den persönlichen Bedeutungsverlust. In einer seiner frühen Erzählungen mit dem Titel „Die Mauer" brachte er dieses Gefühl mithilfe der Hauptfigur wie folgt zum Ausdruck: „Jetzt in diesem Augenblick war mir, als sei mein ganzes Leben vor mir ausgebreitet, und ich dachte: ›Es ist eine verdammte Lüge.‹ Es war wertlos, weil es vorbei war. Ich fragte mich, wie ich jemals hatte mit Mädchen herumlaufen und mit ihnen schwatzen und lachen können: ich hätte nicht den kleinen Finger gerührt, wenn ich geahnt hätte, daß ich auf die Art sterben würde. Mein Leben lag vor mir, Schluß, zugebunden wie ein Sack, und dabei war alles, was drin war, noch unbeendet. Einen Augenblick versuchte ich, zu einem Urteil darüber zu kommen. Ich hätte mir gern gesagt: es war ein schönes Leben. Aber man konnte es nicht beurteilen, es war nichts als ein Entwurf; ich hatte meine Zeit damit verbracht,

Wechsel auf die Ewigkeit zu ziehen, ich hatte nichts begriffen. Ich fühlte kein Bedauern. Da waren hundert Dinge, um die es mir hätte leid tun können, der Geschmack des Manzanilla, oder das Baden im Sommer in einem kleinen Bach bei Cadi, aber der Tod hatte alle Erinnerungen schal gemacht."[1] Dieses „Durchschauen" des eigenen Lebens kommentierte ein Sartre-Forscher so: „Die Hauptperson der Erzählung ist mit dem Sterben konfrontiert. Was ist der Tod? Dies wird für ihn sicherlich zu einer ernsten Frage, über die er sich allerlei Gedanken macht. Obwohl es ihm sehr dringend ist und er die ganze Nacht danach sucht, entweicht ihm stets die Antwort, die er am Ende wohl auch gar nicht mehr findet [...] Diese Tatsache beweist, dass Gedanken über Leben und Tod vergeblich sind. Der Mensch kann nach wie vor die Zufälligkeit nicht besiegen."[2]

Daraus kann man erkennen, dass sich für diesen existenzialistischen Schriftsteller, einmal auf der Rückseite seines Glaubens „Gott existiert nicht" angelangt, dort nur noch die Trübsal eines wertlosen Lebens versteckt. Diese Situation dauerte für ihn sogar bis zum Ende seines Lebens an, weshalb wir auch in seinem „Selbstportrait mit siebzig Jahren" noch von solch unauflösbarer Beklemmung und Enttäuschung lesen:

> „Sie selbst haben in Ihrem Buch »Die Wörter« erklärt, Ihr Wunsch nach Ruhm sei eine Folge der Todesfurcht und auch des Gefühls Ihrer Zufälligkeit, der nicht zu rechtfertigenden Grundlosigkeit Ihrer Existenz."
>
> „Genau. Und wenn man dieses Gefühl einmal hat, so ändert das nichts: Man ist immer noch genauso ungerechtfertigt."[3]

Auf diese Weise verlieren, diesem modernen französischen Denker zufolge, angesichts der Ernsthaftigkeit und Absurdität des Todes alle Dinge von Bedeutung ihr Gewicht sowie sämtliche ihrer Unterschiede. Tatsächlich ist diese Vorstellung nötig, um gründlich begreifen zu können, dass es sich bei der Frage, wie man dem eigenen Tod entgegentreten soll, um die einzige wesentliche Frage handelt, die wir uns im Laufe unseres Lebens stellen müssen. Der andere existenzialistische Schriftsteller Camus, welcher sich damals gleicher Beliebtheit wie Sartre erfreute, brachte den gleichen

---

1 Jean-Paul Sartre: „Die Mauer".
2 Shen Zhiming: Einführung in Sartres Novellen, in: „Gesamtausgabe Sartre". Beijing: People's Literature Press. Bd.1, S.10.
3 Jean-Paul Sartre: „Ich müsste sehr niedergeschlagen sein", in: Der Spiegel (1975), Nr. 27. S.84–87.

Gedanken auf eine andere Weise zu Papier: „Es gibt nur ein wirklich ernstes philosophisches Problem: den Selbstmord. Die Entscheidung, ob das Leben sich lohne oder nicht, beantwortet die Grundfrage der Philosophie.“[4]

Was uns aber zum Nachdenken anregt, ja sogar ein wenig Bewunderung abverlangt, ist die einfache Art und Weise, wie Konfuzius einst diese heikle Frage behandelte. Die berühmteste Stelle zu diesem Thema ist folgender Dialog aus dem Lun Yu: „»Darf ich wagen, nach dem (Wesen) des Todes zu fragen?« (Der Meister) sprach: »Wenn man noch nicht das Leben kennt, wie sollte man den Tod kennen?«“[5] Am interessantesten an seiner Antwort ist für mich, dass Konfuzius hier das Wort „kennen“ verwendet, das uns noch ein anderes Zitat in Erinnerung ruft: „Was man weiß, als Wissen gelten lassen, was man nicht weiß, als Nichtwissen gelten lassen: das ist Wissen.“[6] Wenn man beide Zitate kombiniert, erhält man die Bedeutung, dass für Konfuzius, vor dem Hintergrund des vor der Qin-Dynastie herrschenden Rationalismus, das „Wissen“, das „Kennen“ oder das „Allgemeinwissen“ am wesentlichsten gewesen sein dürfte, da die Kenntnis von anderen Dingen einem doch zumindest die Grenzen der eigenen Erkenntnis vor Augen führt. Da nun aber der Tod jenseits dieser Erkenntnisgrenze verortet ist, bestand Konfuzius gewissermaßen auf der strikten Befolgung des „Einheit von Wissen und Handeln“ genannten Prinzips und stellte deswegen keine einzige unbegründete Vermutung an. In diesem Sinne weiß ich wirklich nicht, wie man die Haltung des Konfuzius, treffend und wirklichkeitstreu, mittels vorhandener Schlagwörter abbilden könnte, da seine Antwort auf die Frage nach dem Tod weder dem „Atheismus“ noch dem „Theismus“ zuzuordnen ist. Er berief sich stattdessen auf die Grenzen der menschlichen Erkenntnis, wies die Frage zurück und redete nicht mehr darüber. Liang Shuming fasste diese Position wie folgt zusammen: „Es ist schwer zu wissen, ob Geister und Götter existieren. Was man weiß, als Wissen gelten lassen, was man nicht weiß, als Nichtwissen gelten lassen: das ist Wissen. Er wollte also keine voreilige Anerkennung oder Verleugnung aussprechen.“[7]

---

4   Albert Camus 2000: „Der Mythos des Sisyphus“. Reinbek bei Hamburg: Rowohlt. S.2.
5   Lun Yu. Gespräche 1975. Übersetzt von Richard Wilhelm. Düsseldorf und Köln, S.115. Buch XI, 11.
6   Ebd. S.46. Buch II, 17.
7   Liang Shuming 2014: Diskurs über die Unterschiede und Gemeinsamkeiten zwischen Konfuzianismus und Buddhismus, in: Zhai Kuifeng (Hg.) „Sammelwerk von Liang Shuming“. Nanjing: Jiangsu People's Press. S.374.

Noch mehr zu denken gibt uns aber eine andere Textstelle, aus der ersichtlich ist, dass die vorsichtige Zurückhaltung, die Konfuzius an den Tag legt, eben doch nicht ausschließlich auf sein Wissen um die Grenzen der Erkenntnis zurückzuführen ist. Aus seiner Belehrung an Zigong (520-456 v. u. Z.) erkennen wir nämlich, dass der Grund, weshalb er bezüglich der ernsten Fragen, die der Tod aufwirft, auf dem Prinzip der „Einheit von Wissen und Handeln" beharrte, auch in seiner tiefen Besorgnis um die moralischen Zustände lag: „Dsi Gung fragte den Meister Kung und sprach: „Haben die Toten Bewußtsein oder haben sie kein Bewußtsein?" Der Meister sprach: „Wollte ich sagen, die Toten haben Bewußtsein, so wäre zu fürchten, daß ehrfürchtige Söhne und gehorsame Enkel die Lebenden zu kurz kommen ließen, um der Bestattung der Toten willen. Wollte ich sagen, die Toten haben kein Bewußtsein, so wäre zu fürchten, daß ungeratene Söhne ihre Eltern unbestattet liegenließen. Dein Wunsch zu wissen, ob die Toten Bewußtsein haben oder nicht, ist zunächst keine dringende Sache. Später wirst du es von selber wissen."[8]

Egal ob man der Bestattung der Toten nun zu viel oder zu wenig Bedeutung beimisst: Beide Extrempositionen wirken sich, sind sie erst Teil der eigenen Lebenslogik geworden und beeinflussen die gelebte moralische Praxis, letztlich nachteilig auf die Lebenden aus. Darum liegt für mich der Kern dieses Zitates in der Anweisung, bei der Suche nach einer geeigneten Einstellung zu diesem Thema Vorsicht walten zu lassen. Einerseits verzichtete Konfuzius also darauf, seinen Mangel an fundierten Kenntnissen durch wilde Spekulation auszugleichen. Andererseits lag in seinem Schweigen aber auch der Versuch, die einzige tatsächliche Welt, die ihm bekannt war, zu beschützen. Genau deshalb hielt er an seinem Prinzip „Wenn man noch nicht das Leben kennt, wie sollte man den Tod kennen" fest. Auf der Liste seiner Prioritäten musste die „Logik des Todes" letztendlich hinter jene des Lebens zurücktreten.

Auf den gleichen Prinzipien, neben der „Einheit von Wissen und Handeln" ist dies das soeben erläuterte, auch als „Vorrang des Lebens gegenüber dem Tod" beschreibbare, gründet auch eine weitere Aussage des Konfuzius, welche er in einem anderen Kontext im Li Gi (Buch der Riten, Sitten und Gebräuche) tätigt: „Wenn man die Verstorbenen als Tote

---

8 Kungfutse: „Schulgespräche" (Gia Yü). Aus dem Chinesischen verdeutscht und erläutert von Richard Wilhelm, 1961. Düsseldorf, Köln: Eugen Diederichs Verlag. S.44.

behandelt (und ihnen nicht opfert), so ist dies unmenschlich und kann nicht angehen. Wenn man die Verstorbenen als Lebende behandelt (und ihnen Opfer darbringt), so ist dies unklug und kann auch nicht angehen."[9] Dies heißt also, dass jemand, der im Trauerfall angesichts einer anstehenden Beerdigung glaubt, der Verstorbene sei wirklich und endgültig tot, diesem gegenüber das Prinzip der Menschlichkeit missachtet, während jemand, der im Gegenteil der Überzeugung ist, der Verstorbene lebe noch irgendwie weiter, damit gegen die Prinzipien irdischer Erkenntnis verstößt. Diese Textstelle zeigt uns, dass es eigentlich zwei Punkte waren, an denen sich Konfuzius orientierte. Erstens: Ganz gleich wie stark unsere Gefühle beim Versterben eines Verwandten auch sein mögen, dürfen wir auch dann nicht leichthin sagen, was die Grenzen unserer Erkenntnis übersteigt. Die richtige Einstellung zum Tod finden wir nur, indem wir rückwärts vorgehen und einen Analogieschluss aus den moralischen Prinzipien des Lebens ziehen. Zweitens: Gemäß dieser moralischen Schlussfolgerung kommen wir zu dem Ergebnis, dass, wer das Sterben selbst enger Verwandter ruhig und gelassen akzeptieren kann, auf keinen Fall mehr Anspruch auf Menschlichkeit erheben sollte.

Ausgehend von der Prämisse, dass der Tod „vom Leben her" zu betrachten sei, stellte Konfuzius noch die beiden Thesen „Das Leben kennt keine Ruhe" und „Der Tod ist ruhig als Heimkehr entgegenzunehmen" auf, welche sich angeblich in der Belehrung seines Schülers Zigong widerspiegeln: Dschung Ni sprach: »Sï, du hast es erkannt. Die Menschen im allgemeinen wissen nur, daß das Leben eine Freude ist, aber nicht, daß es auch bitter ist. Sie wissen nur, daß das Alter hinfällig ist, aber nicht, daß es auch friedlich ist. **Sie wissen nur, daß der Tod ein Übel ist, aber nicht, daß er auch Ruhe gibt.**« Meister Yän sprach: »Wie schön dachten **die Alten vom Tode! Die Guten bringt er zur Ruhe, die Schlechten bringt er zur Unterwerfung.** Der Tod ist die Rückkehr des Wesens. Die Alten nannten die Verstorbenen Heimgegangene. **Wenn man von den Verstorbenen als von Heimgegangenen redet, dann sind die Lebenden Wanderer. Wer wandert und weiß nicht wohin, ist heimatlos.**[10]

---

9   Buch der Riten. Tan Gong I, 74.
10   Liä Dsi 1980: Das wahre Buch vom quellenden Urgrund. Übersetzt von Richard Wilhelm. Stuttgart: Holzinger, S.40-41. H.d.V.

Dank der zahlreichen Ermahnungen des Konfuzius entwickelte Zeng Shen, der womöglich fähigste seiner Schüler (einer anderer namens Yan Yuan war zwar beliebter, konnte sich aber nicht in gleichem Maße entfalten, wahrscheinlich weil er schon in jungen Jahren starb), natürlich ein dementsprechend vorbildliches Benehmen: „Meister Dsong Schen sprach: „Ein Lernender kann nicht sein ohne großes Herz und starken Willen; denn seine Last ist schwer, sein Weg ist weit. Die Sittlichkeit, die ist seine Last: ist sie nicht schwer? Im Tode erst ist er am Ziel: ist das nicht weit?" Meister Dsong war krank. Da rief er seine Schüler zu sich und sprach: „Deckt meine Füße auf, deckt meine Hände auf (und sehet, daß sie unverletzt sind). Im Liede heißt es: ›Wandelt mit Furcht und Zittern, als stündet ihr vor einem tiefen Abgrund, als trätet ihr auf dünnes Eis.‹ Nun und immerdar ist es mir gelungen, meinen Leib unversehrt zu halten, o meine Kinder."[11]

Obwohl von ihm nur wenig Aussprüche überliefert sind, ist doch umgehend zu erkennen, dass Zeng Shen die Gedanken des Konfuzius hochhielt und an sie anknüpfte. Nicht nur sein „im Tode erst ist er am Ziel" sondern auch sein ebenso feinsinniges „deckt meine Füße auf, deckt meine Hände auf" bezeugt, dass er die Einstellungen des Konfuzius zu Leben und Tod wirklich begriffen hatte. Sein vorzüglicher Werdegang bestätigt uns daher jene Position der konfuzianischen Weltanschauung, nach der das Leben vom Tode her zu betrachten sei.

Führen wir uns kurz vor Augen, worin der wesentlichste Unterschied zwischen Existenzialismus und Konfuzianismus, deren Vergleichbarkeit es in diesem Buch zu prüfen gilt, eigentlich besteht. Obwohl sie wie die Konfuzianer nicht mehr an eine transzendente Existenz glauben, zeichnen sich die Existenzialisten dadurch aus, dass sie erst eine im Großen und Ganzen pessimistische Tonlage anschlagen, um dann mit Demonstrationen von Hartnäckigkeit und widerspenstiger Auflehnung eine innere Einstellung zum Ausdruck zu bringen, die nicht allzu pessimistisch ausfällt. Im Gegenteil dazu bauen die Konfuzianer von Anfang an auf einer vorsichtig optimistischen Grundstimmung auf, weshalb ihnen das eigene Leben gar nicht erst als „Ruine aller Wertigkeit" und insbesondere nicht als „Präludium des Todes" erscheint, auch wenn sie das nicht darin hindert, wachsam zu bleiben und die eines Tages mit Sicherheit kommende Trauer

---

11 Lun Yu. Gespräche 1975. Übersetzt von Richard Wilhelm. Düsseldorf und Köln, S.91-93.

ständig im Auge zu behalten. Du Xiaozhen formulierte dies so, dass sie für ihn die „Hoffnung der Verzweifelten" darstellen. Zum Vergleich möchte ich hier an eine meiner eigenen Schilderungen erinnern: „Es steckt eine große Grundtrauer im Optimisten". Wenn ich heute zurückblicke, dann hatte ich den grundlegenden Kernpunkt dieser Todes-Problematik, also die Frage, ob man „das Leben vom Tode her" oder umgekehrt „den Tod vom Leben her" betrachten soll, eigentlich schon Anfang der 80er berührt, noch bevor ich mich in Beijing erfolgreich für seine Erforschung qualifizieren sollte, und zwar in meinem Erstlingswerk, dessen Gegenstand die „entmutigte und hässliche" moderne Kunst des Westens war:

> Eine sehr bedeutende Frage im philosophischen Nachsinnen über den Tod ist die, ob man nun „vom Leben aus den Tod" oder „vom Tod aus das Leben" betrachtet. Nur der erstgenannte Ansatz verfügt dabei wirklich über jene Art positiver Energie, der es bedarf, um aus dem subjektiven Blickwinkel der Menschheit heraus die Zertrümmerung des Individuums als eigene Neugestaltung zu begreifen und sich ausgehend vom Standpunkt des sterbenden Individuums auf die Suche nach der Unvergänglichkeit des Lebens zu machen. Selbstverständlich sind Lebenskraft und Willensstärke aber nicht etwa durch Schwächung des eigenen Egos zu erzielen. Vielmehr muss man mithilfe des philosophischen Denkens zum Pormatman (größeren Selbst) werden. Berührt wird damit noch eine ganz andere Frage des Rationalismus: Obwohl die menschliche Vernunft das Konzept der Unbegrenztheit noch nicht völlig erfassen kann, ist sie uns doch eine Hilfe, wenn es um das Begreifen einer relativen Konstanz geht. Denn immerhin unterstützt sie mehr als nur ein Dasein, weshalb wir davon ausgehen, dass auch nach unserem eigenen Tod noch das Dasein der anderen fortwährt (ansonsten hätte Heidegger nicht verlangt, seine Dialoge erst nach seinem Tod zu publizieren). Bedauerlicherweise entwickelte sich aus einer vernunftgemäßen Verweigerung bei Heidegger schließlich eine Verweigerung der Vernunft, ganz ähnlich wie sich die Umwandlung einer vernunftgemäßen Ablehnung des Christentums zu einer christlichen Ablehnung der Vernunft bei Kierkegaard vollzogen hatte. Eben dies ist der Grund dafür, dass seine kraftlosen philosophischen Gedanken, die nicht einmal ausreichten, das Dasein der Menschheit in den Griff zu bekommen, ihm auch nicht dabei helfen

konnten, den wahren Sinn des Lebens zu finden. Somit verkam in seiner Philosophie die befreiende Transzendenz des Menschen zu einem Gefühl der Wertlosigkeit. Angesichts der Leere, die der Tod verkörpert, sieht er sich dazu verdammt, ein Leben zu führen, das ohne jeden Wert ist. Er kann also gar nicht anders, als der Leere des Lebens mit völligem Schwermut zu begegnen.[12]

Nach 1990 fand ich bei Li Zehou vergleichbare Formulierungen. Selbstverständlich geht es hier nur um eine einfache philosophische Beurteilung, die zudem vor dem Hintergrund des konfuzianischen Denkens getroffen wird, weshalb die Frage, wer hier von wem inspiriert wurde, keiner Rede wert ist. In jedem Fall aber zeigt sich daran, dass wir, obzwar wir uns manches Mal wegen wissenschaftlicher Differenzen gestritten haben, dennoch auch wie Seelenverwandte sein können:

> Heidegger meinte, wer den Tod kennt, kenne auch das Leben. Anders formuliert erhält man also: „Wenn man noch nicht den Tod kennt, wie sollte man das Leben kennen?" Konfuzius sprach aber: „Wenn man noch nicht das Leben kennt, wie sollte man den Tod kennen?".
>
> Jeder rennt seinem eigenen Tode entgegen. Er ist eine unbestimmte Unausweichlichkeit und erfüllt einen daher mit Furcht und Abscheu. Daraufhin entwickelt man irrationale Vorstellungen von Dasein und Lebenskraft und geht davon aus, dass sie vom Sein ausgelöst werden. Aus dieser Art von Individualismus erwachsen leicht Mystizismus, Wahnsinn oder Geistlosigkeit, wenn sie nicht gar der Metzelei als Werkzeug dient. Als Heidegger in seinen letzten Jahren die Begriffe „Abscheu" und „Furcht" durch den Begriff der „Freude" ersetzte, verlagerte er sein Augenmerk gewissermaßen vom Dasein zum Sein und stand damit wieder auf dem Boden der Natur. Wendet man sich nicht an Gott, so kann man nur auf das eigene Menschsein zurückkommen, um „Unverborgenheit" und „Offenbarsein" zu erlangen. Auf den ersten Blick scheint diese Vorstellung zwar mit der chinesischen Tradition vergleichbar. Allerdings muss man beachten, dass in dieser das Wort „Mensch" eine reale und konkrete Person mitsamt ihres Alltagsverhaltens bedeutet (als Beispiel seien hier nur die verschiedenen Antworten genannt, die im Lunyu von

---

12 Liu Dong 2007: Die Sensibilität des Westens: Mehrdimensionale Ausrichtungen. Beijing: Verlag der Universität Peking. S.167. H.i.O.

Konfuzius auf die Fragen nach der „Menschlichkeit" hin gegeben werden). Darum soll und kann man nicht über das Dasein oder Sein reden, indem man das „man", welches sich in der Welt befindet, ausschließt. [...] „Wenn man noch nicht das Leben kennt, wie sollte man den Tod kennen?" Diese Haltung rückt nicht nur die Frage, wie man leben soll, an vorderste Stelle, sondern denkt vielmehr den Sinn des Lebens vom Standpunkt der Lebenden her und nicht mehr von dem der Toten. Dementsprechend wandelt sich der Sinn des Lebens hierbei vom „in der Welt sein" zum „authentisch sein". Daher kann die umgekehrte Denkweise „wenn man noch nicht den Tod kennt, wie sollte man das Leben kennen" nur als Ergänzung und Erinnerungshilfe dienen. Die Hauptrolle, welche die Formel „wenn man noch nicht das Leben kennt, wie sollte man den Tod kennen" spielt, kann sie nicht ersetzen.[13]

Die Ähnlichkeit, ja Verbundenheit dieser Gedanken hilft uns dabei, die einzigartige Einstellung, die der Konfuzianismus zum Thema Leben und Tod einnimmt, wie folgt zusammenzufassen: Einerseits wird betont, dass „das Leben keine Ruhe kennt" und andererseits, dass man „den Tod als Heimkehr betrachten und gelassen entgegennehmen" soll. Oder anders formuliert, dass man „während des Lebens froh sein" darf und „nach dem Tod endlich seine Ruhe hat". Die dialektische Beziehung zwischen den beiden stellt sich wie folgt dar: Man erkennt zwar, dass es sich bei Leben und Tod um Ereignisse von höchster Bedeutung handelt und dass die in der Welt Lebenden angesichts der Grenze, welche die beiden voneinander trennt, unausweichlich von langanhaltender Trauer ergriffen werden, wie folgende Formulierung im Lunyu auszudrücken versucht: „Bei Trauerfällen ist wertvoller als Leichtigkeit die Trauer"[14]. Auf der anderen Seite aber gilt für die Toten, die sich bereits in ewiger Ruhe befinden, dass ihr Tod, sofern diesem ein „unvergängliches" Leben voranging, als glänzendes Ende bezeichnet werden kann, das wir mit all unserem Mut ergründen sollten.

Selbstverständlich kann solch ein hoher Geisteszustand, bei dem der Kopf klar und das Herz mutig bleibt, auch bei konfuzianischer Grundstimmung nicht von jedem erreicht werden. Darum sollten wir uns

---

13   Li Zehou 2011: Ein Überblick zur Philosophie. Beijing: Universitätsverlag Universität Peking. S.214-215.
14   Lun Yu. Gespräche 1975. Übersetzt von Richard Wilhelm. Düsseldorf und Köln, S.50. Buch III, 4.

ein Beispiel daran nehmen, welch vorbildlich gelassene Haltung dem Tod gegenüber von einigen großen Konfuzianern überliefert ist, wie etwa die Forderung des Zengzi: „Deckt meine Füße auf, deckt meine Hände auf". Der Philosoph und Historiker Huang Zongxi (1610-1695) äußerte vor seinem Lebensende folgende Ansprüche: „Die Leiche ist auf ein Steinbett zu bringen. Ich benötige keinen Sarg, keine Zeremonie, keine Gedenkfeiern. Musik und Rituale, Banner und Wimpel, Grabinschriften und Totengeld sind alle nicht nötig"[15]. In einem Brief an seinen Schwiegerenkel Wan Chengxun schreibt er ihm: „Alles in allem muss ich folgendes feststellen. Erstens habe ich schon ein stattliches Alter erreicht und kann daher ruhig sterben. Zweitens habe ich, wenn ich auf mein Leben zurückblicke, zwar keine großmütigen Heldentaten, aber auch keine boshaften Schandtaten begangen und kann daher ruhig sterben. Drittens habe ich auch für die Ahnen fast kein Bedauern und kann daher ruhig sterben. Viertens sind meine sämtlichen Werke, auch wenn sie wohl nicht alle überliefert werden können, meiner Meinung nach nicht schlechter als die der großen Berühmtheiten vergangener Zeitalter, sodass ich ruhig sterben kann. Ich habe also vier Punkte aufgelistet, die dafür sprechen, dass ich nun sterben kann, so gesehen ist mein Tod wirklich nicht bitter."[16] Diese vier berührenden Punkte, die ihm zu seinem Sterben einfielen, sind selbstverständlich ein Zeugnis seiner herausragenden Persönlichkeit, zugleich aber stellen sie auch eine praktische Umsetzung der konfuzianischen Grundgedanken „das Leben kennt keine Ruhe" und „der Tod ist als Heimkehr zu verstehen und gelassen hinzunehmen" dar.

Schauen wir uns mit Zhang Zhidong (1837-1909) noch einen anderen großen Konfuzianer an und betrachten wir, wie er die geringe Zeit, die ihm an seinem Lebensende noch geblieben war, in völliger Gelassenheit verbrachte: „Gegen sechs Uhr nachmittags steht er plötzlich auf und verlässt das Bett. Nach dem Umkleiden legt er sich wieder hin. Dann schwitzt er viel, und gegen acht Uhr abends hört er wieder auf zu schwitzen. Daraufhin kommen alle Söhne und er ermahnt sie, die staatlichen Gnadenakte nicht zu vergessen, in der häuslichen Schule nicht zu faulenzen, zwischen Edlen und Schurken sowie zwischen Nutzen und Gerechtigkeit zu unterscheiden, sich

---

15 Huang Zongxi 2012: Das Gesamtwerk von Huang Zongxi. Hangzhou: Zhejiang Ancient Books Press. Bd. 22, S.51.
16 Huang Zongxi 2012: Brief an Wan Chengxun, in: Gesamtwerk von Huang Zongxi. Hangzhou: Zhejiang Ancient Books Press. Bd. 21, S.683.

nicht um die Besitztümer zu streiten und sich nicht aus Niederträchtigkeit einzumischen. Jeder muss zwei Sätze vorsprechen und danach erneut rezitieren. Wer Fehler macht wird korrigiert. Dann lässt er sie sein letztes Memorial lesen. Alle schluchzen so viel, dass sie ihre Stimme verlieren. Er tröstet sie und verkündet, dass er weder Schmerzen noch Leiden hat. Dann sagt er noch: ‚Von meinen wissenschaftlichen Forschungen und politischen Fertigkeiten ist wohl ungefähr die Hälfte in Ordnung. Allerdings ist mein Herz rechtschaffen.‘ Hinterher korrigiert er sich noch, statt ‚politischer Fertigkeiten‘ solle es besser ‚Verwaltungsfertigkeiten‘ heißen. Nach dem Ende seiner Rede befiehlt er, die unordentliche Bettwäsche zu entfernen sowie seine Oberbekleidung und Hosen in Ordnung zu bringen. Er fordert nach Tüchern und wischt damit seinen Bart. Dann schaut er plötzlich nach oben und gegen zehn Uhr nachts stirbt er"[17]. Ich gehe davon aus, dass selbst diejenigen, die Vorurteile gegen Zhang Zhidong hegen, sich bei der Lektüre dieser Stelle berührt fühlen und ihre Meinung über ihn ändern. In seinem letzten Lebensmoment hatte er keinen Grund mehr, sich noch aufzuspielen.

Des Weiteren können wir uns das Trauergedicht ansehen, welches Ma Yifu, einer der drei großen neuzeitlichen Konfuzianer, für sich selbst verfasste. So erfahren wir, welch beeindruckende Verse er auch an seinem Lebensende, das ausgerechnet in die widerliche und zerstörerische Kulturrevolution fiel, noch abfassen konnte:

> Wohin soll ich gehen, gemäß der Natur?
> Ich lasse mich nun in die Leere eingehn.
> Wie Körper und Geist, erst vereint, dann getrennt,
> Verhalten sich Sehen und Hören ganz gleich.
> Nach ausreichend Zeit fließt es alles ins Meer,
> Am Zweig prangen Blüten in prächtigem Glanz.
> Und ich steh am Felshang, dir winkt meine Hand,
> Die Zeit weist der Sonne nun unterzugehn.
> (Ma Yifu: Mein Abschied an alle Freunde und Verwandten)

All seinen Mut nahm er zusammen, um der Leere und dem Vergehen des Geistes direkt ins Auge zu schauen. Daraufhin gelang es ihm, Freud und Leid, Trauer und Sorge und alles sonst, was man angesichts von Leben

---

17   Wu Jianjie 2009: Die Chronik von Zhang Zhidong. Shanghai: Shanghai Jiao Tong University Press. Bd. 2, S.1028.

und Tod verspürt, in Großmut, Gelassenheit und Behaglichkeit umzuwandeln. Auf diese Weise behielt er sich eine unaufdringliche Ruhe und gleichzeitig eine Neugier auf die unbekannte Welt. Es ist dies nichts anderes als eine Verwandlung des konfuzianischen Geistes, der in dem Spruch „wenn man noch nicht das Leben kennt, wie sollte man den Tod kennen" enthalten ist, zu einer persönlichen Würde und zu einem individuellen Kampf. In diesem Sinne verwendete er seine letzte Lebenskraft, um die beharrliche Forderung des Konfuzianismus, man solle „den Tod als Heimkehr entgegennehmen", um neue Inhalte zu ergänzen. Nun begreifen wir noch deutlicher, wie viel Weisheit hinter dem bekannten Spruch „wenn man noch nicht das Leben kennt, wie sollte man den Tod kennen" wirklich steckt und welch großen Raum für Entfaltung er noch für uns bereithält. Pflanzt man derlei intellektuelle Samen in sich ein und lässt sie sprießen, so kommt man, was die einzigartige Einstellung zu Leben und Tod im Konfuzianismus beziehungsweise dessen unverwechselbaren Lösungsansatz hinsichtlich dieser Problematik betrifft, zu folgender Auffassung: Einerseits muss man seinen Blick auf die positiven Aspekte des Todes lenken und ihn als eine Art Heimkehr betrachten, die es gelassen hinzunehmen gilt, und nicht als etwas, was das Leben an sich grundlegend verändern würde. Andererseits öffnet das Wissen um den Tod, auch wenn es das gesellschaftliche Leben um reiche und ernste Inhalte und Bedeutungen ergänzt, in unserem individuellen Leben aber auch eine kleine und doch schmerzende Lücke, die zweifellos für unablässiges Seufzen sorgt. In der klassischen chinesischen Dichtkunst stellt diese Empfindung ein ewiges Variationsthema dar. Egal wo das eigentliche Interesse des jeweiligen Dichters lag – bei allen findet man stets auch solche Lebensseufzer. So lesen wir beispielsweise in Qu Yuans Gedicht „Lange Reise": „Endlos sind Himmel und Erde nur / Schwer ist dagegen das menschliche Leben / Möglich war's nicht, den Vergang'nen zu folgen / Wie soll ich kennen die Künftigen?" Zur besseren Verständnis können wir uns auch ein Gedicht von Cao Cao anschauen. Dort heißt es nämlich: „Beim Tranke da sang ich: Wie lang währt ein Leben? / Vergleicht man es nicht mit dem Morgentau? / So sehr ist's vergänglich bei trostloser Rückschau. / In meiner Vergangenheit finde ich / mehr bittere Tage denn glückliche Stunden. / Aus vollerer Kehle noch sang ich beim Mahl / Und doch ist die Schwermut im Herzen noch da! / Wie lässt sich vertreiben die Sorge in mir? / Es gibt wohl nichts Bess'res als Dukang dafür." Des

Weiteren möchte ich noch ein Gedicht von Chen Zi'ang anführen: „Ahead, I see no ancient sages, / Nor behind, those sages yet unborn. / While, on and on, heaven and earth shall roll, / Alone I stand, tears a-falling, forlorn[18].“ Obwohl das Leben also durchaus auch eine fröhliche Seite hat, müssen wir uns eingestehen, dass es durch den Tod und die daraus entstandene Lücke über eine gewisse Grundtrauer verfügt. Nur so ist zu erklären, dass die Dichter, welche ja von alters her das Leben besonders gründlich zu genießen wussten, in gleichem Maße auch den heimlichen Kummer viel stärker im Auge behielten als andere.

Von der Warte der modernen Wissenschaft betrachtet, gehört diese beklagenswerte Lebenslücke zu den Elementarkenntnissen der Menschheit. Wenn man sie ernst aber gelassen hinnimmt und somit das individuelle Ende würdig und in Ruhe akzeptieren kann, ist dies sicherlich ein Merkmal seelischer Reife. Bezüglich dieses Punktes können wir die Gedanken, die Konfuzius vor ein paar tausend Jahren geäußert hat, in Beziehung setzen zu jenen, die seit der Aufklärung von modernen Wissenschaftlern geäußert werden. Dann werden wir erkennen, dass die konfuzianische Einstellung, „den Tod vom Leben her zu betrachten“, eigentlich die logische Folge des Rationalismus war, der vor der Qin-Dynastie herrschte: „Keiner will sterben. Selbst Menschen, die in den Himmel kommen wollen, wollen nicht sterben, um dorthin zu gelangen. Und doch ist der Tod das Ziel, das wir alle teilen. Niemand ist ihm je entkommen. Und das ist auch gut so, denn der Tod ist sehr wahrscheinlich die beste Erfindung des Lebens. Er ist der Veränderer des Lebens. Er räumt das Alte aus dem Weg, um Platz für das Neue zu schaffen. Im Moment bist du das Neue, aber eines nicht allzu fernen Tages wirst du allmählich zum Alten werden und weggeräumt werden. Es tut mir leid, dass ich so dramatisch bin, aber es ist wirklich so.“[19]

Meiner Einsicht nach – vielleicht haben dies erst sehr wenige Leute bemerkt – ist es so, dass in unserem heutigen Zeitalter, das geprägt ist von einer ständigen Konkurrenz und manchmal sogar heftigen Konflikten zwischen den bekannten Zivilisationsmodellen, wohl nur der Konfuzianismus in der Lage ist, die friedlichste, rationalste und weitherzigste unter den erreichbaren Einstellungen zum Thema Leben und Tod aufzubauen. Denn

---

18   Chen Zi'ang: „Song on Ascending the Youzhou Tower". Übersetzt ins Englische von Andrew W.F. Wong.

19   Steven P. Jobs: June 14, 2005: Stanford University Commencement Speech. Stanford Report.

egal wie weit Wissenschaft und Technik noch voranschreiten werden und egal wie gut man die Gesellschaft steuert, wird der Tod doch immer ein Engpass für jedes Individuum bleiben. So gesehen ist gut vorstellbar, dass, je weiter sich die Existenz der Menschheit noch in die Zukunft erstreckt, desto stärker, überzeugender und dauerhafter die rationale Bewusstseinsmacht des Konfuzianismus dann auch sein wird.

Um diesen Punkt hinreichend zu belegen, muss ich zuerst eine Stelle aus einem meiner anderen Bücher zitieren, in der die einzigartige chinesische Einstellung zu Leben und Tod vortrefflich dargestellt ist:

> Es ist zwar denkbar, wäre aber doch unerwartet. Da man normalerweise oft an den Tod denkt, weiß man das Leben erst recht zu genießen. Wenn sich das Lebensende dann wirklich nähert, hat man bis dahin schon ein relativ hohes Niveau seelischen Ausgleichs erreicht. Daher ist das chinesische Volk vielleicht die Nation, welche den Tod am friedlichsten akzeptieren kann. Solange er ein gutes Ende hatte, eine Lebensdauer von natürlicher Länge genießen durfte, dabei keine großen Schmerzen erdulden musste und auch über Nachfolger zur Fortführung seines Lebens verfügt, können Chinesen das Dahinscheiden eines Alten sogar als freudigen Anlass betrachten und es als sogenanntes „glückliches Begräbnis" feiern. Nach der chinesischen Volkssitte kann so eine „glückliche Begräbnisfeier" gemeinsam mit der Eheschließung unter dem Begriff „rote und weiße glückliche Angelegenheiten" zusammengefasst werden[20].

Nehmen wir noch einen mächtigen Indizienbeweis, und zwar, dass diese außergewöhnliche, von konfuzianischen Gedanken abgeleitete Einstellung zum Thema Leben und Tod in den Augen von ausländischen Wissenschaftlern noch auffälliger und einzigartiger erscheint. So musste David Keightley, als er zum Sinn und Wert des Sterbens in der chinesischen Antike forschte, anerkennen, dass der Tod in China gar nicht als Problem gesehen wurde. Das heißt natürlich nicht, dass die Leute vor dem Tod keine Angst hatten, sondern dass sie diese Art der Heimkehr als einen natürlichen, vernünftigen und nicht furchtbaren Prozess betrachteten. In China ist der natürliche Tod eines der Teile, die zusammen den Kreislauf des Lebens bilden. Damit stehen wir in klarem Kontrast zur Tradition von

---

20 Liu Dong: „Diskurs über die Ergänzung des Konfuzianismus und Yangismus". Unveröffentlicht.

Judentum und Christentum, die jeden Menschen als Sünder betrachtet und in welcher das Schicksal der Sterblichkeit für eine Strafe gehalten wird, die man sich durch menschliche Arroganz und Uneinsichtigkeit zugezogen hat. Auch in China hatte man Bezeichnungen für die Unterwelt zeigte dem Tod gegenüber eine gewisse Unruhe. Allerdings ist dies grundverschieden von der Vorstellung eines krankhaften und dunklen Todes, wie wir ihn aus unseren Assoziationen zu Griechenland, dem römischen Reich oder dem europäischem Mittelalter kennen[21].

Nun aber zurück zum Spruch: „Wenn man noch nicht das Leben kennt, wie sollte man den Tod kennen?" Die klar geordnete Reihenfolge, die er Leben und Tod zuweist, enthält nämlich noch eine weit wichtigere Bedeutung. Und zwar zeigt sie, wie man trotz der zeitlichen Beschränkung gelassen in der irdischen Welt leben kann. In der Tat ist die Weltanschauung eines jeden Individuums, das sein kurzes Leben in der Welt verbringt, gleich. Solange es nicht an Konzepte wie Jenseits oder Seelenwanderung glaubt, denkt es wie in dem bekannten Zitat von Epikur: „Der Tod hat also keine Bedeutung für uns; denn solange wir da sind, ist der Tod nicht da, wenn aber der Tod da ist, dann sind wir nicht da."[22] Dies bedeutet, dass der Tod eines Menschen zwar der des Verstorbenen ist, aber eigentlich mehr die Lebenden betrifft. Der entscheidende Punkt, wie man den Tod behandeln soll, liegt also darin, wie viel und welchen Einfluss das individuelle Lebensende auf die Weiterlebenden und ihre Welt hat.

Es ist allgemein bekannt, dass Epikur Konzepte wie Jenseits oder Seelenwanderung ablehnte und daher versuchte, Genuss und Freude schon zu Lebzeiten und noch rechtzeitig vor dem Tod zu erreichen. Für ihn war die Lust Anfang und Ende eines glückseligen Lebens. De facto konzentrieren sich Denker, ob in Gegenwart oder Vergangenheit, ob in China oder im Ausland, logischer Weise auf das jetzige Leben, da sie nur dieses noch in den Griff bekommen können, zumindest solange sie auf all die nicht greifbaren überirdischen Dinge verzichten. Oder wie Spinoza, der ebenfalls gegen irreale Transzendenz war, es formulierte: „Der *freie Mensch denkt an nichts weniger* als an den *Tod*, und seine Weisheit ist *nicht* ein Nachdenken über

---

21   Roger T. Ames 2017: „Die Religiosität des Konfuzianismus vom Konfuzianismus aus betrachtet", in: Chinesische Wissenschaft. Beijing: The Commercial Press. 39.
22   Epikur 2005: „Wege zum Glück". Herausgegeben und übersetzt von Rainer Nickel. Düsseldorf, Zürich: Artemis & Winkler. S.117.

den *Tod*, sondern über das Leben"[23]. Angesichts der heiklen Fragen, die Nietzsche einst stellte, ist es daher offensichtlich, dass unterschiedliche Denker unabhängig von Zeit und Raum zu ähnlichen und relativ optimistischen Lösungsvorschlägen gelangen, solange sie dies auf Basis des irdischen Lebens tun. Bei meiner Darlegung, weshalb Isaiah Berlin (1909-1997) sein Leben als eines „auf der Oberfläche der Erde" bezeichnete, habe ich dies bereits ausführlich erklärt:

> Die wiederholte Selbstironie Berlins entstammte doch einer gründlichen Überlegung. Es ist daher nicht schwer zu erkennen, dass sich hinter der Idee des „rechtzeitigen Genusses" eigentlich eine Grundtrauer versteckt, entstanden aus dem Ungleichgewicht zwischen Nichts und Existenz sowie aus der ratlosen Verzweiflung des ultimate concerns. Nichtsdestotrotz vermischt er sie mit seiner Sehnsucht nach Leben, die er aber mithilfe der Ironie ein wenig bricht. In Nietzsches „Die Geburt der Tragödie aus dem Geiste der Musik" lesen wir, wie Silen, der Begleiter des Dionysus, dieses Problem ernsthaft offenlegt: „Elendes Eintagsgeschlecht, des Zufalls Kinder und der Mühsal, was zwingst du mich dir zu sagen, was nicht zu hören für dich das Erspriesslichste ist? Das Allerbeste ist für dich gänzlich unerreichbar: nicht geboren zu sein, nicht zu sein, nichts zu sein. Das Zweitbeste aber ist für dich–bald zu sterben"[24]. Im Vergleich dazu schlagen die Humanisten oder Empiristen nun vor, das „unerreichbare Allerbeste" für uns wäre es, unvergänglich zu sein oder in die ewige Wiederkunft einzutreten. Für das „Zweitbeste" aber halten sie es, so spät wie möglich zu sterben und davor noch ein möglichst gutes Leben zu führen, oder sogar, erst das Leben zu genießen und sich dann in Nichts zu verwandeln.[25]

Wir wissen auch, dass Nietzsche der gleichen Logik folgte, als er einmal sagte: „Verloren sei uns der Tag, wo nicht ein Mal getanzt wurde!". Daher ist der obengenannte Gedanke, den Berlin entwickelte, auch als eine Antwort auf Nietzsche zu sehen, da er selbst überhaupt nicht an Transzendenz glaubte. Noch interessanter ist für uns aber, dass wir Meinungen, die jenen

23 Baruch de Spinoza 1975: „Die Ethik – In geometrischer Weise behandelt in fünf Teilen". Übersetzt von Jakob Stern. Leipzig: Philipp Reclam jun. S.215.
24 Friedrich Nietzsche 1980: S.35.
25 Liu Dong 2013: „Berlin, der transkulturelle Fuchs", in: Chinesische Wissenschaft. Beijing: The Commercial Press. 33, S.20.

von Nietzsche und Berlin ganz ähnlich sind, mühelos auch in klassischen chinesischen Texten finden können, die aus dem Zeitalter des Konfuzius stammen:

> Meister Kung wanderte im Taischangebirge. Da sah er den Yung Kiki auf den Wiesen von Tscheng umhergehen im Rehpelz und mit einem Strick gegürtet. Er schlug die Laute und sang. Meister Kung fragte und sprach: »Was ist es, worüber Ihr fröhlich seid?« Er erwiderte: »Meiner Freuden sind viele. Unter allen Geschöpfen, die der Himmel erzeugt, ist der Mensch das edelste. Und mir ist es zuteil geworden, Mensch zu sein: das ist meine erste Freude. Der Unterschied zwischen Mann und Weib ist, daß der Mann geehrt, das Weib gering ist; darum gilt der Mann für edler. Nun ist es mir zuteil geworden, daß ich ein Mann bin: das ist meine zweite Freude. Unter den Menschen, die geboren werden, gibt es solche, die weder Sonne noch Mond erblicken, die nicht den Arm der Wärterin verlassen. Nun wandere ich schon 90 Jahre umher: das ist meine dritte Freude. Armut ist das beständige Los des Gelehrten, der Tod ist das Ende aller Menschen. Wenn man in dieser beständigen Lage verweilend das Ende erreicht: Worüber sollte man da traurig sein?« Meister Kung sprach: »Wohl dem, der so sich selbst befreien kann.«[26]

Wenn wir unseren Blickwinkel erweitern, können wir erkennen, dass sich auch im Buch der Lieder, welches von Konfuzius zusammengestellt wurde, mehrere finden, die in diese Richtung gehen, insbesondere unter den Volksliedern der Tang:

> Die Heimchen zirpen durch das Haus,
> Nun ist des Jahres letzte Zeit,
> Und wären wir nicht heut vergnügt,
> Uns ließen Tag und Mond beiseit'.
> Doch sei die Lust nicht Saus und Braus;
> Zuerst bedenkt, wobei ihr seid.
> Der Lust zu Liebe schweift nicht aus;
> Ein wack'rer Mann hält Sittlichkeit.
> Die Heimchen zirpen durch das Haus,
> Nun ist des Jahres letzte Schicht,

---

26 Liezi: Das wahre Buch vom quellenden Urgrund 2017: Übersetzt von Richard Wilhelm. S.38-39.

Und wären wir nicht heut vergnügt,
Uns blieben Tag' und Monde nicht.
Doch sei die Lust nicht Saus und Braus;
Zuerst bedenkt, was noch in Sicht.
Der Lust zu Liebe schweift nicht aus;
Ein wack'rer Mann hält auf die Pflicht.

Die Heimchen zirpen durch das Haus,
Ein jeder Arbeitskarren ruht;
Und wären wir nicht heut vergnügt,
Wär' Tag und Mond verlor'nes Gut.
Doch sei die Lust nicht Saus und Braus;
Zuerst bedenk, was wehe tut.
Der Lust zu Liebe schweift nicht aus;
Ein wack'rer Mann hält sich in Hut.
(Lied beim festlichen Begehen des Beschlusses der Jahresarbeiten.)

Dornenrüstern auf Bergen ragen
Und Ulmen auf niedrigen Lagen.
Du hast Gewand' und Kleider genug,
Und magst sie nicht anzieh'n, magst sie nicht tragen.
Du hast auch Wagen und Rosse dazu,
Und magst nicht fahren, mit ihnen nicht jagen.
Und sitzest du so bis der Tod dich entrafft,
So läßt sie ein And'rer sich trefflich behagen.

Wachholder auf Bergen sich pflegen,
Und Eichen auf niederen Schlägen.
Du hast Paläst' und Gemächer darin,
Und magst sie nicht scheuern, magst sie nicht fegen.
Du hast auch Pauken und Glockenspiel,
Und magst sie nicht schlagen, magst sie nicht regen.
Und sitzest du so bis der Tod dich entrafft,
So wird sie ein Anderer haben und hegen.

Lackbäume auf Bergen sich breiten,
Kastanien auf niederen Weiten.
Du hast des Weins und der Speisen genug;

> Was schlägst du nicht täglich der Laute Saiten,
> Um dabei heiter und fröhlich zu sein
> Und längere Tage dir zu bereiten?
> Und sitzest du so bis der Tod dich entrafft,
> So wird in dein Haus ein Anderer schreiten.[27]
> (Aufforderung zum heiteren Genuß der Güter des Lebens.)

Solch auf das irdische Diesseits bezogenen Verse wurden von Konfuzius ausgewählt und nicht weggelassen, weshalb ihm derlei Gedanken sicherlich vertraut gewesen sind. Ich gehe daher davon aus, dass er mit den folgenden Kommentaren, die sich im Lun Yu zum Buch der Lieder finden, auch sie mit eingeschlossen haben dürfte: „Des Liederbuchs dreihundert Stücke sind in dem einen Wort befaßt: Denke nicht Arges![28]“ Und: „Das Guan Dsü Lied ist fröhlich, ohne ausgelassen zu sein, ist sehnsuchtsvoll, ohne das Herz zu verwunden.[29]“ Allerdings gilt es zu beachten, dass sich die einzigartige Haltung der Konfuzianer sehr unterschiedlich ausnimmt als andere auf das irdische Dasein gerichtete Anschauungen, die oft sehr zynisch daherkommen. Die grundlegende Voraussetzung ihrer Unverwechselbarkeit liegt nämlich in ihrem bewussten Erkennen der Unschätzbarkeit des Lebens. Erst wenn man dies begriffen hat und in diesem Lichte seine der Eisscholle gleiche Zerbrechlichkeit betrachtet, ist man qualifiziert, über die vom Konfuzianismus erreichte Fröhlichkeit und Musik zu reden. In diesem Sinne sollten wir uns folgendes verdeutlichen: Konfuzianische Thesen entstanden als Ersatz nach dem Zerfallen des eigentlichen Wertes. Obwohl relativ erfolgreich darin, die Herzen der Menschen zu beruhigen und ihnen die Einschränkungen durch die Gesellschaft neu zu begründen, lag das eigentliche Wesen der konfuzianischen Gedanken in einer Theorie, wie sich „Trauer in Macht“ verwandeln lässt.

Aus diesem Grund ist nicht schwer zu begreifen, wieso der Konfuzianismus, als feine wissenschaftliche These betrachtet, zumindest innerhalb des Zivilisationsprozesses bisher noch immer über unlösbare „Ultimate Concerns“ verfügt. Eng passt er sich der menschlichen Natur an und beinhaltet somit unvermeidlich eine traurige Einstellung zu Leben und

---

27 Übersetzung von Victor von Strauß 1880: Schi-king – Das kanonische Liederbuch der Chinesen. Heidelberg.
28 Lun Yu. Gespräche 1975. Übersetzt von Richard Wilhelm. Düsseldorf und Köln. Buch II, 2.
29 Ebd. Buch III, 20.

Tod. Er hatte von Anfang an gar nicht vor, das seelische Vakuum auszufüllen, das durch den Zerfall der Transzendenz verursacht wurde, insbesondere solange das kulturelle Niveau und der geistige Entwicklungsstand der
Menschen noch nicht reif dafür sind. Während des historischen Tiefpunkts
konfuzianischer Gedanken oder auch gerade an jenen Orten, wo sie sich
noch nicht ausgebreitet hatten, konnten sich allerlei niedere Ideologien
ausbilden, inklusive solche in Form von Glaubenssystemen. Obwohl der
Konfuzianismus diese bereits ernsthaft kritisiert hat, ist sein Vorhaben
der „Entzauberung" noch lange nicht abgeschlossen. In der tatsächlichen
Entwicklungsphase der chinesischen Zivilisation spielen beide sogar oft
eine ergänzende Rolle.

Achtes Kapitel

Vereinigung oder Trennung

Nun, da wir das obengenannte Problem hinreichend verdeutlicht haben, wollen wir noch die folgenden Fragen erläutern: Worin besteht eigentlich das konfuzianische Denken und was ist der wesentliche Wert, was die Sehnsucht der chinesischen Kultur? Was ist es genau, was den traditionellen chinesischen Denkern einfach nicht aus dem Sinn geht?

In einer der Fußnoten erwähnte ich bereits, dass ich im Buch „Über chinesische Weisheit" meines Lehrers Li Zehou erstmals von der These einer „Vereinigung von Himmel und Menschheit" las. Dies bedeutet allerdings nicht, dass ich ihn für den direkten Erfinder dieser Formulierung halte. In der Tat wurde sie später von Hinz und Kunz nach gebetet, sodass man kaum noch erkennen kann, wer sie zuerst vorbrachte. Es ist außerdem zu beachten, dass Qian Mu kurz vor seinem Tod auf berührende Weise die „Vereinigung von Himmel und Menschheit" neu erläuterte, ganz anders als Li Zehou es in seiner Darstellung der westlichen Ästhetik getan hatte:

> Die Chinesen vereinigen den „Himmel" mit der „Menschheit" und gehen davon aus, dass sich der Wille des Himmels im menschlichen Leben darstellt. Ohne menschliches Leben könnte man von keinem Willen des Himmels mehr reden. Umgekehrt gilt dasselbe. Für die alten Chinesen war das großartigste im Leben dessen Vereinigung mit dem Willen des Himmels. Wie könnte man beweisen, dass es einen Himmel gibt, wenn die Menschen nicht existierten? Daher glaubten die alten Chinesen, dass sich alle Zivilisationen aus dem Willen des Himmels entwickelt haben. Demnach gebe es keine

Kultur, die dem Willen des Himmels zuwiderliefe. Die Vorstellung einer Vereinigung des Lebens mit dem Willen des Himmels haben die alten Chinesen schon äußerst lange. Meines Erachtens gehört sie zu den ältesten und einflussreichsten Ideen der traditionellen chinesischen Zivilisation.[1]

Es war ungefähr zu dieser Zeit, als sich der Ausdruck mehr oder weniger zu einem Standardbegriff entwickelte, den man bei jeder Diskussion der chinesischen Kultur ständig in den Mund nahm, als wäre er eine allgemeine und unwiderlegbare Erkenntnis. Insbesondere der inzwischen verstorbene Professor Ji Xianlin verwendete ihn wie eine abgedroschene Phrase. Jahrelang sprach er in jedem Meeting darüber und war davon überzeugt, dass er der ultimative Wert der chinesischen, ja gar allgemeines Merkmal der östlichen Kultur beziehungsweise eine Lösung für die ganze Menschheit sei:

> Diejenigen unter den westlichen Gelehrten, die über ein gewisses Maß an Weitblick verfügen, fühlen eigentlich schon seit den 20er Jahren des 20. Jahrhunderts den kommenden Niedergang der westlichen Kultur herannahen. [...] Gibt es für sie noch eine Rettung? Selbstverständlich! Meines Erachtens liegt die Lösung darin, mithilfe des gesamten kulturellen Gedankensystems des Ostens die Schwachstellen wettzumachen, die im analytischen Gedankensystem des Westens klaffen. Zuerst sollte man sich, und zwar nach dem Vorbild der chinesischen beziehungsweise östlichen philosophischen Gedanken, insbesondere gemäß der von ihr vertetenen Idee einer „Vereinigung von Himmel und Menschheit", mit der Natur anfreunden und die Art und Weise, wie man dieser begegnet, vollständig ändern, da nur so die Menschheit glücklich weiterleben kann. Ich meine also nicht die Beseitigung oder Vernichtung der westlichen Kultur. Nein, natürlich nicht. Das wäre absolut idiotisch und auch gar nicht zu schaffen. Die Glanzleistungen, welche die westliche Kultur bisher vollbracht hat, können von uns nicht einfach negiert werden. Vielmehr bin ich der Meinung, dass sich die westliche Kultur ausgehend von dem bereits erreichten Niveau noch um eine Stufe weiter entwickeln sollte. Die Menschheitskultur würde dann einen neuen Höhepunkt erreichen, ein Level, das alles bisherige

---

1   Qian Mu 1991: „Mögliche Beiträge der chinesischen Kultur für die Zukunft der Menschheit", in: Chinesische Kultur. 4, S.93.

übersteigt und für das es noch keinen Präzedenzfall gibt. Die Welt ändert sich aber ständig. Was wir heute noch für selbstverständlich halten, kann morgen schon völlig anders sein. Daher handelt es sich um ein Ziel, welches die Menschheit innerhalb der Regeln gesellschaftlicher Evolution durchaus erreichen kann. Davon bin ich fest überzeugt.[2]

Wenn wir aus heutiger Sicht darauf zurückblicken, müssen wir interessanterweise feststellen, dass Li Zehou in seinen Texten zwar allerlei Belege für seine Theorie über die „Vereinigung von Himmel und Menschheit" anführt, diese aber leider nicht auf Ebene der Vernunft funktionieren, weshalb er der Idee an sich gegenüber eine gewisse Unentschlossenheit an den Tag legt. Dadurch allerdings, dass er auch diese Zweifel und Unklarheiten in der damals für ihn typischen Schreibweise behandelt hat, bekamen seine Leser, obwohl er nahezu alles erklärte, letztendlich nichts davon mit:

> Die Idee einer „Vereinigung von Himmel und Menschheit" reifte schon vor der Qin-Dynastie heran. In den „Überlieferungen des Zuo zur Zeit der Frühling-und-Herbstperiode" (Zuozhuan) findet man viele Belegstellen, in denen Konfuzius, Mengzi, Laozi, Zhuangzi und andere diese Idee aufgreifen und unter verschiedenen Aspekten betrachten. Unabhängig davon, ob es sich um positive oder negative Beurteilungen handelt, wird stets betont, dass es dabei um Respekt, Einheitlichkeit, Harmonie und Einklang geht. Bemerkenswert ist hier, dass das Element des Respekts ausgerechnet zu jener Zeit entstand, als der Rationalismus auf dem Vormarsch und der religiöse Glaube im Niedergang begriffen war. Die Vorstellung einer Vereinigung von Himmel und Menschheit nahm also die im ursprünglichen Glauben enthaltene Ehrfurcht des Menschen vor dem Himmel in sich auf, während sie deren mystische, ekstatische und irrationale Züge beseitigte. Die Konnotationen von Herrschaft und Schicksal hingegen wurden nicht vollständig entfernt, sondern nur verdünnt, weshalb die Beziehung zum Himmel immer noch deutlich über ein bloßes Respektieren der Natur hinausging.[3]

---

2 Ji Xianlin 1993: Neue Erläuterung über die Vereinigung von Himmel und Menschheit, in: Traditionelle Kultur und Modernisierung. 1, S.16.
3 Li Zehou 2008: Ausführungen zur chinesischen Geistesgeschichte. Beijing: SDX Joint Publishing Company. S.336-337.

Daher erkläre ich nun direkt, dass diese und ähnliche Aussagen eigentlich von äußerst begrenztem Nutzen für uns sind, da sich ihre Überzeugungskraft auf einige wenige, relativ geschlossene Kreise beschränkt, deren Mitglieder schon von vornherein fest an den Wert der chinesischen Kultur glauben und, was noch schlimmer ist, automatisch davon überzeugt sind, dass alles, worüber sie dort reden, sämtlich zur ewigen Essenz der einheimischen Kultur gehört und keines Falls erst später erfunden wurde. Bei Tageslicht betrachtet verfügen solche Leute einfach nicht über ausreichend Kenntnis der wissenschaftlichen Arbeitsweise und eignen sich daher weder dazu, die Traditionen weiterzuführen, noch dazu, ihre Meinungen im Sinne der vergleichenden Kulturwissenschaft vor einem internationalen Fachpublikum zum Ausdruck zu bringen. Dies erkennt man schon allein daran, dass sich diese Leute nicht einmal folgende Fragen gestellt haben: Welcher Stamm, und sei er noch so isoliert und naturnah, redet denn, aufgrund der Einschränkung der Theorie Lucien Lévy-Bruhls zur *participation mystique*, nicht über die „Vereinigung von Himmel und Menschheit"? Falls sich der Wert der chinesischen Kultur nur auf dieses Thema beschränkt, worin besteht denn dann noch ihr hohes Niveau? Anders gesagt, wenn sie wirklich nur über diese primitive Überzeugung verfügt, die sie zudem noch mit allen anderen gemein hat, wie konnte es dann sein, dass unter den modernen Chinesen, insbesondere unter den der Han-Mehrheit angehörigen, im Zeitalter der Globalisierung plötzlich eine enorme Bereitschaft um sich greift, sich an dessen säkularen Lebensstil anzupassen?

Das soll natürlich nicht heißen, dass ich die Existenz der speziellen Vor- und Nachteile der chinesischen Kultur bestreite. Vielmehr werde ich diese später in einem separaten Kapitel betrachten und erläutern. Das mindeste aber, was man von Denkern erwarten kann, ist doch, Dinge, die man in China vergeblich sucht, nicht prinzipienlos zu loben und Dinge, die sich in China entwickeln lassen, nicht prinzipienlos zu kritisieren. Unter all den Stimmen, die sich mit den Vor- oder Nachteilen auseinandergesetzt haben, zählt nun im Vergleich die kulturelle Analyse des Chen Yinque zu den präzisesten. Als er Wu Mi in Shunkou folgenden Gedanken mitteile, war er noch ein junger Student, nicht einmal 30 Jahre alt und mit sehr wenig gesellschaftlicher Erfahrung:

Wenn sich in China später das produzierende Gewerbe entwickelt und neue Erwerbsquellen eröffnet, werden die Chinesen

**ihr großes Talent für kaufmännischen Tätigkeiten voll ausnut-
zen und zu den reichsten Geschäftsmännern der Welt werden.**
Allerdings wird man nur sehr schwer darauf hoffen dürfen, dass
die Chinesen auch im Bereich der Gelehrsamkeit und der schönen Künste Überlegenheit erreichen. Mit den Nationen verhält es
sich nämlich wie mit einzelnen Personen. Wenn man vom eigenen
Charakter her vor allem auf die praktischen Dinge schaut und diese wertschätzt, kommt man in der Welt sicher gut zurecht und in
der Erforschung zwischenmenschlicher Beziehungen auf ein fortgeschrittenes Niveau. Darum waren die Lehren von Konfuzius und
Menzius, die sich vor allem mit den Menschen befassen, in China so
weit verbreitet, wohingegen der Buddhismus sich keiner allgemeinen
Beliebtheit erfreute. Manche gehen davon aus, dass jemand, der sich
auf reine Pragmatik beschränkt, oft über keinerlei Weitsicht verfügt,
nur an sich selbst denkt und sich nur zaghaft zusammen mit anderen für eine langfristige allgemeine Wohlfahrt einsetzt. Dies würde
dann bedeuten, dass die Chinesen auch im menschlichen Bereich
noch Schwächen hätten. **Heutzutage vermutet man fälschlicherweise, die Chinesen würden zu viel Wert auf hohle Prinzipien
legen. In seinen Unternehmungen zielt man daher nur noch darauf ab, Maschinen einzuführen und sich materielle Vorteile zu
verschaffen. Eine geistige Rettung kommt leider nicht mehr in
Frage, was mit Sicherheit zu einer schlimmen Ausbreitung egois-
tischer Triebhaftigkeit und damit zum Untergang von Moral und
Gerechtigkeit führen wird. Man kann nicht hoffen, dass solche
Leute ihrem Land gegenüber noch aufrichtige Liebe empfinden.**[4]

Hier gilt es wieder, unseren erweiterten Blickwinkel einzusetzen: Wie
ich vorher bereits angemerkt habe, ist Karl Jaspers These der „Achsenzeit"
auf die Erforschung der „Weltreligionen" durch Max Weber zurückzuführen. Dieser hatte in seiner „Konfuzianismus und Taoismus" genannten
China-Studie letztgenannten sogar als „Zaubergarten" bezeichnet, da in
ihm noch weniger „Entzauberung" durchgeführt werde. Wollte man seinen
Standpunkt möglichst knapp zusammenfassen, dann glaubte er fest daran,
dass der Daoismus die Vereinigung von Himmel und Menschheit betont.
Mit dieser Erkenntnis lesen sich seine Gedanken schon ganz anders. Die

---

4 Wu Mi 1998: Eintrag vom 14.12.1919, in: „Die Tagebücher von Wu Mi". Beijing: SDX
Joint Publishing Company. Bd. 2, S.100-103. H.d.V.

von ihm definierten Begriffe „Orthodoxie und Heterodoxie" bilden in seinem Denken zwei Waagschalen, wobei in dem Wort Heterodoxie bei ihm die Konnotation mitschwingt, das es sich um etwas „später Auftretendes" handelt. Dies deckt sich auch mit der von ihm aufgelisteten Reihenfolge der Religionen, wenn er etwa von „Hinduismus-Buddhismus" oder „Judaismus-Katholizismus-Protestantismus" spricht. Was nun aber die Entstehungsphase der chinesischen Zivilisation angeht, sollte eigentlich der Konfuzianismus als Heterodoxie eingestuft sein, da er zeitlich auf den Daoismus folgt, welcher dann der Orthodoxie zugerechnet werden muss:

> Betrachtet man die historischen Bedingungen, die gegen 500 v. u. Z. herrschten, dann sollte der Titel des Buches, das Max Weber über die Religionen Chinas geschrieben hat, vielleicht lieber umgekehrt sein, nämlich nicht „Konfuzianismus und Taoismus", sondern „Taoismus und Konfuzianismus". Dies liegt zum einen daran, dass der Daoismus im Sinne einer vollständigen Religion zwar erst zu Zeiten der Östlichen Han-Dynastie begründet wurde, sich Art und Weise seiner Kasteiungen aber bis in die Vorgeschichte zurückverfolgen lassen. Auch die hinter dem Daoismus stehende Denkweise passt ohne Zweifel zu jener *participation mystique*, von der Lévy-Bruhl in seinem Hauptwerk „La mentalité primitive" berichtet. Auf der anderen Seite bildete auch der Konfuzianismus seine als Staatsdoktrin dienende ideologische Form, die unstrittig den Charakter der chinesischen Kultur wesentlich mitbestimmte, erst später aus. Aber bei dem vom Rationalismus in Gang gesetzten Prozess der „Entzauberung", an dem sich schon Konfuzius selbst und andere Persönlichkeiten aus der Zeit vor der Qin-Dynastie beteiligten, handelt es sich um ein Merkmal der „Achsenzeit", einen kulturellen Aufbruch und eine Reformationsbewegung, der deshalb zu jenen mit heterodoxer Konnotation gehört.[5]

Geht man von Max Webers Analyse aus, stellt nur der klassische chinesische Konfuzianismus eine echte Entzauberung dar. Wenn wir also den Höhepunkt der chinesischen Kultur, ohne zu differenzieren, einfach als „Vereinigung von Himmel und Menschheit" zusammenfassen, wird der Konfuzianismus dann doch wieder als „Zaubergarten" im Sinne der *participation mystique* verstanden und letztlich sogar als „kulturelles Othering" der

---

5   Liu Dong 1997: Über die Entstehung der chinesischen Kulturtypen, in: Selbstgewählte Sammlung von Liu Dong. Guilin: Guangxi Normal University Press. S.140.

durch den Protestantismus repräsentierten rationalen Bewegung bezeichnet. Damit wird unklar, was für Durchbrüche die chinesische Zivilisation während der Achsenzeit überhaupt erlebte und auch, welch eine Lebenskraft sie später erzielte. Daher müssen wir ein für alle mal klar stellen, dass die traditionelle chinesische Kultur viel fortschrittlicher ist als der sogenannte „Zaubergarten". Li Ling erläuterte dies einmal wie folgt:

> In meiner Rede wollte ich betonen, dass der Magie zwar bei der Erforschung der chinesischen Religionen eine gewisse Bedeutung zukommt, wir uns aber viel mehr mit dem Stellenwert der Sittlichkeit und den Methoden des Dao (*fangshu*) befassen sollten. Insbesondere wenn es darum geht, die Religionen seit der Shang- und Zhou-Dynastie zu beschreiben, halte ich es für falsch, den Fokus auf magische Praktiken zu legen. Wie sollte man das damalige Entwicklungsniveau ausgerechnet damit erklären können? Meiner Meinung nach sollten wir uns ein drittes Auge an der Stirn zulegen, so wie Erlang Shen eines hat, und dieses nutzen, um der Sittlichkeit und den Methoden des Dao mehr Beachtung zu schenken. Denn wenn man nur zwei hat, und eines davon ständig auf die Hexerei schaut, kann man insgesamt sicher nicht mehr klar sehen.[6]

Li Ling, der sich unablässig mit den Methoden des Dao auseinandersetzte und schon immer gern anderer Meinung war als seine Kollegen, war der stets gleichen alten Leier vielleicht schlicht und ergreifend überdrüssig geworden. Jedenfalls vertrat er eines Tages den genau gegensätzlichen Standpunkt, dass also nicht die „Vereinigung von Himmel und Menschheit", sondern der „Abbruch des Umgangs zwischen Himmel und Erde" den wesentlichen Charakterzug der chinesischen Kultur darstelle. An dieser Stelle müssen wir noch einmal zurückblicken, was der sogenannte „Abbruch des Umgangs zwischen Himmel und Erde" überhaupt bedeutet. Ich kann mir gut vorstellen, dass Sie dieses Schlagwort nach Lektüre der folgenden beiden Zitate ohne Schwierigkeiten sofort inhaltlich begreifen werden. Daher liegt das Problem, das viele damit haben, vielleicht einfach nur darin, in welchen vorgefassten Rahmen man diese Überlieferung setzt.

---

6 Li Ling 2006: Abbruch des Umgangs zwischen Himmel und Erde – Ein dritter Aspekt zur Erforschung der frühen Religionen Chinas, in: „Neuere Forschung zu den Methoden des Dao". Beijing: Zhonghua Shuju. S.364-365.

Zu diesem Thema lesen wir zuerst folgende Aufzeichnung aus dem „Buch der Urkunden":

> Der Kaiser sprach, „Nach den Lehren des Altertums war Chiyou der erste, der Unordnung erzeugte, die sich unter dem einfachen Volk ausbreitete, bis alle zu Räubern und Mördern wurden, zu Eulen, Verrätern und Schurken, Dieben und Räubern, Verleumdern und Unterdrückern. Bei dem Volk der Miao benutzten sie nicht die Kraft des Guten, sondern die der Strafen. Sie machten die fünf Strafen zu Maschinen der Unterdrückung und nannten sie Gesetze. Sie schlachteten die Unschuldigen ab und waren die ersten, die es mit dem Abschneiden der Nase, den Ohren, der Kastration und dem Brandzeichen übertrieben. Alle, die sich diesen Strafen unterwarfen, wurden ohne Unterschied behandelt, wobei kein Unterschied zugunsten derer gemacht wurde, die eine Entschuldigung vorbringen konnten. Die Masse des Volkes wurde allmählich von diesem Zustand betroffen und wurde finster und unordentlich. Ihr Herz war nicht mehr auf Treu und Glauben eingestellt, sondern sie brachen ihre Eide und Bündnisse. Die vielen Menschen, die unter den bedrückenden Schrecken litten und in Gefahr waren, ermordet zu werden, erklärten dem Himmel ihre Unschuld. Gott untersuchte die Menschen, und es ging kein Duft der Tugend von ihnen aus, sondern der üble Geruch ihrer grausamen Bestrafungen. Der große Kaiser hatte Mitleid mit den unschuldigen Menschen, die von der Ermordung bedroht waren, und ließ die Unterdrücker den Schrecken seiner Majestät spüren. Er zügelte das Volk der Miao und rottete es schließlich aus, damit es nicht in die nächsten Generationen weiterziehen konnte. Dann beauftragte er Chong und Li, den Umgang zwischen Himmel und Erde abzubrechen, damit es kein Herabsteigen und Aufsteigen mehr geben würde."[7]

Es lohnt sich, über diesen Absatz, in dem sowohl Inhalte der Gedanken als auch der Politikgeschichte enthalten sind, genauer nachzudenken. Obwohl hier von Gott die Rede ist, werden damit tatsächlich folgende Informationen ausgedrückt: In einem kulturellen Ambiente, in welchem eine Entzauberung noch nicht stattgefunden hat, würde eine „Trennung

---

7   Buch der Urkunden, Buch XXVII, 255, 2. Übersetzung von James Legge in 1865: „The Chinese Classics Vol. III –The Shoo King or The Book of Historical Documents". London: Trübner. S.588-593.

von Himmel und Menschheit" oder ein „Abbruch des Umgangs zwischen Himmel und Erde" die Politiker nur aufhorchen lassen und ihnen Sorge bereiten, da die Bevölkerung in so einem Fall ihren Trost und ihren Respekt verlieren dürfte. In einer entzauberten Welt hingegen sorgten sich die Herrscher um eine „Vereinigung von Himmel und Menschheit" oder um eine „Kontaktaufnahme zwischen Himmel und Erde", da diese dem Willen des Himmels zu einer unkomplizierten und schnellen Ausbreitung verhelfen würde.

Im Buch Guoyu („Gespräche über die Staaten") findet sich hierzu eine interessante Stelle:

> Der König Zhao von Chu fragte Guan Shefu: „Im Buch von Zhou wird berichtet, dass Chong und Li die Verbindung zwischen dem Himmel und der Erde trennen ließen. Was ist damit gemeint? Wenn dem nicht so wäre, könnten die Menschen dann in den Himmel hochkommen?" Der andere antwortete: „Es ist nicht so gemeint. In alter Zeit vermischten sich Menschen und Geister nicht. Es gab aber besonders fähige Menschen, zu denen […] die lichten Geister hinabstiegen. Unter den Männern nannte man diese Schamanen (Ji); unter den Frauen nannte man diese Schamaninnen (Wu). Sie stellten die Aufenthaltsorte, Positionen und Rangfolgen der Geister fest. […] Menschen und Geister hatten unterschiedliche Aufgaben. […] Die Geister spendeten reiche Ernten und die Menschen (dankten ihnen) durch (das Opfern) von Dingen. […] Daraufhin gab es zuständige Beamte für Himmel, Erde, Volk, Gott und Dinge, welche als die sogenannten fünf Beamten jeweils für ihre eigene Angelegenheit verantwortlich waren. Die Bevölkerung legte daher Wert auf Loyalität und Glaubwürdigkeit und Gott war ihnen wohlgesonnen. Die Angelegenheiten der beiden vermischten sich nicht und beide Parteien wahrten der anderer gegenüber den Respekt. Darum segnete Gott die Menschen und ließ das Getreide wachsen, welches die Bevölkerung wiederum der Gottheit opferte. Katastrophen kamen nicht vor und das Hab und Gut der Menschen kannte keinen Mangel.

Als Shaohao niederging und die neun Li-Sippen die tugendhafte Regierung derangierten, war das Volk mit dem Göttlichen vermischt und man konnte die wahren Götter nicht mehr von den falschen unterscheiden. Daher veranstaltete jeder sein eigenes Opferfest, jeder Haushalt hatte eigene Schamaninnen und es gab keine Ehrlichkeit. Das Volk opferte zwar, bekam aber kein Segen. Die Opferfeste verfügten über keine Regel und Ordnung. Das Volk befand sich auf einer Stufe mit den Gottheiten und hatte daher keinen Respekt vor ihnen. Die Götter bestanden auch nicht auf Reinheit der Opfer. Das Getreide wurde nicht gesegnet und Katastrophen waren häufig. Die Leute konnten ihre Lebenskraft nicht wunschgemäß entfalten. **Angesichts dieser Situation ordnete Zhuanxu an, dass Nan Zhengchong die Verwaltung des Himmels zu übertragen sei, damit dieser sich mit Gott treffen möge, und dass Huo Zhengli die Verwaltung der Erde zu übertragen sei, damit dieser mit dem Volk zusammenkäme. So konnte die ursprüngliche Ordnung wiederhergestellt werden, auf dass sich beide Parteien nicht gegenseitig verstoßen. Dies ist der Abbruch des Umgangs zwischen Gott im Himmel und dem Volk auf der Erde.**[8]

Wir können uns erschließen, was gemeint ist, wenn wir uns einmal den Kommentar ansehen, den Kong Anguo von der Han-Dynastie zum Buch der Urkunden verfasst hat. Zu der Textstelle „Er beauftragte Chong und Li, den Umgang zwischen Himmel und Erde abzubrechen" schreibt dieser nämlich: „Chong war Xi und Li war He. Yao überantwortete Xi und He die Verwaltung von Himmel und Erde, der vier Jahreszeiten sowie des Volkes an, damit Gott und die Menschen sich nicht gegenseitig stören und jede Partei ihre eigene Ordnung hat. Genau darin besteht der sogenannte Abbruch des Umgangs zwischen Himmel und Erde. Die Gottheiten des Himmels kamen nicht zur Erde und irdische Angelegenheiten kamen nicht in den Himmel."[9] Vergleichen wir dies nun mit der Erklärung, die uns Cai Shen aus der Song-Dynastie uns liefert: „Als Chiyou und Sanmiao regierten, waren sie einfältig und töricht, ihre Bevölkerung kannte nur die Strafen, wusste aber nicht weshalb man sie bekam und konnte dies nirgendwo anprangern. Darum wandten sie sich an Gottheiten und opferten den Geistern. Die Zeremonien für Himmel, Erde, Menschen und Götter vermischten sich, es entstanden Zauberei und Unsinn und das menschliche Herz war deswegen nicht tugendhaft. Angesichts dieser dringlichen Situation berichtigte Kaiser Shun zuerst das Herz der Leute und beauftragte Chong und Li damit, die zeremoniellen Riten erneut festzulegen.

---

8   Guoyu, Kapitel VI, Gespräch über Chu. Zitierte Ausgabe von 2015. Shanghai: Shanghai guji chubanshe. S.376-378. H.d.V.

9   Kong Anguo: Kommentar zum Shangshu, in: 2014: „Alte Anmerkungen zu den Dreizehn Klassikern." Beijing: Zhonghua Shuju. Bd.1, S.158.

Danach opferten die Himmelssöhne dem Himmel und der Erde und die Herzöge den Flüssen und Gebirgen. Die gesellschaftliche Rangfolge war genau geregelt."[10] Diese beiden Kommentare zeigen eine reale Entwicklung auf. Es ist offensichtlich, dass die Trennung von Himmel und Erde sowie das Ende der gegenseitigen Störungen zwischen Gott und Menschheit deshalb angemahnt wurde, damit eine Beziehung zwischen Himmel und Menschheit eingerichtet werden konnte, die einer grundlegenden Ordnung folgte und auf Disziplin beruhte. Der bahnbrechenden Veränderung, welche diese Trennung in Wahrheit bedeutete, zum Trotz verwendete man früher lieber historische Zerfalls- und Niedergangsnarrative zu dessen Erklärung.

Nun betrachten wir mit Gelassenheit die Tendenz der Hauptentwicklung. Hier wird in Wahrheit gar nicht die „Vereinigung von Himmel und Menschheit", sondern im Gegenteil eine allmähliche Trennung dargelegt. Obwohl es hier noch einzelne Personen wie Chongli gab, welche die Kommunikation mit dem Himmel monopolisierten, war die Situation doch grundlegend verschieden von der vorigen, vom alten Animismus oder der sogenannten „Vermischung von Volk und Gottheit" geprägten. Andererseits gibt es Parallelen zu einer anderen Tendenz, welche wir zuvor schon behandelt haben: „Die Doktrin des Himmels ist weit weg von uns, aber die der Menschenwelt ist nah. Und darum ist die Doktrin des Himmels nicht zu erreichen." Daher gibt es, zumindest nicht auf Basis der bisher genannten Textstellen, für uns keinen Grund mit der folgenden Erläuterung von Li Ling nicht einverstanden zu sein:

> Die Geschichte vom Abbruch des Umgangs zwischen Himmel und Erde findet sich im „Gespräch über Chu" genannten Kapitel des Guoyu. [...] In der getrennten Verwaltung von Himmel und Erde durch Chong und Li sah man unter anderem den Ursprung der Ämter für Opferfeste, Wahrsagerei und Historiographie, wobei sie am häufigsten als Ausgangspunkt des letzteren angeführt wurde, da auch die Schule des Sima Qian darauf zurückgehen soll. [...] Daher betrifft dies auch das Entstehungsprinzip der Religionen. Die Geschichte besagt, dass frühe religiöse Funktionen von Schamanen und Schamaninnen übernommen wurden, und dass später dann eine Trennung der Beamtenschaft erfolgte. Und zwar wurden die

---

10 Cai Shen: Shujing jizhuan. (Anmerkungen über Shangshu). Ausgabe von 1994. Beijing: Zhongguo Shudian. S.203.

Ämter für Opferfeste, Wahrsagerei und Historiographie als für den Himmel zuständige Beamte bezeichnet. Stellen wie Situ, Sima oder Sigong hingegen, welche das Volk und die Ländereien verwalteten, galten als für die Erde zuständig. **Als Beamte für Opferfeste, Wahrsagerei und Historiographie auftauchten, läutete dies das Ende der Zauberei ein, auch wenn es sich dabei um einen langwierigen Prozess handelte. Doch schließlich erlangten die Beamten für Opferfeste, Wahrsagerei und Historiographie die Oberhand. Dies nennt man „Abbruch des Umgangs zwischen Himmel und Erde". Innerhalb der Geschichte ist das Merkmal der Historiographen die „getrennte Verwaltung von Himmel und Erde" und ihre Ablehnung einer „Vermischung von Gottheiten und Menschen". Daran kann man erkennen, dass der „Abbruch des Umgangs zwischen Himmel und Erde" ausschließlich eine Trennung und keinesfalls die „Vereinigung von Himmel und Menschheit" bedeutet.**[11]

Obwohl die Forschung von Li Ling mehrfach zitiert wurde, gab Yu Yingshi in seinem neuen Werk „Über die Beziehung von Himmel und Menschheit" bedauerlicherweise keine Rückmeldung zu dieser gewagten Sichtweise, ganz so als ob er ihre Existenz nicht bemerkt hätte. Seine eigene Erklärung zum Thema „Abbruch des Umgangs zwischen Himmel und Erde" schlug hingegen eine ganz andere Richtung ein. Genauer gesagt hält er die wichtigsten Elemente für unverändert und die bedeutenden Änderungen für unwesentlich, weshalb es sich seines Erachtens nach bloß um eine alternative Darstellungsform der „Vereinigung von Himmel und Menschheit" handelt. Wahrscheinlich bestand die einzige Möglichkeit, wie man gleichzeitig der These von Jaspers sowie ihrer Entfaltung in den Fachkreisen amerikanischer Sinologen folgen und das sogenannte Transzendenz-Merkmal der Achsenzivilisationen zu bewahren darin, den Wert der chinesischen Zivilisation als „immanente Transzendenz" zu bezeichnen:

Wenn man den Mythos vom „Abbruch des Umgangs zwischen Himmel und Erde" einmal durchschaut hat, ist nicht schwer zu erkennen, dass sich in ihm die „Vereinigung von Himmel und

---

11   Li Ling 2006: Abbruch des Umgangs zwischen Himmel und Erde – Ein dritter Aspekt zur Erforschung der frühen Religionen Chinas, in: „Neuere Forschung zu den Methoden des Dao". Beijing: Zhonghua Shuju. S.363. H.d.V.

Menschheit" als heimliche Konnotation versteckt hält. Diese Stelle kann man wohl so verstehen: Zhuanxu beendete das Chaos der „Vermischung von Menschen und Gottheiten", als „jeder Haushalt [...] eigene Schamaninnen" hatte, indem er eine neue Ordnung gründete, in welcher Gott und der Mensch nicht länger miteinander vermischt waren. Aber eigentlich bedeutete dies nur eine Trennung des Volkes von den Gottheiten, und nicht etwa ein wahres Abschneiden des Kontaktes zwischen Himmel und Erde, was damals überhaupt nicht vorstellbar gewesen wäre. Die irdische Welt war nach wie vor als Gruppe mit der himmlischen verbunden, mit dem Unterschied, dass Zhuanxu nun die einzige Verkettung zwischen den beiden darstellte.[12]

Interessant ist hier folgendes: Wenn doch mit dem Begriff des Durchbruchs auf einen Einschnitt im System hingewiesen werden soll, dann hat obengenannte Darstellung, die eher im Sinne einer Kontinuität argumentiert, keinen Hauch mehr von Durchbruch, obwohl in ihr das Wort „Achsendurchbruch" noch verwendet wird. Detaillierte Beschreibungen einer Kontinuität der chinesischen Kultur lassen sich im Fachkreis der Auslandschinesen bis auf den Artikel „Kontinuität und Bruch: Entwurf einer neuen These über den Ursprung einer Zivilisation" von Zhang Guangzhi zurückverfolgen.[13] Darin beschrieb er den Ursprung der chinesischen Zivilisation als eine „kontinuierliche" Form, im Vergleich zum Ausgangspunkt der westlichen Zivilisation stellt sie aber eine „zerbrochene" Form dar. Bezüglich der Ausrichtung des „Pan- Schamanismus" in seiner These brachte ich bereits vor über 20 Jahren andere Meinung vor:

> Falls ein Experte, dessen Fachgebiet die Vorgeschichte ist, die in einem prähistorischen Volk festgestellte Denkweise einfach in die Zukunft fortschreibt und dann auch den Mitgliedern der Hundert Schulen unterstellt, ohne diese je untersucht zu haben, und dann davon ausgeht, dass sich das Denken der Achsenzeit oder sogar der Nach-Achsenzeit im Sinne einer gedanklichen Kontinuität von jenem der Vor-Achsenzeit ableiten ließe, ist damit in Sachen Leichtfertigkeit wohl sicher eine Grenze überschritten. Denn die

---

12 Yu Yingshi 2014: „Über die Beziehung von Himmel und Menschheit". Beijing: Zhonghua Shuju. S.71-72.
13 Siehe hierfür Zhang Guangzhi 1990: Chinesische Bronzezeit Bd.2. Beijing: SDX Joint Publishing Company.

entscheidende Umwandlung der geschichtlichen Tradition, die von den großen Denkern vor der Qin-Dynastie wie Konfuzius betrieben wurde, wird damit völlig verkannt. Die schamanistische Denkart hatte nämlich nicht nur einen hartnäckigen Einfluss auf die gesellschaftliche Unterschicht der Nachwelt, sondern war auch in der Oberschicht noch in Überbleibseln vorhanden. Wir dürfen nicht vernachlässigen, was ausschlaggebend war für diese Phase der historischen Durchbrüche: Dass man vor enormen Herausforderungen stand, welche die alte Ideologie auflösten und von den damaligen Denkern verlangten, all ihre Initiative zur Errichtung einer neuen geistigen Tradition zu entfalten. Wenn man die maßgebliche Veränderung, die sich an dieser Stelle des Zivilisationsprozesses ereignete, gar nicht erst erkennt, gelingt es natürlich auch nicht, sie vom Grund her zu erklären: Wenn sich der während der Shang-Zeit vorherrschende Glaube an eine höchste Gottheit aus einer schamanistischen Denkart herleitet, die schon in der chinesischen Frühgeschichte existiert hatte, weshalb hat dann die chinesische Zivilisation im Laufe ihrer Entwicklung die indigene Zivilisation Nordamerikas (angeblich sind diese beiden miteinander ja verwandt und sollen sogar einen gemeinsamen Ursprung haben) weit übertroffen? Wieso ist sie dann grundverschieden von der monotheistischen hebräischen Zivilisation?[14]

Wenn man diesen Punkt weiter diskutiert, stellt man auch Unterschiede zu meiner eigenen Meinung fest. So ist Li Ling nämlich im Gegensatz zu mir weiterhin dazu bereit, sich mit den Religionen auseinanderzusetzen, da ihm die These einer „Vereinigung von Himmel und Menschheit" seiner Denkrichtung entsprechend wohl zu viel nach Zauberei klingt, die eines „Abbruchs des Umgangs zwischen Himmel und Erde" hingegen den humanistischen Religionen einen gewissen Raum zu bieten scheint. Interessanterweise tritt der Irrtum, dem er in seiner Beurteilung unterliegt, offen zutage, sobald man die im Folgenden wiedergegebene Position von Zhang Taiyan zum Vergleich heranzieht:

> Laozi war gegen die Religion und sprach: „Wenn man über den Erdkreis waltet entsprechend dem Sinn, so gehen die Abgeschiedenen nicht als Geister um." Konfuzius war ebenfalls dagegen. Während

---

14   Liu Dong 1997: Über die Entstehung der chinesischen Kulturtypen, in: Selbstgewählte Sammlung von Liu Dong. Guilin: Guangxi Normal University Press. S.143-144.

es stimmt, dass er dem Opferfest viel Beachtung schenkte, gibt uns die Wortwahl im Lun Yu doch gründlich zu Denken: „Er opferte (den Ahnen) als in ihrer Gegenwart. Er opferte den Göttern als in ihrer Gegenwart.“[15] Man beachte die Verwendung des Wortes „als“. Offensichtlich möchte uns der Autor mitteilen, dass eigentlich gar keine Götter anwesend waren. Auch das Buch der Riten beschreibt zwar anspruchsvolle Opferfeste, ist aber erst aus der Han-Dynastie und daher nicht unbedingt glaubwürdig.

Die Herrscher der Vergangenheit opferten dem Himmel und der Erde sowie für den Staat, aber den Untertanen des Himmelssohns fehlte die zum Opfern nötige soziale Stellung. Wir müssen begreifen, dass eine Religion allgemein im ganzen Volk verbreitet ist. Zum christlichen Gott etwa beten alle Gläubigen. Aber im alten China durften nur die Kaiser zu Gott und dem Himmel beten, was im Grunde genommen schon keine Religion mehr ist.[16]

Dennoch halte ich Li Lings Meinung insgesamt für vernünftiger, akkurater und inspirierender. Außerdem stimmt sie, wenn wir uns seine Begründung im weiter oben zitierten Textauszug noch einmal anschauen, mit der grundlegenden Logik des Rationalismus vor der Qin-Dynastie überein. Wenn dem nicht so wäre, könnten wir hier auch schlecht über „wenn man noch nicht das Leben kennt, wie sollte man den Tod kennen“ oder „der Meister redete nicht über Mystisches, Zauberkräfte, Aufruhr und Geister“ sprechen, geschweige denn über eine „dunkle Wolke am Rand des Himmels“ oder die „Vergleichbarkeit von Konfuzianismus und Existenzialismus.“ Wir können also festhalten, dass auch das traditionelle Denken über verschiedene Seiten verfügt. Wenn man sich ausschließlich an die eigensinnige Idee der Vereinigung von Himmel und Menschheit hält, kann man weder den konfuzianischen Geist noch das grundlegende Merkmal der chinesischen Kultur erfolgreich herausdestillieren.

Im Übrigen gilt: Wenn man sich schon dazu entschlossen hat, einen höheren Standpunkt mit erweitertem Blickfeld einzunehmen, sollte man den Schwerpunkt nicht auf eine einzige Geschichte legen, egal wie wesentlich ihre genaue Bedeutung für das Ganze ist. Keine Veränderung geschieht

---

15 Lun Yu. Gespräche 1975. Übersetzt von Richard Wilhelm. Düsseldorf und Köln. Buch III, 12.
16 Zhang Taiyan 2015: „Einführung in die Sinologie – Über traditionelle Wissenschaft und Kultur“. Beijing: Zhonghua Shuju. S.10-11.

isoliert, auch nicht die von uns untersuchte. Im Gegenteil ist sie wie eine bestimmte Koordinate, die uns anzeigt, welche Entwicklungen und Spaltungen im Innenteil des grundlegenden chinesischen Wertes während der Achsenzeit durchlaufen wurden. Von der „Vermischung von Volk und Gottheit" bis zum „Abbruch des Umgangs zwischen Himmel und Erde" und der „Anpassung der Moral an den Himmel" oder auch von der „humanistischen Bewegung" zu Beginn der Zhou-Dynastie, von der uns Xu Fuguan (1904-1982) berichtet, bis zur These von Zichan: „Die Doktrin des Himmels ist weit weg von uns, aber die der Menschenwelt ist nah. Und darum ist die Doktrin des Himmels nicht zu erreichen." Folgt man diesen Anhaltspunkten gelangt man sehr natürlich zu Konfuzius: „›Riten‹ heißt es, ›Riten‹ heißt es: wahrlich, heißt das denn Edelsteine und Seide? ›Musik‹ heißt es, ›Musik‹ heißt es: wahrlich, heißt das denn Glocken und Pauken?"[17] Oder auch: „Ist denn die Sittlichkeit gar so fern? Sobald ich die Sittlichkeit wünsche, so ist diese Sittlichkeit da."[18] Wir erkennen hier eine Entwicklung, weg vom Animismus und der uralten Vereinigung von Himmel und Menschheit, hin zur Trennung von Himmel und Erde, hin zur gegenseitigen Nichteinmischung zwischen Göttern und Menschen. Daher war die humanistische Welt gezwungen, nach relativer Unabhängigkeit zu suchen. Dies führte dazu, dass Konfuzius mit seinem mutigen Schöpfungswillen das System der „Menschlichkeit" entwickelte.

Die Situation des Niedergangs von Sittlichkeit und Gesellschaft, die zu Lebzeiten des Konfuzius herrschte, hat in der Tat einen sehr tiefen Eindruck hinterlassen. Man denke nur an die vorher erwähnten Worte des Grenzwarts: „Die Welt war lange ohne Wort Gottes."[19] Oder an die scharfsinnige Beobachtung des Konfuzius: „Ich habe noch keinen gesehen, der moralischen Wert liebt ebenso, wie er die Frauenschönheit liebt."[20] Empfindsam wie er wahr, sagte er ferner: „Der Edle trauert um der Wahrheit willen, er trauert nicht um der Armut willen."[21] Oder auch: „In der Frühe die Wahrheit vernehmen und des Abends sterben: das ist nicht

17   Lun Yu. Gespräche 1975. Übersetzt von Richard Wilhelm. Düsseldorf und Köln, S.88. Buch XVII, 11.
18   Ebd., S.173-174. Buch VII, 29.
19   Ebd. Buch III, 24.
20   Ebd., S.102. Buch IX, 17.
21   Ebd. Buch XV, 31.

schlimm"[22]. Gerüstet mit solch einem Geist schickte er sich an, einheitliche Werte zu finden, die der Gesellschaft als Stützpfeiler dienen und die chaotische Situation zum Guten wenden, in welche die damalige Kultur gestürzt war: „Daß Anlagen nicht gepflegt werden, daß Gelerntes nicht besprochen wird, daß man seine Pflicht kennt und nicht davon angezogen wird, daß man Ungutes an sich hat und nicht imstande ist, es zu bessern: das sind Dinge, die mir Schmerz machen."[23] Das gründliche Erforschen der Problematik, wie wir es bis hierhin betrieben haben, erklärt letztlich nur die Frage, weshalb Konfuzius nach einem Weg suchte, nicht aber, warum er gerade auf solche Weise nach der Wahrheit suchte. Die prinzipielle Fähigkeit des Menschen zur moralischen Selbstbetrachtung ist eine allgemeine Urkraft, welche die einzelnen großen Zivilisationen überhaupt erst hervorbrachte. Die moralische Selbstbetrachtung allein reichte aber noch nicht aus, weshalb Konfuzius zur Standardisierung der Sitten einen dermaßen ungewöhnlichen, oder sogar einzigartigen Stützpfeiler der inneren Werte auswählte.

Die Schwierigkeit des Problems lag für die Denker vor der Qin-Dynastie, wie sie von Konfuzius vertreten werden, hierin: Als historische Folge der Entzauberung, zu der es im Zivilisationsprozess gekommen war, waren der humanistische Geist und das auf sich selbst gerichtete Bewusstsein bereits zu Anfang der Zhou-Dynastie aktiv geworden. Ab diesem Zeitpunkt waren die Doktrin des Himmels und die der Menschenwelt nicht mehr erreichbar wie einst beschrieben (siehe Zuozhuan, Zhaogong). Wir können heute sehen, dass unter den Hundert Schulen, zu denen auch Konfuzianismus, Mohismus, Daoismus und Legalismus zählten, ganz allein der aus der Unterschicht stammende Mohismus noch behauptete, den Himmel zu respektieren und den Geistern zu dienen (tatsächlich war dies auch die Hauptursache, weshalb der Mohismus von der Geschichte aussortiert wurde). Die anderen Gedankenströmungen, welche bald schon die Hauptrolle spielten, beseitigten bewusst den mythischen Charakter des Himmels, sodass dieser auf seine natürlichen Funktionen reduziert wurde: „Die vier Zeiten gehen (ihren Gang), alle Dinge werden erzeugt."[24] Andererseits, da Himmel und Menschheit nicht länger die gleichen Sorgen haben und sich

---

22 Ebd., S.60. Buch IV, 8.
23 Ebd. Buch VII, 3.
24 Ebd., S.175. Buch XVII, 19.

der Mensch vom Druck der Götter befreit, dabei aber auch ihren Schutz und ihre Weisung verloren hatte, ward er einsam zwischen Himmel und Erde und sah sich der gefühllosen Natur schutzlos ausgeliefert. Plötzlich musste er sich um seine Existenz sorgen. Aus diesem Grund sehen wir, dass Konfuzius, der nicht über Mystisches, Zauberkräfte, Aufruhr und Geister sprach, den freien Willen und humanistischen Geist der Zhou-Dynastie weiterführte und es kein Zufall ist, dass er heroische Worte in den Mund nahm wie: „Die Menschen können die Wahrheit verherrlichen, nicht verherrlicht die Wahrheit die Menschen."[25] […] Der Grund, weshalb die traditionellen chinesischen Denker während der Achsenzeit so stark die Bedeutung des individuellen Willens hervorhoben, lag nicht darin, dass sie die Götter mutwillig herabzuwürdigen beabsichtigten, sondern in der Selbstrettung, zu der sie in ihrer erbarmungslosen „Geworfenheit" gezwungen waren. Wenn die äußerliche Depersonalisierung der Natur und die daraus resultierende Annahme einer Interesselosigkeit für das menschliche Schicksal ihrerseits damals zum allgemeinen Konsens gehört haben, hatte der frühreife chinesische Rationalismus den Philosophen, welche im richtigen Augenblick auftauchten, überhaupt keinen Spielraum mehr hinterlassen, der die Suche nach einem Stützpfeiler zur Bedeutungssicherung des persönlichen Daseins noch irgendwo außerhalb des Subjektes erlaubt hätte.[26]

Zurück zum Thema: Auch innerhalb jenes Prozesses der Trennung und Spaltung, der sich hinter dem Schlagwort vom „Abbruch des Umgangs zwischen Himmel und Erde" verbirgt, fand eine Veränderung von „außen" nach „innen", von „passiv" zu „aktiv" statt und führte schließlich eine Art kopernikanische Wende herbei, womit der von Konfuzius eingeschlagene Weg zur Wahrheit aber noch nicht am Ende angelangt war. Falls man sich mit der nun fernen und entfremdeten Natur wieder vertraut macht, selbst wenn dabei nur die subjektive Empfindung gemeint ist, kann man in seinem Leben wieder mehr Behaglichkeit und Gelassenheit spüren. Genauer erläutern werde ich dies, wenn wir später einen weiteren Anhaltspunkt untersuchen, den uns Konfuzius hinterlassen hat: „Wenn mir noch einige Jahre vergönnt wären, daß ich das Buch des Wandels fertig studieren

---

25 Ebd. Buch XV, 28.
26 Liu Dong 1997: Über die Entstehung der chinesischen Kulturtypen, in: Selbstgewählte Sammlung von Liu Dong. Guilin: Guangxi Normal University Press. S.147.

könnte!"[27] Davon ausgehend werden wir auch auf die Maxime von Zhang Zai zu sprechen kommen: „Für Himmel und Erde den Geist, für die Menschen das Leben, für immer den Frieden, nach Heiligkeit streben!" Und schließlich zum Konzept einer „Nivellierung von Himmel und Erde" und der „Vereinigung von Himmel und Menschheit" nach Li Zehou, welche an Immanuel Kant anknüpft. So schlagen wir nämlich den Bogen vom „pragmatischen Rationalismus" über die geistige Entwicklung „Musik ist Freude" zur „personifizierten Natur" der Ästhetik.

Bei der Vereinigung von Himmel und Menschheit, wie wir sie bei Li Zehou finden, handelt es sich womöglich um einen ganz anderen Typus. Lesen wir ein wenig in seinen Formulierungen:

> Wenn das Erreichen einer „Vereinigung von Himmel und Menschheit" den Konfuzianern der Han-Dynastie zur Gründung eines äußerlich freien Systems menschlichen Handelns diente, dann ist mit dem Wort „Himmel" hier eigentlich das „Qi" gemeint und damit die Natur bezeichnet. Diejenige Vereinigung, welche sich die Konfuzianer der Song-Dynastie vorgestellt haben, zeigt uns dagegen das Ideal einer inneren ethischen Freiheit. Demnach bedeutet das Wort „Himmel" in ihrem Fall „Vernunft", ist Geist und Mentalität. Darum ist das Erstgenannte ein Konzept der Kosmologie, also einer Ontologie der Natur, und das Letztgenannte ein Konzept der Ethik, also einer Metaphysik der Sitten. Das Erstgenannte bezeichnet eine reale Handlungswelt und die Erneuerung besteht im Dasein der sensiblen Welt, ihrer Veränderung und Entwicklung (Zyklus). Das Letztgenannte steht für ein moralisches Niveau und die Erneuerung besteht in der seelischen Zustimmung zur ganzen Welt, welche de facto eine Übertragung des subjektiven Bewusstseins ist, welches durch Übertragung auf Ebene der Moral erhöht wird, da nämlich die Ethik als Seiende mit der Welt und der Natur verbunden und vereinigt wird."[28]

Bevor wir uns alle entweder für die „Vereinigung von Himmel und Menschheit" oder für den „Abbruch des Umgangs zwischen Himmel und Erde" entscheiden und darüber miteinander streiten: Eine passende

---

27 Lun Yu. Gespräche 1975. Übersetzt von Richard Wilhelm. Düsseldorf und Köln. Buch VII, 16.
28 Li Zehou 2008: „Ausführungen zur chinesischen Gedankengeschichte". Beijing: SDX Joint Publishing Company. S.337.

Strategie zur Umsetzung der dahinterstehenden Gedanken läge meines Erachtens wohl eher in einer Kombination der beiden Konzepte. Dies hätte den Vorteil, dass wir beider Seiten Potenzial vollständig zur Erweiterung unseres Gedankenspielraums nutzen können, obwohl die Begriffe nicht gerade präzise sind und sogar leicht zu Verwirrung und auf Abwege führen können. In diesem Sinne sollten wir die Krise erkennen, die hinter der Idee vom „Abbruch des Umgangs zwischen Himmel und Erde" steht, und uns gleichzeitig nach dem Niveau sehnen, das uns die „Vereinigung von Himmel und Menschheit" verspricht. So kann das erstere das letztere anspornen und warnen und das letztere die erstere trösten und beruhigen. Die „Erkenntnis von Leid und Not" und die „Mentalität des Frohsinns" könnten sich dann im kulturellen Bewusstsein gegenseitig anregen, abstützen, umwandeln, beschränken, unterstützen und ergänzen. Nur so scheint es mir möglich, die Eigenschaften und Hintergründe dieser großartigen Kultur im Ganzen zu begreifen.

Neuntes Kapitel

Was die Religion ersetzen kann

Kommen wir noch einmal auf das im letzten Kapitel aufgeführte Zitat von Li Zehou zurück: Die Idee einer „Vereinigung von Himmel und Menschheit" reifte schon vor der Qin-Dynastie heran. In den „Überlieferungen des Zuo zur Zeit der Frühling-und-Herbstperiode" (Zuozhuan) findet man viele Belegstellen, in denen Konfuzius, Mengzi, Laozi, Zhuangzi und andere diese Idee aufgreifen und unter verschiedenen Aspekten betrachten. Unabhängig davon, ob es sich um positive oder negative Beurteilungen handelt, wird stets betont, dass es dabei um Respekt, Einheitlichkeit, Harmonie und Einklang geht. Bemerkenswert ist hier, dass das Element des Respekts ausgerechnet zu jener Zeit entstand, als der Rationalismus auf dem Vormarsch und der religiöse Glaube im Niedergang begriffen war. Die Vorstellung einer Vereinigung von Himmel und Menschheit nahm also die im ursprünglichen Glauben enthaltene Ehrfurcht des Menschen vor dem Himmel in sich auf, während sie deren mystische, ekstatische und irrationale Züge beseitigte. Die Konnotationen von Herrschaft und Schicksal hingegen wurden nicht vollständig entfernt, sondern nur verdünnt, weshalb die Beziehung zum Himmel immer noch deutlich über ein bloßes Respektieren der Natur hinausging.[1]

Einerseits fühlt man sich als Leser, auch wenn die dialektische Schreibweise, wie ich zuvor angemerkt habe, durchaus ein Gefühl der Vollständigkeit vermittelt, nach der Lektüre verwirrt. Obwohl der Autor

---

1 Li Zehou 2008: „Ausführungen zur chinesischen Gedankengeschichte". Beijing: SDX Joint Publishing Company. S.336-337.

nahezu alles erläutert hat, ist beim Leser nichts davon angekommen. Andererseits können wir dank dieser von ihm gewählten Schreibweise die komplizierte Position, welche der Autor zu diesem Thema einnimmt, besser begreifen. Die verwendete Mischlogik führt uns vor Augen, dass das chaotische Konzept einer sogenannten „Vereinigung von Himmel und Menschheit" von der Fachwelt ganz unterschiedlich gebraucht wird und dass darin gegensätzliche Vorstellungen enthalten sind, die dabei von primitiver Zauberei bis hin zu einem relativ nüchternen Rationalismus reichen.

Noch interessanter ist hier, dass sich Qian Mu, als er die Essenz oder den Hauptpfeiler der chinesischen Kultur in seiner eigenen Interpretation der „Vereinigung von Himmel und Menschheit" gefunden zu haben glaubte, dabei eigentlich jener Denkrichtung folgte, die Cheng Hao einst mit seiner These „Himmel und Menschheit sind eigentlich keine zwei Dinge" eingeschlagen hatte. Ähnlich wie Li Zehou es in obigem Text formuliert, lehnte Qian Mu eine transzendente Existenz oder auch eine „Welt außerhalb der Welt" ab, indem er sich auf die Umwandlung der Zauberei zum Rationalismus berief. Außerdem leugnete er, dass es in China Religionen gibt, die mit jenen im Westen vergleichbar wären:

> Die Bewohner der westlichen Welt neigen dazu, den Willen des Himmels von ihrem eigenen Leben abgetrennt zu betrachten. In der Regel gehen sie nämlich davon aus, dass es neben dem einen noch das andere gebe, womit sie sie den Willen des Himmels und das Leben des Menschen offensichtlich in zwei unterschiedliche Schichten oder Situationen einteilen. Bei ihnen hat demnach der Wille des Himmels die eine Art und Weise und das Leben des Menschen eine andere Art und Weise. Unter dem Einfluss dieser Vorstellung stehend, wissen sie nicht genau was der Willen des Himmels ist und wie sie ihr Leben führen sollen. Durch die Trennung geht gewissermaßen die Urbedeutung beider Konzepte verloren. Daher können sie die Wahrheit, die in der Verbindung zwischen Universum und Leben steckt, nicht so gut begreifen wie dies im alten China unter der Vorstellung einer Vereinigung von Himmel und Menschheit möglich war.
>
> Dies ist offenbar der Grund dafür, dass die westliche Kultur eine separate Religion benötigt, die als Willen des Himmels fungiert und unter deren Voraussetzungen dann die Diskussionen über das Leben stattfinden. Die chinesische Kultur vertritt dagegen die Einsicht,

dass der Wille des Himmels und das Leben der Menschen eigentlich ein und dasselbe seien und es keinen wesentlichen Unterschied zwischen den beiden gebe. Daher brachte die ursprüngliche Kultur Chinas, im Unterschied zu den alten Kulturen des Westens, keinen religiösen Glauben hervor.[2]

Es ist ebenfalls interessant, dass die Gelehrten des Altertums, wie unterschiedlich ihre konkreten Beweisführungen auch waren, diesbezüglich nahezu alle zur gleichen Schlussfolgerung gelangten. Beispielsweise legte auch Zhang Taiyan, und zwar aus einer diesmal ganz anderen theoretischen Perspektive, dar, weshalb der chinesische Geist keine Religion benötigt:

> Die Chinesen hatten schon immer wenig religiöse Gedanken. Im Gegenzug legten sie deutlich mehr Wert auf Politik. Schon während der Zhou-Zeit mochten es die Gelehrten, über Politik zu reden, sodass man in fast jedem ihrer Bücher ihre politischen Meinungen durchscheinen sieht. Dies hängt auch von der Umgebung ab: China ist groß und benötigt daher dringend Regierungsmethoden. Die Länder in Europa sind klein, weshalb das Herrschen dort nicht besonders schwierig ist. Indien ist zwar auch groß, wurde aber in zahlreiche Bundesstaaten eingeteilt. Darum ist es dort leicht, entwickelte Religionen zu haben. Die Chinesen hingegen achten viel auf Politik und zeigen der Religion die kalte Schulter.[3]

Es muss einem doch zu denken geben, dass trotz der zahlreichen Arten der Beweisführung, von denen einige zugegebenermaßen unhaltbar sind, alle zum gleichen Ergebnis kamen. Aufgrund ihrer tiefen Einfühlung in die chinesische Kultur waren sie sich wohl alle ziemlich sicher. Es ist daher emotional wie intellektuell nachvollziehbar, dass höchstwahrscheinlich bei ihnen zuerst der emotionale Eindruck ihrer Kultur vorhanden war und erst dann ein vernünftiges Vorgehen oder eine wissenschaftliche Methode eingesetzt wurde, um die schon bestehende Schlussfolgerung im Nachhinein strategisch geschickt erläutern oder umsetzen zu können. Allerdings sollten wir hier Nachsicht üben, denn auch wenn es Probleme mit der Beweisführung gibt, kann man ihnen doch nicht ihr emotionales Verständnis der chinesischen Kultur absprechen.

2　Qian Mu 1991: Mögliche Beiträge der chinesischen Kultur für die zukünftige Menschheit, in: „Chinesische Kultur". 4, S.93.
3　Zhang Taiyan 2015: „Einführung in die Sinologie – Über traditionelle Wissenschaft und Kultur". Beijing: Zhonghua Shuju. S.10-11.

Jetzt stellt sich natürlich die Frage, worin genau dieses emotionale Verständnis besteht, das diese Gelehrten in sich verspürten. Kurz gesagt stellten sie sich instinktiv einer unkritischen Annäherung an die Religion entgegen. Es war also eine Art „kultureller Instinkt", mithilfe dessen sie umgehend erkennen konnten, dass die vernünftigen und selbstbeherrschten Thesen des Konfuzius auf keinen Fall Teil einer dogmatischen Religion hätten sein können. Noch weiter gefasst lässt sich sagen, dass die chinesische Kultur, welche doch so viel Wert auf das diesseitige Dasein legt, keinesfalls mit den Arten von Religion kompatibel sein könnte, die auf geistiger Ekstase beruhen. In der Tat erklärte dies schon der chinesische Legationsrat in den USA Pung Kwang Yu, als er 1893 beim ersten Weltparlament der Religionen in Chicago auftrat. Er wies daraufhin, dass man den Konfuzianismus nur als „Lehre" (*jiao*), nicht aber als „Religion" (*zong jiao*) bezeichnen dürfe und man dies beim Übersetzen entsprechend zu beachten habe, da sie im chinesischen Sprachkontext ja auch lieber als „Wu" und nicht wie die Geistlichen als „Zhu" bezeichnet werden sollten[4]. Seitdem gab es zahlreiche ähnliche Fälle, welche wir hier nicht alle auflisten können. Erst kürzlich habe ich in meinem Aufsatz „Ein historisches Paradoxon wie die Wind-Feuer-Räder: Cai Yuanpei als Kunsterzieher" nicht wenige solcher Beispiele angeführt. Darum erwähne ich hier nur eine kleine Auswahl.

Im Angesicht der modernen Wissenschaft geriet die Religion schnell in Verlegenheit. Dennoch fiel sie für Liang Qichao noch unter die Redefreiheit, weshalb er ihr zunächst mit Toleranz begegnen wollte. Er wies aber gleichzeitig darauf hin, dass in den Thesen des Konfuzius nicht einmal einen Hauch von Religion vorhanden sei:

Was Konfuzius den anderen beibrachte waren Methoden für das Diesseits, nicht für das Jenseits. „Gi Lu fragte über das Wesen des Dienstes der Geister. Der Meister sprach: »Wenn man noch nicht den Menschen dienen kann, wie sollte man den Geistern dienen können!« (Dsï Lu fuhr fort): »Darf ich wagen, nach dem (Wesen) des Todes zu fragen?« (Der Meister) sprach: »Wenn man noch nicht das Leben kennt, wie sollte man den Tod kennen?«" **Allen Angelegenheiten außerhalb dieser Existenz gegenüber hatte er eine rein negative Einstellung.** Was behauptete denn Konfuzius? Glaubte er, dass

---

4   Siehe Zeng Chuanhui 2015: Übersetzung und Analogie religiöser Begriffe, in: „Forschungen zu den Weltreligionen", 5.

Geister existieren oder nicht? Meines Erachtens gestand er ihnen bloß eine relative Existenz ein. Er glaubte zwar nicht, dass sie nicht existieren, war aber der Ansicht, dass sie von unseren Herzen erzeugt werden. Die Geister und Götter, über die er redete, **hatten also nur eine philosophische Bedeutung und keinen religiösen Sinn.**[5]

Ein weiteres Beispiel: Cai Yuanpei berief sich auf den rationalistischen Geist, den er in den Lehren des Konfuzius spürte, und bezog sich speziell auf dessen Gegenfrage „wenn man noch nicht das Leben kennt, wie sollte man den Tod kennen" sowie auf die in der Textstelle verwendeten Reihenfolge „wenn man noch nicht den Menschen dienen kann, wie sollte man den Geistern dienen können", als er mehrmals versuchte, seine Idee der „**Kunsterziehung als Religionsersatz**" anzupreisen:

Neben den drei Aspekten (Wissen, Menschlichkeit und Mut) gab es noch zwei weitere Eigenschaften im geistigen Leben des Konfuzius: Die erste ist seine **völlige Freiheit von jeglichem religiösen Aberglauben** und die zweite ist sein Ideal der Kunsterziehung. Konfuzius sprach durchaus auch von Himmel und Schicksal, denn nach Mengzi gilt: **Was ohne menschliches Zutun geschieht, kommt vom Himmel; was ohne menschliches Betreiben eintrifft, ist sein Schicksal.** Aber für ihn sind diese Begriffe nichts anderes als das X in der Mathematik. Ihnen gegenüber hat er überhaupt keine religiöse Empfindung. Bei den Religionen unterscheidet man zwischen Monotheismus und Polytheismus. Aber Konfuzius redete gar nicht erst über solche Dinge: „Dämonen und Götter ehren und ihnen fern bleiben, das mag man Weisheit nennen."[6] Auch sprach er: „Wenn man noch nicht den Menschen dienen kann, wie sollte man den Geistern dienen können!"[7] **Mit der Existenz von Göttern und Geistern setzte er sich einfach nicht auseinander.** Religionen haben stets eine Welt nach dem Tod. Konfuzius aber sagte: „Wenn man noch nicht das Leben kennt, wie sollte man den Tod kennen?" Und: „Wenn man die Verstorbenen als Tote behandelt und ihnen nicht opfert, ist dies unmenschlich und kann nicht angehen. Wenn man die Verstorbenen als Lebendige behandelt und ihnen opfert

---

5 Liang Qichao: Konfuzius, in Gesammelte Werke aus der Kammer des Eistrinkers. Bd. 8, 36, S.25-26. H.d.V.
6 Lun Yü. Gespräche 1975. Übersetzt von Richard Wilhelm. Düsseldorf und Köln. Buch VI, 20.
7 Ebd., S.115. Buch XI, 11.

ist dies töricht und kann nicht angehen." **Mit den Fragen nach Himmel und Hölle gab er sich gar nicht erst ab.** In Religionen gibt es immer auch das Beten, dem eine gewisse Funktion und Wirkung zugeschrieben wird. Konfuzius aber sprach: „Ich habe lange schon gebetet."[8] Und: „Wer gegen den Himmel sündigt, hat niemand, zu dem er beten kann."[9] **Er dachte also nicht, dass das Gebet notwendig sei. Man kann daher mit Recht behaupten, dass der Geist von Konfuzius kein einziges religiöses Element enthielt.**[10]

Noch ein Beispiel: Liang Shuming verdeutlichte in Verbindung mit konfuzianischen Gedanken den grundlegenden Unterschied zwischen Religion und Rationalismus, als er mit seinem Konzept einer „**Ersetzung der Religion durch Moral**" versuchte, die Irreligiosität der chinesischen Kultur hervorzuheben:

> Der Meister sprach: »Wer nicht strebend sich bemüht, dem helfe ich nicht voran, wer nicht nach dem Ausdruck ringt, dem eröffne ich ihn nicht. Wenn ich eine Ecke zeige, und er kann es nicht auf die andern drei übertragen, so wiederhole ich nicht.«[11] Ähnliche Beispiele gibt es noch viele im Lunyu. Wir haben daher eine gute Vorstellung von seiner Lehrmethode und dem Erziehungsstil, der vor ca. 2500 Jahren praktiziert wurde. Er ließ die anderen sich selbst betrachten und mit ihrem Herzen denken, damit sie ihre eigene Unterscheidungskraft entwickelten. Insbesondere lehrte er, dass man sich vor Fehlern in acht nehmen und sich nicht mit ihnen abfinden sollte. Der Konfuzianismus hinterließ fast keine Doktrin. Falls es eine gibt, ist es lediglich die der Selbstbetrachtung. Es genügt das Vertrauen in die eigene Vernunft. Neben ihr gibt es keine anderweitigen Dinge, auf die man sich verlassen sollte. Was für ein Geist! Auch wenn die Menschheit sich noch 10.000 Jahre lang entwickelt, wird sie darüber wohl nicht mehr hinausgehen! Was wir hier haben, ist Moral und keine Religion. **Moral besteht in der eigenen Selbstbeherrschung. Bei Religion aber geht es um den Glauben und das Einhalten religiöser Disziplin.** Seit Konfuzius bewegt sich China, unter seinem Einfluss, in eine Richtung, wo die **Moral als**

---

8   Ebd. Buch VII, 34.
9   Ebd. Buch III, 13.
10   Cai Yuanpei 1997: Das geistige Leben von Konfuzius, in: Gesamtwerk von Cai Yuanpei. Hangzhou: Zhejiang Education Press. Bd. 8, S.362. H.d.V.
11   Lun Yu. Gespräche 1975. Übersetzt von Richard Wilhelm. Düsseldorf und Köln, S.83. Buch VII, 8.

Religionsersatz fungiert. Sie ist der genaue Gegensatz der Religion, in welcher man anderen eher glaubt als sich selbst und sich statt auf die eigene Kraft lieber auf die Macht der anderen verlassen soll.[12]

Ein weiteres Beispiel: Xiong Shili, der zuvor sowohl die Bedrängnis der Religion als auch die Beschränktheit der Wissenschaft hinsichtlich der Erkenntnis gesehen hatte, erkannte daraufhin den relativen Vorteil des chinesischen Geistes. Er ging davon aus, dass dieser dazu in der Lage sei, die Bedürfnisse von Vernunft und Gefühl mit in Betracht zu ziehen und auch zu befriedigen. Für ihn ist die dringende Aufgabe unserer Zeit daher der „Ersatz der Religion durch konfuzianische Texte":

> Wir sind vernunftbegabt und haben daher höhere Erwartungen als man allein mit wissenschaftlichen Kenntnissen je befriedigen könnte. Die Wissenschaft ist zwar gegen die Religion und kann den Aberglauben auch erfolgreich vertreiben, ist aber unfähig, uns Alternativen anzubieten. Wenn man sein kurzes Leben dann gezwungenermaßen ausschließlich mit materiellen Dingen verbringt und keine wahre Zufluchtsstätte mehr findet, ist das dann nicht traurig? Die Philosophie des Westens ähnelt in ihrer Orientierung wohl der westlichen Wissenschaft: Sie strebt nach außen und führt Argumentationen, die einer sehr genauen und äußerst gewissenhaften Logik folgen. Schon ein kurzer Vergleich zeigt, dass sich die konfuzianischen Texte Chinas ganz deutlich davon unterscheiden. Sie setzen sich mit dem Grundprinzip der Welt und den Herzen der Menschen auseinander, um das Schicksal der Menschheit dahingehend zu verändern, dass das menschliche Verhalten mit der Natur in Einklang kommt. Wenn sich eine Philosophie nur auf die Vernunft oder das Wissen beschränkt, kann sie nicht mehr über den Verstand hinausgehen und somit auch nicht mehr auf das Grundprinzip der Welt oder die Herzen der Menschen bezogen sein. Für mich ist es das Ziel der konfuzianischen Texte, dem Grundprinzip der Welt und den Herzen der Menschen auf den Grund zu gehen und somit das Schicksal der Menschheit zu verändern, was meines Erachtens die höchste Errungenschaft innerhalb der Philosophie darstellt. Der Konfuzianismus kann deshalb die Religion ersetzen, damit das Leben eine wahre Heimat findet. Anstatt nach außen strebt er

---

12 Liang Shuming 2010: „Das Schicksal der chinesischen Kultur". Beijing: Zhongxin-Verlag. S.46. H.d.V.

nach der Wurzel und nach dem Selbst. **Er ist Wissenschaft, keine Religion. Er ist Philosophie und übertrifft dabei auch die Lehren des Westens. Er ist ein wahrer Religionsersatz.**[13]

Obwohl in der Antike religiöse Ideologien in der Tat sowohl im alten China als auch im Westen existierten, sollten wir an die Worte des Zhang Dongsun (1886-1973) denken. Dieser wies nämlich darauf hin, dass die Bewohner des Westens nach dem Ende der griechischen Religion erneut mit dem religiösen Leben anfingen. Aufgrund dieser Gewohnheit zur Wiedereinsetzung ergaben sich im späteren Verlauf grundlegende Unterschiede zu chinesischen Gedanken und Denkvermögen:

> Er kommentierte die Stellung der Religion in China wie folgt: **Es gab Religionen im Reich der Mitte, die in Form und Inhalt der griechischen ziemlich ähnlich waren. Nur war es so, dass nach der Zeit der Frühlings- und Herbstannalen große Veränderungen stattfanden und der Gedanke auftauchte: „Die Doktrin des Himmels ist weit weg von uns, aber die der Menschenwelt ist nah. Und darum ist die Doktrin des Himmels nicht zu erreichen."** Ebenso gab es zu dieser Zeit Positionen wie: „Wahrlich, redet etwa der Himmel? Die vier Zeiten gehen (ihren Gang), alle Dinge werden erzeugt." Deshalb heißt es: „Der Konfuzianismus schuf die Doktrin des Himmels zwar nicht ab, aber er schob sie beiseite." […] **Im Mittelalter wurde die Religion in China unterdrückt. Es gab also keine Religion, die als geistiger Hauptkörper agiert hätte.** Was Zhong Dongsun hier aufdeckte, war also eine geschichtliche Tradition Chinas, die zu den realen Grundbedingung des Landes zählt. Daher schlug er vor, **Religion durch Philosophie zu ersetzen** (diese Idee hatte eine gleich gute Wirkung wie die der Kunsterziehung als Religionsersatz von Cai Yuanpei), damit sich letztere in die Gesellschaft, ins tägliche Leben und letztlich in die Herzen der Völker integrieren möge, auf dass sie ihnen als geistige und seelische Stütze diene. Anders gesagt wollte er ein philosophisches System errichten, das dem Geistesleben der Chinesen sowie ihrer seelischen Welt zum Grundgerüst wird.[14]

---

13   Xiong Shili 2013: „Wichtige Leitlinien bei der Lektüre klassischer Texte". Changsha: Yuelu Press. S.139. H.d.V.

14   Sheng Banghe 2002: Zhang Dongsun – Ablehnung der Religion im alten China, in: „Guangming Guancha", 01.04.2002. H.d.V.

Zusammenfassend lässt sich sagen, dass sich uns nach Betrachtung all dieser Beispiele der Blick auf ein überaus interessantes Phänomen eröffnet. Von der **„Kunsterziehung als Religionsersatz"** (Cai Yuanpei) über die **„Moral als Religionsersatz"** (Liang Shuming) und die **„Konfuzianischen Texte als Religionsersatz"** (Xiong Shili) bis hin zur **„Philosophie als Religionsersatz"** (Zhong Dongsun). Die Gründe, die hinter diesen Aufstellungen stehen, können dabei noch so unterschiedlich sein, aber klar ist, dass die chinesischen Gelehrten mit allen Mitteln nach einem Religionsersatz suchten. Mit anderen Worten vertraten sie alle, ohne sich vorher abgesprochen zu haben, die Meinung, dass die chinesische Kultur auch ohne die sogenannte „Religion" ein relativ eigenständiges, vollständiges und funktionierendes System sei und keinerlei Makel habe, welche man kritisieren könnte.

Woher aber kommt dieser „kulturelle Instinkt"? Optimistisch betrachtet gab ihnen der bekannte Spruch „wenn man noch nicht das Leben kennt, wie sollte man den Tod kennen" den Mut, eine Welt nach dem Tod gar nicht erst zu erfinden und auch an keine zu glauben. In diesem Sinne wird dann einerseits betont, dass „das Leben keine Ruhe kennt" und andererseits gefordert, „den Tod als Heimkehr zu betrachten und ruhig hinzunehmen". Oder anders formuliert: Man betont einerseits, dass man schon „im Leben froh sein kann" und andererseits, dass man „nach dem Tod endlich seine Ruhe hat". Es dürfte diese weitherzige und inspirierende Einstellung zum Thema Leben und Tod gewesen sein, welche die in der Tiefe ihrer geistigen Bedürfnisse befindliche Hintertür fest zuschloss, ein Eindringen der dogmatischen Denkart verhinderte und es nicht zuließ, dass verwirrende Behauptungen von ihren Seelen Besitz ergriffen. Wenn man jetzt noch einmal die beiden Zitate von Konfuzius liest, während man diese geistigen Logik im Hinterkopf behält, kommt man leicht zu der folgenden Einsicht: Angesichts der damals üblichen Umgangsformen und tradierten Sitten kam Konfuzius nicht umhin, die Götter mit ein wenig geheuchelter Höflichkeit abzufertigen. Dies ändert aber nichts daran, dass es ihm eigentlich an Gottesfurcht mangelte und er weder die Geduld noch das Interesse hatte, sich mit Dingen und Angelegenheiten zu befassen, die außerhalb der diesseitigen Welt liegen:

> Er opferte (den Ahnen) als in ihrer Gegenwart. Er opferte den Göttern als in ihrer Gegenwart. Der Meister sprach: »Wenn ich bei

der Darbringung meines Opfers nicht anwesend bin, so ist es, als habe ich gar nicht geopfert.« Wang Sun Gia fragte und sprach: »Was ist der Sinn des Sprichworts: Man macht sich eher an den Herdgeist als an den Geist des inneren Hauses?« Der Meister sprach: »Nicht also; sondern wer gegen den Himmel sündigt, hat niemand, zu dem er beten kann.«[15]

Pessimistisch betrachtet brauchten die traditionellen chinesischen Gelehrten eigentlich keine moralische Begründung. Wenn sie das Wort „Religion" hörten, konnten sie gar nicht anders, als an die Chaos stiftenden Rebellengruppen zu denken, die damals mit dem Manichäismus zusammenarbeiteten. Im Westen geschah das Gegenteil: Dort war die Ethik mit dem Christentum verbunden, sodass westliche Wissenschaftler, wenn sie das Wort „Atheismus" hörten, diesen mit unmoralischen Handlungen assoziierten. Dies können wir gut mit einem Zitat aus der Qing-Dynastie veranschaulichen:

> In der irdischen Welt leben die Leute in Traum und Trunkenheit in den Tag hinein, sind von den Geschichten über Götter und Geister ganz hingerissen und finden doch keine Erlösung. Sie sind habsüchtig, beanspruchen die Verdienste eines anderen für sich und werden auf diese Weise in die Irre geführt. Der Buddhismus erfand Dinge wie Himmel und Hölle, Wassergott und Teufel, Geister und Wiedergeburt. Nun betrügt er die Menschen um ihr Vermögen, verwirrt ihre Herzen und stört die Ethik. Gemeinsam mit den Lehren von Yao, Shun, Zhougong und Konfuzius möchte er sich in der Welt verbreiten.[16]

Als sich das Christentum, vor allem der Protestantismus, sich nach China ausbreitete, äußerten sich Chen Qinque und Wu Mi besorgt darüber:

> Allerdings achten die Chinesen sehr viel auf den praktischen Wert und sind bei den konkreten religiösen Details eher nachlässig. Sie leben nach dem Wahlspruch „Irrlehren anzugreifen, das schadet nur" und lassen Konfuzianismus, Buddhismus und Islam nebeneinander bestehen. Weder wurden sie eingeschränkt noch verdrängt, sondern alle toleriert. Anders als in Europa gab es im Kaiserreich

---

15   Lun Yu. Gespräche 1975. Übersetzt von Richard Wilhelm. Düsseldorf und Köln, S.53-54. Buch III, 12-13.
16   Aina Jushi 1984: „Plaudereien in der Bohnenlaube". Interpunktion und Überprüfung von Zhang Min. Beijing: People's Literature Press. S.137.

China seitens der Politik keine Einmischung in die Religion. Mehr als 1000 Jahre lang wurden gläubige Menschen weder verfolgt noch umgebracht, auch fanden keine Religionskriege statt. Im Westen hassen sich die verschiedenen Religionen und Konfessionen bis heute, ganz im Gegenteil zu China. Im Christentum gibt es keinen Ahnenkult und viele der rituellen Handlungen sind von chinesischen Sitten und Kulturen sehr verschieden. **Falls es sich ungestört in China verbreiten würde, ginge der chinesische Geist zugrunde. Die anderen Religionen können zwar das Christentum tolerieren, aber das Christentum, insbesondere der Protestantismus, kann andere Religionen, wie Buddhismus, Islam, Daoismus und Konfuzianismus (wobei letzterer keine Religion ist, aber wer daran glaubt, wird unabhängig von der Religionszugehörigkeit ebenso wenig toleriert) nicht dulden. Es würde sich sicher mit der Politik vermischen und eine Einigung Chinas weiter erschweren. Ein schneller Untergang wäre dann das unvermeidliche Schicksal. Dies sollte man gründlich bedenken.** Viele, die im Ausland studiert haben, wollten mit dem Christentum das Land retten. So etwas ist wirklich grundverkehrt.[17]

An dieser Stelle halte ich es für angebracht, noch einige Überlegungen zum Sprachkontext anzustellen. Zuerst müssen wir feststellen, dass Religionen im Chinesischen lange Zeit einfach als Lehre (*jiao*) bezeichnet wurden. Das heute übliche Wort „Religion" (*zongjiao*) dagegen wurde erst vor relativ kurzer Zeit durch Zusammensetzen der beiden Schriftzeichen für „Sekte" (*zong*) und „Lehre" (*jiao*) geschaffen. Das erste der beiden hatte zuvor meist der Bezeichnung konkreter buddhistischer Schulrichtungen gedient, von denen einige heute im Westen unter ihrem sinojapanischen Namen bekannt sind, wie Zen (*chan-zong*), Jōdo (*jingtu-zong*), Tendai (*tiantai-zong*), Kegon (*huayan-zong*) oder Hossō (*faxiang-zong*). Nimmt man ein paar alte Wörterbücher zur Hand, kann man unter anderem folgendes entdecken: In dem im Jahre 1881 veröffentlichten und von Inoue Tetsujiro und Aruga Nagao verfassten „Wörterbuch der Philosophie"[18] wurde das englische Wort *„religion"* mit den heute üblichen Zeichen (chin. *zongjiao* / sinojap. *shūkyō*) übersetzt. In dem 1882 publizierten und von Kuang

17 Wu Mi 1998: „Die Tagebücher von Wu Mi". Eintrag vom 14.12.1919. Beijing: SDX Joint Publishing Company. Bd. 2, S.100-103. H.d.V.
18 Wörterbuch der Philosophie (tetsugaku jii). Tōkyō: Toyokan.

Qizhao stammenden Wörterbuch „An English and Chinese Dictionary"
hingegen finden wir unter *„religion"* immer noch *jiao*. Der Verdacht liegt
also nahe, dass unser heutiger Begriff für Religion (*zongjiao*) im Schriftbild
zwar wie ein authentisches chinesisches Wort aussieht, in Wahrheit aber
höchstwahrscheinlich die chinesische Lesung einer aus Japan eingeführten
Zeichenkombination (*shūkyō*) darstellt.

Überzeugt von diesem Indiz schließe ich mich dem Urteil von Chen
Jiaying an, der das heute übliche Wort für Religion (*zongjiao*) zu den von
ihm so genannten „Umsetzungswörtern" zählt: „Der dritten Gruppe sollte meines Erachtens mehr Beachtung geschenkt werden. Diese Wörter
haben ihren ursprünglichen Sinn dadurch eingebüßt, dass man sie als
Übersetzung ausländischer Begriffe heranzog. Zu dieser Gruppe gehören
Wörter wie Wirtschaft (*jingji*), Kultur (*wenhua*), Physik (*wuli*), Geometrie
(*jihe*), Kausalität (*yinguo*), Wahrheit (*zhenli*), Gesellschaft (*shehui)*, Religion
(*zongjiao*), Wahl (*xuanju*) oder Organisation (*zuzhi*). Neben diesen eindeu-
tigen Umsetzungswörtern gibt es noch eine Reihe, bei denen der Fall weniger klar ist, welche aber ebenfalls als zugehörig betrachtet werden können.
Beispiele hierfür wären: Weltall (*yuzhou*), Gott (*shangdi*), Metaphysik (*xing
er shang xue*) und Tatsache (*shishi*)."[19]

Wenn die Japaner diese Zeichenkombination erfunden haben, taten sie
dies selbstverständlich nicht um uns zu verwirren, sondern um sie als eine
Art sprachliches Gefäß für die Aufnahme des westlichen Konzeptes der
„Religion" verwenden zu können. Darum liegt das wahre Problem gar nicht
im Weg der sprachlichen Übertragung, sondern in dem dabei übertragenen
Wort selbst, das deutlich an einen Sammelbegriff erinnert und den es daher von uns in Frage zu stellen gilt: Wenn alle existierenden Formen von
Spiritualität darunter zusammengefasst werden sollen, dann darf der Begriff
nicht an bestimmten Sprachgrenzen halt machen oder abhängig von der
Übersetzung sein. Andernfalls würden die entsprechenden Verständnisse,
einschließlich der versteckten Vorverständnisse, die im fremden Kontext
der Herkunftssprache bestehen, unkontrolliert einströmen, sodass das ursprüngliche Bewusstsein oder die Identität der anderen Seite umgewandelt oder zerstört wird. Konkret gesagt ist es zwar richtig, Formen der
Spiritualität zusammenzufassen, aber solch eine Zusammenfassung darf

---

19   Chen Jiaying 2005: Die moderne chinesische Philosophie betrachtet im Lichte der
Umsetzungswörter, in: Journal of Tongji University (Sozialwissenschaften). 4, S.61.

nicht darauf hinauslaufen, dass der Osten von der Warte des Westens beurteilt wird. Stattdessen muss jede Form einzeln betrachtet, analysiert und ausgewählt werden. Diesen Standpunkt findet man etwa bei Xiong Shili. Die Lektüre eines seiner Bücher, in dem er die Gleichsetzung der klassischen konfuzianischen Texte (und damit der Philosophie) Chinas mit der Religion (oder Theologie) des Westens kritisiert, erlaubt es uns, sich in seine Geisteshaltung diesbezüglich hineinversetzen:

Ich habe gehört, dass, wenn man im Westen über die chinesische Philosophie spricht, man sie oft mit Religion verwechselt. Während das Studienfach Philosophie, welches dort an verschiedenen Universitäten angeboten wird, keinerlei chinesische Philosophie umfasst, taucht sie stattdessen im Fach Theologie auf. Dies ist nicht nur eine Fehleinschätzung gegenüber der chinesischen Kultur, sondern auch ein Hindernis für den interkulturellen Dialog zwischen China und dem Westen. Ich denke oft daran und finde es immer wieder sehr bedauerlich. Denn die charakteristische Eigenschaft der chinesischen Völker liegt ja gerade darin, dass es bei ihnen keine religiösen Gedanken gibt. Beweisen lässt sich dies mit dem traditionellen Buch der Lieder. Die Kapitel Dschou Nan und Schau Nan, in denen das alltägliche Leben und die Feldarbeit sowie das Pflücken der Maulbeeren besungen wird, sind bekanntlich am besten. Die Lieder darin sind voller Großherzigkeit, Frieden, Gemütlichkeit, Gelassenheit, Ernst, Fleiß, Duldsamkeit und Großmut. Wenn man das Materielle nicht ablehnt, aber nach der Tiefe des Herzens strebt, hat man keine ausgemergelte Erscheinung; Wenn man hinter dem Materiellen gar nicht erst her ist, wird man auch nicht von unersättlicher Begierde belastet. Das alltägliche Leben stimmt mit Gesetz und Wesen der Natur überein. Jedes Getränk, jede Speise, jede Blume und jeder Baum, alles bis hin zu Sonne, Sterne und Erdboden zeigt uns die Wahrheit. Man muss sich also nicht beschweren, dass es auf der Erde kein Paradies gibt. Der Hauptgedanke dieser Lieder lässt sich nur schwer in Worten ausdrücken. Im Lunyu wurden sie am meisten erwähnt: „Der Meister redete zu Be Yü und sprach: »Hast du schon (die Lieder im) Dschou Nan und Schau Nan betrieben? Ein Mensch, der nicht das Dschou Nan und Schau Nan treibt, ist der nicht, gleich als stünde er mit dem Gesicht gerade vor der Wand?«"[20] Zhu Xi kommentierte diese Textstelle wie folgt: „Mit dem Gesicht vor der Wand zu stehen hat die Bedeutung, dass man nichts sehen und keinen Schritt mehr weitergehen kann." Wer sich nicht mit den Liedern aus Dschou Nan und Schau Nan auseinandersetzt, kann nicht objektiv und ganzheitlich leben. Konfuzius schenkte diesen beiden Kapiteln des Shijing so viel Beachtung. Lag es nicht daran, dass er in ihnen eine Beschreibung des vernünftigsten Lebens sah und keine Hoffnung auf die Doktrin des Himmels setzte?[21]

Wenn wir dieses Gefühl in uns festhalten, werden wir auch mit Feng Youlan mitfühlen können, der in seinem bekanntesten Buch die Fehleinschätzung, bei der chinesischen Philosophie handele es sich um eine Religion, klarstellte:

> Die Stellung der Philosophie in der chinesischen Kultur kann man mit jener der Religion in anderen Kulturen vergleichen. Die Philosophie gehört in China zu den Dingen, für die sich jeder gebildete Bürger interessiert. Im alten Kaiserreich stand die philosophische Erziehung immer an erster Stelle. In der Schule mussten die Kinder zuerst die „Vier Bücher" Lunyu, Mengzi, Das Große Lernen und Mitte und Maß lesen, welche die Neokonfuzianer nach der Song-Dynastie für die wichtigsten der kanonischen Texte hielten. [...] **Aus Perspektive des Westens sind die konfuzianischen Gedanken so tief in das Leben der Chinesen eingedrungen, dass der Konfuzianismus für sie ähnliche Funktionen erfüllt wie eine Religion. Tatsächlich aber sind sie einer Religion nicht ähnlicher als die Gedanken von Platon oder Aristoteles.** Die Vier Bücher hatten im Herzen der Chinesen zwar eine Position wie die Bibel im Westen. Aber in ihnen steht weder etwas zur Erschaffung der Welt noch zu Himmel und Hölle.[22]

Gu Hongming (1857-1928) war ein Anglizist, Literat, Philosoph und Politiker, der in den abendländischen Kulturen sehr bewandert war. Auf Basis der Trennung von Aufklärung und Aberglaube wies er in seinen auf

---

20   Lun Yu. Gespräche 1975. Übersetzt von Richard Wilhelm. Düsseldorf und Köln, S.173. Buch XVII, 10.

21   Xiong Shili 1996: „Wesentliche Punkte von Shilis Reden". Beijing: Zhonghua Shuju. S.140-141. H.d.V.

22   Feng Youlan 2004: „Kurze Geschichte der chinesischen Philosophie". Beijing: New World Press. S.3. H.d.V.

Englisch verfassten „Papers from a Viceroy's Yamen: a Chinese Plea for the Cause of Good Government and True Civilization" mithilfe eben jener Argumentationsmethode, auf welche der Westen immer so stolz ist, auf die wahre Besonderheit der chinesischen Zivilisation hin:

> Ich kann mir nicht versagen, darauf hinzuweisen, welche Ironie des Schicksals darin liegt, dass die römisch-katholischen Missionare, die nach China hinauszogen, um die heidnischen Chinesen zu bekehren, ihrerseits das Werkzeug wurden, um die Ideen der chinesischen Zivilisation nach Europa zu tragen, Ideen, welche den Zusammenbruch ebenjener mittelalterlichen Kultur bewirkten, zu welcher die Chinesen zu bekehren jene Missionare sich zur Lebensaufgabe gemacht hatten.[23]

Wie ein zugespitzter Keil verschafft uns die scharfe Polemik von Gu Hongming den zum Verständnis benötigten Durchbruch. Die klare Trennung von Religion und Philosophie lässt sich nämlich zeitlich leicht zurückverfolgen. Auch im Westen ist sie kein altehrwürdiges und unerschütterliches Gesetz, sondern schlicht und einfach das geistige Ergebnis der Aufklärung. Bei Aristoteles zum Beispiel konnte die Bezeichnung „Metaphysik" noch für beides stehen, Philosophie oder Theologie (Religion). Noch interessanter wird es dann, wenn man noch die jüngste Forschung des französischen Gelehrten Joel Thoraval heranzieht. Auch er vertritt die Meinung, dass die klare Trennung, welche sich im Rahmen der Neuzeit innerhalb des westlichen Denkens ereignete, durch China angeregt wurde:

> **Die alte Kultur des Westens hatte ursprünglich kein Konzept von Religion.** Um verstehen zu können, weshalb im Europa des 17. Jahrhunderts plötzlich eines auftauchte, muss man um einige der damaligen Voraussetzungen wissen. Es existierte nämlich zu dieser Zeit sowohl religiöser als auch irreligiöser Raum in Europa. Mit Beginn des 17. Jahrhunderts fing man dann an, mit fernöstlichen Kulturen in Verbindung zu treten, wobei insbesondere der chinesischen Kultur eine wesentliche Rolle zukam.
>
> Unter den europäischen Gelehrten war damals ein stark idealisiertes und auch fiktionalisiertes Chinabild vorherrschend, da man

---

23 Gu Hongming 1911: Chinas Verteidigung gegen europäische Ideen: Kritische Aufsätze. Jena: Eugen Diederichs. S.5.

sich China als Land ohne Religion vorstellte, das trotzdem über ein moralisches und kulturelles Fundament verfügte. Was westliche Intellektuelle zum Nachdenken brachte, war die Frage, wie ein Land ohne Religion überhaupt existieren könne. Konfrontiert mit außereuropäischen Kulturen, vor allem mit der chinesischen, zogen sie allmählich in Betracht, zwischen einer religiösen und einer irreligiösen Sphäre zu unterscheiden. Im Auge der europäischen Intellektuellen hatte die Existenz Chinas Züge eines Schein-Paradoxon, das es aufzulösen galt.

Nachdem man die Unterschiede zwischen der eigenen und der chinesischen Kultur bemerkt hatte, zog man seine Lehren daraus und entwickelte eine neuzeitliche Haltung zur Religion.[24]

Wenn ich die erstaunlichen Forschungsergebnisse Joel Thoravals kurz zusammenfassen darf, dann übertraf das chinesische Phänomen einer „Moral ohne Religion" die traditionellen Grenzen des westlichen Vorstellungsvermögens. Der sich aufklärerisch und modern gebende Westen sah sich durch das Vorhalten des chinesischen Spiegels (angesichts eines neuen geistigen Gegenpols) dazu gezwungen, seine eigentlich verwirrten Gedanken zu ordnen und zu klären, wozu er die vernünftigen und die unvernünftigen, die religiösen und die säkularen Thesen zum ersten Mal klar voneinander trennen musste. Anders gesagt: Der Grund, warum die Bewohner des Westens damals die Grenze zwischen Philosophie und Religion zogen, lag darin, dass sie in ihrem Intellekt einen geeigneten Raum der Vernunft schaffen mussten, um das erstaunliche kulturelle Phänomen eines Landes, in welchem offenbar keine Religion erforderlich war, aufnehmen zu können.

Ein anderes Indiz liefert uns Christian Wolff (1679-1754), ein deutscher Philosoph des 17. Jahrhunderts, mit seiner „Rede über die praktische Philosophie der Chinesen", in der ähnliche Beschreibungen und Beurteilungen erkennbar sind:

> [Man kann] die Erprobung dieser Sache unter allen Völkern nirgends sicherer auffinden [...] als bei den alten Chinesen, bei denen es überhaupt keine Religion gab – weder eine natürliche, noch eine offenbarte – und die sich niemals äußerer Beweggründe bedienten,

---

24 Zhao Ying 2006: Joel Thoraval – Der Konfuzianismus vom Standpunkt der Anthropologie und Philosophie betrachtet, in: „Science Times", 11.07.2006. H.d.V.

denn da es bei ihnen nur innere Beweggründe gab, die bloß aus der Beschaffenheit der menschlichen Handlungn hergenommen sind, stand durch das Beispiel der Handelnden selbst eindeutig fest, wieviel die Beweggggründe vermochten.[25]

Es ist allgemein bekannt, dass Wolff für seine mutige Rede sehr viel Kritik einstecken musste. Er behauptete darin, dass die Chinesen überhaupt gar keine christliche Aufklärung brauchen und kraft ihrer eigenen Vernunft ein moralisches Leben führen können. In der unaufgeklärten Welt von damals war dies sicherlich ein Skandal. Vor dem Hintergrund unserer Analyse können wir aus seiner Rede aber auch noch folgenden Schluss ziehen: Weil China „keine Religion aber Moral" hat, wurde im Westen, dem dies so außergewöhnlich erschien, erstmals eine sehr klare rationale Abgrenzung zwischen „Philosophie" und „Religion" vorgenommen. Deswegen ist es doch nicht nötig, China die schon gezogene Grenze wieder überschreiten zu lassen, indem man behauptet, die dortige Philosophie sei „in gewisser Weise auch Religion".

Des Weiteren sind die verschiedenen Definitionen, die für den Begriff der Religion bislang vorgeschlagen wurden, alle sehr umständlich und nicht in der Lage, ihren Kern zu erfassen. Darum schrieb Reginald Fleming Johnston, Englischlehrer des letzten chinesischen Kaisers, konfrontiert mit der Behauptung, dass man durch die Verwendung unterschiedlicher Definitionen zu unterschiedlichen Einschätzungen darüber gelange, ob der Konfuzianismus nun dazu gehöre oder nicht, folgendes:

> Solange wir uns nicht darüber einig sind, was wir unter Religion verstehen, ist es natürlich sinnlos zu fragen, ob das konfuzianische System diesen Namen verdient hat oder nicht.... Da noch niemand eine Definition erfunden hat, die allen gerecht wird, müssen wir den Konfuzianismus zwangsläufig unbenannt lassen: Wenn wir jedoch alle darin übereinstimmen, dass eine religiöse Haltung ein tiefes Gefühl der moralischen Verantwortung (entweder gegenüber unserem eigenen höheren Selbst oder gegenüber einer äußeren Macht) und ein Gefühl dafür beinhaltet, dass das zu tun, was wir für richtig halten - unabhängig davon, wie wir überhaupt zu Vorstellungen von richtig und falsch gekommen sind - "Weisheit in der Verachtung der

---

25 Christian Wolff 1985: Rede über die praktische Philosophie der Chinesen. Hamburg: Meiner. S.47.

Konsequenz" ist, dann können wir nicht weit in die Irre gehen, wenn wir behaupten, dass **der Konfuzianismus kein irreligiöses oder unreligiöses System ist, sondern lediglich ein untheologisches.**[26]

An dieser Stelle kann ich mich nicht davon zurückhalten, noch eine weitere Verschiedenheit zwischen meinem Lehrer und mir anzuführen, da ich feststellen möchte, ob seine folgende Behauptung vielleicht nicht doch gerechtfertigt sein könnte:

> **Der Konfuzianismus enthält meines Erachtens ein gewisses religiöses Element und ist keine Philosophie im westlichen Sinne.** [...] Der Terminus Philosophie stammt aus dem Westen. Eine Diskussion über chinesische Kultur, bei der dieser Begriff ins Feld geführt wird, verliert daher an Präzision, weswegen man besondere Vorsicht walten lassen muss. Die sogenannte „chinesische Philosophie", insbesondere der Konfuzianismus, ist im Grunde genommen nur eine Semi-Philosophie. Sie legt kein Gewicht auf abstrakte Argumentation, gewissenhafte Deduktion, Logik oder das systematische Errichten eines Theoriegebäudes. Im Gegenteil wird von ihr betont, dass jede Theorie auch praktisch und praxisbezogen sein muss. **Der Konfuzianismus versucht die Handlungsweisen und Aktivitäten der Leute in ihrem alltäglichen Leben direkt zu beeinflussen. Für die Bewohner des Westens gehört dies in den Aufgabenbereich der Religion und nicht in den der Philosophie. Und tatsächlich hatte der Konfuzianismus, besonders unter den Gelehrten, eine quasi-religiöse Funktion.**[27]

Es tut mir sehr leid, aber es ist mir völlig unverständlich, wie er so etwas nur behaupten konnte. Warum muss man sofort an „Religion" denken, sobald „Philosophie" nicht mehr hundertprozentig auf China passt? Das ergibt für mich genau so wenig Sinn wie der umgekehrte Fall: Wenn sich der Begriff „Religion" nicht für China eignet, denkt man dann automatisch an „Philosophie"? Ich sehe nicht ein, wieso man unbedingt entweder „Philosophie" oder „Religion" verwenden muss, wo es sich doch bei beiden gleichermaßen um Fachausdrücke aus dem Westen handelt. Weshalb kann sich unser Denken nicht einfach befreien von dieser unsichtbaren

---

26 Reginald F. Johnston 1910: „Lion and Dragon in Northern China". Cambridge: Cambridge University Press. S.329-330. H.d.V.
27 Li Zehou 2008: Über den praktischen Rationalismus, in: „Praktischer Rationalismus und musikalische Kultur". Beijing: SDX Joint Publishing Company, S.247. H.d.V.

Verhüllung durch den Westen? Anstatt die verwendeten Termini kritisch zu hinterfragen, stellt man ein „semi-" oder „quasi" davor, um es irgendwie doch noch passend zu machen. Wenn man den chinesischen Geist aber als „Semi-Philosophie" bezeichnet oder ihn „quasi-religiös" nennt, hat man dann nicht schon den Blickwinkel des Westens eingenommen? Auf Dauer dürfte so ein Argumentationsstil dazu führen, dass die Menschen außerhalb Chinas die chinesische Kultur für ein unziviliertes, ungenügendes und verbesserungsbedürftiges lebendes Fossil der Geschichte halten. Schon als ich bei Herrn Li studierte, löcherte ich ihn oft mit derlei kritischen Fragen, ohne dass dies unserem Umgang auch nur im geringsten geschadet hätte.

Das oben genannte Problem sollte nun auch noch von seiner positiven Seite her betrachtet werden. Es steht ohne Zweifel, dass jede Zivilisation in ihrem Kern über ein gewisses System verfügt, da andernfalls die für ihren Zusammenhalt notwendige Kraft wohl nur schwer aufgebracht werden könnte. Diese allgemeine These kann aber nicht einfach durch eine konkretere Version ersetzt werden: „Jede Zivilisation hat eine Religion, eine Quasi-Religion, eine Philosophie oder eine Semi-Philosophie." Denn bei Wörtern, die unter großem Einfluss des modernen Westens entstanden sind, handelt es sich um bloße Übersetzungen. Unterschwellig werden immer auch die jeweiligen Termini der westlichen Sprachen mitschwingen, sodass wir, ohne dass wir uns dessen bewusst sind, ständig die westliche Kultur, insbesondere die christlichen Konfessionen, als Schablone verwenden.

Falls diese Methode unter einer Art „Innovationszwang", also dem Druck, ständig neue wissenschaftliche Erkenntnisse liefern zu müssen, unsachgemäß verwendet wird, ganz gleich ob dies bewusst oder unbewusst geschieht, werden viele zum Phantasieren verlockt und verursachen immer mehr dieser furchtbaren Gedankenfallen, die dem gesellschaftlichen Ansehen der vergleichenden Forschung so abträglich sind. Es kann aber noch extremer sein. Wie ich im ersten Kapitel des Buchs erwähnte: Schaut man sich einmal die Beliebigkeit an, mit der heute Schlussfolgerungen gezogen werden, dann wird diese Methode recht oft zur „Hexerei des Vergleichs" verhunzt. Was meine ich nun damit? Egal wie wichtig und nützlich das Wort „Vergleich" auch scheinen mag, kann es dem Erkenntnisgewinn schwerlich eine wirklich objektive Grundlage zur Verfügung stellen. Viel eher werden sich die subjektiven Vorstellungen wie ein Pferd ohne Zügel verlaufen. Dies erinnert uns wieder an Lévy-Bruhls „La mentalité primitive": Aufgrund deren

Ausrichtung auf die *participation mystique* fehlt diesem Begriff eine klare Eingrenzung. Angeblich liegt die besondere Eigenschaft dieser Denkweise darin, dass „alles aus allem entstehen kann". Daher können die oben genannten Abwege wohl auch als „Hexerei des Vergleichs" bezeichnet werden.

Meiner beruflichen Empfindlichkeit geschuldet muss ich dennoch sagen, dass ich, auch wenn die vergleichende Methode oft auf falsche Weise gebraucht oder auch missbraucht wird, damit nicht sagen will, dass wir auf sie verzichten sollen. Immerhin ist es unsere grundlegendste Denkmethode. Die Haltung, die wir zu ihr einnehmen sollen, erhalten wir, indem wir genau das Gegenteil von dem tun, von dem wir schon entdeckt haben, dass es in die „Hexerei des Vergleichs" führt: Je komplizierter der Gegenstand, desto leichter tappt man durch einen simplifizierenden Vergleich in die Denkfalle. Denn angesichts der zahlreichen Aspekte, Segmente und Blickwinkel, die komplexe Sachverhalte aufweisen können, kommt es in den Schlussfolgerungen dann auch zu dementsprechend beachtlichen Abweichungen und Fehlinterpretationen. Darum sollten wir die vergleichende Forschung umso ausdauernder betreiben und möglichst viele Aspekte und Blickwinkel in Betracht ziehen. Wenn wir noch gründlicher und anspruchsvoller vorgehen, werden wir alte Irrtümer berichtigen und uns aus den Denkfallen auch wieder befreien. Man denke nur an die berühmten Zeilen Hölderlins: „Wo aber Gefahr ist, wächst das Rettende auch." Man kann einen Fehler, der aus einem Vergleich entstanden ist, durch einen anderen Vergleich wiedergutmachen. Konkret gesagt lassen sich jene Irrtümer, die durch oberflächliche und grobe Vergleiche verursacht werden, durch tiefergehende und umfassendere Vergleiche korrigieren. Einst wies ich wie folgt darauf hin:

Eine bewusste und fachliche vergleichende Forschung benötigt einen höheren Grad an fachlicher und wissenschaftlicher Professionalität. Dies ist deswegen der Fall, da die anzuwendende Methode dann auch nach einer geschickteren Denkweise und einem breiteren Hintergrundwissen verlangt. Wenn man nur um des Vergleichs willen vergleicht, den anderen Vergleichenden nachplappert oder sich beim Durchführen eines Vergleichs von seiner Phantasie leiten lässt, fehlt der Forschung die nötige Dringlichkeit hinter der Problemstellung. Ohne diese wichtige Voraussetzung wird man keine Schlussfolgerung erhalten, die irgendwie von Bedeutung wäre. Vergleichende Forschung scheint also einfach, benötigt in

Wahrheit aber mehr fachlichen Einsatz. Gerade weil es keine standardi-sierte Vorgehensweise gibt, werden die Unterschiede zwischen den großen Meistern und den gewöhnlichen Leuten weit deutlicher als sonst offen-gelegt, wobei dies nicht nur in Sachen fachlicher Kompetenz gilt, sondern auch was Ästhetik, viel mehr aber noch Weitblick und Verstand angeht.[28]

Meiner obigen Rückbesinnung und den darin dargestellten Anhaltspunkten folgend wechseln wir nun in eine andere Perspektive und vergleichen den Konfuzianismus vor der Qin-Dynastie mit dem atheistischen Existenzialismus, um damit gegen die Vergleiche zwischen Religion und Konfuzianismus zu argumentieren, deren Schlussfolgerungen wie zuvor gesagt auf eine „Beurteilung des Ostens von der Warte des Westens" hinauslaufen. Anschließend wird man folgendes feststellen können: Aufgrund des Abbruchs des Umgangs zwischen Himmel und Erde agierte der Konfuzianismus vorsichtig, bildete lediglich ein äu-ßerst zurückhaltendes Wertesystem aus und hoffte niemals darauf, sämt-liche Dunkelheit des Lebens auflösen zu können, was zu der rationalen Haltung der Selbstbeherrschung, wie sie vor der Qin-Dynastie dominant war, auch gar nicht gepasst hätte. Allerdings ähnelt das Resultat dem mo-dernen Existenzialismus, wie er von Sartre repräsentiert wird, der sich aus der Aufklärung heraus entwickelt hat. Damit dürfte bewiesen sein, noch zudem mit großer Überzeugungskraft, dass dieses alte und einzigartige aus China stammende Wertesystem aller Behauptungen zum trotz auf keinen Fall eine Religion im modernen Sinne sein kann!

Anschließend erlaube ich mir, diese Feststellung noch um einen anderen Aspekt zu ergänzen. Wenn man den Konfuzianismus nicht als „Religion" oder „quasi-Religion" bezeichnet, heißt dies nicht automatisch, dass er dem „Atheismus" zuzuordnen sei oder eine Art „quasi-Atheismus" dar-stellen würde. Wie bereits erwähnt ist der Konfuzianismus nur ein vor-sichtiger Skeptizismus, der die übernatürlichen Angelegenheiten in Ruhe lässt und nicht darüber diskutiert. Als Strukturen menschlichen Denkens betrachtet gehören sowohl Theismus als auch Atheismus zum gleichen Typus. Man kann sogar sagen, dass der Atheismus dem Theismus in Sachen Dogmatik in nichts nachsteht und dass die beiden prinzipiell das gleiche Niveau an Dogmatismus erreichen können. Lassen Sie mich noch einmal den Grund dafür erklären, warum ich so sehr auf einen Vergleich zwischen

---

28 Liu Dong 2010: Der Affe in der Zirkustruppe, in: „Wenjing", April 2010.

Konfuzianismus und (atheistischem) Existenzialismus aus bin: Und zwar möchte ich an sein „irreligiöses aber moralisches" Wesen erinnern. Wenn man ihn unter dem Druck der westlichen Kultur gezwungenermaßen als „Religion" bezeichnet und behandelt, geht dabei die wichtigste seiner einzigartigen Ideen verloren. Zerstört man aber die ihm innewohnenden Samen der Weisheit und mit ihnen ihr enormes Potenzial, verkennt man leichtfertig die bedeutende Rolle, die er bei der Bewältigung jener Herausforderungen spielen könnte, vor welche uns die moderne Welt derzeit stellt.

Um die Unterschiede und Gemeinsamkeiten zwischen Konfuzianismus und (atheistischem) Existenzialismus weiter darzulegen, blicken wir an dieser Stelle auf Sartres Drama „Die Fliegen" (Les Mouches), welches nicht nur besonders repräsentativ für ihn ist, sondern auch als dasjenige unter seinen Werken gilt, in dem die religiöse Bedeutung am deutlichsten erkennbar ist. Schauen wir auf das Bekenntnis von Jupiter, der höchsten Gottheit der römischen Mythologie: „Seit hunderttausend Jahren tanze ich vor den Menschen. Einen langsamen und düsteren Tanz. Sie müssen mich ansehen; solange sie ihre Augen auf mich gerichtet haben, vergessen sie, in sich selbst hineinzuschauen."[29]

Vergleichen wir nun den oben stehenden Rollentext mit einigen Liedern, die in China zur Zeit der Shang- und Zhou-Dynastie verfasst wurden:

> „Ich schau' empor zum hohen Himmel,
> Uns zeigt er nicht Barmherzigkeit.
> So lange schon war keine Ruhe;
> Nun schickt er dieses große Leid.
> Nichts Festes gibt es mehr im Lande;
> Wie quält sich Volk und Obrigkeit!
> Ein Wurmfraß ist's, ein Würmerschaden,
> Dem nichts mehr Halt noch Ziel verleiht.
> (Buch der Lieder, Große Festlieder, Schlimme Zustände).

Oder:

> Erhaben ist der Höchste Herr,
> Des Untervolk's Obwaltender.

---

29   Hamburger akademische Rundschau 1947, Vol. 2. Hamburg: Hansischer Gildenverlag J. Heitmann. S.522.

> Erschrecklich ist der Höchste Herr, dessen Will' ein viel
> verfälscheter.
> Der Himmel schaffet alles Volk;
> Sein Will' ist nicht verläss'ge Spende.
> Es mangelt nie beim Anbeginn,
> Doch Wenige besteh'n am Ende.
> (Buch der Lieder, Große Festlieder, Warnungen an König Li).

Kraft unserer Assoziationsgabe können wir begreifen, dass es hier darum geht, einen von Xu Guanfu (1902/03–1982) so bezeichneten „erneuten Aufschwung des humanistischen Geistes" anzukündigen. Sartre, der hier durch die Rolle Jupiters zu uns spricht, beschreibt also erwartungsgemäß wie die Menschheit nach dem Tod Gottes mutig aber auch mangels einer Alternative der „Freiheit" entgegengeht: „Orest weiß, dass er frei ist. […] Wenn einmal die Freiheit in einer Menschenseele aufgebrochen ist, können die Götter nichts mehr gegen diese Menschen. Denn das ist eine Menschenangelegenheit, und es ist Sache der anderen Menschen – und nur ihre –, ihn laufen zu lassen oder ihn zu erwürgen."[30]

Zu beachten ist hier, dass die „Freiheit" nicht ohne Preis ist. Mit Sartres Worten kann sie „Schwindel" oder „Verzweiflung" mit sich bringen. Zu diesem Punkt äußerte sich Sartre ebenfalls durch Jupiter, als dieser in der zweiten Szene des dritten Aktes dem Orest gegenüber klarstellt: „Weißt du überhaupt, was hinter dieser Pforte ist? Die Männer von Argos - alle Männer von Argos. Sie warten mit Steinen, Mistgabeln und Knüppeln auf ihren Retter, um ihm ihre Dankbarkeit zu bezeigen. Du bist einsam wie ein Aussätziger."[31] Angesichts dieser gefährlichen Situation legt Orest eine objektive Zustimmung und gelassene Akzeptanz an den Tag. Zu Jupiter sagt er: „Wie sie wollen, sie sind frei, und das menschliche Leben beginnt jenseits der Verzweiflung."[32]

Daraus ist ersichtlich, dass Sartre der Dunkelheit mutig entgegentreten und die Initiative ergreifen wollte, um ein aktives Eingreifen in das eigene Leben zu starten. Ihm war eine Lücke lieber als ein abgedroschener religiöser Erklärungsversuch für die eigene geistige Furcht oder Hilflosigkeit. Der französische Gelehrte Gagnebin bezeichnete solche Furcht als eine „Falle

---

30 Sartre Jean-Paul 1991: Die Fliegen. Reinbek bei Hamburg: Rowohlt . S.56.
31 Ebd. S.88-89.
32 Neuphilologische Zeitschrift 1949: Pädagogischer Verlag Berthold Schulz. S.22.

der religiösen Entfremdung":

> Als der müde Orest Jupiter bittet, ihm *einen Weg zu bahnen*, gerät er in die Falle einer religiösen Entfremdung, bei der der Mensch vor allem nach guten Gründen sucht, seinen Weg nicht allein zu wählen, weil die Freiheit Angst macht. Elektra brandmarkt daraufhin ein solches Verhalten, das Gott auf die Rolle einer ‚weisen Amme' reduziert; so kann der Held sich wieder aufraffen. In dem Kampf zwischen Orest und Jupiter, zwischen dem freien Menschen und dem unterdrückerischen Gott, wird Orest gewinnen; man könnte sogar schreiben, dass es nach Sartre gar nicht anders sein kann. Wenn der Mensch wirklich frei erschaffen wurde, kann er dem Ewigen nur entkommen: ‚Kaum hast du mich erschaffen, habe ich aufgehört, dir zu gehören', sagt Orest in der Tat zu Jupiter. Vergebens macht sich Jupiter zum Sprecher einer immer wiederkehrenden Versuchung. Dem Gott, der zu ihm sagt: ‚Kehre zurück: Ich bin das Vergessen, ich bin die Ruhe', antwortet Orest unbeirrt: ‚Ich werde nicht zu deiner Natur zurückkehren: Tausend Wege sind darin vorgezeichnet, die zu dir führen, aber ich kann nur meinem Weg folgen. Denn ich bin ein Mensch, Jupiter, und jeder Mensch muss seinen Weg erfinden'. Orest wird in diesem Drama somit zum Symbol für eine mögliche Wiedergeburt der menschlichen Freiheit und zum Vorboten des Todes der Götter, deren ‚Dämmerung' er ankündigt.[33]

Interessanterweise kann ich hier sogar eine andere Behauptung von Herrn Li Zehou aus dem gleichen Artikel zitieren, der ich gerne zustimme:

> Der Konfuzianismus ist nicht, wie Professor Yu-sheng Lin, der Max Weber und Leibnitz zitiert, der Ansicht, dass „die reale Welt unter allen möglichen Welten die beste sei". **Für den Konfuzianismus ist sie ganz im Gegenteil überhaupt nicht vollkommen. Eine bessere Welt muss geschaffen werden, indem man Anstrengungen unternimmt, die vorgefundene wiederaufzubauen.** Die wahre Spannung besteht im konfuzianischen Denken im Unterschied zwischen der utopischen Welt der Vorzeit und der realen Welt der Gegenwart. Konfuzius sehnte sich nach den Herzogen von Zhou und die Anhänger des Konfuzianismus wollten die drei Dynastien (Xia, Shang und Zhou) wiederherstellen. Auch in der Song-Dynastie beschwerte sich Zhu Xi, dass selbst die Han- und Tang-Dynastien

---

33 Laurent Gagnebin 1972: Connaître Sartre. Paris: Éditions Resma. S.85.

im Vergleich zu den drei Ur-Dynastien eine Verschlechterung gewesen seien.[34]

Da sich der Himmel nicht mit den Menschen vereinigen kann, oder
präziser gesagt sich die beiden derzeit nicht vereinigen, schwebt am Rand
des Himmels anhaltend die dunkle Wolke des Unvorhersehbaren. Auch
im Wertesystem gibt es eine bedauernswerte „Lücke" von ungewisser
Bedeutung, die ein Leben lang offen steht. Dies ist ein wichtiger Punkt:
Konfuzianismus und atheistischer Existenzialismus verspüren deshalb
die gleiche Spannung und Bedrohung, weil sie beide von einer theologischen „Standardannahme" ausgehen. In diesem Sinne ist das konfuzianische Denken wahrscheinlich am weitesten von jener „Welt der Vernunft"
entfernt, die Leibniz beschrieben hat. Hier kann ich direkt ein Selbstzitat
einbringen, das aus den frühen Jahren meiner Laufbahn stammt: „Leibniz
machte einmal eine unvernünftige aber sehr interessante Aussage. Er sagte: ‚Was ist Dunkelheit? Sie ist das schwächste Licht und die geringste
Helligkeit.' Die traditionelle Ästhetik verwendet gerne solche Sophistereien
und beschreibt dann die Hässlichkeit als die unschönste Schönheit. Seit der
Änderung des künstlerischen Geschmacks aber verfügt derlei Sophistik nur
noch über die Bedeutung eines bloßen Intelligenzspiels."[35]
Der erstaunliche Unterschied zum Christentum und auch zum atheistischen Existenzialismus besteht nun aber darin, dass der Konfuzianismus,
konfrontiert mit jener durch die Unbeständigkeit geschlagenen Lücke
im Wertesystem, weder zu ihrer Schließung auf ein Dogma zurückgreift,
noch in ihr eine Demütigung des aktiven Potenzials des Menschen sieht.
Im Gegenteil spornt er jedes einzelne Mitglied der Gesellschaft dazu an,
seine Vernunft zu aktivieren und zu entwickeln, um einen spannenden
Prozess des Nachforschens in Gang zu setzen, der nur einem selbst gehört.
Zudem bietet er den Menschen zahlreiche kulturelle Anspielungen, weshalb er selbst Teil der Verstehensvoraussetzungen der traditionellen chinesischen Kultur wurde: Genau durch diese Gefahr, Spannung und Not
bekommt jedes Mitglied das Potenzial zur „Weiterentwicklung" oder sogar
zur „Heiligkeit", da, wie es bei Mengzi heißt, ein jeder Mensch Yao und

---

34 Li Zehou 2008: „Über den praktischen Rationalismus", in „Praktischer Rationalismus
und musikalische Kultur". Beijing: SDX Joint Publishing Company, S.248. H.d.V.
35 Liu Dong 2007: „Die Sensibilität des Westens – Mehrdimensionale Ausrichtungen".
Beijing: Peking Universität Verlag. S.123-128. H.i.O.

Shun werden kann[36]. Außerdem ist der Weg nicht so weit, dass man das Ziel nicht erreichen könnte, denn: „Sobald ich die Sittlichkeit wünsche, so ist diese Sittlichkeit da."[37]

Für mich verfügt der Konfuzianismus daher über geistige Eigenschaften von sehr hohem Wert. Wenn man den historischen Sprachkontext betrachtet, gab es dort eigentlich viel innere Spannungen. Dennoch konnten sich diese Gedanken über viele Generationen hinweg überliefern, da sie von ihrer Sprache her inkrementelle Deduktionen darstellen und nicht, wie Hegel es vermutete, eine Reihe von Doktrinen und Belehrungen. Auch wenn in den Texten doch vereinzelte Abweichungen vorkommen, verlieren sie niemals ihren sprachlich spannend gestalteten inneren Ablauf und bleiben damit bis heute nachvollziehbar.

Darum kann man, wenn man einmal die gesamten Erfahrungen der menschlichen Zivilisationsgeschichte zusammennimmt, sagen, dass die für die Menschheit wertvollste und zur Inspiration tauglichste geistige Eigenschaft der chinesischen Kultur darin besteht, dass sie sich, anhand einer relativ reifen These über Werte, als grundlegender Standard menschlichen Handelns in den verschiedensten Gesellschaftsschichten verbreiten und so den fundamentalen Kern einer Zivilisation etablieren konnte, ohne das dafür eine Religion (oder „quasi-Religion") benötigt wurde. Auch wenn die Welt durch die Globalisierung derzeit mit großen Herausforderungen konfrontiert ist, zeigt uns die chinesische Kultur mit ihrer langen und lebhaften Existenz klar und deutlich, dass, wenn man nicht permanent an den Schmerz denkt, den die Transformation zu einer anderen Zivilisation verursacht, sondern nur über den theoretischen Weg redet, eine Gesellschaft, die keine Religion benötigt, nicht nur unabhängig existieren, sondern auch ein hohes zivilisatorisches Niveau erreichen.

Auf jeden Fall aber beweist die chinesische Zivilisation ohne jeden Zweifel, dass eine handlungsfähige Menschheit, welche gut in der Selbstrettung ist, lediglich eine lehrreiche Ethik und einen wissenschaftlichen Dialog zum Anregen und Kultivieren ihrer angeborenen guten Wesensart benötigt, um das alltägliche Fällen moralischer Urteile zu gewährleisten und das gesellschaftliche Ethos zusammenzuhalten. An dieser Stelle denken wir an die

---

36   Siehe Mengzi: Buch VI, Abschnitt B, 2.

37   Lun Yu. Gespräche 1975. Übersetzt von Richard Wilhelm. Düsseldorf und Köln, S.88. Buch VII, 29.

aufgeregte Reaktion von Voltaire zurück und können angesichts seines Scharfsinns darauf schließen, dass der Konfuzianismus ursprünglich zu den aufklärerischen Gedanken gehörte und deshalb von der später auch China betreffenden Aufklärung nicht einfach abgelehnt werden darf. Er sollte vielmehr an dieser geistigen Befreiung teilhaben und sie verstärken, anstatt von ihr zum Ziel erklärt, angegriffen und vertrieben zu werden.

Obwohl sich heute zunehmend der Postkolonialismus verbreitet, ist in chinesischen und ausländischen Fachkreisen nach wie vor in Mode, dass man wegen der Übernahme einer westlichen „Ordnung der Dinge" den westlichen Begriff der Religion auf den Konfuzianismus überträgt und die chinesische Kultur unter Bezugnahme auf westliche Werte auf die Probe stellt. Noch unverständlicher ist, dass manchmal Nationalgefühle in diese Vorgehensweise eingemischt werden. So hört man etwa folgende Meinung: Da alle Nationen der Welt außer China sehr auf ihre traditionelle „religiöse Geistigkeit" achten, könnte China, würde man es mit seinem Konfuzianismus außerhalb dieser „Geistigkeit" verorten, sehr wahrscheinlich auch nicht mehr am „Chor der säkularisierten Welt" teilnehmen dürfen und schließlich seine Existenzberechtigung auf diesem Planet verlieren.

Auch wenn wir die gute Absicht anerkennen sollten, die hinter diesem Ausgangspunkt steckt, ist es unbedingt notwendig darauf hinzuweisen, dass die größte Nebenwirkung solch einer kulturellen Einstellung darin liegt, dass die geistigen Eigenschaften der chinesischen Kultur glattgestrichen werden und somit dazu führen, dass sich China dem Westen immer weiter annähert und am Ende sogar zu einer Art „Subwesten" (so wie „Semi-Philosophie" oder „quasi-Religion") wird. Allerdings wird man eines Tages mit Reue entdecken, dass diese Verhaltensweise nicht nur unfair China gegenüber sondern auch schädlich für den Westen ist. Denn die westliche Zivilisation, die sich aktuell in der stärkeren Position wiederfindet, wird aufgrund ihrer eigenen Arroganz sämtliche nicht-westlichen Zivilisationen, welcher Art deren ursprüngliche Werte auch sein mögen, zu einem Abklatsch ihrer selbst umwandeln. Auf diese Weise beraubt sie sich aber der Möglichkeit, in der Welt weiterhin ausreichend unterschiedliche Informationen zu finden, die ihr als kulturelle Nahrung dienen können, obwohl sie derer doch immer reichlicher bedarf, um ihre Stärke weiter aufrechtzuerhalten.

Zehntes Kapitel

Die Entstehung des Konfuzianismus

Erklären wir mit einem einfachen Beispiel die im letzten Kapitel erläuterte Methode, wie man „anhand des Vergleichs den Vergleich rettet": Nehmen wir an, wir hätten zwei Säulen, von denen die eine zylindrisch geformt ist, die andere aber nur einen Halbkreis als Querschnitt hat, sodass sie jeweils eine runde und eine flache Seite hat. Man kann sie dann so platzieren, dass beide auf den ersten Blick ganz identisch aussehen. Drehen wir aber unseren Blickwinkel um 90 Grad, tritt der zuvor versteckte Unterschied wieder sonnenklar zu tage.

Die Zitate von Liang Qichao, Cai Yuanpei, Zhang Taiyan, Gu Hongming, Liang Shuming, Qian Mu, Xiong Shili und Zhang Dongsun dienen in diesem Kontext nicht nur als Dokumente der Geistesgeschichte, sondern immer auch als Argumentationen und Beweisführungen von zeitloser Gültigkeit. In der Tat hat der Konfuzianismus für die allgemeine Lebensproblematik schon längst einen detaillierten Lösungsplan vorgebracht, der sich von den verfügbaren Alternativen stark unterscheidet. So entwickelte er auf Basis des vor der Qin-Dynastie herrschenden Rationalismus den geistigen Standard, nicht über Mystisches, Zauberkräfte, Aufruhr oder Geister zu sprechen. Auch beschloss er eine Reihenfolge, die dem Diesseits Priorität über das Jenseits einräumte: „Wenn man noch nicht das Leben kennt, wie sollte man den Tod kennen?" Wie kann es da sein, dass er dennoch als „Religion" eingestuft wird, für dessen Definition das Christentum als Modell fungierte?

Wer aber nun denkt, dass einem von einer stärkeren Zivilisation ausgehenden Sturmangriff so einfach getrotzt oder widerstanden werden kann, wer glaubt, dass es nur einer Handvoll Argumentationen einiger einheimischer Gelehrter bedarf, um ihn zurückschlagen können, der ist wirklich zu naiv. Schon längst ist das Gegenteil der Fall: Wir müssen mitansehen, dass auf der realen geschichtlichen Ebene unsere Bindung an die konfuzianische Ethik unter dem Einfluss des Auslands immer weiter geschwächt und das konfuzianische Erziehungssystem nach und nach verworfen wird.

Wie ich vorher bereits bemerkt habe: Diejenigen unter unseren Beobachtern, welche China von der Warte des Westens aus beurteilten, neigten zweifellos dazu, sämtliche Dinge in China auf Basis westlicher Gedanken und Traditionen zu verstehen. Ganz zu schweigen von den vielen Missionaren, deren Aufgabe die Verbreitung des Christentums war. Der Rede von Pung Kwang Yu beim Weltparlament der Religionen in Chicago zum Trotz beharrten die Missionare auf ihrer Bewegung zur „Erfindung" einer neuen „Weltreligion", deren Beginn im 19. Jahrhundert liegt. Auch wenn ihnen jemand klipp und klar mitteilte, dass es im traditionellen China eigentlich gar kein Konzept von „Religion" gegeben hat und ein „Konfuzianismus" allein schon daher nicht dazugehören konnte, ließen sie sich davon nicht beeindrucken oder davon abhalten, diese Begriffe weiter auszunutzen und als „neu erzeugte Ausdrücke" zu bezeichnen.

Wenn ich das freiheraus einmal so sagen darf, dann handelt es sich dabei eigentlich um einen Monolog der westlichen Zivilisation, oder zumindest hat der Westen ein fiktives Gegenüber erfunden, mit welchem er seitdem immer den gleichen monotonen Zivilisationsdialog führt.

Da ich meinen Erklärungsversuchen eine stimmige Reihenfolge geben möchte, sollten wir hier mit den missionarischen Tätigkeiten und den dadurch entstandenen gesellschaftlichen Veränderungen anfangen, wenn wir nachvollziehen wollen, in welchen konkreten Schritten die Einführung des Christentums ablief, welches dem westlichen Religionskonzept praktisch Modell stand. So habe ich einmal „drei Höhepunkte" aufgeführt, die China meiner Meinung nach am stärksten beeinflussten. Hier zitiere ich nun einen kurzen und wichtigen Abschnitt meiner damaligen Studie:

> Meines Erachtens hat eigentlich die gesamte neuzeitliche Entwicklungskurve, zumindest aber an ihren heftigen Wendepunkten, mit dem Ansturm des Christentums zu tun. Beispielsweise spricht man bei den „drei Höhepunkten" der chinesischen Neuzeit oft von einem selbst-initiierten einheimischen Erwachen. Tatsächlich aber

zeugen die „drei Höhepunkte" von der mächtigen Einfuhr dieser fremden Religion. Die Ursachen für die Xinhai-Revolution, die sich darunter befindet, sind zugegebenermaßen etwas komplizierter. Nichtsdestotrotz ist es den Historikern längst gelungen, den persönlichen Glauben von Sun Yat-sen zu rekonstruieren. Es ist nicht schwer, sich die Bekehrung von Chiang Kai-shek zum christlichen Glauben vorzustellen, wenn man die schon früh begonnene Erziehung seiner Frau bedenkt und dass er damit dem Geist des „Vaters der Nation" folgte. Die anderen beiden Höhepunkte sind hingegen eindeutig: Beim Taiping-Aufstand behauptete Hong Xiuquan, dass er neben Jesus von Nazareth der zweite Sohn Gottes sei. Den dritten Höhepunkt bildet der Boxeraufstand, der wegen der Konflikte zwischen Christen und Nichtchristen ausbrach. Um sich selbst zu schützen, kamen die Boxer nicht umhin, gegen die ausländische Religion zu kämpfen.[1]

Allerdings soll der Rückblick auf solche historische Wendepunkte nicht den Mittelpunkt dieses Buchs ausmachen, da wir uns hier hauptsächlich mit der geistigen Welt befassen wollen. Stattdessen werden wir im nächsten Schritt betrachten, wie das Christentum in China ein Religionskonzept kopierte, das heute die ganze Welt näher zusammenrücken lässt.

Lionel M. Jensens provokantes Buch „Manufacturing Confucianism", das nicht wenige Kontroversen auslöste, verdient an dieser Stelle Erwähnung. Anders als häufig vermutet war es nämlich nicht wirklich die Absicht des Autors, die Existenz des Konfuzius während der Frühlings- und Herbstperiode zu bestreiten, sondern vielmehr kritisch zu hinterfragen, wie die relevanten Fachtermini, z.B. „Konfuzius", „Konfuzianer" und „Konfuzianismus", während der Neuzeit an der kulturellen Grenze zwischen China und dem Westen durch bilaterale Interaktion von Menschen erzeugt wurden. Ich halte es für relativ naheliegend, dass sich diese bilaterale Interaktion auf die von Missionaren hergestellte „Vergleichbarkeit" zwischen China und dem Westen zurückführen lässt. Schaut man sich diese sonderliche und erzwungene Vergleichbarkeit einmal genauer an, erkennt man schnell, dass die Figur Jesus dabei immer weiter in die Nähe von Konfuzius gerückt wurde und umgekehrt sich auch das Bild von Konfuzius nach und nach dem von Jesus annäherte.

---

1 Liu Dong 2011: Die Wurzel der Mission in der amerikanischen Sinologie, in: „Weg und Welt". Beijing: Pekinger Universitätsverlag. S.256-257.

In der Frühphase der unnatürlichen Kontakte zwischen Jesuiten und Chinesen entstand spontan die Bezeichnung „Konfuzius", eine clevere Übersetzung der Missionare, denen er ziemlich bekannt vorgekommen sein muss. Denn für die Chinesen des 16. Jahrhunderts war Konfuzius in der Tat ein Heiliger, der vom ganzen Kaiserreich angebetet wurde, zugleich hochangesehener Schöpfer der Tradition und verehrtes Symbol der konfuzianischen Gelehrtenschaft. Die zahlreichen in der Bürokratie tätigen Beamten waren alle Vertreter des Konfuzianismus. In den Augen der neu angekommenen westlichen Missionare war er also Prophet, Apostel und Heiliger in einem.

Bei den christlichen Missionaren stieg er dank der fremden Symbolik schnell zum geistigen Mentor auf, da sie ihn heldenhaft umwandelten und ihn klugerweise als „Konfuzius" bezeichneten. In ihrem Verständnis verbreitete er bloß die frohe Botschaft bei den Chinesen, welche schon längst in Vergessenheit geraten war. Die italienischen Priester stellten sich ihn so vor, als hätte er als chinesischer Apostel mit seinem Bekenntnis an Gott zu glauben ihre Ankunft bereits vorhergesehen. Genau durch diese Vorstellung stellten sie aber seine „eigentliche Lehre" wieder her. Michele Ruggieri, Matteo Ricci und andere Missionare aus mehreren Generationen, welche sich an die chinesische Kultur anpassten, konzipierten ihn als eine Art ewige Verbindung zu Gott. Sie waren es, die ihn „Konfuzius" nannten. Gleichzeitig bezeichneten sie sich selbst als Konfuzianer und Sittenprediger der klassischen konfuzianischen Lehre.[2]

Traditionell nennt man ihn in China entweder Kong Zi oder Fu Zi, nicht aber Kong Fu Zi, weshalb der Name „Konfuzius" tatsächlich auf die Missionare zurückgeht. Man kann sich daher gut vorstellen und teilweise auch Verständnis dafür haben, dass dieser eigentliche Vertreter des Rationalismus von den Missionaren in religiöse Themen eingegliedert wurde. Dadurch wurde er zum sogenannten „Anführer der Religion" und die säkulare konfuzianische Lehre wurde gleichermaßen durch den Vergleich der Missionare zur einer religiösen Philosophie im westlichen Sinne. Wie bereits erläutert ist das Beurteilen anderer von der eigenen Warte aus eine häufige Vorgehensweise, die hier nicht mehr näher erläutert werden muss.

---

2 Lionel M. Jensens: The Invention of 'Confucius' And His Chinese Other, 'Kong Fuzi'. Positions: East Asia Cultures Critique I. 2 (1993): 419–449.

Eigentlich ist der Inhalt, den Jensens anschließend erläutern wollte, sogar noch interessanter. Obwohl der Autor in der Beschreibung dieser Interaktion seine geringe Belesenheit offenbart, sieht er im damaligen Dialog noch eine grundlegende Gleichberechtigung. Nun können wir uns dies aber auch so vorstellen: So wie sich die Priester den Konfuzianismus als eine andere „Religion" einbildeten, können sich die chinesischen Beamten umgekehrt Jesus als einen anderen Gelehrten, göttliche Dokumente als aufklärerische Lektüre oder Kirchen als eine andere Form der Akademie ausgemalt haben. Solche Missverständnisse wären dann nicht mehr als erste Schritte zur gegenseitigen Erkenntnis, die in guter Absicht gemacht wurden und leicht aufgeklärt werden könnten, sodass die gesamte Vorgehensweise keine bleibenden Nachteile mit sich gebracht hätte.

Allerdings hat es seit Beginn der neuzeitlichen Ausdehnung des Westens immer nur einen eher monotonen Dialog der Zivilisationen gegeben. Bezüglich dieser einseitigen Entwicklung schrieb ich über die Missionarstätigkeit von Matteo Ricci vor über 400 Jahren folgendes: „Die Toleranz von und Sehnsucht nach Diversität, die China oft zum Vorteil gereichte, ist eines der großen Geheimnisse innerhalb der chinesischen Zivilisationsgeschichte. Nur China konnte es, anders als die übrigen alten Hauptzivilisationen, dulden, dass vor der eigenen Haustür Fremde missionierten. Wenn Sie dies nicht glauben können, stellen Sie sich doch einmal das Gegenteil vor: Wenn China während der Zeit von Matteo Ricci einige Gelehrte nach Europa gesandt hätte, wäre es dennoch unmöglich gewesen, dort das westliche Wertesystem zu ersetzen. Auch wenn sie lediglich versucht hätten, den Konfuzianismus als einen Weg der Selbstbildung zu vermarkten, wären sie mit ziemlicher Sicherheit nicht in gleichem Maße geduldet worden.[3]

Denn die westliche Zivilisation hatte zu diesem Zeitpunkt bereits ihre „absolute Fortschrittlichkeit" und sogar ihre „einzige Richtigkeit" proklamiert. Sobald unter dem Einfluss des Westens stehende Leute dort eine Tragödie gesehen hatten, waren sie ergriffen vor Bewunderung und wollten umgehend eigene Tragödien „erfinden"; Sobald sie im Westen einer Rhapsodie gelauscht hatten, bewunderten sie diese und wollten eigene Rhapsodien „erfinden"; Sobald sie im Westen alphabetische Schrift gesehen hatten, bewunderten sie diese und wollten eine eigene Literatur

---

3 Liu Dong: Dispersionsprisma von Matteo Ricci, in: „Weg und Welt". S.212.

der Alltagssprache (baihua) „erfinden". Im Lichte der schweren existenziellen Bedrohung, die der Westen seinerzeit für China darstellte, leistete die symbiotisch scheinende Beziehung zwischen westlicher „Religion"
und „Fortschrittlichkeit" denjenigen, die den Westen einholen wollten,
Vorschub bei der Umwandlung des eigenen Konfuzianismus zur „Religion"
oder „quasi-Religion" nach Vorbild des westlichen Modells.

Interessant ist, dass es, wenn man die jeweiligen psychischen Ursachen
analysiert, zwischen dieser Erscheinung und den später beschriebenen
Situationen an der Grenze zwischen dem Westen und China, keinen wesentlichen Unterschied gibt. Zwei Fachtermini, welche ich einmal verwendet habe, um die Regel zu beschreiben, nach der zwei verschieden starke und
nach Erkenntnis strebende Zivilisationen interagieren, scheinen mir hier gut
zu passen: „Eben habe ich den erfundenen Begriff der ‚Erkenntniserwartung'
verwendet. Nun erfinde ich noch einen weiteren, und zwar den ‚Augendruck',
der schon im folgenden Sprichwort gut beschrieben wurde: ‚Herren sterben
für diejenigen, die sie schätzen, und Damen schminken sich für diejenigen, die sie mögen'. Es handelt sich um eine in der Interaktion zwischen
einem Beobachter und einem Beobachteten anzutreffende Regel: Sobald
ein Beobachter über ein hohes Maß an Anziehungskraft verfügt, wird er
aufgrund der ‚Erkenntniserwartung' Dinge sehen, welche er eigentlich gar
nicht hatte erkennen können."[4]

Es ist allgemein bekannt, dass sich der Beginn der Veränderungen, die sich
unter den chinesischen Gelehrten ereigneten, bis zu Kang Youwei (1858-
1927) zurückführen lässt, welcher oft mit Liang Qichao zusammen erwähnt
wird. An dieser Stelle können wir mit dem Unterschied zwischen Liang und
seinem Lehrer anfangen, damit unsere Erläuterung dann reibungslos weitergeführt werden kann. Marianne Bastid-Bruguière verfasste diesbezüglich die
folgenden Zeilen: „Er [Liang Qichao] hegte wohl kaum Interesse fremden
Religionen gegenüber. In beide seiner Bibliographien ‚Xinxue shumu biao'
(List of books on the new learning) und ‚Xizheng congshu' (Collectanea of
the Western art of government) wurde kein einziges Werk über Religion
aufgenommen. Zu dieser Zeit äußerte er sich selten über das Christentum
und noch seltener zum Islam. Solche großen Glaubenssysteme waren ganz
und gar nicht in seinem Blickfeld. Das Problem mit den Missionaren in

---

4   Liu Dong 2012: Das uncertainty principle im chinesischen Forschungsumfeld, in: „Weg
und Welt". S.316-317.

China interessiert ihn ebenfalls kaum. Gegenüber der Religion und den verschiedenen Glaubensrichtungen nahm er eine kalte Einstellung ein, welche er auch dem Konfuzianismus zeigte. Im Gegenteil zu seinem Lehrer, der Konfuzius für einen neuen religiösen Propheten und den Konfuzianismus für eine Art Staatsreligion hielt, zeigte Liang kaum Begeisterung dafür. Erst nach einiger Zeit druckte er ähnliche Meinungen ab.[5]

Dies können wir auch in den Büchern von Liang Qichao deutlich erkennen. In seiner Kang-Youwei-Biographie[6] zeigte er gegenüber der ursprünglichen Erfindung der „konfuzianischen Religion" durch Kang Youwei eine undeutliche Haltung. Er war quasi weder dafür noch dagegen (solange dies nicht sarkastisch gemeint war) und erwähnte folgendes: „Herr Kang war auch ein Geistlicher. **China ist aber kein religiöses Land. Es gibt daher seit Jahrtausenden keinen einzigen Geistlichen**. Er studierte schon in seiner Kindheit die konfuzianische Lehre, lebte später zurückgezogen und befasste sich mit buddhistischen Texten. Nach seiner Reise las er auch noch Bücher über das Christentum. Man kann daher sagen, dass er reichlich geistliche Gedanken haben muss."[7] Nach nur einem Jahr verfasste Liang Qichao 1902 dann „To Preserve the Confucian Religion Is Not the Way to Venerate Confucius" und beurteilte Religion explizit als veralteten Aberglauben: „Wo beginnt man mit der These der Religionserhaltung? Es fängt mit der Angst vor einer Invasion des Christentums an, welcher man entgegenwirken möchte. Meines Erachtens ist diese Sorge übertrieben. Religionen sind nicht mit der neuen Menschheitszivilisation kompatibel und können nicht mit ihr koexistieren. Je einflussreicher die Macht der Wissenschaft ist, desto schwächer ist die Kraft der Religionen; Je weiter die Grenzen der Freiheit sich erstrecken, desto mehr verringert sich die einschränkende Gottesherrschaft."[8] Von dieser Erkenntnis her zu urteilen, besaß er bereits eine klare Vorstellung von der Diskrepanz, welche er 1920 in „Überblick über die Wissenschaft der Qing-Zeit" darlegte: „Youwei meinte,

5 Marianne Bastid-Bruguière 2012: Liang Qichao und das Problem der Religion., in Naoki Hazama (Hg.): „Liang Qichao – Meiji-Japan und der Westen.". Beijing: Social Sciences Literature Press. S.376.

6 Liang Qichao: „Biography of Kang Youwei" (Nanhai Kang xiansheng zhuan).

7 Kang Youwei 1992: „Selbst redigierte Chronik. Geordnet von Lou Yulie". Beijing: Zhonghua Shuju. S.247. H.d.V.

8 Liang Qichao: To preserve the Confucian Religion is not the way to venerate Confucius, in: Xia Xiaohong (Hg.) 1992: „Ausgewählte Werke von Liang Qichao". Beijing: China Radio Film & TV Press. S.468.

dass sich die Reformen des Konfuzius über mehrere hundert Generationen erstrecken würden. Daher nannte er ihn als Anführer. Er glaubte, dass die Verehrung des Christentums der Grund für die westliche Entwicklung sei. Aus diesem Grund wollte er Konfuzius mit Christus vergleichen und eine solche Gleichstellung mit allerlei Wahrsagerei und geheimnisvollen konfuzianischen Lehren bestätigen. Konfuzius hinterließ in seinem Herzen wohl auch einen mysteriösen Eindruck."[9]

Anschließend schildert Marianne Bastid-Bruguière ausführlich den Entstehungsprozess von Kang Youweis religiöser Einstellung:

> Kang Youwei wollte den Konfuzianismus in eine Religion umwandeln, die China retten kann. Diese Gedanken kamen ihm aber nicht an einem einzigen Tag. Seit seinem Besuch in Hong Kong im Jahr 1879, insbesondere seit seiner Fahrt via Shanghai, fing er an, sich mit westlichen Werken zu befassen, wobei sich die Gedanken nach und nach herauskristallisierten. Für ihn erlangten die westlichen Länder erst durch die Bezugnahme auf eine Religion ihre Entwicklung. Mit seinem Studium beim großen Gelehrten Zhu Ciqi (1807-1882) wandelte er seine Idee von der Rückbesinnung auf konfuzianische Texte zu der Überlegung um, wie man den konfuzianischen Belehrungen moderne Bedeutung geben und ihnen eine effektive Anpassung verleihen kann. In der Vorrede seiner „Allgemeinen Diskussion zum Thema Bildung" heißt es dazu: „Diejenigen, die sich gut mit der Geschichte auskennen, müssen sich der Zeit anpassen; Diejenigen, die sich gut mit Belehrungen auskennen, sind in der Verwaltungskunst bewandert." 1889 entdeckte er die Werke von Liao Ping (1852-1932), woraufhin sich die beiden Gedanken in seinem Kopf vereinigten. Erst in seinem Werk „Studie über Konfuzius als Reformer", welches er 1891 begann, 1897 vollendete und 1898 veröffentlichte, verehrte er Konfuzius tatsächlich als „Anführer der Religion" und wollte seine wahre Lehre wiederherstellen, da sie seines Erachtens zu einer friedlichen und moralischen Blütezeit führen könnte. Der Konfuzianismus war für ihn quasi die einzige Religion, die es ihm zu bewahren wert schien.[10]

---

9   Liang Qichao 1998: „Überblick über die Wissenschaft in der Qing-Zeit". Shanghai: Shanghai guji chubanshe. S.79.
10   Marianne Bastid-Bruguière 2012: Liang Qichao und das Problem der Religion, in Naoki Hazama (Hg.): „Liang Qichao – Meiji-Japan und der Westen." . Beijing: Social Sciences Literature Press.

Liang Qichao hatte darauf hingewiesen: „China ist kein religiöses Land und es gibt daher seit Jahrtausenden keinen einzigen Geistlichen." Warum wollte Kang Youwei in diesem Punkt Neues aus Altem entstehen lassen oder die Klassiker für eine Reform benutzen? Die psychischen Gründe, die ihn dazu führten, sind im Text von Bastid-Bruguière schon erwähnt, aber auch ein Thronbericht von Chen Baozhen kann hier folgendes bezeugen: „Nach dem Ende des Seeverbots sah Kang Youwei, wie die Abendländer ihren Papst verehren und wie sie Land und Politik führen. Er dachte, dass die Entwicklung eigentlich darauf zurückzuführen sei."[11] Es ist nicht zu leugnen, dass Kang mithilfe einer Religion die damalige Rückständigkeit Chinas durch eine Reform des Konfuzianismus verändern wollte. Wir wissen, dass solcherlei „originelle Erfindungen" oder „Reformen anhand von Klassikern" eigentlich zu der Art Verhalten gehören, die sich im „Erläuterung für Heilige" genannten Teil der Beamtenprüfung finden, bei der er selbst aber keinen großen Erfolg hatte. Darum bezeichnete ich Kang Youwei aufgrund dieses Charakterzugs einst als eine besondere Art „konfuzianischer Revisionist".[12]

Wenn wir ihn objektiv beurteilen wollen, müssen wir noch anmerken, dass er ein gutes Gespür dafür hatte, in was für einem Zeitalter er lebte. In meiner Inhaltszusammenfassung komme ich diesbezüglich zu folgender Einschätzung: „Seine Sorge machte ihn zu einem praxisorientierten Reformer, seine Talente und Gefühle hingegen zu einem kreativen Denker. Dieser Doppelcharakter erzeugte in ihm eine gewisse Spannung, die ihn dazu anspornte, ein modernes System nach konfuzianischem Vorbild zu schaffen, damit sich die konfuzianischen Gedanken, stimuliert durch fremde Reize, selbstständig weiter vertiefen und ein reformiertes China in die Welt der Zukunft aufgenommen werden kann."[13] Konkret gesagt sah Kang Youwei die Erfindung des „Konfuzianismus" als eine Methode zur Abwehr einer kulturellen Invasion durch das Ausland. Oder wie er es formulierte: „Die Beamten und gewöhnlichen Leute wissen ihre eigene Religion nicht mehr zu schätzen. Die konfuzianische Lehre gebraucht man nur noch, um Beamter zu werden. Darum wurde in China die eigene Religion

---

11 Zitiert aus K. C. Hsiao 1997: „Das neuzeitliches China und die neue Welt – Forschungen zu Reformation und moralischen Gedanken bei Kang Youwei". Übersetzt ins Chinesische von Wang Rongzu. Nanjing: Jiangsu People's Press. S.110.
12 Siehe die von mir verfasste Inhaltszusammenfassung.
13 Siehe die von mir verfasste Inhaltszusammenfassung.

vernachlässigt. Fremde Religionen sind angesichts der so entstandenen Lücke äußerst erfolgreich."[14] Er betrachtete die Erfindung einer „konfuzianischen Religion" als seelische Grundlage für die Hundert-Tage-Reform, wie man an seinen Worten erkennen kann: „Wenn man Konfuzius nicht verehrt, lässt sich weder des Volkes Stimmung zusammenhalten, noch kann man es zu Loyalität und Gerechtigkeit ermuntern. Er ist die Basis der Reform."[15]

Wie wir aber vorher erwähnt haben, begriff sein Schüler Liang Qichao bereits Anfang des 20. Jahrhunderts, dass diese Umwandlung des Konfuzius nach christlichem Vorbild nicht mit der grundlegenden Eigenschaft der konfuzianischen Gedanken übereinstimmen kann. Sie war von keinem Nutzen für die chinesische Gesellschaft und verstieß auch gegen die eigene Logik von Konfuzius. Denn nach Liang Qichao legte dieser stets viel Wert auf Vernunft und Toleranz, während das Christentum Aberglauben verbreitet und andere ausschließt:

> Darum fange man mit dem Glaubensbekenntnis an. [...] Den Aberglauben zu bekämpfen ist müßig und hat keine Eile. Diejenigen, die daran glauben, verlieren ihre geistige Freiheit. Und diejenigen, die ihn bekämpfen, diskriminieren Fremdes. Aus diesem Grund kann die Religion den Menschen keine fortschreitende Entwicklung bringen. Auch wenn sie einen großen Beitrag in der ersten Entwicklungsphase der Menschheit geleistet haben mag, so kann sie in der zweiten Phase ihren Nachteil doch nicht mehr wiedergutmachen. Völlig anders hingegen ist Konfuzius. Seine Lehre betrifft die Staatsangelegenheiten und verfügt über Moral und Ethik. Bei ihm gibt es keinen Aberglauben und keinen Gottesdienst. Auch diskriminiert er keine fremden Lehren. Dies ist der Unterschied zwischen dem Konfuzianismus und anderen Religionen. Mit anderen Worten war Konfuzius ein Philosoph, ein Praktiker für Politik und Gesellschaft, ein Pädagoge, aber kein Geistlicher. Darum nennt man

---

14 Kang Youwei: Thronbericht über die Kompilation der Bücher zur Hilfe der Reformation., in Jiang Yihua und Zhang Ronghua (Hg.) 2007: „Gesamtwerk von Kang Youwei". Beijing: Chinesische Volksuniversitätsverlag. Bd. 4, S.386.
15 Kang Youwei: Thronbericht über Konfuzius als Reformer zur Diskussion von Gesetzen zur Religion, Berichtigung des Schreibstils der Beamtenprüfung und Errichtung weiterer Konfuziustempel entsprechend der Volksmeinung., in Jiang Yihua und Zhang Ronghua (Hg.) 2007: „Gesamtwerk von Kang Youwei". Beijing: Chinesische Volksuniversitätsverlag. Bd. 4, S.94.

ihn im Westen oft mit Sokrates zusammen und nicht mit Buddha, Jesus oder Muhammad. Es ist kein Schaden für ihn, dass er kein Geistlicher war. Denkt an seine Worte: „Wenn man noch nicht den Menschen dienen kann, wie sollte man den Geistern dienen können!" Er redete „nicht über Mystisches, Zauberkräfte, Aufruhr und Geister." Das liegt daran, dass seiner Lehre Fundament grundverschieden ist von dem der westlichen Religionsbegründer.[16]

Ein anderes Beispiel: Im Vergleich zum Christentum, das ständig von „Himmel" und „Gott" redet, betonte Konfuzius laut Liang Qichao immer die „diesseitige Existenz" und die diesseitige Welt":

> Diejenigen, die sich nach einer konfuzianischen Religion sehnen, wollen eine Gemeinschaft der Gläubigen gründen, Tempel bauen, Zeremonien für den Gottesdienst festlegen, Glaubensregeln verfassen und überhaupt alles dem Christentum nachmachen und am Ende befürchten sie dann immer noch, nicht das gleiche zu tun. Diese Idee kann nicht funktionieren. Und falls sie es doch tut, dann wird Konfuzius dadurch verleumdet und ruiniert! Konfuzius behauptete weder wie Jesus, er sei Gottes Sohn, noch wie Siddhartha Gautama, er habe die Erleuchtung erlangt. Konfuzius sagte nie, dass man außer ihm niemandem sonst glauben dürfe und dass man neben seiner Lehre keiner anderen folgen solle. Er war ein Mensch, ein Heiliger und ein Lehrer, aber kein Himmel, kein Geist und kein Gott. Wenn man zur Bewahrung des Konfuzianismus gezwungen ist, Buddha und Jesus nachzumachen, wird Konfuzianismus nicht bewahrt. Er ist neidisch auf die anderen und vergisst sich selbst darüber.[17]

Im Vergleich zum Christentum, das sich durch „Dogmatik und Gängelung" auszeichne, hält Liang Qichao die Lehren des Konfuzius für „frei" und „aufklärerisch":

> Es gibt wohl mehrere Gründe dafür, dass Zivilisationen sich entwickeln, die Hauptursache aber ist Meinungsfreiheit. Der Grund, weshalb Europa heute ein solches Niveau erreicht hat, liegt

---

16   Liang Qichao: To preserve the Confucian Religion is not the way to venerate Confucius, in Xia Xiaohong (Hg.) 1992: „Ausgewählte Werke von Liang Qichao". Beijing: China Radio Film & TV Press. S.467.
17   Liang Qichao 1992: To Preserve the Confucian Religion Is Not the Way to Venerate Confucius, in: Ausgewählte Werke von Liang Qichao (Xia Xiaohong Hg.). Beijing: China Radio Film & TV Press. S.467-468.

darin, dass während des 14. und 15. Jahrhunderts die Renaissance stattfand, durch die man aus den durch die Kirchen verhängten Einschränkungen ausbrach und sich der antrainierten gedanklichen Servilität entledigte. Genau danach kam dann die große Entwicklung, und alle, die sich auch nur ein bissen mit Geschichte auskennen, wissen darum. Die gedankliche Blütezeit im Falle Chinas ist die Zeit der Streitenden Reiche, was sich ebenfalls auf die damals herrschende Gedankenfreiheit zurückführen lässt. Durch die Bücherverbrennungen und das lebendige Begraben der Gelehrten unter Kaiser Qin wurden die Gedanken dann wieder erstickt. Kaiser Wu von Han förderte sechs Künste: Riten, Musik, Bogenschießen, Reiten, Kalligraphie und Mathematik. Fachrichtungen, die nicht dazu gehören, wurden also nicht gefördert. [...] Konfuzius hatte Gedankenfreiheit. Wenn nun diejenigen, die sich als seine Schüler betrachteten, gegen seinen Willen handelten, ist es dann seine Schuld? Oh weh, während dieser Zeit, wo alle Lehren sich erneuern und die verschiedensten Gedanken sich weiterverbreiten, möchte man plötzlich Konfuzius verehren, um die Religion zu bewahren. Kann man damit nicht aufhören?[18]

Nun erkennen wir, wo das Problem liegt. Kreative Innovation ist sicher nicht verkehrt, sich für Heilige und Weise einzusetzen geht auch in Ordnung. Allerdings müssen sich derlei Bewegungen zur „Zivilisationserneuerung" zwangsläufig den kulturellen und psychischen Gegebenheiten anpassen, denn ansonsten kann die Tradition nicht effektiv „aktiviert" werden. Im Gegenteil besteht dann sogar die Gefahr, dass sie noch weiter durcheinandergebracht und letztlich zerstört wird. In diesem Sinne zeugen einige der Behauptungen von Ye Dehui (1864-1927), dem wir allerdings nicht alle seine Meinungsäußerungen glauben sollten, noch heute von weiser Voraussicht. Er wies nämlich damals in einem Brief darauf hin: „Einige moderne Leute möchten die Grenze zwischen China und dem Ausland am liebsten zertrümmern und die Religionen miteinander vereinigen. Damit bin ich auf keinen Fall einverstanden."[19] Des Weiteren schrieb er: „Die sechs Klassiker sind verfälscht und man kennt keine Klassiker mehr. In diese Lücke dringen

18   Liang Qichao 1992: To Preserve the Confucian Religion Is Not the Way to Venerate Confucius, in: Ausgewählte Werke von Liang Qichao (Xia Xiaohong Hg.). Beijing: China Radio Film & TV Press. S.470-471.
19   Ye Dehui 2010: Gesammelte Werke von Ye Dehui. Shanghai: East China Normal University Press. S.226.

die Irrglauben ein. Ist das nicht eine Katastrophe für Konfuzius?"[20] K.C. Hsiao (1897-1981) attestierte der geplanten Zusammenfassung ebenfalls die entgegengesetzte Wirkung: „Was Kangs kreative Interpretation betrifft, so wird sie den Konfuzianismus entweder erneuern oder zerstören. [...] Im Nachhinein scheint es mir eher wie eine Zerstörung. Sein Motiv war die Reform, er erschütterte aber die Grundlagen des Konfuzianismus, wovon auch die geistige Reform betroffen ist. Mit anderen Worten wollte er eigentlich den Konfuzianismus für seine Reform neu bewerten. Die neue Bedeutung passte dann aber nicht mehr zu seiner eigentlichen Absicht. In Wahrheit waren die Konsequenzen seiner philosophischen Interpretation von seiner Absicht sehr weit entfernt."[21]

Nach Kang Youwei gab es noch mehr Gelehrte, in China wie im Ausland, die ähnlicher Meinung waren. Mit seiner großen geistigen Haltung konnten sie sich zwar nicht vergleichen, es ging ihnen auch vielmehr um ihren Beruf oder ihre Akademie, aber sie alle redeten, mit unterschiedlichen Begründungen, über die „Religiosität" des Konfuzianismus. Bevor wir diese Gelehrten hier schildern, müssen wir unseren Betrachtungswinkel noch etwas erweitern, damit auch der autoritative Hintergrund hinter diesen Meinungen in unser Gesichtsfeld tritt. Auf jeden Fall kopierten sie nicht bloß die Meinungen von Kang Youwei. Auch sie hatten ein westliches autoritatives Vorbild.

Interessanterweise tilgte der berühmte Sinologe Benjamin Isadore Schwartz, welcher als Erster die besagten Behauptungen von Karl Jaspers aktivierte und in die Diskussion einbrachte, alle geistigen Verschiedenheiten zwischen Konfuzius, Moses, Buddha und Sokrates aus, um auf Basis der Vergleichbarkeit der „Achsenzeit" die Einstellung von Konfuzius zum „nicht-menschlichen" Gebiet darzustellen:

> Again, this pragmatism does not differentiate him notably from great religious figures and wise men of the other contemporary civilizations. While Moses and the prophets may be „god-centered," they are not theologians, and the diverse relations which they receive all direct their attention back to the concern with the salvation of man.

---

20 Ye Dehui 2010: Gesammelte Werke von Ye Dehui. Shanghai: East China Normal University Press. S.230.
21 K. C. Hsiao 1975: A Modern China and a New World: K'ang Yu-wei, Reformer and Utopian, 1968-1927. Seattle and London: University of Washington Press. S. 95.

Der historische Buddha selbst, so heißt es in der Literatur oft, war ein „humanistischer" Pragmatiker, dem es vor allem und in erster Linie darum ging, die Menschen aus dem Meer des Leidens zu retten. Sein „achtfacher Pfad" beschäftigte sich freilich vor allem mit den ethisch-geistigen Voraussetzungen des Menschen, um dieses Ziel zu erreichen. In einem Sutra wird er dazu gebracht, sich ausführlich mit einer ganzen Reihe spekulativer metaphysischer Probleme zu befassen, die nicht „zur Erbauung" dienen und vermieden werden sollten. Im Fall von Sokrates finden wir natürlich eine ständige Diskussion über seine „humanistische Revolte" gegen die gesamte Tradition der vorsokratischen Naturphilosophie und seine Hinwendung zu menschlichen Belangen—eine Revolte, die er mit den „Sophisten" teilte. Wir können Sokrates sogar als pragmatisch bezeichnen, weil seine gesamte intellektuelle Methode auf seine ethischen Anliegen und nicht auf eine theoretische „Psychologie" als solche ausgerichtet ist.[22]

In seinem gemeinsam mit Julia Ching geschriebenen Buch zu den „chinesischen Religionen" stellt der katholische Theologe Hans Küng zufällig die spirituelle Ausrichtung von Menschen mit ihrer Religion in Zusammenhang, wobei er diese nach dem jeweiligen Ursprungsgebiet in drei Gruppen einteilt: „Das erste System ist semitischen Ursprungs, hat prophetischen Charakter und besteht aus den „drei abrahamitischen Religionen", dem Judentum, dem Christentum und dem Islam. Das zweite System ist indischer Herkunft, hat einen mystischen Charakter und setzt sich ebenfalls aus drei unterschiedlichen, aber dennoch verwandten Religionen zusammen: Jainismus, Buddhismus und Hinduismus. Das dritte System ist chinesischer Tradition, hat eine weisheitliche Ausprägung und setzt sich aus den weisheitlichen Religionen wie dem Konfuzianismus und dem Taoismus zusammen."[23]

Wie schon bei meiner Beschreibung von Jaspers „Achsenzeit" möchte ich auch hier kurz anmerken, dass mir weder daran gelegen ist, ihre guten Absichten, China einfühlsames Verständnis oder Wertschätzung auf Augenhöhe entgegenzubringen, in Zweifel zu ziehen, noch ihre konkreten

---

22 Benjamin Isadore Schwartz 1985: „The World of Thought in Ancient China". Cambridge, Massachusetts and London: The Belknap Press of Harvard University Press. S.118-119.

23 Hans Küng; Julia Ching 1988: Christentum und Chinesische Religion. München: Piper Verlag. S.11-16.

Formulierungen im Detail zu kritisieren. Worauf ich aber hinweisen möchte ist der jeweilige Hintergrund der Autoren, dem wir meiner Meinung nach generell mehr Aufmerksamkeit schenken sollten: Hans Küng ist ein berühmter und erfahrener Theologe, weswegen eigentlich klar sein dürfte, dass er einen christlichen Standpunkt vertritt. Der bekannte Sinologe Schwartz hingegen stammt aus einer prominenten jüdischen Familie:

> Schwartz entstammt einem jüdischen Adelsgeschlecht. Wenn ich in seiner Anwesenheit davon erzählen würde, wäre ihm dies mit Sicherheit peinlich. Vielleicht würde es ihn sogar wehmütig stimmen. Er würde seine Augenbrauen hochziehen, zur Seite blicken und geduldig meinen Worten lauschen. Seine Haltung dazu kann man einer Geschichte entnehmen, die er oft erzählte. Als er für seinen Master nach Harvard kam, hatte er früh morgens in der ersten Stunde Unterricht bei dem berühmten Professor John Fairbank. Einmal fiel der Kurs zufällig auf Jom Kippur. Nach langem Zögern ging Schwartz also zu ihm und bat ihn ängstlich um Erlaubnis, an diesem Tag dem Unterricht fernbleiben zu dürfen und schlug vor, das Verpasste später nachzuholen. Professor Fairbank starrte ihn an und sprach: „Für wen halten Sie sich? Für den Sohn eines Großrabbiners?" Schwartz antwortete: „Also, eigentlich…" Er war wirklich Nachkomme in gerader Linie einer adligen Rabbi-Familie.[24]

Wie wir also deutlich sehen und verstehen können, besteht das Problem nicht darin, dass man die jeweils anderen von der eigenen Warte aus beurteilt und es dann zu der von Gadamer beschriebenen „Horizontverschmelzung" kommt. Dies ist seit jeher normal und zu erwarten. Vielmehr ist es so, dass wir, wenn wir diese Denkgewohnheit vernachlässigen und die soziale Stellung und Identität der Redenden nicht begreifen, nicht erkennen werden, dass sie eigentlich keine andere Wahl hatten. Wenn wir dagegen ausschließlich ihrer akademischen Autorität Beachtung schenken, bleibt uns nichts anderes übrig, als ihnen zu glauben und auf sie zu hören, wodurch letztlich die großen Abweichungen in der Wahrnehmung entstehen.

Dass Kang Youwei den Konfuzianismus in eine „konfuzianische Religion" umwandeln wollte, liegt daran, dass er sich damals in Hongkong befand, einem Ort voller kolonialer Kultur. Und bei den anderen Gelehrten, die später

---

24 http://www.google.com/search?q=cache:www.fas.harvard.edu/~fairbank/schwartz_
steinberg.htm.

auf ihn folgen sollten, lassen sich ähnliche Meinungen oftmals auf bestimmte Erlebnisse zurückführen, die sie im Ausland hatten. Dieser Punkt stimmt auch mit meiner Beurteilung einiger moderner Erscheinungen überein:

> So wie der Mond mit seiner Anziehungskraft auf der Erde die Gezeiten bestimmt, können die Erwartungen unserer amerikanischen Kollegen einen gewissen Druck erzeugen, der dazu führt, dass in den chinesischen Fachkreisen lauter Dinge entstehen, die sich mehr und mehr ähneln. Da ich langjährige Erfahrung auf beiden Seiten sammeln durfte, glaube ich, dass solche Wechselwirkungen in der Regel in folgende drei Phasen eingeteilt werden können: Zuerst werden Gastwissenschaftler oder sogar junge Studierende ausgewählt, denen man dann die eigenen Gedanken und Orientierungen einimpft; Wenn sie fertig mit ihrer Arbeit oder ihrem Studium und zurück in China sind, vertreten und erläutern sie diese Meinungen und lösen durch ihr Schreiben zahlreiche Wortgefechte aus; Schließlich gelangen die nun chinesisch restrukturierten Erfahrungen erneut nach Westen und werden durch den internationalen Diskurs bestätigt oder verstärkt.[25]

Zuerst sollten wir He Lin (1902-1992) erwähnen, einen Vertreter der „neuen Lehre vom Herzen" aus ihrer Frühphase, der aber ein Schüler von Liang Qichao war und dessen Einfluss lebendig hielt. In untenstehendem Zitat träumte er von einer „neuen Entwicklung" der konfuzianischen Gedanken. Aufgrund seiner Erlebnisse im Westen befürwortete er bereits deren Ergänzung durch das Christentum und war fest vom religiösen Charakter des Konfuzianismus überzeugt:

> Wir müssen die besten Aspekte des Christentums übernehmen und damit die konfuzianische Sittenlehre ergänzen, welche eigentlich über reichlich religiösen und zeremoniellen Geist verfügt und in Ethik und Moral ihren Schwerpunkt hatte. Als Religion kann es der Moral zu mehr Mut und Leidenschaft verhelfen, denn es verfügt über einen festen Glauben, einen loyalen Geist, allgemeine Nächstenliebe und Barmherzigkeit sowie eine distanzierte Haltung gegenüber dem diesseitigen Dasein. Das Christentum ist der eigentliche Kern der westlichen Zivilisation und bestimmt damit über das geistige Leben der Bewohner des Westens. Dies wird jedoch oft vernachlässigt. Wenn

---

25 Liu Dong 2011: Das Unschärfeprinzip im chinesischen Forschungsumfeld, in: „Weg und Welt". S.318.

es für das Substanzielle nicht den religiösen Glauben und für das Nützliche nicht die wissenschaftsorientierte materielle Zivilisation gäbe, wäre auf keinen Fall die großartige und strahlende moderne westliche Kultur entstanden. Ich behaupte daher nachdrücklich, dass, wenn die Chinesen nicht die besten Aspekte des Christentums übernehmen und auf die schlechtesten verzichten, auch keine neuen konfuzianischen Gedanken mehr hervorgebracht werden.[26]

Wenn wir es von Seiten der Gedankengeschichte her betrachten, zeigt sich in dem bekannten Manifest eines „neuen Konfuzianismus" sicher die größte Veränderung. Und auch dies ereignete sich erst nach dem Umzug der Vertreter nach Hongkong. Der These, dass den Gelehrten ihre persönlichen Erlebnisse außerhalb des chinesischen Festlands tatsächlich dabei halfen, eine tiefer gehende Einsicht in die kulturellen Phänomene des Westens zu gewinnen, kann man also ruhig zustimmen. Andererseits muss aber auch darauf hingewiesen werden, dass ihr Bild von Konfuzius, den sie zunehmend durch das westliche Fernglas betrachteten, dabei immer verschwommener wurde:

Im alten China gab es keine einzige unabhängige religiöse Kulturtradition. Genauso mangelte es an missionierenden Organisationen aus Priestern und Mönchen. Eine Religion westlicher Systematik wäre dort sicherlich nicht entstanden. Allerdings heißt dies nicht, dass das chinesische Volk von Natur aus irreligiös wäre und lediglich über eine praktische Ethik oder Moral verfügen würde. Im Gegenteil beweist es, dass das religiöse Gefühl und die Spiritualität des chinesischen Volkes mit ihrer Ethik und Moral vereint sind. Eigentlich ist dies offensichtlich.[27]

Lobend herauszustellen ist hier fairerweise, dass das Manifest, welches während einer Periode des kulturellen Niedergangs verfasst wurde, von einer aufrichtigen Liebe zur chinesischen Kultur durchdrungen und daher rührend zu lesen ist. Möchten wir im Rahmen des vorher erläuterten Denkwegs bleiben, müssen wir aber gleichzeitig auf Ebene der Vernunft darauf hinweisen, dass die Autoren, bei ihrem Versuch, die Religion abzuwehren, deren universellen Wert zunächst anerkennen. Bezüglich der Frage von Leben und

---

26 He Lin 1941: Die neue Entwicklung der konfuzianischen Gedanken, in: Gedanken und Zeitalter. 1, S.16.
27 Mo Zongsan, Xu Fuguan, Zhang Junmai, Tang Junyi 1994: Manifesto for a Re-appraisal of Sinology and Reconstruction of Chinese Culture, in: Luo Yijun (Hg.): „Rationalismus und Leben – Der moderne Neukonfuzianismus". Shanghai: Shanghai Bookstore Press. S.279.

Tod argumentieren sie interessanterweise sogar für eine „Religiosität" des Konfuzianismus. Offenbar dachten sie dabei überhaupt nicht an die rationale Orientierung und den alternativen praktischen Lösungsplan für die Lebensproblematik und vergessen, dass Konfuzius „nicht über „Mystisches, Zauberkräfte, Aufruhr und Geister redete" und der Meinung war: „Wenn man noch nicht das Leben kennt, wie sollte man den Tod kennen?"

Wir sollten wissen, dass die Utilitarier, Naturalisten und Materialisten, die nur Wert auf den Realismus legen, der Frage des Todes nicht ins Auge sehen können. Denn der Tod existiert nicht in ihrer realen Welt, sondern ist ewiger Gegenstand religiöser Betrachtungen. Die konfuzianischen Gedanken behandeln aber nicht nur das Leben, sondern sehen auch dem Tod ins Auge. Auch Sprichwörter wie „für eine gerechte Sache opfert man sich" oder „wer ein Ideal hat, fürchtet nicht als Leiche in die Hölle geworfen zu werden" und „die Mutigen haben keine Angst, ihren Kopf zu verlieren" betonen, dass Werte wie Menschlichkeit und Gerechtigkeit wichtiger seien als das Leben. Zahlreiche Persönlichkeiten aus verschiedenen Generationen waren bereit zu sterben, wenn es für eine gerechte Sache war. Im Westen werden Menschen, die um ihrer Überzeugung willen in den Tod gehen, als Märtyrer bezeichnet. Hatten denn die konfuzianischen Märtyrer Chinas keinen religiösen Glauben?[28]

Noch interessanter ist, dass mit Mo Zongsan einer ihrer Vertreter in einem Aufsatz namens „Konfuzianismus als Religion" mehr oder weniger das anerkennt, was wir vorher bereits erläutert haben, und zwar dass der Konfuzianismus innerhalb des vor der Qin-Dynastie vorherrschenden rationalistischen Kontexts ein auf zuverlässigen Kenntnissen basierendes Weltsystem errichten wollte, auch wenn darin noch eine gewisse Lücke verbleiben sollte:

> Dass die Macht des Menschen seine Grenzen hat, war kein Geheimnis für die Konfuzianer. Der Wille des Himmels ist schwer zu begreifen: Das geht aus den Lehren von Konfuzius und Menzius auch schon sehr klar hervor. Aber selbst wenn dem so ist, wollten sie doch ihre menschliche Natur entfalten und den Himmel erkennen. Das „Erkennen" ist noch negativ, seine menschliche Natur zu

---

28   Mo Zongsan, Xu Fuguan, Zhang Junmai, Tang Junyi 1994: Manifesto for a Re-appraisal of Sinology and Reconstruction of Chinese Culture, in: Luo Yijun (Hg.): „Rationalismus und Leben – Der moderne Neukonfuzianismus". Shanghai: Shanghai Bookstore Press. S.281.

entfalten und Menschlichkeit auszuüben aber dann schon positiv. Den Himmel erkennt man in einem fortwährenden Prozess, der sich aus der Entfaltung seiner menschlichen Natur und dem Ausüben von Menschlichkeit zusammensetzt. Das Buch von Maß und Mitte formuliert dies so: „Call him man in his ideal, how earnest is he! Call him an abyss, how deep is he! Call him Heaven, how vast is he!"[29] Das menschliche Bewusstsein kann ihn nicht festlegen, kann ihn nicht ergreifen und festhalten.[30]

Gleichzeitig wies er auf die Vereinigung vom Himmel und Menschen hin und hielt an der vermeintlichen „Religiosität" des Konfuzianismus fest:

Bei der vom Konfuzianismus bekräftigten Ethik handelt es sich nicht um eine rein abstrakte Theorie, die in der praktischen Realität keine Religion ausbilden würde. Denn wenn der Konfuzianismus durch seine Ethik eine göttliche Entität oder zumindest einen „Ursprung aller Werte", also eine allgemeine moralische Entität, bestätigen kann, besteht für ihn auch die Möglichkeit, zur Religion zu werden. Eine solche Entität bedeutet dann nicht einfach eine Flucht vor dem Kummer der Welt, sondern ein transzendentes Dasein. Diese Transzendenz ist aber immanent, es gibt also keine Trennung.[31]

Bei einigen Punkten dieser Theorie besteht noch Diskussionsbedarf. Nach der Veröffentlichung ihres neuen konfuzianischen Manifestes hatten die Vertreter dieser Denkrichtung vor, als deren Fürsprecher aktiv zu werden, wobei sie unter anderem auf Verbindungen zu Harvard zurückgreifen konnten und auch die autoritäre Unterstützung des Vatikans erhielten. Wenn wir um diese gezielte Einflussnahme wissen, sehen wir die taiwanesische empirische Studie über die Kulturgeschichte der Religion, welche auf der Forschung von Huang Chin-Shing[32] zu den Konfuziustempeln basiert, und den kritischen Stil des auf dem Festland forschenden Ren Jiyu, der zusammenfassend vom „Gespenst des Konfuzianismus"[33] schreibt, in ganz anderem Lichte.

---

29 Liji, Zhong Yong. Übersetzung von James Legge 1885: „The Sacred Books of China Part IV". Oxford: Clarendon Press. S.327.
30 Mou Zongsan 2007: Konfuzianismus als Religion, in: Luo Yijun (Hg.): „Der Charakter der chinesischen Philosophie". Shanghai: Shanghai guji chubanshe. S.93.
31 Mou Zongsan 2007: Konfuzianismus als Religion, in: Luo Yijun (Hg.): „Der Charakter der chinesischen Philosophie". Shanghai: Shanghai guji chubanshe. S.130.
32 Huang Chin-Shing 2010: „Ins heilige Terrain – Macht, Glaube und Legitimität". Beijing: Zhonghua Shuju.
33 Siehe Ren Jixu 1980: Über die Entstehung der konfuzianischen Religion, in: „Social Sciences in China". 1.

Unser Denkweg führt damit wieder zurück zu den Fragen, die wir uns zuvor zum Thema Aufklärung gestellt haben und die noch durch weitere Vergleiche geklärt werden müssen. Wie ich vorher bereits erwähnte, besteht eine gewisse Vergleichbarkeit zwischen Konfuzianismus und Existenzialismus. Die besonders geschickte Auswahl seiner Werte erlaubte es dem Konfuzianismus, auf jegliche Form dogmatischen Glaubens zu verzichten, woraus sich automatisch eine Ähnlichkeit zur modernen westlichen Aufklärung ergibt. Daher gelang es ihm, Voltaire in seiner Idee der Vernunft zu unterstützten und im Schulterschluss mit den westlichen Denkern die emotionale Unreife der Menschheit zu beseitigen.

Später allerdings verglich man den Konfuzianismus mit den Religionen, wodurch die gedankliche Grenze zwischen beidem unklarer wurde. Als Li Zehou zur Bewahrung der „Neue-Kultur-Bewegung" die „Aufklärung und Rettung" vorbrachte und somit die chinesische Tradition auf die Gegenseite der Aufklärung stellte, teilte Tu Wei-ming den Konfuzianismus zuerst in den Bereich der Religion ein, deren Feind „Aufklärung" dann natürlich auf der Gegenseite der chinesischen Tradition steht. Obwohl sie unterschiedliche Meinungen zur Aufklärung hatten, wurde der Konfuzianismus von ihnen als Opposition der Aufklärung angesehen. Aber die ideologischen Kriterien, nach denen man ihn beurteilte, und die sowohl in der Politikwissenschaft als auch in der Religionswissenschaft zum Einsatz kamen, stammten dabei aus dem Westen.

Selbstverständlich ist jede Art von Vergleich oder Gegenüberstellung relativ. Aber der Konfuzianismus ist insofern einzigartig, dass er den speziellen Wertekern der chinesischen Kultur ausmacht, weshalb mit westlichen Strömungen oder Denkschulen nur sehr begrenzt Vergleiche durchgeführt werden können. Wenn man ihn der Religion gegenüberstellt, ähnelt er auf jeden Fall eher der Aufklärung, aber die Beziehung der beiden gestaltet sich immer noch äußerst kompliziert, was zahlreichen Argumentationen eine günstige Gelegenheit bot. Der Konfuzianismus ist durchaus kein Korb, der einfach alles aufnehmen könnte, sondern verfügt auf grundlegendster Ebene über seinen eigenen, individuellen Charakter. Deswegen können wir ihn nicht erst, während des Aufklärungsbooms, als klassische Form der Aufklärung bezeichnen und später, im Rahmen der Aufklärungskritik, dann als altertümliche Gegenaufklärung.

Zuvor haben wir einiges darüber berichtet, welch entscheidenden Einfluss die Vergleiche zwischen dem Konfuzianismus und der Philosophie von Immanuel Kant auf chinesische Denker verschiedener Generationen ausübten. Einer meiner früheren Einschätzungen zufolge liegt der Grund, warum in China die Kant-Studien entstanden, darin, dass er gegenüber dem Übernatürlichen ebenfalls eine „Standardannahme" hatte. Kant persönlich sagte einmal, David Hume habe ihn „aus dem dogmatischen Schlummer erweckt". Darum sollten wir auf keinen Fall vergessen, dass der kantische Rationalismus, der ja auf Skeptizismus beruhte, seinerzeit eine ähnliche „Lücke" hinterließ wie die aus dem Rationalismus vor der Qin-Dynastie hervorgegangenen Lösungspläne. Wenn wir in diesem Sinne auf die bedeutende Rolle zurückblicken, die Immanuel Kant innerhalb der Aufklärung gespielt hat, werden wir schnell feststellen, dass die Worte des Konfuzius von ihrem Wesen her viel mehr denen der Aufklärung verwandt sind als denen der Religion:

> 1784, als die Aufklärung den größten Teil ihres Werkes vollbracht hatte, definierte Kant sie als Ausbruch des Menschen aus seiner selbstverschuldeten Unmündigkeit und gab ihr das Motto Sapere aude - „Habe Mut, dich deines eigenen Verstandes zu bedienen!": das Risiko der Entdeckung eingehen, das Recht auf ungehinderte Kritik ausüben, die Einsamkeit der Autonomie akzeptieren. Wie die anderen Philosophen - denn Kant artikulierte nur, was die anderen in ihrer Polemik längst angedeutet hatten - sah Kant in der Aufklärung den Anspruch des Menschen, als erwachsenes, mündiges Wesen anerkannt zu werden. Es ist die Übereinstimmung der Philosophen bei der Formulierung dieses Anspruchs, ebenso wie der Anspruch selbst, der die Aufklärung zu einem so bedeutenden Ereignis in der Geschichte des westlichen Geistes macht.[34]

Diejenigen, die dem Konfuzianismus religiöse Züge unterstellen, kamen wahrscheinlich noch nie auf die folgende Idee: Falls man den Konfuzianismus nach Vorbild des Christentums in eine Art standardisierten Konservatismus umgewandelt hätte, wäre er im Zuge der globalen Modernisierung sicherlich angegriffen worden. Die größte Peinlichkeit solcher Vergleiche liegt darin, dass der Konfuzianismus, wenn er wirklich eine Art Religion wäre,

---

34 Peter Gay 1966: „The Enlightenment - An Interpretation: The Rise of Modern Paganism". New York, London: W.W. Norton & Company. S.3.

angesichts der aktuellen und zukünftigen Herausforderungen, die sich ihr stellen, ebenfalls mit immer größeren Krisen konfrontiert wäre. Genau wie diese würde er dann zunehmend dekonstruiert oder unter dem Druck der Vernunft sogar völlig beseitigt werden. Dies aber wäre ein enormes Missverständnis und eine irreversible Ungerechtigkeit dem rationalen Unterfangen gegenüber, das von Konfuzius einst losgetreten wurde.

Unsere Waage des Vergleichs müssen wir daher anderswo platzieren, um uns eine Zukunft für den Konfuzianismus wirklich vorstellen zu können. Lesen wir noch ein weiteres Zitat von Peter Gay, welches die nötigen Gedankenverbindungen aktiviert:

> Für die meisten der Philosophen war diese Entdeckung ihrer wahren Vorfahren alles andere als einfach. Die ängstliche Frage des Existentialisten: „Warum sollte etwas existieren?" zieht sich wie ein gedämpftes, aber hörbares Thema durch ihre Schriften. Die Dialektik ihrer Erfahrung - das angespannte Zusammenspiel von bewunderter Antike, verhasstem Christentum und aufkommender Moderne - bestimmt sowohl ihre höchste Identitätskrise als auch deren Lösung. Schließlich richtete sich der militanteste Schlachtruf der Aufklärung, écrasez l'infâme (Zerschmettert alles Niederträchtige), gegen das Christentum selbst, gegen das christliche Dogma in all seinen Formen, die christlichen Institutionen, die christliche Ethik und das christliche Menschenbild.[35]

Darum ist der Konfuzianismus meines Erachtens prinzipiell mit dem Denken der Aufklärung, das sich vom Dogmatismus des Christentums grundsätzlich unterscheidet, vergleichbar. Ebenso vergleichbar ist er mit dem griechischen Paganismus. An dieser Stelle möchte ich gerne ankündigen, dass ich die Ähnlichkeiten, die zwischen den konfuzianischen Gedanken, der Aufklärung und dem griechischen Paganismus bestehen und hinter denen sich wohl einige Geheimnisse verstecken, welche für die chinesische Zivilisation inspirierend sein könnten, in meinem nächsten Buch namens „China und Griechenland" konkret darlegen werde. Dieses neue Werk, mit dem ich gerade angefangen habe, wird vielleicht noch wichtiger sein als das Ihnen jetzt vorliegende.

---

35   Ebd. S.59.

Elftes Kapitel

Einzigartige Vorzüge

Und alle Männer sagen diesen Kehrreim:
Nein! Nein! Dreimal Nein!
Was Himmel-Bimmel-bam-bam!
Wir wollen nicht ins Himmelreich -
das Erdenreich soll unser sein!
——Friedrich Nietzsche: Dionysos-Dithyramben

Bis zu dieser Stelle sollen wir systematisch zurückblicken, welche tiefere Geheimnisse und unverwechselbare Risiken es bei diesem besonderen Zivilisationsmodell aus China gibt?

Zuerst beziehen wir uns auf den ersten Punkt, obwohl gerade gern die Geschichte aus Edisons Sicht betrachtet wird und die „vier großen Erfindungen" aus dem materiellen und technischen Bereich als die größte Errungenschaft des alten Chinas. Für mich ist aber die Erkennung der Lebensbeschränktheit basierend auf der Achsenzeit und das daraus entwickelte chinesische Bedeutungssystem sowie die damit verbundene reichliche Lebenswelt die entscheidendste Erfindung in der chinesischen Zivilisationsgeschichte. Es ist nicht zu leugnen, dass genau wegen deren Erfindung und Anwendung die Chinesen in den letzten Jahrtausenden im weltweiten Vergleich ein relativ hohes Zivilisationsniveau erreichten und eine relativ gute kulturelle Umwelt hatten.

Was sind aber die prägenden Merkmale dieses Wertsystems im Blickwinkel des Kulturvergleichs? Oft fasst man zusammen, dass die Stärke der chinesischen Zivilisation in der Ethik liegt. Das ist natürlich auch nicht verkehrt. Aber wenn man es übertreibt und die Zivilisation als „ethik-zentriert" bezeichnet, werden viele Punkte verborgen bleiben. Darin besteht das schlimmste Problem, nämlich in der künstlichen Trennung der chinesischen und westlichen Lehren, welche eigentlich gegenseitige Kommunikation benötigen. Wenn dem so wäre, würde die chinesische Lehre maximal noch toleriert, aber nicht akzeptiert oder anerkannt. Aus diesem Grund beurteilen wir hier aus einem anderen Blickwinkel. Auf Basis des Rationalismus vor der Qin-Dynastie liegt die besondere Eigenschaft des chinesischen Zivilisationsmodells zuerst in der Verteidigung des Standpunktes der „vorrangigen Erkenntnis". Genau auf Basis des rationalistischen Prinzips müssen die ethnischen Überlegungen mit der „Verständlichkeit" übereinstimmen. Wenn wir sie über einen längeren Zeitraum betrachten, werden wir ohne Zweifel feststellen, dass es die Macht des Zivilisationsmodells ist. Nur so kann die Grundlage des Wertes wirklich bereitgestellt und die Grundlinie für die gedankliche Identität tatsächlich gezeichnet werden.

Im Gegenteil, wenn das Leben auf einer Erkenntnisillusion basiert und sogar „Credo quia absurdum est (ich glaube, weil es der Vernunft zuwiderläuft)", wird man von der Illusion oder den Dogmen gebunden und dies führt zu Auseinandersetzungen und Meinungsdifferenzen, sodass sowohl die einseitigen Gedanken der Zivilisationslenker als auch die blinden Ideen der Nachfolger unvermeidbar sind und sie dadurch in lange Abspaltung geraten.

Wenn wir über die verbogene Abspaltung reden, denken wir sofort an Kants System und können seine Formulierung „Ich musste also das Wissen aufheben, um zum Glauben Platz zu bekommen" tiefer begreifen.

Bei Wittgenstein zeigte sich die Abspaltung in folgendem Satz: „Der Trieb zum Mystischen kommt von der Unbefriedigtheit unserer Wünsche durch die Wissenschaft. Wir fühlen, dass, selbst wenn alle möglichen wissenschaftlichen Fragen beantwortet sind, unsere Lebensprobleme noch gar nicht berührt sind. Freilich bleibt dann eben keine Frage mehr; und eben dies ist die Antwort."[1] Bei folgender Argumentation von Richard Rorty und Gianni Vattimo können wir noch eine ähnliche Formulierung

---

1 Ludwig Wittgenstein: Tagebücher 1914-1916. S.143.

finden: „Ich kann den zu begehrenden Denkweg von Vattimo und mir so zusammenfassen: Der Kampf zwischen Religion und Wissenschaft im 18. und 19. Jahrhundert war eine Auseinandersetzung verschiedener Systeme und beide Partien wollten eine eigene kulturelle Hegemonie. Schließlich gewann die Wissenschaft und es war sowohl für die als auch für die Religion eine gute Sache. Da Wahrheit und Wissen die gesellschaftliche Zusammenarbeit betreffen und die Wissenschaft uns dabei hilft, das gesellschaftliche Unterfangen durch Kooperation besser durchzuführen. Wenn man gesellschaftliche Kooperation braucht, benötigt man bloß nur die Kombination von Wissenschaft und zeitlichem Allgemeinwissen. Wenn man sonst noch was verlangt, passt die Religion einem sehr gut, welche über die Erkenntnisse hinausgeht. Diese Religion erfasst überhaupt nicht die Auseinandersetzung des Theismus und Atheismus."[2]

Wie vorher bereits erwähnt, prognostizierte Charles Taylor in einem neuen Werk über die Auseinandersetzungen mit der „Säkularisierung" zwei zukünftige Entwicklungen. Die erste gehört noch zum Mainstream oder zur Aufklärung, die nämlich auf „Erkenntnissen im Vorrang" basiert und davon überzeugt ist, dass Religion oder transzendente Einstellungen nichts anderes als eine Falschheit sind. Wenn der menschliche Geist reif sein und sich zur Unabhängigkeit entwickeln soll, muss er sich von diesem dogmatischen Erbe trennen und nicht mehr davon beschränkt werden:

> Eine Zukunft leitet sich aus der Säkularisierungstheorie ab, der zufolge die Religion immer weiter schrumpfen wird. Natürlich erwartet niemand, dass sie völlig verschwindet und der Wissenschaft Platz macht, wie es die alte Generation der rationalistischen Atheisten tat (siehe die Zitate von Renan und Comte in Kapitel 15). Die meisten Atheisten akzeptieren heute, dass es immer ein gewisses Maß an „Irrationalität" oder zumindest an Unaufmerksamkeit gegenüber der Wissenschaft geben wird, und dass die wildesten Ideen immer ihre Verfechter haben werden. Aber wir werden an einen Punkt gelangen, wie Steve Bruce formuliert, an dem die Zahl der Menschen, die sich für eine Form des religiösen Glaubens entscheiden, so hoch sein wird, wie man erwarten könnte, wenn wir bei Null anfangen und jeder seine eigene Erklärung für die Dinge erfindet.[3]

---

2 Richard Rorty und Gianni Vattimo: Die Zukunft der Religion: http:/ blog.sina.com. cn/s/blog_9c0a9e90101e9hn.html.

3 Charles Taylor 2009: Ein säkulares Zeitalter. Frankfurt a.M.: Suhrkamp Verlag. S.1271.

Gleichzeitig sah Taylor eine andere mögliche Entwicklung angesichts zahlreicher Schmerzen im säkularem Zeitalter und seiner eigenen Diagnose voraus. Aufgrund der erneuten Identifikation der „transzendenten Realität" bekommt die Menschheit auf der Suche nach dem Glauben das Gefühl der Fülle zurück:

> Ich sehe eine andere Zukunft voraus, die auf einer anderen Annahme beruht. Dies ist das Gegenteil der gängigen Auffassung. In unserem religiösen Leben reagieren wir auf eine transzendente Realität. Wir alle haben eine Ahnung davon, die zum Vorschein kommt, wenn wir eine Form der ‚Fülle' identifizieren, anerkennen und zu erreichen versuchen. Formen der Fülle, die von ausgrenzenden Humanisten und anderen anerkannt werden, die im immanenten Rahmen verharren, entsprechen daher zwar einer Reaktion auf die transzendente Realität, führen aber dazu, dass man sich ein falsches Bild von ihr macht. Sie sperren entscheidend wichtige Merkmale dieser Realität aus.[4]

Aufgrund des obengenannten Vergleichs möchte ich darauf hinweisen, falls dieses chinesische Wertsystem, welches auf Basis des Rationalismus vor der Qin-Dynastie entstand und auf „wenn du das, was du weißt, als Wissen erkennst, und das, was du nicht weißt, als Nichtwissen akzeptierst" beharrt, als „Lösungsplan des Lebens" bezeichnet würde, brächte dies unvermeidlich entsprechende Bedrängnisse hervor, die man lebenslang überwinden muss. Die größte Herausforderung sieht man im Kontrast zur Religion. Konkret gesagt, wenn man über die Frage des Lebens und des Todes spricht, mit welcher sich die Religion eingehend beschäftigt, kann man im Konfuzianismus wegen der beschränkten Erkenntnisse nur durch eine Rückfrage antworten: „Wenn man noch nicht das Leben kennt, wie sollte man den Tod kennen?" Wie kann man unter dieser Voraussetzung, oder anders formuliert, bei einer Weltanschauung mit einer Lücke und Grundtrauer eine fröhliche und „lebenswerte" Lebenswelt aufbauen? Dies bildet die größte Herausforderung für dieses Wertsystem.

„Hier kommt der Wein" ist ein Gedicht von Li Bai aus dem 8. Jh. n. Chr. , welches in China weit und breit bekannt ist. Der Dichter beschrieb die Lücke im Leben als „ein Gramm von tausend Äonen", darum war er

---

4   Ebd. S.1272.

„betrunken den lieben langen Tag[5]“, seufzte aber, dass je mehr man zur Unterdrückung der Sorge trinkt, umso sorgenvoller wird man. Dieses Bedrängnis ist eine typische chinesische Szene, worauf ich bereits hinwies, d.h. je schöner die Lebenssituation ist, desto jammervoller fühlt man sich, da das Dasein wie ein flüchtiger Traum ist und die Jugendzeit nicht verweilt: „Das chinesische Sprichwort: ‚Es gibt kein Bankett, welches kein Ende hat‘ stammt aus der Ming-zeitlichen Novellensammlung ‚Eindringliche Worte zur Ernüchterung der Welt‘. Davor stöhnte man auf, wie begrenzt und vergänglich Freude und Treffen sind: 'I lift my drink and sing a song, for who knows if life is short or long? Man's life is but the morning dew, past days many, future ones few'.[6] Auf Freude folgt Leid und aus dieser Weltentrücktheit und Hartnäckigkeit über die Freude im Leben wurde in China ein existenzialistisches Thema in Heideggers Art hervorgebracht.[7]

Die Szene kombiniert Kummer und Freude und lässt einen unbewusst in gewissem Sinne an den Geist der einzigartigen russischen Kultur denken. Unter dem Druck der griechisch-orthodoxen Doktrinen zeigt beispielsweise das Volkslied „Schwarze Augen“ das kennzeichnende Merkmal der russischen Ästhetik: Bittere und schmerzhafte Erfahrung wird als Kontrast zur Bildung eines trostlosen und einzigartigen ästhetischen Gefühls verwendet. Eigentlich möchte ich Sie in diesem Buch in eine ähnliche Richtung daran erinnern, nämlich, die chinesische Kultur aus dem Rationalismus vor der Qin-Dynastie scheint zwar manchmal wegen der „Lebensfreude“ vergessen zu sein, aber sie berauscht sich nicht daran und ist in diesem Punkt mit der russischen Kultur mit einer Kombination aus Kummer und Freude vergleichbar. Wenn die dunkle Wolke im Himmel schwebt, erinnert sie die Menschen an die gefühllose Existenz des schwarzen Lochs im Leben, so bleiben bei den Menschen, die nach Freude und Genuss suchen, unheilbare Schmerzen und Wunder…

Wenn wir nun zu unserem eigentlichen Thema zurückkehren, so ist die Anordnung der Reihenfolge von Kummer und Freude bei den beiden Kulturen sehr unterschiedlich. Aufgrund der Ermutigung und Betonung des

---

5 Chinesische Gedichte, übersetzt von Jürgen Weber. http://www.drjürgenweber.de/ china%20gedichte%20tang.html. Letzter Aufruf: 15.10.2020.
6 https://en.wikipedia.org/wiki/Poetry_of_Cao_Cao.
7 Liu Dong 2014: Freude innerhalb der Begrenzung des Rationalismus: Die klassische chinesische Trinkkultur, in: Nahe Besinnung und weitblickende Überlegung. Hangzhou: Zhejiang University Press. S.210.

menschlichen Charakters beim Konfuzianismus, mit anderen Worten, wegen des entschlossenen Verzichtes auf die Götter, können sich Wachsamkeit und Kummer nicht auf Gott, Sündengefühl oder Selbstquälerei beziehen, sondern nur auf die Melancholie der Vergänglichkeit und Wertschätzung des Lebens. Aus diesem Grund wird beim Lebensgenuss die negative Seite des Lebens auch im Auge behalten und nicht zuerst anerkannt, dass es im Leben nur Negatives gibt, welches sogar für das Wesen des Lebens gehalten wird, und dann aus diesem Blickwinkel die jämmerlichen und kläglichen Leben bemitleidet. Kurz gesagt, wenn das Leben im Auge der Konfuzianer nicht so schön und wertvoll wäre, würde er unter Lebensmüdigkeit nicht so melancholisch wegen der Vergänglichkeit des Lebens.

Bezüglich der kulturellen Unterschiede möchte ich nur zuerst den Kulturrelativismus behandeln. Sie können sich zuerst nämlich meines Erachtens folgendes vorstellen: Die reichliche kulturelle Erwerbung in der grundlegenden Wertstruktur der chinesischen Zivilisation ist nicht anders als riskante Entscheidungen. Konkret gesagt, mit einem illusionären Paradies bekommt man wohl seelische Ruhe nicht wie die Konfuzianer, die sich lebenslang für die Gelehrsamkeit und Belesenheit anstrengen und dadurch gestresst sind; Gleichzeitig ist das jetzige Dasein im Kontrast zum Himmel nicht so reichlich und schön. Anders formuliert, wenn eine Vorstellung vom Paradies existiert, lösen sich alle Sorgen und Kummer in dieser Welt auf einmal im ultimativen Sinne auf. Ob im Himmel noch eine dunkle Wolke schwebt, ist zur Unterstützung der Vorstellung nicht mehr bedeutend. Wenn dem so ist, ist die aus der Praxis erhaltene Lebenserfahrung schrumpelig, eintönig und fade wie eine flachgedrückte und an eine weiße Wand geklebte mittelalterliche friedvolle Altarmalerei.

Wie Beethoven seine Symphonie konzipierte, „spielen" wir an dieser Stelle erneut unser Hauptthema: Indem man einen offeneren, weiteren und kontrastierenden Blickwinkel einnimmt, kann man sogar zu der inspirierenden Erkenntnis gelangen, dass die Belehrungen des Konfuzius der Trauer und Selbstbetrachtung aufgrund des begrenzten Lebens entstammten. Egal wie hell, strahlend, klar und blau der Himmel der säkularisierten Wissenschaft auch sein mag, bleibt hinsichtlich ihres beschränkten Verständnisses des menschlichen Lebens doch immer eine unscheinbare dunkle Wolke zurück, deren düsterere Flecken die Unbestimmtheit der Geschichte, die Zufälligkeit und Unbeständigkeit des Lebens sowie die

Grausamkeit und Unberechenbarkeit des Schicksals bezeichnen. Aus diesem Grund wird man zumindest nach meiner Meinung und der Lektüre dieses Buchs zu der Erkenntnis gelangen, dass man nur auf Grundlage einer tiefen Einsicht in die Zerbrechlichkeit des Lebens überhaupt erst dazu qualifiziert sein kann, über die geistige Fröhlichkeit im Konfuzianismus zu sprechen und die Bedeutung des sogenannten „Einverständnisses mit Zeng Dian" richtig zu begreifen.

Nun können wir langsam die Diskussion beenden und mal erklären, in welchem Sinne die chinesische Zivilisation die „Vereinigung von Himmel und Menschen" begreift.

Wenn man zu bedeutenden Problemen, wie bereits erwähnt, nicht genug Rückbesinnungen hat, nur etwas aus Erzählungen anderer erfährt oder diese nachbetet, macht sich die in China verbreitete These der „Vereinigung von Himmel und Menschen", auf internationaler Ebene nur zum Gespött. Max Weber übte schon längst Kritik an dieser Weltanschauung und bezeichnete sie bloß als eine verhexte „animistische" Einstellung: „diese chinesische »universalistische« Philosophie und Kosmogonie verwandelte die Welt in einen Zaubergarten. Jedes chinesische Märchen zeigt die Volkstümlichkeit der irrationalen Magie: wilde, durch nichts motivierte dei ex machina durchschwirren die Welt und können alles machen; nur ein Gegenzauber hilft. Von der ethischen Rationalität des Wunders ist keine Rede"[8]. Auf ein weiteres Beispiel wies Arif Dirlik (1940-2017) in einem von mir herausgegebenen Werk sarkastisch hin: „Vielleicht scheint es peinlich zu sein, aber wenn man den zivilisierten Konfuzianismus oder Taoismus mit der Weltanschauung der Ureinwohner vergleicht, existiert die Einstellung „Vereinigung von Himmel und Menschen" oder „Himmel-Erde-Menschlichkeit", welche als Grundlage der chinesischen Werte betrachtet wird, in der Tat in jeder einheimischen Philosophie."[9]

Aus diesem Grund können wir leicht erkennen, dass wenn westliche Sinologen mit der Frage der sogenannten „Vereinigung von Himmel und Menschen" konfrontiert sind, sie wachsam den Begriff begrenzen und ihm nicht blind folgen: „In China gab es tatsächlich die Denkart der Deduktion wie die Vereinigung von Himmel und Menschheit, in welcher man sich auf

---

8   Max Weber 1986: Gesammelte Aufsätze zur Religionssoziologie. Band 1, Tübingen.
9   Arif Dirlik 2015: Culture and History in Post-Revolutionary China: The Perspective of Global Modernity. Übersetzt ins Chinesisch von Li Guannan und Dong Yige. Shanghai: Shanghai People's Press. S.269.

existierende Unterschiede zurückbesinnte und man zum Zustand vor dem Verlust der weltlichen Einheit zurückkehrte, nämlich zurück zum harmonischen Zustand von Mensch und Natur. Aber diese Harmonie ist de facto schon längst zerbrochen. Es ist ein typischer Standpunkt des Taoismus. **Ich bin nicht vollständig dagegen, mithilfe des Begriffs „Vereinigung von Himmel und Menschheit" einige gedankliche Entwicklungen in China zu beschreiben, aber der Begriff ist meines Erachtens eine Antwort auf die Realität, in welcher man die Vereinigung bereits verloren hat. Man kann quasi die ursprüngliche einheitliche Einstellung nicht damit belegen und der Begriff bedeutet nicht, dass es keine Probleme zwischen Menschen und der Welt gibt.**[10]" Mit der Hervorhebung im Zitat werden wir uns gleich noch auseinandersetzen.

Auch C.K. Yang, der fest daran glaubte, dass es in der chinesischen Gesellschaft „Religionen" gab, fokussierte er seinen Schwerpunkt auf die „Volksreligion", welche zur Hexerei gehört. Wenn er über den Konfuzianismus sprach, der die Hauptrolle in der chinesischen Geschichte einnahm, ging er auch davon aus, dass der Konfuzianismus nicht von der „theologischen" „Vereinigung von Himmel und Menschheit" überzeugt sei. Obwohl er viele Ausnahmen als Vorbehalte zur Begründung seine Grundthese nennen konnte:

> Ob die kultivierte Herrschaftsklasse wirklich an die These glaubte, müssen wir noch separat diskutieren. Seit Wang Chong aus der Han-Dynastie gibt es viele Rationalisten mit ähnlichen Meinungen, welche diese These heftig kritisierten. Teil der Gründe, weshalb die rationale Erklärung niemals umfassend akzeptiert wurde, liegt darin, dass sie nicht auf die praktische Erfahrung, sondern auf die emotionalen Bedürfnisse, verfassten aber über den Glauben hinausgeht, basiert. Die traditionellen Intellektuellen setzten die rationale konfuzianische Einstellung fort und konnten daher nicht komplett daran glauben. Da ein konfuzianischer Fatalismus mit der Basis des Himmels existiert, können fast keine Chinesen mit Bildung die verbreitete konfuzianische Maxime vergessen, nämlich „When a nation or family is about to flourish, there are sure to be happy omens; and when it is about to perish, there are sure to be unlucky omens[11]...

---

10   Han Zhenhua, Heiner Roetz 2012: konfuzianische Aufklärung während der Achsenzeit: Über Sinologie mit Professor Roetz, in: chinesische Literatur. Bd.1, S.13. H.d.V.
11   James Legge: https://ctext.org/liji/zhong-yong/, letzter Aufruf: 19.10.2020.

Zwar hatte der Rationalismus mehr Einfluss im konfuzianischen Gedanken, die konfuzianischen Gelehrten verfassten aber übertriebene Geschichten und erfanden viele Mythen, welche als politische Werkzeuge zur Regierung des Volks oder beim Machtkampf verwendet wurden. Sie kannten die theoretische Funktion und Wirkung der „Vereinigung von Himmel und Menschen"[12].

Aus diesem Grund sollen wir zuerst darauf hinweisen, wie bereits erläutert, dass nach Weber und seinen Nachfolgern nur wachsame Konfuzianer die chinesische Zivilisation tatsächlich „entzaubern" können. Wenn man aber weiter nachbetet und den rationalen Höhepunkt der chinesischen Kultur, welcher schon vor der Qin-Dynastie erreicht wurde, ohne konkrete Analyse als „Vereinigung von Himmel und Menschen" interpretiert, bezeichnet man quasi den Konfuzianismus, gemäß Webers Gedankengang, als „Zaubergarten". Wenn dem so ist, was für einen Wert hat Jaspers „Durchbruch der Achsenzeit"? Was für Durchbrüche erzielte China überhaupt in der Achsenzeit? Alles wird zur sinnlosen Formulierung.

Anhand dieser Überlegung betrachte ich im achten Kapitel „Vereinigung" und „Trennung" parallel, konkret gesagt den „Abbruch des Umgangs zwischen Himmel und Erde" als Vorausbedingung und vorherige Andeutung der „Vereinigung von Himmel und Menschen". Dies habe ich nicht selbst erfunden, sondern die rationale Regelmäßigkeit (beispielsweise wie „bei guter Zeit hört ein Land sein Volk und beim Untergang hört man die Gottheit" aus Zuozhuan) war lange Zeit der Grundgedanke in der vom Konfuzianismus geleiteten chinesischen Zivilisation und bildete eine autoritäre Erklärung für den sogenannten „Abbruchs des Umgangs zwischen Himmel und Erde". Wie der Denker Lü Zuqian aus der Song-Dynastie verfasste:

> Wenn die regierte Welt gerechtfertigt, alles klar geregelt ist und Güte belohnt und Boshaftigkeit bestraft wird, kennt das Volk die Regeln und strebt dann nicht mehr nach Übernatürlichem. Als Chiyou und Sanmiao regierten, waren sie einfältig und töricht, ihre Bevölkerung kannte nur Strafen aber verstand nicht weshalb man sie bekam und konnte sie nirgendwo anprangern. Darum hörte sie

---

12   C.K. Yang 2016: Religion in Chinese Society: A Study of Contemporary Social Functions of Religion and Some of Their Historical Factors. Übersetzt ins Chinesisch von Fan Lizhu. Chengdu: Sichuan People's Press. S.14.

auf Gottheiten und opferte Geistern. Die Zeremonien für Himmel, Erde, Menschen und Götter vermischten sich, dann entwickelte sich der Zauber und das Absurde und das menschliche Herz war deswegen nicht tugendhaft. Kaiser Shun berichtigte angesichts dieser dringlichen Situation zuerst das Herz der Menschen und beauftragte Ch'ung und Le (auch Zhong/Chong und Li) die zeremoniellen Riten erneut festzulegen. Dann opferten die Himmelssöhne dem Himmel und der Erde und die Herzöge den Gebirgen und Flüssen. Der gesellschaftliche Rang war genau geregelt. Daraufhin wurden die grotesken Thesen gestoppt. Dies war nicht nur Ch'ung und Le zu verdanken, sondern die zahlreichen Beamten strengten sich an, auf dem richtigen Weg zu bleiben, Güte zu belohnen und Boshaftigkeit zu bestrafen. Auch schwache und verwitwete konnten sich verteidigen. Das Herz der Menschen war gelassen und aufrichtig und sie mussten nichts mehr von den Göttern erbitten.[13]

Dadurch, dass „die Doktrin des Himmels weit weg von uns, aber die der Menschenwelt nah ist, entsteht die „Unerreichbarkeit der Doktrin des Himmels". Für mich bilden genau diese Beschränkung, die Bewahrung der „gelassenen und aufrichtigen Herzen" sowie die innere Wachsamkeit aus Sorge der Angelegenheiten dieser Welt den führenden Wert der chinesischen Zivilisation. Genau die potenzielle Abgrenzung vom „Abbruch des Umgangs zwischen Himmel und Erde", wie Noam Chomskys „generative Grammatik", hindert die Menschen, sich selbst zum Gott zu erklären. Auch jemand wie Hong Xiuquan, der sich unter ausländischem Einfluss als „Sohn Gottes in China" bezeichnete, hatte keinen langfristigen Einfluss und wurde schnell in der konfuzianischen Gesellschaft als „verrückt" betrachtet. An diese Stelle lesen wir nochmal Dirliks Formulierung, welche wir vorher zitierten: „wenn man den zivilisierten Konfuzianismus oder Taoismus mit der Weltanschauung der Ureinwohner vergleicht, existiert die Einstellung, „Vereinigung von Himmel und Menschen" oder „Himmel-Erde-Menschlichkeit", welche als Grundlage der chinesischen Werte betrachtet wird, in der Tat in jeder einheimischen Philosophie." Er wollte wohl zu sehr die Wichtigkeit der „Revolution" betonen, vernachlässigte aber die Seite vom „Abbruch des Umgangs zwischen Himmel und Erde". Insbesondere sah er nicht, welche starken und andauernden kulturellen

---

13   Lü Zuqian 2008: Gesamtwerk von Lü Zuqian. Hangzhou: Zhejiang Zhejiang Ancient Books Press. Bd.3, S.428-429.

Effekte erzeugt werden, wenn sich der „Abbruch des Umgangs zwischen Himmel und Erde" wieder mit der „Vereinigung von Himmel und Erde" ergänzt.

Daraufhin kommt wieder die Gegenfrage, welche wir vorher bereits erwähnt haben: „wenn sie nur über die primitive gemeinsame Überzeugung verfügen, wie können die modernen Chinesen mit der Han-Ethnie als Mehrheit in der globalisierten Zeit plötzlich mit enormer Anpassungsfähigkeit auf das säkulare Leben um sich reagieren? An dieser Stelle können Sie wohl selbst die Antwort finden. Wir können uns völlig hineinversetzen, aufgrund des wachsamen Begreifens der Beschränkung der menschlichen Erkenntnisse erkannte man schmerzhaft den „Abbruch von Himmel und Menschen" an. Daraufhin konnte man nicht umhin, ungewisse Werte des Lebens auf die Restriktion des „Abbruchs von Himmel und Erde" zu setzen. Für die klassischen chinesischen Philosophen war es auf jeden Fall ein großer Schock und großes Unglück. Unerwarteterweise wandelte sich diese unglückliche Erfahrung für das Individuum, geschichtlich betrachtet, zu einem großen Glück für die Zivilisationsgruppe. Das heißt aufgrund der „Standardannahme" konnten die klassischen chinesischen Philosophen nach Überwindung des geistigen Schocks der langdauernden Zivilisation, welche auf rationalistischer Selbstbeherrschung basiert, den psychischen Raum im Voraus beibehalten.

Auf diese Weise verstärken wir die vorherige Behauptung. Bitte erlauben Sie mir an dieser Stelle die nochmal zu erwähnen: Wenn wir entweder die „Vereinigung von Himmel und Menschheit" oder den „Abbruch des Umgangs zwischen Himmel und Erde" behaupten und sie miteinander streiten lassen, ist eine Kombination beider Konzepte nicht vielleicht besser, damit unsere Gedanken vollständiger erweitert werden können, obwohl die Begriffe nicht präzise sind und sogar leicht zur Verwirrung und Fehlleitung führen könnten. In diesem Sinne müssen wir die Krise des „Abbruchs des Umgangs zwischen Himmel und Erde" erkennen und uns gleichzeitig nach dem Niveau der „Vereinigung von Himmel und Menschheit" sehnen, wobei die Erstgenannte die letztere anspornen und warnen und die Letztgenannte die erste trösten und erleichtern kann, damit die „Erkenntnis von Leid und Not" und die „Mentalität des Frohsinns" sich im kulturellen Bewusstsein gegenseitig anregen, abstützen, umwandeln und beschränken, helfen sowie ergänzen. Nur so begreifen wir vollständig die Eigenschaft und den Hintergrund dieser großartigen Kultur. Falls die „Mentalität des Frohsinns" den Höhepunkt der chinesischen Kultur bedeutet, repräsentiert die „Erkenntnis von Leid und Not" die Grundlinie der chinesischen Zivilisation. Aufgrund der erstgenannten gelang es, diese hochentwickelte alte Kultur zu einer strahlenden Kultur von Weltniveau zu sublimieren; infolge der letztgenannten wurde die hartnäckige Tendenz dieser Zivilisation auf beschwerlichem Wege bis in die Gegenwart überliefert ohne abzubrechen.

Nicht nur die kulturelle Kurve im klassischen, sondern auch die Veränderungskurve im modernen China stellt sich in der obengenannten Spannung dar. Ehrlich gesagt, können wir zwar nicht wissen, ob diese Veränderung schließlich ein Glück oder Unglück ist, im aktuellen historischen Moment zumindest können wir objektiv sehen: „Betrachtet man die Zivilisationsgeschichte der Welt gab es noch kein dermaßen großes Land, welches innerhalb so kurzer Zeit mit solch hoher Geschwindigkeit und dichten Entwicklung solche großen Veränderungen durchführte.[14]"Angesichts der Konfrontation des neuzeitlichen westlichen Ansturms zeigte nur die chinesische Zivilisation eine blitzschnelle Anpassungsfähigkeit, die versteckte historische Variable muss man in der inneren Tatkraft der Kultur suchen, oder konkret in der „Erkenntnis von Leid und Not", welche vom „Abbruch des Himmels und Erde" verursacht wurde.

Andererseits, nicht nur die positiven Elemente, sondern auch die erkennbaren negativen Komponenten wurden in der obengenannten Spannung dargestellt, insbesondere wenn die alte Balance gebrochen wurde. Der Sinologe Mark Elvin stellte scharfsinnig aber wohl schwer nachvollziehbar fest, dass die Einstellung der Chinesen zur Natur widersprüchlich ist: „Der chinesischen Einstellung zur Landschaft liegt also ein Paradox zugrunde. Einerseits wurde sie nicht als Abbild oder Spiegelbild eines transzendenten Wesens gesehen, sondern als Teil der höchsten numinosen Kraft selbst. Die Weisheit verlangte, sich in ihre Rhythmen hineinzuversetzen und sich der eigenen Unfähigkeit bewusst zu sein, sie umzugestalten. Andererseits wurde die Landschaft in einem Maße gezähmt, umgestaltet und ausgebeutet, das in der vormodernen Welt kaum Parallelen aufweist.[15] Es ist wirklich schade, dass dieser Sinologe mit dem Schwerpunkt Umweltgeschichte nicht

---

14   Liu Dong 2014: Wiederaufbau der Tradition: Mit Wachsamkeit der Welt beitreten. Shanghai: Shanghai People's Press. S.214.

15   Mark Elvin 2004: The Retreat of the Elephants: An Environmental History of China. New Haven and London: Yale University Press. S.323.

nachhakte. Darum konnte er nicht aus der Tiefe der Gedankengeschichte entdecken, dass dieses Paradox eigentlich aus der kulturellen inneren Spannung stammte. Aus diesem Grund bezog er sich auf die gewöhnliche Formulierung der „Vereinigung von Himmel und Menschen" und ging davon aus, dass es in der Einstellung der Chinesen zur Umwelt ein großes Paradox gibt.

Nach der Betonung des „Abbruchs zwischen Himmel und Erde" sollten wir unsere Aufmerksamkeit der „Vereinigung zwischen Himmel und Erde" schenken. Hier erinnere ich mich daran, dass Herr Li Zehou in einer Rede vor langer Zeit auch jeweils über den praktischen Rationalismus, die musikalische Kultur und die Vereinigung von Himmel und Menschen diskutierte, obwohl wir unterschiedliche Verstehensschwerpunkte, Erläuterungsmethoden und Untersuchungstiefe hatten. Dies zeigt zumindest, dass er anhand seiner Erkenntnisse die gegensätzlichen und unabdingbaren Seiten in Betracht zog.[16] Wenn ich persönlich die Fragen behandeln würde, würde ich sicherlich weder den chinesischen rationalistischen Geist auf Nebenzweige wie „Sunzi, Laozi und Hanfeizi"[17] zurückführen noch angesichts der Zivilisationshauptstütze, nämlich des Konfuzianismus, zusätzlich die sogenannte „Hexentradition" erwähnen, anhand des Begriffsstandards, welcher vom Westen errichtet wurde, ihn als „halbrational" und „halbzivilisiert" interpretieren[18]. Auf der anderen Seite möchte ich die ästhetische Kultur, oder anders gesagt Lis „musikalische Kultur" nach der These der „Vereinigung von Himmel und Menschen" behandeln. Nur so kann dargestellt werden, dass die „Vereinigung" keine Restform der Religionen aus der Antike ist, sondern eine subjektive Zielsetzung der späteren Menschlichkeitslehre. Davon können erst klassische chinesische ästhetische Ansichten gemäß dem Prinzip abgeleitet werden.

An dieser Stelle zitieren wir eine berühmte Stelle, welche zwar zur Interpretation der Schüler von Konfuzius gehörte, wir können aber trotzdem damit die Diskussion starten. Vielleicht zeigt nur diese Interpretation aus dem „Buch der Riten" ein vergleichbares „Weltbild": „Nur wer auf Erden die höchste Wahrheit hat, kann sein Wesen durchdringen. Wer sein

---

16 Siehe Li Zehou 1985: Über chinesische Weisheit, in: Diskurse über die Geschichte der klassischen chinesischen Ideologie. Beijing: People's Press.

17 Siehe Li Zehou 1985: Über Sunzi, Laozi und Hanfeizi, in: Diskurse über die Geschichte der klassischen chinesischen Ideologie. Beijing: People's Press.

18 Siehe Li Zehou 2012: Tradition der Posten der Wahrsagerei. Shanghai: Shanghai Translation Press.

Wesen durchdringen kann, kann das Wesen der Menschen durchdringen. Wer das Wesen der Menschen durchdringen kann, der kann das Wesen der Dinge durchdringen. Wer das Wesen der Dinge durchdringen kann, der kann wie Himmel und Erde schöpferisch gestalten. Wer wie Himmel und Erde schöpferisch gestalten kann, der bildet mit Himmel und Erde die große Dreieinigkeit". Für mich ist das wichtigste Wort in dem Zitat die „Dreieinigkeit", welche auf Chinesisch sowohl ein Zahlwort als auch ein Verb sein kann: Sehr eindeutig zeigt es uns, wie viele grundlegende Elemente es im chinesischen Weltbild gibt und welche Stellung der Mensch in dieser Struktur einnimmt bzw. welche Einstellung er hat.

Als vergleichbares Referenzsystem können wir die westliche Zivilisationsstruktur nehmen, welche Heidegger in seiner Spätphase vorstellte. Wie ich vorher verfasste: „Es ist allgemein bekannt, nachdem Heidegger auf die Theorie des Logos für die Errichtung seiner Fundamentalontologie verzichtete und die dichterische Sprache als das Haus des Seins betrachtete, war er eine Zeitlang auf Hölderlins nihilistische Gedichte versessen... dichterisch wohnet der Mensch..., um nach göttlicher und unbegreifbarer Offenbarung zu suchen. Aus diesem Denkweg konnte er den ‚Dingcharakter' der Teekanne als die vier Elemente „Erde und Himmel, Mensch und Gott" interpretieren und ein Weltbild der westlichen Zivilisation zeichnen.[19] Nach Heidegger bedeutet der Himmel hier Klarheit, die Erde Verdeckung, Gott die Heiligkeit und der Mensch selbst hat die Fähigkeit sich zu opfern oder den Tod davonzutragen, er ist quasi das einzige „Sterbliche". Des Weiteren gehören die vier Elemente zu einem Weltbild, wenn wir über eins reden, denken wir aufgrund der ‚Einfachheit' gleichzeitig an die anderen drei.

Wenn wir Heideggers Interpretation mit der konfuzianischen Erklärung vor der Qin-Dynastie vergleichen, ist es nicht schwer im klaren Kontrast festzustellen, dass man in diesem Weltbild nur die ersten drei Elemente „Himmel, Erde und Mensch" tatsächlich sehen und begreifen kann, die dem „Primat der Erkenntnis" entsprechen. Für diejenigen, die nicht zu den geistigen Nachfolgern Abrahams gehören, ist es leicht zu entdecken. Nur für die modernen Menschen unter hebräischem Einfluss sind die Erkenntnisse des „Göttlichen" die „Verstehensvoraussetzung". Mit anderen Worten, als

---

19   Liu Dong 2014: Über die Entstehung der chinesischen Kulturtypen, in: Nahe Besinnung und weitblickende Überlegung. Hangzhou: Zhejiang University Press. S.177-178.

Hölderlin unter verzücktem Glauben verfasste: „Ist Gott unbekannt? Ist er offenbar wie die Himmel? Dieses glaub' ich eher", wählte er schließlich aus der Waage „Athen und Jerusalem" und wegen seines vorhandenen Glaubens tendierte er natürlich zu letztgenanntem. Es ist passender zu sagen, dass aufgrund der unerschütterlichen Pfadabhängigkeit der abrahamitischen Religionen die Tautologie entsteht und eine kulturelle vorgefasste Meinung, anstatt eine Welt mit „universal value" wie aus dem „Innocent Eye" zu bezeichnen.

Angesichts des klaren Vergleichs können wir uns sehr leicht mit Hilfe eines Spiegels selbst betrachten. Es gibt in Heideggers Weltbild auf jeden Fall einen „Sterblichen", welcher dem „Göttlichen" entgegensieht. Umgekehrt trat die unbegreifbare Dimension ab der Achsenzeit aufgrund der Entwicklung des „aktiven menschlichen Geistes" am Anfang der Zhou-Zeit und des Rationalismus vor der Qin-Dynatsie aus dem Innenkern der konfuzianischen Werte aus, darum besteht das Weltbild der chinesischen Zivilisation nicht aus vier Elementen, sondern nur dreidimensional aus „Himmel, Erde und Mensch". Wie der Teil „Xici" einer der „Zehn Flügel", konfuzianischer Kommentare zum I Ging hinweist: „Die Wandlungen sind ein Buch, weit und groß, in dem alles vollständig enthalten ist. Es ist das Dao des Himmels darin, das Dao der Erde darin, das Dao des Menschen darin. Es faßt diese drei Grundmächte (cansai) zusammen und verdoppelt sie, darum sind sechs Striche da.[20]" Darum können wir leicht begreifen, weshalb im kulturellen Unterbewusstsein der Chinesen immer die Zahl drei hochgeschätzt wird. Die „Drei" wird nicht nur als „Vollendung", sondern auch als „Harmonie" betrachtet.

Wenn unser Thema bereits auf das „Weltbild" erhöht wurde, ist das Bild unabwendbar eine komplette Form mit gemischten Elementen, wie Heideggers Behauptung, wenn man von einem Element spricht, denkt man natürlich an die anderen. Wenn die „göttliche" Dimension dem Weltbild hinzugefügt wid, betont dies die externe „Herrschaft" über die Angelegenheiten der irdischen Welt, anders gesagt, betont sie die Knappheit und Unvollkommenheit der drei Elemente „Himmel, Erde und Mensch". Da bei dem Weltbild mit drei geschlossenen Elementen die Zauberkräfte und widernatürliche Dämonen deutlich abgelehnt wurden und man dazu tendiert, die begreifbare Welt zu erkennen, trat das göttliche Element aus

---

20 I Ging 1987. Übersetzt von Richard Wilhelm. Köln S.324-325.

und ist man von sich selbst abhängig. „Das Zeichen für die obengenannte „Dreieinigkeit" heißt im klassischen Chinesischen sowohl „drei" als auch „Teilnahme" und zeigt das außergewöhnliche Verständnis der Chinesen von sich selbst in der Antike: Ein Dasein zwischen Himmel und Erde, welches die Lebenspotenziale der Welt unterstützt. Zugleich ist es die dritte und letzte Existenz".[21]

Als Ergebnis der „Entzauberung" und nicht der Restform des antiken „Zaubers" wurde die „Vereinigung von Himmel und Menschen", welche von der „Rede über den Himmel auf Basis der Menschen" abgeleitet wurde, im konfuzianischen Gedanken erneut virtuell errichtet. Genau aus dieser Erkenntnis hob ich im Zitat von Heiner Roetz für meine Zustimmung hervor: „der Begriff ist meines Erachtens eine Antwort auf die Realität, in welcher man die Vereinigung bereits verloren hat. Man kann quasi die ursprüngliche einheitliche Einstellung nicht damit belegen und der heißt nicht, dass es keine Probleme zwischen Menschen und der Welt gibt".[22] Des Weiteren hat die Erläuterung über die „Vereinigung von Himmel und Mensch" von dem chinesischen Wissenschaftler Su Guoxun zwar unterschiedliche Ausführungsschwerpunkte als meine, sie kann ebenfalls auch beim interkulturellen Vergleich helfen, die „Vereinigung von Himmel und Mensch", welche die menschliche Initiative betont und zum dreidimensionalen System gehört, mit der „Vereinigung von Himmel und Mensch", die die Wichtigkeit des Glaubens und zum vierdimensionalen System gehört, vom Wesen her grundlegend zu unterscheiden. Eine übergab die Initiative dem Göttlichen und eine behielt sie in der Welt der Menschen.

Im Christentum existiert auch eine mystische Strömung, welche Ähnlichkeit mit der östlichen „Vereinigung von Himmel und Mensch" besitzt, nämlich eine religiöse Glaubensform der Intellektuellen, welche als individuelles inneres Erlebnis betrachtet wird. Das ultimative Ziel des Glaubens ist eine Union der menschlichen Seele mit Gott, nämlich die „Vereinigung von Gott und Mensch". Bezüglich des Unterschieds betont die „Vereinigung von Himmel und Mensch" in der chinesischen Kultur, dass der Himmel, die Erde und ich die gleiche Wurzel haben und alle Dinge mit mir vereinbar sind. Hier handelt sich nämlich um einen

---

21 Liu Dong 2014: Über die Entstehung der chinesischen Kulturtypen, in: Nahe Besinnung und weitblickende Überlegung. Hangzhou: Zhejiang University Press. S.179.
22 Han Zhenhua, Heiner Roetz 2012: konfuzianische Aufklärung während der Achsenzeit: Über Sinologie mit Professor Roetz, in: chinesische Literatur. Bd.1, S.13.

Anthropozentrismus, das Seiende von Mensch und Gott ist vereinigt. Bei der mystischen „Vereinigung von Gott und Mensch" im Christentum ist der Mensch ein Instrument von Gott und daher sprechen wir hier vom Theozentrismus. Gott ist in einer anderen Welt und es handelt sich in der Tat um eine Subjekt-Objekt-Spaltung.[23]

Daraus ist ersichtlich, dass obwohl die „Vereinigung von Himmel und Mensch" nach der „Trennung von Himmel und Mensch" errichtet und die „Göttlichkeit" mit Entschlossenheit ausgegrenzt wurde, sie nach dem Prinzip vom „Primat der Erkenntnis" eine subjektive visuelle Setzung benötigt. Da sie ein erhoffter Zustand des Subjekts ist, braucht nur der Mensch in diesem dreidimensionalen System gleichzeitig Aufmunterung, welcher nach der „Entzauberung" der einzige im Weltbild mit Initiative ist und die Aufgabe der Bildung der Dreieinigkeit hat. In diesem Sinne sollen wir deutlich erkennen, dass die sogenannte „Vereinigung von Himmel und Mensch" nur einWunsch ist, mit welchem man alle Dingen der Welt wiedergutmachen möchte. Darum unterscheidet sie sich grundlegend von der göttlichen Vereinigung. Als eine „subjektive Zweckmäßigkeit" erkennt sie selbst ihre Visualität. Andererseits ist sie zwar eine subjektive visuelle Setzung, dennoch hat sie nicht zu vernachlässigende Umsetzungsmöglichkeiten und daher eine wichtige Anspielungsbedeutung, außerdem hat sie für aktuelle und zukünftige Entwicklungsmodelle eine tiefere kritische Fähigkeit, wie ich vor kurzem zu Journalisten erwähnte:

> Die „Vereinigung von Himmel und Mensch" soll zwei Bedeutungen haben: Einerseits lieben wir die himmlische Doktrin und rufen aus wie im Buch der Lieder, „ich denke an die Bewegung der himmlischen Doktrin, so ernst und respektvoll und sie hört nicht auf". Andererseits liebt sie uns auch wie im Zitat: „Wahrlich, redet etwa der Himmel? Die vier Zeiten gehen (ihren Gang), alle Dinge werden erzeugt". Daher können der Mensch und Himmel eine intime „Ich-Du-Beziehung" bilden und sich vereinigen. Bis heute haben Wissenschaftler keinen anderen Planeten im Universerum gefunden, welcher als Heimat so geeignet für die Lebensentstehung ist wie die Erde. Mit Glück leben wir auf diesem Planeten, welcher mit uns tatsächlich auf gewisse Weise „vereinigte" ist. Weshalb sind der Himmel und die Erde plötzlich „unmenschlich" oder sogar „grausam"

---

23 Su Guoxun 2011: Erneute Überlegung über Webers Diskurse der chinesischen Kultur, in: Forschung der Sozialwissenschaft. 4, S.39.

zu der Menschheit? Wir sind selbst schuld. Wenn wir die Situation grundlegend umwandeln wollen, müssen wir anfangen uns selbst zu verändern, von Ressourcenverbrauchern und Heimatzerstörern zu denjenigen, die den Himmel respektieren und eine allgemeine Menschenliebe haben.[24]

Selbstverständlich kann man sagen, dass der allmächtige äußere Herrscher ursprünglich aus der menschlichen Vorstellung entstand, oder laut Heideggers das „Göttliche" eigentlich eine Extraktion des „Menschlichen" ist, welches als hochhängendes Spiegelbild im Außen fungiert. Darum gehört nicht nur die dreidimensionale, auf dem Menschlichen basierende, sondern auch die vierdimensionale, auf dem Göttliche basierende „Vereinigung von Himmel und Mensch" zur subjektiven virtuellen Setzung. Gleichzeitig sollen wir auch mit Achtsamkeit erkennen, wenn das dreidimensionale Weltbild zur Aufmunterung eigener Fähigkeiten errichtet wurde, ist das vierdimensionale Weltbild eine Beschränkung und die Negation eigener Fähigkeiten. Da der Herrscher allmächtig ist, ist das Leben in dieser Welt im Kontrast geringfügig und erbärmlich. Mit anderen Worten, wenn das vierdimensionale Weltbild unvermeidlich zur Unterdrückung der Menschen führt, welche sich selbst als unfähig erkennen und passiv auf die endgültige Erlösung warten, wird sich die Initiative bei einem dreidimensionalen Weltbild entwickeln, sodass „man beim Bergsteigen Gefühle für den Berg entwickelt und bei der Seebetrachtung die dichterische Art dem See widmet". In diesem Sinne sind es die Begriffe sowohl der „Religion", als auch der „Ästhetik", die aus dem westlichen Gedankenfeld kommen. Wir können an dieser Stelle die Hauptmerkmale beider Seiten charakterisieren:

In der westlichen Weltanschauung steht das „göttliche Maß" über den Menschen. Als transzendenter Wert des Seienden kontrastiert er den menschlichen Mangel. Die menschliche Großartigkeit, auf welche man beim Festhalten des humanistischen Ideals besteht, wird unvermeidbar gefühllos zerstört. Darum wird die vergängliche Existenz mit ewigem Respekte an das Göttliche aufgerückt und in der seelischen Erschütterung versucht man ständig die eigene Beschränktheit zu überwinden. Der Kulturtyp, welcher vom vierdimensionalen System bestimmt wird, ist deswegen von der Natur aus unumgänglich religiös. Daraus entstehen die Unterdrückung, der

---

24   Liu Dong 2015: Menschliches Herz darf sich keinen einzigen Momenten entwurzeln, in: Freiheit und Tradition. Beijing: Peking Universitätsverlag. S.462-463.

Konflikt des Daseins und die „exmanente Transzendenz". In der chinesischen Weltanschauung wurde der Monotheismus schon längst zertrümmert und für das moralische Potenzial wurden das Selbstbewusstsein und die Zufriedenheit der menschlichen Natur vorausgesetzt. Der Mensch ist laut Protagoras Formulierung das „Maß aller Dinge", welche die Menschen unterstützt, alle Regeln zwischen dem Himmel und der Erde als Entsprechung der Lebensenergie und moralischen Erwartung betrachtet und den eigenen Charakter in Gelassenheit mit fester Überzeugung zu entwickeln sowie das Dasein gemächlich zu genießen. Darum wird Kants „subjektive Zweckmäßigkeit" sich im Kulturtyp, welcher vom dreidimensionalen System bestimmt wird, entfalten und der Kulturtyp entwickelt sich unvermeidbar zum ästhetischen Typ. Daraus entstehen keine unterdrückten Leben, die „Fröhlichkeit" und „immanente Zufriedenheit" können ebenfalls davon abgeleitet werden.[25]

In diesem sprachlichen Kontext heißt es vom logischen Standpunkt her zwar nicht, dass die Sorge um den „Abbruch des Umgangs zwischen Himmel und Erde" endlich beendet ist, sie ist noch ein Thema, wie wir vorher mehrmals als Beweis anführten, über welches man sich immer wieder äußert. Allerdings konnten die alten Chinesen unter der Setzung der „Vereinigung von Himmel und Erde" die Verzweiflung über die Ursprünge des Universums vorerst aussparen und mit Konzentration ihre sensible Welt bewundern und erschließen, welche ausschließlich ihnen gehört. Mit einer solchen Stimmung entwickelten sie im Prozess der „Dreieinigkeit" mit Himmel und Erde fortgeschrittene ästhetische Fähigkeiten. Dies erinnert mich an Hegels klassische Darlegung über die ästhetische Erschöpfung, nämlich da der Mensch aktiv ist, widmet er seine eigenen Farben der Natur. Aufgrund der Vermenschlichung ist die Natur im Auge der Menschen ästhetisch. Überraschenderweise erwähnte der Sinologe Michael A. Fuller in seinen neu an mich versandten Manuskripten zufällig diese versteckte geheimnisvolle Seite:

> Dies ist ein kraftvolles Verständnis der Welt, und die klassische chinesische Poesie bietet kraftvolle Artikulationen dieser Vision. Da das neurowissenschaftliche Paradigma die menschliche Erfahrung zunehmend auf das zu reduzieren scheint, was bei der

25 Liu Dong 2014: Über die Entstehung der chinesischen Kulturtypen, in: Nahe Besinnung und weitblickende Überlegung. Hangzhou: Zhejiang University Press. S.179-180.

Verarbeitung der Sinneseindrücke durch das Gehirn geschieht, sollte uns die klassische chinesische Dichtungstradition beruhigen. Sie zeigt uns, dass der verkörperte Geist komplexe Verbindungen mit der Welt der Phänomene - einschließlich der Menschen - jenseits der sensorischen Synapsen aufrechterhält; unsere im Gehirn verkörperte Subjektivität und unser reiches Gefühlsleben sind nicht nur Phantasmen, sondern Teile tiefer Muster der Welt, an denen wir alle teilhaben. **Wie in der Welt der chinesischen Poesie können wir den Grund, das „所以然" (suoyiran), das uns an die Welt und aneinander bindet, nicht kennen, aber Du Fus Poesie erinnert uns daran, dass dieser Zwischenbereich, in dem wir keine andere Wahl haben, als zu leben, einen Reichtum und eine Schönheit besitzt, die nicht im Geringsten dadurch geschmälert werden, dass wir verkörperte - sogar neurobiologische - Wesen sind.**[26]

Es ist sehr interessant, dass das Wort „Schönheitslehre" oder „Ästhetik" zwar im westlichen Sprachkontext zur Lösung der Schwierigkeiten erfunden wurde, mit welchen die westliche Kultur konfrontiert war, bis es weit verbreitet war, kann man allerdings durch Kontrast klar feststellen, dass diejenige, die sich wirklich konzentriert die „ästhetische Welt" erschließt, die klassische chinesische kulturelle Tradition ist. Aus dieser Überlegung bezeichnet Li Zehou die chinesische Kultur allgemein als „musikalische Kultur". Der Grund, weshalb die Kulturen sich so stark unterscheiden, liegt selbstverständlich in dem vierdimensionalen „göttlichen" und dem dreidimensionalen „menschlichen" System. Das heißt, nur wenn man das Leben in dieser Welt als genügend betrachtet und nicht auf die Beleuchtung des Himmels angewiesen ist, kann man sich erst auf diese einzige realistische Erscheinungswelt, die man hat, konzentrieren und sie genießen.

Gleichzeitig können wir auch verstehen, weshalb der Westen die Ästhetik zwar entwickelt hat, jedoch stellt sich die Schönheitslehre im westlichen Fachkreis von der Wissensform her aber nur als eine logische Deduktion dar. Wenn Philosophen über Ästhetik sprechen, erwähnen Sie oft von ihre Vernunft, mit welcher sie die Schwierigkeiten im Rationalismus lösen. Da sie anhand der Ästhetik „begründen" wollen und nicht wirklich glauben, dass sie selbstständigen Wert hat, bewerten sie nach unterschiedlichen Bedürfnissen ihres Systems die menschliche Ästhetik entweder

---

26   Michael A. Fuller: 'Weary Night:' A Reflection on Embodied Poetics in the Classical Chinese Tradition", in: Chinesische Wissenschaft. 38. H.d.V.

als minderwertig und primitiv (wie Søren Kierkegaard), als gedanklichen Übergang zur reinen und praktischen Vernunft (Kant), oder im Gegenteil als die höchste Form, die das Ende philosophischer Fragen ist (Friedrich Wilhelm Joseph Schelling und Schiller), und nur in der Dimension der Ästhetik ist es möglich, wahre Freiheit empfinden zu können (Karl Max, Theodor W. Adorno und Herbert Marcuse).

Auf der anderen Seite ist es nicht zu leugnen, dass die Westler nach der griechischen Zeit oft die sämtliche Herrlichkeit in der Religion sahen. Wenn sie etwas aus der Ästhetik schöpften, war es hauptsächlich in den kirchlichen Räumen. Aus diesem Grund symbolisierte die Religion in den späteren Zeiträumen allerlei Schönheit. Die daraus entstandene seelische Trägheit und die schwer zu trennende Verbundenheit führen zur von Nietzsche erwähnten Schwerelosigkeit in der stets säkularisierten gesellschaftlichen Psyche:

> Wenn der Triumph der Wissenschaft den „Verfall des Menschen" bedeutet; wenn die Herrlichkeit der Aufklärung wiederum den Verfall des Menschen bedeutet; und wenn der Fortschritt wiederum den Verfall des Menschen bedeutet, dann stellt sich die Frage: In wessen Hände sind Wissenschaft, Aufklärung und die Sorge um den Fortschritt gefallen?
>
> Diese Welt ist für uns da, damit wir aus ihr machen können, was wir wollen. Sie ist ein Feld aus nachgiebigem Lehm, auf dem wir wie Sandmännchen unsere Schlösser bauen und uns an unseren Kreationen erfreuen können. Aber was machen diese Menschen? Indem sie ihre Burgen bauen, werden sie immer mehr wie Biber, Ameisen und Käfer. Beim Anlegen ihrer Gärten werden sie immer mehr wie Schnecken, Würmer und Tausendfüßler. Und ihre Freude scheint darin zu bestehen, dass sie sich klein und unbedeutend fühlen.
>
> Einst war ihr Himmel zum Beispiel der mächtige Gott Indra; die Wolken waren seine Herde, und er trieb seine Herde über seine weiten Felder - blau und duftend mit zarten Blumen. Ihr fruchtbarer Regen war die Milch, die ihr Gott Indra von seiner Kuhherde erhielt, und ihre Dürrezeiten waren Zeiten, in denen der Gott Indra von Räubern seiner Herde beraubt wurde.
>
> Nun, ihr Himmel ist unendlicher Raum. Ihre Wolken sind Dampfmassen, die sich in einem mehr oder weniger starken Kondensationszustand befinden, und ihr Regen ist das Ergebnis dieser Kondensation, die zu stark wird.[27]

---

27 Anthony Ludvici 1912: Nietzsche and Art. Boston: John W. Luce & Company. S.64-65.

Aus dem gleichen Grund können sie nicht umhin, die Schönheiten, welche eigentlich zu dieser Welt gehören, von der niedergegangenen Religion zurückzuholen, damit das Selbstvertrauen und die Vitalität der säkularen Gesellschaft wiederhergestellt werden können. Wie George Lewis formulierte: „Ich möchte diese unmittelbare, fast geistlose Erfahrung des Wunders des Gewöhnlichen (das gleichzeitig zutiefst darwinistisch ist) mit der größeren Frage Ist das Leben lebenswert? in Zusammenhang bringen. Ich könnte das so übersetzen: Kann die Welt, die als völlig säkular wahrgenommen wird, die ausschließlich mit naturalistischen Begriffen erklärt werden kann, ohne Rückgriff auf das, was Daniel Dennett verächtlich als „Himmelshaken" bezeichnet—kann sie die Art von „Fülle" bieten, die Art von moralischer, ästhetischer und spiritueller Befriedigung, die traditionell ausschließlich mit Religion in Zusammenhang gebracht wird?"[28]

Es ist schwer sich vorzustellen, dass solche typischen westlichen Probleme für antike Chinesen vollkommen fremd und sogar unvorstellbar seien, da ihre kulturellen Aktivitäten nahezu als Gegenargument dienen: Sobald man die Religionen abschirmt, welche sämtliche Schönheiten verkörpern, kann die Ästhetik sich eigentlich reichlich darstellen und ihre aktuelle säkularisierte Welt sehenswert sein! Im „Kriterion Poietikon" (shipin) wurden beim Dichter Sikong Tu 24 prachtvolle Stile beschrieben, die zu dieser säkularisierten Welt gehören: „Kräftig, verdünnt, zart, gelassen, klassisch, elegant, raffiniert, gehaltvoll, schön, natürlich, zurückhaltend, hemmungslos, energiegeladen, akribisch, wild, unschuldig, unzuverlässig, real, traurig, ausdrucksvoll, vornehm, ungezwungen, aufgeschlossen und fließend". Ein weiteres Beispiel sind die sechzehn von Su Dongpo zusammengefassten leiblichen „Freuden": Auf klarem Fluss Boot fahren; Beim leichten Regen in der Nacht vorm Fenster mit dem Bambus reden; Im Sommer die Füße im Bach waschen; Nach dem Regen auf ein Gebäude steigen und die Berge betrachten; Am Flussdeich unter Weiden spazieren; Beim Tee- und Weintrinken lächeln; die Tempelglocke gegenüber des Flusses hören; Schöne im Mondschein Xiao-Flöte spielen hören; Nach dem Aufstehen duftenden Tee genießen; Mittags auf dem Rattenkissen schlafen; eine Flasche Wein nach langer Reifung öffnen und keiner Schnapsdrossel begegnen; Gäste unfrisiert empfangen; Berühmte Blumen ums Erblühen bitten; Kinder beginnen zu sprechen; für

---

28 George Lewis 2011: The Joy of Secularism: 11 Essays for How We Live Now. Introduction. Princeton & Oxford: Princeton University Press. S.7.

Gäste Tee mit Bachwasser kochen; Vor fachkundigem Publikum musizieren.

In diesem Sinne schrieb George Lewis folgende Sätze und drückte logisch seine Sehnsucht nach einer „entzauberten Welt" aus, welche vielleicht noch eine Möglichkeit ist . Allerdings boten die kulturellen Pratiken der antiken Chinesen ihm und anderen Autoren des Buchs „The Joy of Secularism" tatsächliche Fälle, die in der menschlichen Geschichte existiert haben, mit anderen Worten die feste Realität an: „Natürlich - wenn man den Säkularismus so behandelt, wie Kitcher argumentiert, dass er behandelt werden muss, wenn er irgendeinen Einfluss auf das wirkliche Leben unserer Zeit (oder jeder Zeit) haben soll. Das heißt, er muss „als eine Reihe positiver Antworten" auf die Verluste formuliert werden, die entstehen, wenn man die positiven Wege aufgibt, auf denen die Religion in das Leben der Menschen eintritt—zum Beispiel durch gefühlte Inspirationen zu Großzügigkeit und moralischem Verhalten und zum Aufbau von Gemeinschaft. In gewisser Weise muss der Säkularismus also nicht die erkenntnistheoretische, sondern die soziale und kulturelle Anziehungskraft ausüben, die der Religion lange Zeit zugeschrieben wurde."[29]

Angesichts dieser Folgerung kann man zur folgenden Übereinstimmung kommen, nämlich der Hauptunterschied zwischen religiöser und säkularisierter Kultur liegt darin, ob sie die Menschlichkeit unterdrückt und leugnet oder entwickelt und anerkennt. Interessanterweise können wir in einem erfundenen Dialog, verfasst von Guo Moruo, gewisse Ähnlichkeiten erkennen. Nach späterer Forschung handelt es sich bei folgendem Zitat eher um einen einseitigen Wunsch an Karl Max aus einem chinesischen Standpunkt aus als einen Ausdruck des Verständnisses gegenüber einer fremden Kultur. Was Zi Lu und Konfuzius in Guos Aufsatz besprachen scheint nicht wichtig zu sein, wir lesen nur wie Max hier darlegte:

> Ja wohl, dann fange ich zuerst an und rede über meine Doktrin. Bevor ich darüber rede, muss ich jedoch noch meinem gedanklichen Ausgangspunkt erwähnen. **Ich bin vollkommen für dieses Dasein und Leben, nämlich ich bin anders als die anderen Geistlichen, die das Universum und das Leben als leer und sündig betrachten. Solange wir in dieser Welt leben, sollen wir danach suchen, wie wir das höchste Glück erlangen können und wie sich unsere Welt**

---

29 George Lewis 2011: The Joy of Secularism: 11 Essays for How We Live Now. Introduction. Princeton & Oxford: Princeton University Press. S.13-14.

dem Leben anpasst. In dieser Welt rede ich über dieses Dasein. Bezüglich dieses Punktes habe ich eine unterschiedliche Meinung als viele Geistliche oder Metaphysiker. An dieser Stelle würde ich Sie fragen, was Sie davon halten? Wenn unsere Ausgangspunkte schon verschieden sind, gehen wir grundlegend zwei unterschiedliche Wege, wenn dem so ist, ist es nicht nötig, den Dialog fortzuführen.[30]

Allerdings ist es nicht schwer zu denken, zu diesem Punkt gäbe es zwischen beiden Seiten Ähnlichkeiten. In den 80-ern behauptete man oft, dass nur der „Mensch" zum Ausgangspunkt von Marx zählt, die chinesische und westliche Aufklärung stellten sich nach dem Aufbruch aber so unterschiedlich dar, dass ihr gemeinsamer Verzicht auf Religion entweder zur fröhlichen Gelassenheit oder zu Stress führt. Die verschiedenen Wege haben selbstverständlich unterschiedliche Darstellungen, hier konzentrieren wir uns auf die Diskrepanzen zwischen Konfuzianismus und atheistischem Existenzialismus, welche am engsten zu unserem Thema gehören. Nun sehen wir, wie die beiden von einem ähnlichen Ausgangspunkt aus in unterschiedliche Denkrichtungen gegangen sind und welche Empfindungen sie jeweils haben.

Schauen wir uns zuerst die chinesische Kultur an. Aus der vernünftigen Bestimmung „Abbruch zwischen Himmel und Erde" kommt die „dunkle Wolke" am Rand des Himmels, die uns jederzeit daran erinnert, dass dieses Dasein flüchtig ist. Wie wir vorher erwähnten, wird auf diese Weise die potenzielle Lebensenergie angeregt und die Menschen werden vorangetrieben, die einzige Sache festzuhalten, welche sie greifen können. Angesichts der beschränkten Anerkennung des Wertes in der Lebensstruktur erleben die Menschen beim Genießen zahlreicher Freuden im säkularisierten Leben stets ein unheilbares Wunder. Je glücklicher die Momente sind, umso mehr Kummer und Trauer wird hervorgebracht. Wie Wang Xizhi aus der Westlichen Jin-Dynastie mit Freunden am Orchideenpavillon diskutierte: „Wenn ich die vergangenen Kompositionen lese, erkenne ich dieselbe Melancholie wie bei den alten Menschen. Ich kann nur klagen, ohne meine Gefühle in Worte fassen zu können. Es ist absurd, Leben und Tod gleichzusetzen, und es ist ebenso töricht, zu glauben, dass Langlebigkeit dasselbe

---

30   Guo Moruo 2010: Karl Marx im Konfuziustempel. Haishang Literatursammlung: 31: Guo Moruo 1. Wang Wenying (Hg.). Shanghai: Shanghai Literature and Art Press. S.39. H.d.V.

ist wie Kurzlebigkeit. Die künftigen Generationen werden auf uns schauen, so wie wir auf unsere Vergangenheit schauen. Wie traurig! Deshalb halten wir die heute hier vorgestellten Menschen und ihre Werke fest; auch wenn die Zeit und die Umstände anders sein werden, werden die ausgedrückten Gefühle unverändert bleiben. Die zukünftigen Leser sollen das Gleiche nachempfinden können, wenn sie diese Gedichtsammlung lesen."[31] Ein „Langes Lied als Weinen" oder „langes Weinen als Lied" zu betrachten führt allerdings nicht dazu, dass man in schweren Zeiten Anlässe zur Freude findet. Im Gegenteil gehört es meines Erachtens zu Heideggers weisem und vernünftigem „Sein zum Tode" und ist gefüllt mit einer dialektischen Einstellung. Wie Li Bai damals während der Blütezeit der Tang-Dynastie verfasste: „Der Himmel und die Erde sind die Herberge aller Dinge und hunderte Generationen sind nur Gäste der Zeit. Das Leben ist wie ein Traum, wie viel Freude kann man überhaupt haben! Die Leute von der Antike hielten Kerzen und verreisten, sie haben wirklich gute Gründe."[32] Die starke Anspannung über das begrenzte Leben sowie die verlorene Jugend stellt sich nicht nur in Schwärmereien, sondern auch in Lebensaktivitäten dar. Zum Beispiel habe ich noch eine Übersicht in meinem zu durchführendem Lehrplan: „Es geht zwar nicht, man macht aber fort". Es entstammt den Analekten des Konfuzius. Obwohl es keine wunderbare Beschreibung von Konfuzius ist, entstammte das Zitat ursprünglich keiner guten Absicht. Alles in allem stehen alle wichtigen Lebensaktivitäten wie Übersetzung, Ausdrücke, Interpretation der Antike, gegenseitiges Verständigen, gesellschaftliche Ideale, Kampf gegen den Tod, Zielrealisierung usw. unter dem Schatten der Begrenztheit des Lebens. Darum kann man seit jeher nicht alles erreichen und nur fortmachen, auch wenn man weiß, dass es nicht geht. Nichtsdestotrotz wird das begrenzte Leben unter „wenn man noch nicht das Leben kennt, wie sollte man den Tod kennen" möglichst entwickelt. Genau in dem Widerstand „wenn man weiß, dass es nicht geht, macht trotzdem fort" beginnt das Individuum, die Beschränktheit zu überschreiten und es entstanden reichliche kulturelle Erfolge, welche das begrenzte Leben inspirierten.

---

31 Wang Xizhi: Orchideen-Pavillon.
32 Li Bai 1977: Vorrede über Frühlingsreise im Pflaumengarten mit Bruder, in: Gesamtwerk von Li Bai. Beijing: Zhonghua Shuju. S.1292.

Auf der anderen Seite, wenn die Begrenztheit der Erkenntnisse über den „Abbruch des Himmels und Erde" das menschliche Herz ehemals effektiv aufweckte und anspornte, beruhigte und tröstete die visuelle Setzung von der „tatsächlichen Vereinigung von Himmel und Mensch" das Herz. Hier reden wir weder über Zhang Zais Maxime „für Himmel und Erde den Geist, für die Menschen das Leben, für immer den Frieden, nach Heiligkeit streben"[33] noch über das Selbstbewusstsein „die Prinzipien sind mit allen Dingen zwischen dem Himmel und der Erde und die Gedanken sind in ständigen Verwandlungen"[34] Wir schauen nur, wie die Aktivität der „Dreieinigkeit" und der westliche Existenzialismus in verschiedene Richtungen schreiten, da die erstgenannte Menschlichkeit enthält, die auf der „Einheit von Himmel und Erde" basiert. Wenn man jeden, sogar die ganze Welt als irreale solipsistische Gedanken betrachtet, gerät man selbst in eine Abzweigung der kulturellen Anspielung. Was die chinesische Kultur ausbreitet, ist eine ganz gegenläufige Anspielung, in welcher seelischer und gesellschaftlicher, innerlicher und äußerlicher Raum, für sich selbst lernen und Altruismus alle miteinander vereinbar sind Je weiter man das Herz für die Umarmung einer noch breiteren Welt öffnet, je mehr man mit der dazugehörigen Gruppe verbunden ist, desto stärker ist die eigene Subjektivität und entwickelter das Lebensniveau des Individuums.

Obwohl das westliche Weltbild im kulturellen Vergleich einmal vollständig als vierdimensionale Struktur „Himmel, Erde, Mensch und Gott" und das chinesische Weltbild unvollkommen als dreidimensionale Struktur dargestellt werden kann, hatten die antiken Konfuzianer genug Mut und Intelligenz, in einem nahezu atheistischen Hintergrund die anderen nicht als Hölle zu betrachten, sondern die Gruppe als Treppe, mit welcher man die Abwesenheit Gottes ausgleicht und den Transzendenzgrad von ultimate concern erreicht: Die Erkenntnisse, Besinnung und das Herz des Individuums müssen sich auf die Familie, den Staat und die Welt erweitern, damit die eigene persönliche Identität schrittweise ausgedehnt werden kann, bis zum „das Volk ist meine Verwandte und alle Schöpfungen einschließlich mir sind Kinder des Himmels und der Erde." Mit anderen Worten kann nur das individuelle geistige Entwicklungspotenzial in der

---

33   Zhang Zai 1985: Sammlung von Zhang Hengqu. Beijing: Zhonghua Shuju. Bd.3, S.168.
34   Cheng Hao 1981: Zufällige Schöpfung im Herbst, in: Sammlungen von Cheng Yi und Chenghao. Beijing: Zhonghua Shuju. Bd.2, S.482.

Intersubjektivität dargestellt werden und wenn man einsam und alleine lebt, kann man niemals das heilige und tugendhafte Niveau erreichen.[35]

Bezugnehmend auf das westliche innere Kontrastsystem gibt es auch Autoren, die anhand von Sartres „Pessimismus" dagegen argumentierten, wie Laurent Gagnebin, der folgendes formulierte: „Sartres atheistischer Existentialismus ist eine strenge und optimistische Philosophie, in der der Mensch in seiner konkreten Wahrheit und in einem so radikalen Realismus erfasst wird, dass er den Menschen im Menschen einschließt und ihn so zu einer verzweifelten Einsamkeit zu verurteilen scheint. Verantwortung ist ein kostspieliges Unterfangen, aber man darf nicht vergessen, dass die Freiheit, wenn man sie als Verpflichtung betrachtet, die Türen der Hoffnung und einer möglichen Zukunft öffnet. Zwar sind die Karten noch nicht auf den Tisch gelegt, und nichts ist von vornherein gewonnen, aber das ist gerade deshalb so, weil der Mensch sich der Fixierung der Dinge entzieht und die Freiheit in sich selbst ruinieren kann, während er ihr im Herzen der Stadt endlich ihren Status und ihre Herrschaft verleiht. Auf all jene, die behaupten, dass der Autor des „Ekels" uns zum Nihilismus verleitet, antwortet Sartre in Les Mouches mit der leuchtenden Aussage, dass „das menschliche Leben auf der anderen Seite der Verzweiflung beginnt"."[36]

In meinem früheren Werk beachte ich bereits solche Einstellungen mit Handlungen gegen die Verzweiflung oder Beteiligung des gesellschaftlichen Lebens durch Einmischung: „die negative Auswirkung des Pessimismus hat sogar Sartre durch Introspektion einigermaßen beobachtet. Beispielsweise brachte er in seinem letzten Gespräch über philosophische Fragen folgendes zum Ausdruck: Einerseits halte ich an der Vorstellung fest, dass sich das Leben eines Menschen als Scheitern manifestiert; was er versucht hat, gelingt ihm nicht. Es gelingt ihm nicht einmal, das zu denken, was er denken will, oder das zu fühlen, was er fühlen will. Dies führt in der Summe zu einem absoluten Pessimismus. Und auf der anderen Seite habe ich seit 1945 immer mehr gedacht - und derzeit denke ich das ganz genau -, dass ein wesentliches Merkmal der unternommenen Handlung, wie ich dir vor einer Weile gesagt habe, die Hoffnung ist. Und Hoffnung bedeutet, dass ich eine Handlung nur dann vornehmen kann, wenn ich damit rechne, dass ich

---

35 Liu Dong 2010: Persönliche Identität und Niveau der moralischen Eigenschaften, in: Chinesische Wissenschaft. Beijing: Commercial Press. 27, S.125.
36 Laurent Gagnebin 1972: Connaître Sartre. Paris: Éditions Resma. S.90.

sie auch verwirklichen werde. Und ich glaube nicht, wie ich dir sage, dass diese Hoffnung eine lyrische Illusion ist, sondern sie liegt in der Natur der Handlung selbst. Das heißt, dass die Handlung, die gleichzeitig Hoffnung ist, nicht prinzipiell zum absoluten und sicheren Scheitern verurteilt sein kann. Das bedeutet nicht, dass es den Zweck notwendig verwirklichen muss, aber es muss sich in einer Verwirklichung des als Zukunft gesetzten Zwecks darstellen. Und es gibt eine Art Notwendigkeit in der Hoffnung."[37]

Wenn man Sartre mit chinesischen Konfuzianern vergleicht, sind die Unterschiede deutlich erkennbar, da diese „Einmischungshandlung" bei Sartre eine Existenz ohne jegliches Wesen ist und sich als wurzellose „blinde Aktionen" darstellt. Beim Konfuzianismus wurde zuerst eine „Vereinigung mit Himmel und Erde" gesetzt und die Handlung ist die Begründung der fröhlichen „Dreieinigkeit mit Himmel und Erde". Befriedigend hat ein alter Freund von mir in Standford David S. Nivison Wang Yangmings These zitiert: „Da alles zwischen Himmel und Erde mit den Menschen eigentlich in einer Einheit ist und es geht auf die Geistigkeit des menschlichen Herzens zurück."[38] Im Fachkreis ist Nivison bekannt für seine sorgfältige philosophische Analyse und er wies ebenfalls darauf hin, dass es zwar Ähnlichkeiten zwischen chinesischem Konfuzianismus und westlichem Existenzialismus zu geben scheint, sie entfernen sie sich genau in diesem Punkt: Doch was der chinesische „Existentialist" zugeben kann, muss der westliche Existentialist leugnen; Für letztere hat der Geist in der Tat keine „Substanz"; er ist einfach seine Handlungen (oder der richtungslose Prozess des Handelns). Daraus leiten die westlichen Existentialisten ihre charakteristischen Ansichten über Angst, Freiheit, totale Verantwortung, die Mehrdeutigkeit oder Absurdität des Lebens usw. ab. Für chinesische „Existentialisten" hingegen ist Freiheit eine Spontaneität, die eine Richtung hat, und kein Voluntarismus, der keine Richtung hat; anstelle von Angst sehen sie Freude als normal für den Menschen an; und anstelle von Absurdität sehen sie ein gelungenes und durchaus mögliches Leben darin, dass „was immer du ergreifst, der Weg sein wird"."[39]

---

37 Liu Dong 2007: Sensibilität vom Westen: Mehrdimensionale Ausrichtungen. Beijing: Peking Universität Verlag. S.214.
38 Wang Yangming 2011: Instructions for Practical Living (Zhuan xi lu), in: Gesamtwerk von Wang Yangming. Lektoriert von Wu Guang etc. Shanghai: Shanghai guji chubanshe. S.122.
39 David S. Nivison 1996: The Ways of Confucianism: Investigations in Chinese Philosophy Chicago and La Salle, Illinois: Open Court. S.244-245.

Zwölftes Kapitel

Risiken der Einzigartigkeit

Jede Münze hat ihre Rückseite. Aufgrund der Beschränkung des ungewöhnlichen Weltbildes geht die chinesische Kultur unumgänglich ihre einzigartigen Risiken ein.

Vielleicht kann man die Gründer der Zivilisation nicht bezichtigen. In der Tat können die Theoretiker in der Theorie Systeme erfolgreich errichten oder Probleme widerlegen, aber das heißt nicht, dass Praktiker in der Praxis es auch vollkommen oder sogar einmalig schon lösen können. Im Gegenteil, auch wenn solche Probleme bezüglich der Lebensorientierung in der theoretischen Ebene der Gedankengeschichte beseitigt wurden, können sie wohl nicht in der praktischen Ebene der Kulturgeschichte einmalig und vollkommen gelöst werden. Mit Achtsamkeit müssen wir erkennen, jedes Zivilisationsweltbild, welches auch sehr rational entworfen wird, konfrontiert unvermeidlich mit spezifischer Gefahr, die die Praktiker verschiedener Generationen vorsichtig zu umgehen versuchen. Daher können wir nicht damit leichtfertig umgehen, da dieses „immanente aber nicht transzendente" und „nicht religiöse aber moralische" Weltbild auf dem „Primat der Erkenntnis" basiert, ist es zwar wohl das rationalste und überzeugendste, könnte aber gravierende Abweichungen haben. In meiner Doktorarbeit vor über dreißig Jahren wies ich nur auf eine Seite der Gefahr hin, nämlich die Gefahr der virtuellen subjektiven „Vereinigung von Himmel und Mensch". Weil ich mich in der inneren Seite der Kultur befinde, sehe ich gleichzeitig die Wichtigkeit des „Abbruchs von Himmel und Erde" und das Risiko der Koexistenz, egal in welche Richtungen man in der Praxis abweicht. Wie vorher im Buch erläutert wird, liegt das tiefste Geheimnis dieses Weltbildes in passender wachsamer Einstellung zur Bewahrung der Balance zwischen „Abbruch von Himmel und Erde" und „Vereinigung von Himmel und Mensch". Das ist der „mittlere Weg" (Mitte und Maß), welchen immer festgehalten wurde. Dann können wir uns vorstellen, dass die tiefste Gefahr, mit der dieses Zivilisationsweltbild konfrontiert, liegt in der gründlichen Zerstörung der feinsinnigen Balance. Angesichts des Ungleichgewichts verfasste Herzweh im Vorwort folgendes: „Im Bewusstsein des Leidens stellt man sich so vor, als befinde man sich auf einer beschränkten und gefährlichen Eisscholle, welches jederzeit zusammenbrechen und abgleiten kann. Genau dies ist der typischste Standunkt des klassischen Philosophen. Wie man auf der Eisscholle durch wachsames Verhalten die beiden Extreme begreift um den „mittleren Weg" zu realisieren und das Wohlergehen des Lebens zu gewährleisten, ist authentischste chinesische Weisheit."[1]

Die Darstellung des kulturellen Ungleichgewichtes lässt sich in zwei Seiten unterscheiden: Einerseits, wenn der „Abbruch von Himmel und Erde" nicht mehr von „Vereinigung von Himmel und Mensch" eingeschränkt ist, wie vorher erwähnte Mark Elvins Kritik, werden die Leute in diesem geneigten Sprachkontext aus Selbstverteidigung tun und lassen; was einem beliebt. Auf der anderen Seite, wenn „Vereinigung von Himmel und Mensch" nicht mehr von „Abbruch von Himmel und Erde" beschränkt ist, werden die Leute in diesem geneigten Sprachkontext aus Selbstvergnügung tun und lassen; was einem beliebt. Wie ich in einem Nachwort von einem von mir übersetzten Buch schrieb: „falls sich eine gesellschaftliche Gemeinschaft in der Existenzbedrohung befindet, deren Gedanken aber in Verfeinerung der Lebenskunst besessen ist, „Hangzhou als Kaifeng" betrachtet, ist ihr Niedergang wahrscheinlich unausweichlich…Darum haben wir Grund zu behaupten, dass der Untergang der Song-Dynastie „Selbstmord" nicht „Mord" war (Ein wunderbarer Vergleich von Arnold J. Toynbee). Des Weiteren sollen wir weiterdenken: Ist es so, dass die ästhetische Kultur gerade die höchste Blüte erreichte, steckt der Niedergang daher so ins Auge?"[2]

---

1   Liu Dong 2014: Durch wachsames Verhalten die beiden Extreme begreifen, in: Die Eisscholle des Denkens. Shanghai: Shanghai People's Press. S.4.
2   Liu Dong 1995: Wann wacht man im heutigen Nachtraum auf, in: Jacques Gernet: La Vie quotidienne en Chine à la veille de l'invasion mongole, Paris, Hachette, übersetzt von Liu Dong. Nanjing: Jiangsu People's Press. S.198.

Bezüglich dieses Punkt können wir nochmal parallel vergleichen. Die auf diese Welt basierenden konfuzianischen Gedanken sind selbstverständlich nicht wie Dostojewskis Einstellung, der in der Tat öfters zum Flügel des Existenzialismus eingeteilt wurde. Für ihn sei die menschliche Natur so dunkel und minderwertig und wenn man sich dem Gott nicht vollständig unterordnet, wird man sicherlich zum Versammlungsort des Verbrechens. Wie die von ihm erzählte Geschichte über „die Zwiebel" zeigt:

> Es war einmal eine böse, sehr böse Frau, und die starb. Und als sie gestorben war, wußte niemand von irgendeiner guten Tat, die sie getan hätte. Da ergriffen sie die Teufel und warfen sie in den feurigen See. Aber ihr Schutzengel stand da und dachte: An welche gute Tat von ihr könnte ich mich wohl erinnern, um sie Gott vorzutragen? Da fiel ihm etwas ein, und er sagte zu Gott: Sie hat einmal eine Zwiebel aus ihrem Gemüsegarten einer Bettlerin geschenkt. Und da antwortete ihm Gott: Nimm diese Zwiebel und strecke sie der im See Schwimmenden hin! Soll sie sie ergreifen und sich an ihr festhalten! Und wenn du sie so aus dem See herausziehen kannst, mag sie ins Paradies eingehen. Wenn aber die Zwiebel abreißt, soll das Weib da bleiben, wo sie jetzt ist. Der Engel lief zu ihr und streckte ihr die Zwiebel entgegen. Da, sagte er, ergreif sie und halte dich daran fest! Und er begann sie vorsichtig herauszuziehen und hatte sie schon fast herausgezogen; doch als die übrigen Sünder in dem See sahen, daß diese Frau herausgezogen wurde, da klammerten sie sich alle an sie, um ebenfalls herausgezogen zu werden. Sie aber wurde böse, sehr böse, stieß mit den Füßen nach ihnen und schrie: Ich werde herausgezogen, nicht ihr! Das ist meine Zwiebel, nicht eure! Kaum hatte sie das gesagt, zerriß die Zwiebel. Und die Frau fiel zurück in den See und brennt da noch bis auf den heutigen Tag. Der Engel aber weinte und ging fort.[3]

Im Gegenteil zu der obengenannten kulturellen Setzung entdeckt und erkennt der menschliche konfuzianische Geist mehr positive Faktoren in der menschlichen Natur an, bietet der Gemeinschaft aus Menschenleben eine ganz unterschiedliche kulturelle Verstehensvoraussetzung und belehrt, dass „jeder Yao und Shun[4] werden kann" (Mengzi). Wir müssen auch er-

---

3 Fjodor Dostojewski 1924: Die Brüder Karamasow. Übersetzt von Hermann Röhl. Leipzig: Reclam. S.308.

4 Yao und Shun waren zwei legendäre chinesische Herrscher und galten als Muster für Rechtschaffenheit und Tugend.

kennen, dass kultureller Erfolg selbstverständlich entstanden sind, darum wurde das Lebenspotenzial der Menschen erweckt und die Vitalität und Höhe der chinesischen Zivilisation mit sich gebracht. Auf der anderen Seite aber, wenn die Formulierungen der klassischen Philosophen missverstanden oder sogar fehlinterpretiert würden, könnte möglicherweise das Ego zur Aufgeblasenheit führen.

Liang Qichao machte in der Textkritik von seinen „Lessons in Moral Education" (De yujian) bezüglich der Entwicklung des Buddhismus bereits darauf aufmerksam. Es ist nicht zu leugnen, dass auch die Yangming-Lehre, eine der konfuzianischen Schulen geriet ebenfalls mal auf Irrwege des „Hochmuts":

> Bei der Übergabe der Insignien des Meisters forderte der Fünfte Dharma-Vorfahren die Mönche auf, ihr Verständnis in einem Gedicht zum Ausdruck zu bringen. Der Hauptmönch Shenxiu verfasste folgenden Vers: Der Leib ist der Bodhi-Baum, der Geist ist wie ein klarer stehender Spiegel. Poliere ihn allzeit mit Eifer, lass keinen Staub daran haften. Der Dharma-Vorfahre bescheinigte ihm, dass er das äußere Tor der Erkenntnis erreicht hätte, aber noch nicht eingetreten wäre. Huineng verfasste: Im Grund gibt es keinen Bodhi-Baum, da ist kein klarer Spiegel auf einem Gestell. Im Ursprung ist da kein Ding, worauf soll sich Staub legen. Dann machte der Meister ihn zum Sechsten Dharma-Nachfolger. Wenn wir nun kurz vergleichen ist die Schule von Nie Bao und Luo Hongxian wie „Poliere ihn allzeit mit Eifer, lass keinen Staub daran haften." Und Wang Longxi und Wang Xinzhai wie „Im Ursprung ist da kein Ding, worauf soll sich Staub legen."... Mein Lehrer Kang Youwei verehrte Wang Gen und Ruo Rufang (jeweils Gründer und Folger der Taizhou-Schule). **Vielleicht stammten die Thesen nicht wirklich aus Wang Yangming selbst, sondern die gesprochenen Wörter wurden von anderen missverstanden bzw. -braucht. Darum vertrat der konfuzianische Gelehrte Liu Zongzhou (1578-1645) die Meinung, dass Wang Longxi ist ein Desaster für Yangming-Schule und ebenfalls glaubte Huang Zongxi (1610-1695), dass die Yangming-Lehre wegen Longxi und Taizhou ihren Ursprung verlor.**[5]

---

5 Liang Qichao 2011: Lessons in Moral Education. Kapitel drei. Beijing: Peking Universitätsverlag. S.58-59. H.d.V.

Wenn dem so ist, ist die rationalste Handlungsweise eine Ergänzung oder Kombination aus der Sorge des „Abbruchs von Himmel und Erde" und der Fröhlichkeit der „Vereinigung von Himmel und Mensch", damit die kulturellen Praktiker sowohl ihre Wachsamkeit bewahren als auch keine Unterdrückung empfinden und nie von einer Seiten des Schwebebalkens unterfallen. Wie der Historiker Pang Pu (1928–2015) in einem Artikel darauf hinwies: „In Sicherheit vergisst man keine Gefahr, im Leben vergisst man keinen Tod, im Frieden vergisst man keine Unruhe, beim Erhalt vergisst man kein Verlieren. Diese „Gefahr, Tod, Unruhe und Verlieren" heißt „Sorge" und die Erinnerung daran ist das „Bewusstsein". Das Bewusstsein für die Sorge ist ein rationaler Geist im Frieden und gründliche Erkenntnisse zum Leben und Universum sowie die Intelligenz des Kampfs um das Ideal. Mit anderem Wort ist es ein rationaler Geist mit Verschmelzung aus Wert- und Zweckrationalität. Im Buch der Lieder steht: „So geht es zitternd, bänglich leis, Als wäre man am tiefen Abgrund, Als schritte man auf dünnem Eis[6]," Das wichtige Punkt ist das „als". Obwohl man sich nicht am tiefen Abgrund und nicht auf dünnem Eis befindet als wäre man in Gefahr, dass ist Bewusstsein der Sorge. Wenn man wirklich in Gefahr ist, benötigt man es nicht mehr, sondern andere Rationen, Emotionen und Willen wie dem Tod ins Auge sehen und fröhlich die Sorge vergessen. Nach konfuzianischer Dialektik liegt die wahre Sorge im Frieden und der Fröhlichkeit. Sobald man in Frieden und Glück schwelgt, nähert die wahre Sorge. Darum sagt das Sprichwort das Leben wird geboren in Trauer und Schmerzen und der Tod geboren wird in Wohlsein und Lust[7]. Yin ist nicht das Gegenteil von Yang sondern ist im Innen von Yang.[8]

Allerdings ist die Tatsache nicht unbedingt so wie es sein soll. Obwohl wir in der theoretischen Ebene keinen Grund haben zu vermuten, dass es der Nachteil des „Lösungsplans vom Leben" ist, wird dieser Wert in der tatsächlichen historischen Ebene bei der Umsetzung ins kulturelle Praxis unvermeidlich mit entsprechenden Bedrängnissen konfrontiert. Hier müssen wir erneut die Metapher der „dunklen Wolken" verwenden: Einerseits

---

6 Übersetzung von Victor von Strauß 1880: Schi-king Das kanonische Liederbuch der Chinesen. Heidelberg.

7 Mong Dsi, übersetzt von Richard Wilhelm.

8 Pang Pu 1999: Sorgen und Fröhlichkeit: Humanistischer Geist der Chinesen, in: Selbstliteratursammlungen moderner Gelehrten: Pang Pu. Hefei: Anhui Education Press. S.67.

bilden die „Unbeständigkeit" symbolisierte „dunkle Wolke" uns der blaue Himmel eine Koexistenz und sind gegenseitig abhängig. Darum sind Sorgen und Fröhlichkeit, Schmerzen und Schwärmen wahrscheinlich im menschlichen Herzen miteinander verbunden und durchgedrungen. Andererseits zeigt die „Unbeständigkeit" symbolisierte „dunkle Wolke" am Rand des Himmels im Vergleich zum blauen Himmel über uns eine periphere und verborgene Existenz, die daher kaum Beachtung findet. Wenn sie aber einmal zerstörerisch erscheint, wird man vom Schwebebalken, welchen man von einem Ende zum andern darlegt, jammervoll unterfallen.

Analysieren wir nun konkret. Wenn es ein langer endloser Schwebebalken ist, können die Leute von beiden Seiten unterfallen. In der Antike, wenn die äußeren Herausforderungen noch nicht auffallend waren, stellt sich das Ungleichgewicht in der kulturellen Praxis vor allem darin, dass die „Vereinigung von Himmel und Mensch" den „Abbruch von Himmel und Erde" überwältigt. Wie vorher bereits erläutert ist der Nachteil einer religiösen Zivilisation die Unterdrückung des Lebenspotenzials, welche sich anhand von Renaissance bezwingen lässt. Der Nachteil bei einer ästhetischen Zivilisation ist, dass sie oft zur Ausgelassenheit führt. Die daraus entstandene Abweichung und das Ungleichgewicht bringen während der kulturellen Blüte oft viele „Playboys" hervor. In diesem Sinne können folgende beiden Zitate verbinden: Einerseits fasste Chen Qinque als Historiker zusammen: „Die chinesische Kultur erreichte nach tausendjähriger Entwicklung während der Song-Dynastie ihren Gipfel."[9] Auf der anderen Seite ist die persönliche Empfindung von Su Dongpo: „Als das Schiff Yixing erreichte, kam ich unversehens zur Einsicht, dass ich hier den Rest des Lebens verbringen wollte. **Wang Xizhi sagte: ‚Ich werde glücklich sterben'. Das ist wirklich nicht verkehrt**."[10] Wir können behaupten, dass dieses Leben so bunt und weltentrückt erschlossen wurde, in welches die Leute damals ganz versanken.

---

9   Chen Yinque 1980: Vorrede von Deng Guangmings Textkritik über Beamtenchronik der Geschichte von Song, in: Collected works of Chen Yinque, volume 2. Shanghai: Shanghai guji chubanshe. S.245.
10   Su Shi 1986: Chusongtie, in: Sammelwerk von Su Shi. Punktiert und lektoriert von Kong Fanli. Beijing: Zhonghua shuju. Bd.6, S.2578-2579. H.d.V.

Bezüglich der songzeitlichen Blütezeit, insbesondere des Müßiggangs und der späteren bitteren unterjochten Erfahrung schrieb Yan Yuan (1635-1704) zur Berichtigung der Abweichungen folgendes: „Seit den Drei Erhabenen entsteht nur ein großer Heilige alle hundert Jahren, welchen von einigen wenigen unterstützt wurden. Wie Yao und Shun Nachfolger wie Yu und Gao Yao hatten, Konfuzius Yan Hui und Zeng Zi als Schüler hatten, werden sie für die Welt friedliches Unterfangen unternehmen. Ihre Versammlungsorte wurden nach einem Jahr ein Dorf, nach zwei Jahre eine Stadt und nach drei Jahren eine Großstadt. Oder sie konnten 3000 Schüler zu nützlichen Menschen unterrichten. Seit Qin- und Han-Dynastie sind Weisen wie Ran Rong und Zi Lu selten vorgekommen. Weshalb war die Song-Dynastie schwach, befreundete sich mit Kitan, ließ sich von Jin- und Yuan unterworfen. Gab es während der Nördlichen Song-Dynastie drei bis vier Leute wie Yao und Konfuzius, sechs und sieben wie Yu und Yanhui in Kaifeng? Existierten später in der Südlichen Song-Dynastie auch drei bis vier Leute wie Yao und Konfuzius, sechs und sieben wie Yu und Yanhui? Falls es sie gäbe, warum haben sie die Notlage während der Nördlichen Song-Dynastie nicht gerettet? Umsonst wurden die Hauptstädte erobert und beide Kaiser von den Jurchen Anfang des Jahres 1127 gefangen genommen? Falls es sie gäbe, weshalb haben sie die Notlage in der Südlichen Song-Dynastie nicht gerettet? Der Premierminister und Kaiserberater Lu Xiufu und der 8-jährige Thronerbe ertränkten durch den Sprung in den Fluss und die Yuan-Dynastie begann mit der mongolischen Herrschaft? Wie kann die Welt so sein, wenn es viele Weisen und Heiligen gab? Wie absurd!“[11]

Als ich meine Dissertation über songzeitliche Ästhetik konzipierte, es war vor über dreißig Jahren, war es genau mein schriftlicher Antrieb, welchen nicht aus meinen Gedanken wegkommen kann. Aus diesem Grund benannte ich sie „Blühte und Niedergang der Ästhetik“. Obwohl meine Richtung sich damals auf Ästhetik beschränkt war, wollte ich mich anhand von den ästhetischen Theorien mit den tiefen Gründen über den Untergang der chinesischen Kultur auseinandersetzen. Meine wesentlichen Behauptungen konnte ich im Nachwort des von mir übersetzten Buchs „La Vie quotidienne en Chine à la veille de l'invasion mongole“ kurz entfalten:

---

11 Yan Yuan 2009: Preserving Learning. In Literarische Sammlung von Yan Yuan. Shijiazhuang: Hebei Education Press. S.64-65.

Auf diese Weise können wir wahrscheinlich die Wurzel der Krankheit erkennen. Max Weber vertrat die Meinung, dass die Lebenseinstellung der Chinesen dem genusssüchtigen latinischen Volk Franzosen ähnelt. Wenn Sie in Hangzhou gelebt haben wie ich (Der Südost ist so anmutig und bezaubernd, dass die Männer weiblicher werden) oder das Werk von Jacques Gernet über das alltägliche Leben der Südlichen Song-Dynastie gelesen haben, finden Sie die Beurteilung von Weber sicher beeindruckend… Wenn ich weiter fragen, was ist die Lebensphilosophie? Wie konnten die klassischen Playboys angesichts der ernsten Herausforderungen die Vorgehensweise vergessen? Hier können wir nicht umhin den emotionalen Zustand zur Achsenzeit zurückzuführen und dem Niedergang die inneren Gene der damals bereits geformten chinesischen Kultur beschuldigen: Als eine ästhetische Kultur mit ihrem ultimativen Streben nach einem nicht „bedrückten Zustand" wird sie unvermeidlich maximal Schillers „Spieltrieb" freigeben und in Kants sogenannter „subjektiver Zweckmäßigkeit" das Freiheitsgefühl empfinden. Bedauerlicherweise ist die ästhetische Fröhlichkeit immerhin eine harmonische subjektive Illusion und der äußere Konflikt und die Gefahr müssen bewusst ausgegrenzt werden. Darum kann allerlei Spielen dazu führen, dass man seinen eigenen Willen verliert oder die Realität vergisst. Daher ist es nicht schwer zu begreifen, wenn jedes Element der chinesischen Zivilisation in der Song-Dynastie ihre Blütezeit erreichte, folgte nach dem Aufstieg natürlich gleichzeitig der Niedergang. Auf die Ästhetik ist quasi sowohl der Erfolg als auch der Misserfolg zurückzuführen: Falls die Leute vorher sich nicht mit der Ästhetik auseinandergesetzt hätten, könnten sie keine besessene großartige klassische Kultur schöpfen; Weil sie von der ästhetischen Freude hingerissen waren, wurde der unvermeidliche Untergang verursacht.[12]

Nach der Disputation habe ich meine Dissertation Zeitlang nicht veröffentlicht. Der Grund ist natürlich nicht, dass ich keinen Verlag finden konnte, sondern gerade nach dem Verfassen habe ich durch die geschichtlichen Texte und aktuellen Praxen eine ganz andere Seite der chinesischen Kultur gesehen. Mit anderen Worten, im Vergleich zu der Phase meiner Dissertation versuche ich jetzt viel mehr die hervorgebrachten Effekte

---

12   Liu Dong 1995: Wann wacht man im heutigen Nachtraum auf, in: Jacques Gernet: La Vie quotidienne en Chine à la veille de l'invasion mongole, Paris, Hachette, übersetzt von Liu Dong. Nanjing: Jiangsu People's Press. S.198-199.

durch von „Abbruch von Himmel und Erde" zu betonen. Der Grund wurde auch oft makroskopisch als zufällige Situation zusammengefasst, die außer Kontrolle geriet. Im alltäglichen Leben sind die furchtbaren „zufälligen Veränderungen" zwar von uns weitentfernt, existiert am Rand des blauen konfuzianischen Himmels immer eine „dunkle Wolke", die vielleicht irgendwann der Zivilisation schwerwiegende Herausforderungen oder sogar tödliche Katastrophe für unsere Existenz mit sich bringen kann, insbesondere wenn man sich nicht davor hütet.

Auch wenn dem so ist, habe ich nicht alle Auffassungen in meiner Dissertation aufgegeben, stattdessen wollte ich mit breiterer Sicht nach einer Balance zwischen den beiden suchen. Wie Allan Bloom scharf kritisiert: „Only Socrates knew, after a lifetime of unceasing labor, that he was ignorant. Now every high-school student knows that."[13] Die wahre Hauptgefahr in der Geschichte liegt darin, dass man sich im hochentwickelten Zivilisationsprozess nur an die fröhliche Seite „Dann würden wir ein Lied zusammen singen und heimwärts ziehen[14]" aber nicht an die bittere Seite „Ein Edler, der beim Essen nicht nach Sättigung fragt, beim Wohnen nicht nach Bequemlichkeit fragt"[15] erinnert. Darum konnten sie oft nicht erwarten, das Ergebnis „Vergessen aller Trauer" zu genießen, ohne den Prozess zu erleben, in dem man „in seinem Eifer das Essen vergisst". Order sie erlebten die Trauer um der Wahrheit willen und nicht um der Armut willen noch nie, wollte aber stets auf Freude versessen sein. Auf jeden Fall tendiert die menschliche Natur dazu, nach Genuss zu lechzen, Sorge zu vermeiden und positive Anerkennung zu genießen. Mit Aufmunterung der ästhetischen „Mentalität des Frohsinns". Dies könnte dazu führen, dass auch diejenigen, die konfuzianischen Leitfäden und die Balancestruktur nicht umfassend begreifen, von eigenen Forderungen aus die Wörter von Konfuzius missbrauchen, damit sie eine legitime Ausrede für ihr Verhalten finden. Wenn man nach dem kulturellen Ursprung für derartige Irrtümer in der Praxis sucht, liegt sie genau in der bombastischen Erörterung der „Vereinigung von Himmel und Mensch", wie der König Zhou von Shang, der blind daran glaubte, dass sein Schicksal nicht vom Himmel bestimmt wurde. Solche Leute tabuisieren oft noch den Hinweis,

---

13 Allan Bloom: The Closing of the American Mind New York: Simon & Schuster, 1987.
14 Lun Yu. Gespräche 1975. Übersetzt von Richard Wilhelm. Düsseldorf und Köln, S.119-121.
15 Lun Yu. Gespräche 1975. Übersetzt von Richard Wilhelm. Düsseldorf und Köln, S.40-41.

dass es eine schwebende „dunkle Wolke am Himmel über den Kopf" gibt. Es ist genau wie die gewöhnlichen Leute, die Angst vor dem Grundtrauer haben, sogar das Wort „sterben" wird zum alltäglichen Tabu.

An dieser Stelle muss ich allerdings noch rechtzeitig darauf hinweisen, vom Standpunkt des kulturellen Relativismus betrachtet, auch wenn es solche praktischen Abweichungen gibt, müssen wir nicht die Kultur grundlegend leugnen, im Gegenteil sollen wir mit Gelassenheit nach den Gründen der Abweichung suchen, damit wir zukünftig sie besser umgehen, insbesondere im globalisierten Prozess sie besser nutzen können. Wie ich vorher zu diesem Punkt verfasste:

> Obwohl wir in diesem Text vom Innenkern aus zahlreiche tödliche Schwächen schließen können, vertrete ich nicht die Meinung, dass ich bereits Grund für die Aufgabe des objektiven neutralen Forschungsstandpunktes habe. Diese vorsichtige Gedankenprinzip gilt ebenfalls für meine Erkenntnisse über die westliche Zivilisation. Beispielsweise verursachte der religiöse Glaube der „externen Transzendenz" in der Neuzeit nicht nur enormen Impuls und den „faustischen Geist", welche äußerste reichliche kulturelle Erfolge hervorbrachte, sondern auch eine „Welt mit Alptraum von Kafka". Ich habe zwar aus Nietzsches Aufruf „Gott ist tot" den historischen Grund der modernen hässlichen Kunst gefunden oder entdeckt, dass im Prozess der Säkularisierungsrettung die irrationale ursprüngliche Motivation des „Entwicklungskonzeptes" höchstwahrscheinlich katastrophale historische Konsequenzen verursachen kann, empfand ich keinen Grund den tiefen Wert dieser großartigen Zivilisation gänzlich zu verneinen. Ich betrachte sie als ein Gen, welches eine neue multikulturelle Universalzivilisation in sich bringt.[16]

Nun legen wir von einer anderen Seite dar. Wenn im Altertum, wo die äußere Herausforderung relativ weit entfernt und vage war, zeigte sich die Abweichung oder das Ungleichgewicht der kulturellen Praxis hauptsächlich darin, dass die „Vereinigung von Himmel und Mensch" den „Abbruch von Himmel und Erde" niederdrückte. In der Moderne ist es genau umgekehrt. Der bare „Abbruch von Himmel und Erde" heißt anders als die Einstellung „Hilf dir selbst, so hilft dir Gott". Auch wenn man sich selbst hilft, hilft

---

16 Liu Dong 2014: Über die Entstehung der chinesischen Kulturtypen, in: Nahe Besinnung und weitblickende Überlegung. Hangzhou: Zhejiang University Press. S.183.

einem nicht der Gott, darum kann man nur mit Leben in der jammervollen Welt kämpfen. Daraus ist ersichtlich, obwohl die Forscher der klassischen chinesischen Kultur oft die „Vereinigung von Himmel und Mensch" als eine abgedroschene Phrase verwenden, kann die Tatsache von Darwins Evolutionstheorie nicht negiert werden, welche von Yan Fu nach China eingeführt wurde. Insbesondere wurde die „subjektive Zweckmäßigkeit" durch die Übertragung der biologischen Theorie auf die Gesellschaft im modernen China schon längst zerstört.

Aus diesem Grund wurde die „Vereinigung von Himmel und Mensch" durch „Himmel und Erde sind nicht gütig, ihnen sind die Menschen wie stroherne Opferhunde[17]" und „der Geist bleibt mit Himmel und Erde" wurde durch „da du unmenschlich bist, bin ich unmoralisch" ersetzt. Um an die Spitze der Nahrungskette zu erlangen oder nicht vom Sozialdarwinismus mit „Gesetzen der Dschungel" gefühllos gefressen werden, nutzen die modernen Chinesen alle Maßnahmen zum Beschleunigen oder Verhindern des Aussortierungsprozesses, die Ihnen einfallen. Es ist noch erschreckender, da sie von dieser „Himmelsprinzip" bereits überzeugt sind, fühlen sie sich beim unmoralischen Handeln nicht schuldig. „Gleichzeitig glauben sie, dass ihre Beschleunigung mit der historischen Entwicklungstendenz, der Ethik und Moral übereinstimmen; Wenn sie nicht von der traditionellen Moral anerkannt werden können, muss man die Moral selbst umwandeln. Die Sehnsucht danach Sieger zu werden ist auch eine „Räuberlogik". Man soll nicht vergessen, dass alle Unkultiviertheit und Barbarei in der Geschichte tatsächliche Orientierung gab, die die Geschichte des ethnischen Standards abdeckte, so dass all diese unmenschliche Bösartigkeit „gerechtfertigte" oder „gesetzmäßige" Etikette hatten".[18]

An dieser Stelle müssen wir von anderer Seite erkennen, im Gegenteil von Benjamin Isadore Schwartz' Behauptungen liegt der Grund der Revolution im modernen China nicht in der Wandlung die Chinesen von der Gelassenheit der Briten zur Fieberhaftigkeit der Franzosen. Umgekehrt zeigte die Übersetzung des Darwinismus von Yan Fu die Erkenntnisse über die moderne Welt der damaligen Chinesen, welche genau mit Schriftgütern englischer Welt anfingen. Die britischen Inseln gehören ebenfalls zur

---

17 Laotse: Tao te king Das Buch vom Sinn und Leben. Übersetzt von Richard Wilhelm.
18 Liu Dong 2017: Evolution und Revolution: Große Gedankenveränderung im modernen China, in: Vorspiel und Drehung. Shanghai: Shanghai People's Press. S.134.

modernen Welt und ermöglichten zuerst die Modernisierung und es existierte keine bombastischen Unterschiede zu Frankreich. Aus diesem Grund sehen wir auf makroskopische Weise, dass die moderne Einstellung „Himmel und Erde sind nicht gütig, ihnen sind die Menschen wie stroherne Opferhunde" eigentlich damals in ganz Europa verbreitet war. Aus diesem Grund stellte sich die innere Spaltung ähnlich wie Herbert Spencers Konkurrenzverdrängung dar. Hegels Philosophie mit Entwicklungskraft aus innerem Widerspruch erkannte die Gegensätze der gesellschaftlichen Ebene und ihren äußeren heftigen Ausbruch an. Daher betrachtete Karl Marx, der „Schüler" Hegels, Kampf, insbesondere Klassenkampf als grundlegende treibende Kraft der menschlichen Geschichte.

Darum haben wir Grund im gewissen Sinne zu sagen, dass die Chinesen allmählich den alten Chinesen immer entfernen. Wie ich ehemals verfasste:

Wo gibt es unveränderte chinesische Mentalität? Die größte moderne Bedrängnis für China, eine große non-westliche Zivilisation ist nicht nur die Herausforderung der Westen, sondern das Geheimnis, dass „die Waffe zum Kämpfen aus dem Herausforderer kommen muss". Deswegen trat folgende merkwürdige Situation auf: Aufgrund der ernsten Lage waren die Chinesen gezwungen, Missverständnisse von Yan Fu akzeptieren zu wollen. Wenn seine absichtlichen Missverständnisse allgemein akzeptiert wurden, steckte ernste Lage noch mehr ins Auge. Die Chinesen beschleunigte sogar aktiv die ernste Lage. In diesem Sinne wandelten sie seit Eintritt ins Moderne in die Richtung der „Desinisierung". Heutzutage sind sie nicht mehr wie ihre traditionellen „Vorfahren", sogar noch unähnlicher als jeder Ausländer.[19]

Von einer anderen Seite betrachtet zeigte der westliche Impuls im traditionellen chinesischen Zivilisationssystem seine Kraft, in diesem Kontext liegt das System genau zwischen „Vereinigung von Himmel und Mensch" und „Abbruch von Himmel und Erde". Das heißt in der traditionellen chinesischen Weltanschauung existiert ursprünglich diese Seite: „die Doktrin des Himmels ist weit weg von uns, aber die der Menschenwelt ist nah". Wenn der „Abbruch von Himmel und Erde" zum einzigen Stützpunkt würde, wäre die grundlegenden Lebensanforderungen und praktischen Lebensziele zum alleinigen Abwägungsfaktor. Darum können

---

19 Liu Dong 2017: Evolution und Revolution: Große Gedankenveränderung im modernen China, in: Vorspiel und Drehung. Shanghai: Shanghai People's Press. S.138.

wir verstehen, weshalb wenn die bare menschliche Natur ohne jeglichen Trost von Chinesen im Business-Kampf übertragen, passen sie sich dem Konsumismus sehr schnell an, arbeiten fleißig und haben die schnelle Entwicklung der chinesischen Wirtschaft ermöglicht. Wenn der aus dem Mittelalter kommende Westen die Unterdrückung der menschlichen Natur erlebte, daher die Entspannung der Renaissance und Aufklärung benötigte, gab es im alten China eigentlich keine solche Verdrängung. Im diesem Sinne braucht sie keinen Durchbruch nicht wie der Westen, da die grundlegende balancierte Struktur ansonsten zerstört werden kann und die Begierde unter dem Ansporn des Konsumismus immer schwieriger zu beruhigen und kontrollieren wird.

Dreizehntes Kapitel

Der Preis der Einsamkeit

Was wir nun behandeln, ist mit dem Thema vorher verbunden. Es ist es natürlich vorhersehbar, dass bei der Desorganisation der gesellschaftlichen Werte die Psyche des Individuums verändern wird. Anders gesagt, angesichts des westlichen Musters verändert der Schwerpunkt der Wertesetzung. Wie ich in einem anderen Text darstellte, führt dies schließlich dazu: „Seit Eintritt ins Moderne sind die Chinesen immer unchinesisch. Heutzutage sind sie nicht mehr wie ihre traditionellen „Vorfahren“, sogar noch unähnlicher als jeder Ausländer“[1]. Aus diesem Grund ist es kein Zufall, dass bezüglich der Behandlung der anderen und Betrachtung von sich selbst wandern die Chinesen gerade zur anderen Seite der errichteten „Vergleichbarkeit“. Das heißt leider, dass sie nach all der Leiden die Kosten des atheistischen Existenzialismus ertragen und immer mehr auf seelische Gesundheit achten müssen. Nun können wir durch Vergleich uns mit dem Problem der „Einsamkeit“ beschäftigen. Es ist sowohl ein hervorstehender kultureller Fall als auch ein selten zu merkendes tiefes Problem. Natürlich müssen wir schrittweise damit auseinandersetzen, um eine grundlegende Beurteilung über psychische Abgeschiedenheit zu erhalten. Dann führen wir Behandlungspläne aus verschiedenen Kulturen, ihre Interaktionen sowie die daraus resultierende Bedrängnis ein.

Wir sollen hier keine Umschweife machen und direkt darauf hinweisen, dass das Gefühl der Abgeschiedenheit insbesondere in der modernen Gesellschaft

---

1 Liu Dong 2017: Evolution und Revolution: Große Gedankenveränderung im modernen China, in: Vorspiel und Drehung. Shanghai: Shanghai People's Press. S.138.

auf keinen Fall normal ist. Die psychische Entstehung des Gefühls bedeutet für uns als gesellschaftliche Tiere, die Bedürfnisse haben, gesellig zu sein, ein Krisenbewusstsein. Wie die beiden amerikanischen Psychologen verfassten:

> Unabhängig von unserer individuellen Sensibilität leidet unser Wohlbefinden, wenn unser besonderes Bedürfnis nach Verbundenheit nicht befriedigt wird. Da die frühen Menschen eher überlebten, wenn sie zusammenhielten, verstärkte die Evolution die Vorliebe für starke menschliche Bande, indem sie Gene auswählte, die die Freude an der Gesellschaft fördern und Gefühle des Unbehagens erzeugen, wenn wir unfreiwillig allein sind. Darüber hinaus, und das ist das zentrale Thema dieses Buches, hat die Evolution uns nicht nur dazu gebracht, uns gut zu fühlen, wenn wir zusammen sind, sondern auch, um uns sicher zu fühlen. Die äußerst wichtige Folge davon ist, dass die Evolution uns nicht nur so geformt hat, dass wir uns in der Isolation schlecht fühlen, sondern dass wir uns auch unsicher, d. h. körperlich bedroht fühlen. Wie wir sehen werden, kann die soziale Kognition das Gefühl der Bedrohung aufgreifen, sobald diese Gefühle auftreten.[2]

Es ist ziemlich interessant, seit wir, Nachfahren der Homo sapiens in den grausamen Wäldern und vor den Wildtieren unsere Fähigkeit zeigen, sind die meisten Tiere inzwischen Gefährdet. Wir haben aber stets große Neugier und Verwirrung, wie wir überhaupt so „erfolgreich" sind, welche sich in folgender griechischer Mythologie zeigen lassen:

> Durch Platos Protagoras erkennen wir, dass in der griechischen Mythologie Prometheus der Vorbedenker und sein kleiner nachlässiger Bruder Epimetheus, der danach Denkende sind. Der letztgenannte war einmal zuständig dafür, den Tieren Fähigkeiten zu verteilen. Damit keine Spezies aussterben müssen, stattete er dieses Tier mit Kraft oder Mut und anderes Tier mit Geschwindigkeit oder flink aus. Bis zum Menschen hatte er leider keine Fähigkeiten zur Verteilung mehr. Prometheus sah, dass alle anderen Tiere ihre Stärken hatten außer dem Menschen, der weder schnell noch kräftig war und nur über einen nackten Körper verfügte. Um das traurige Schicksal der Menschheit zu retten, stahl der Held von Hephaistos und Athena für die Menschen Erschaffungsfähigkeit und Feuer.[3]

---

2   John T. Cacioppo, William Patrick 2008: Loneliness: Human Nature and the Need for Social Connectionvon. New York und London: W.W. Norton & Company. S.15.
3   Liu Dong 2017: Kulturelle Analyse der Tragödie: Von Altgriechenland zum modernen China. Shanghai: Shanghai People's Press. S.81.

Im fünften Kapitel wurde es bereits erläutert und wir können hier erneut betonen: In der Evolutionskonkurrenz und im Aussortierungsprozess wurden wir Vorfahren neben Wissen, welches von Prometheus stahl, noch vom Gerechtigkeitsbewusstsein unterstützt. Mit anderen Worten, wenn es damals noch eine Gruppe Affen gäbe, welche mit uns nah verwandt waren, solange sie keine moralische Restriktion und Verbindungsmöglichkeiten hätten, könnten sie keine Gruppenmacht kondensieren. Auch wenn sie über große Brachialgewalt verfügten, würden sie in der Evolutionsstufe stehenblieben oder sogar unterfallen.

Obwohl die DNA von Menschen, Schimpansen und Bonobos zu mehr als achtundneunzig Prozent übereinstimmt, „stammen" wir nicht von einem dieser Waldbewohner ab. Stattdessen ist jede Spezies, auch die unsere, eine Abwandlung der Hauptlinie, jede mit unterschiedlichen Anpassungen an das soziale Leben, von denen jede auf ihre eigene Weise erfolgreich war... Im Vergleich zu allen anderen hominiden Affen ist Homo sapiens sapiens, „der Weise", auch bekannt als Mensch, als Spezies hyperempathisch und hyperkooperativ. Das soll natürlich nicht heißen, dass bei uns alles in Butter ist. Doch während unsere Vettern im Wald geblieben sind, haben wir es geschafft, jeden Lebensraum auf dem Planeten zu kolonisieren und in den Weltraum vorzudringen. Auf dem Weg dorthin haben wir vierzigtausend Jahre an kulturellen Artefakten zusammengetragen, die von Höhlenzeichnungen bis zu monoklonalen Antikörpern reichen. Einen großen Teil dieses Fortschritts verdanken wir den erweiterten kognitiven Fähigkeiten, intensiveren Paarbeziehungen und einer intensiveren und ausgefeilteren elterlichen Investition in die Jungen.[4]

Im modernen westlichen Sprachkontext ist es offenbar nicht so, dass mit der zunehmender Fähigkeiten des Individuums man gegenseitig nicht mehr braucht. Die spezielle kulturelle Setzung verlangt vermehrt individuelle „Atomisierung" und dadurch ist die zwischenmenschliche Beziehung immer „entfremdeter". Darum ist die Anerkennung, Ermutigung und sogar Sehnsucht nach dem „einsamen" Zustand immer stärker. Dies verursacht unvermeidlich dauerhaftes instinktives Krisenbewusstsein und in der langfristigen Spannung und Qual mehr psychische Störungen oder Krankheiten. Es ist nicht unerwartet, dass mit solcher gesellschaftlichen Meinung manche psychische Ärzte diese schmerzhafte Erfahrung des

---

4 John T. Cacioppo, William Patrick 2008: Loneliness: Human Nature and the Need for Social Connectionvon. New York und London: W.W. Norton & Company. S.202.

„Einsamkeitsgefühls" positiv bewerteten:

> In den Meinungen der Leute finden wir heraus, dass Sartres Definition sehr passend ist. Er wies darauf hin, dass Einsamkeitsgefühl das grundlegende Merkmal des Menschenlebens sei. Das Individuum muss einen Sinn im Leben erschaffen und die eigene einsame Verlassenheit im Universum erkennen. Das Einsamkeitsgefühl entsteht in diesem Konflikt. Darum wird es oft als die Essenz des inneren Lebens des Individuums bezeichnet. Sartre führte Rainer Maria Rilkes Einstellung fort und Rilke glaubte auch, dass Einsamkeitsgefühl ein unvermeidlicher Teil des Lebens sei. Nach ihm ist wird das Gefühl äußerst schmerzhaft, wenn man mit eigenen Willen dagegen wehrt. [5]

Auf diese Weise entsteht ein auffälliger Konflikt, oder sagen wir direkt ein Konflikt, über den nur die moderne westliche Gesellschaft verfügt: Einerseits weiß man natürlich, dass Einsamkeit bitter ist. Andererseits weiß man, dass die Bitterkeit und Schmerz unvermeidbar sind; Man glaubt immer noch, dass Einsamkeit ein Alarmzeichen der psychischen Krisen ist, welche aber die wahrhaftigste sind; Außerdem geht man davon aus, dass die Einsamkeit zwar korrigiert und verbessert werden muss, aber jede Heilbehandlung nicht sehr wirkungsvoll ist; Auf einer Seite weiß man, dass diese Einsamkeit Schutz der zwischenmenschlichen Sicherheit benötigt. Auf der anderen Seite kann man nur unter deren Einfluss etwas erschaffen. Zusammenfassend lässt es sich sagen, dass man die Einsamkeit für einen „anormalen" Zustand hält, zumindest im psychischen Sinne ist sie ungesund. Allerdings kann man nur diesen Zustand als „tiefschürfend" bezeichnen. Die obengenannten gegensätzlichen Gedanken kann man vom „im Raum verschlossenen" Dichter hören:

> Es ist widersprüchlich, dass die Existenz der anderen in unserem inneren Leben sowohl notwendig als auch unnötig ist. Ohne die anderen ist unsere Erfahrungen karg und öde. Wir benötigen sie zum Leben, lieben und empfinden. Allerdings müssen wir ihnen auch ausweichen und zu unserem inneren Herz kommen. Nur so wissen wir was wir mit ihnen zusammengetan haben bzw. Was mit mir geschehen ist. Sie müssen uns an uns selbst zurückgeben. Beim

---

5   Arlene Kramer Richards usw. (Hg.) 2016: Encounters with Loneliness: Only the Lonely. Übersetzt von Cao Sicong. Beijing: World Book Inc. S.2.

Alleinsein geben wir sie auch an sich zurück. Wir benötigen es mit ihnen zusammen zu sein, wir brauchen es auch nicht mit ihnen zusammen zu sein. Wenn wir mit ihnen gemeinsam sind, wissen wir, dass wir immer noch einsam sind; Wenn wir einsam sind, wissen wir, dass wir immer noch mit ihnen zusammen sind.[6]

Meines Erachtens verwechselt diese gegensätzliche Behauptung großenteils das Lebenszustand „Alleinsein" mit der psychischen „Einsamkeit". Wir können konkret sagen, dass diejenigen, die „allein" sind, fühlen nicht unbedingt „einsam", er hat zumindest nicht unbedingt diesen Zustand gewählt oder ist damit zufrieden. Andererseits empfinden diejenigen die Einsamkeit, wenn sie nicht unbedingt allein sind. Wie die deutschen expressionistischen Holzschnitte aus dem letzten Jahrhundert zeigten, auch wenn man sich in spektakulärer Stadt befindet, kommt das Einsamkeitsgefühl noch öfters vor.

Gemäß der Besinnungsumgebung, welche relativ wenig gestört wird, werden die Leute dazu gebraucht, Bedingungen für das „Alleinsein" zu schaffen. Wenn man sich aber im westlichen Sprachkontext befindet und die einzigartige kulturelle Anspielung noch nie erhalten haben, wollen nicht unbedingt „Einsamkeit" zu empfinden, auch wenn sie „Alleinsein" geschaffen haben.

Die tatsächliche Situation ist aber das Gegenteil. Genau die Überwindung dieses physischen Zustandes bildet die Entwicklungsmotivation seiner Einbildungskraft, selbst wenn wie Freude behauptete, dass die Überwindung durch Tagesträume erreichen muss. Daher sehen wir, dass im Zustand des „Alleinseins" umso mehr die Sehnsucht nach zwischenmenschlichen Interaktionen in den klassischen chinesischen Gedichten geäußert wurde. Auf diese Weise können wir natürlich sagen, auch wenn die Autoren das „Alleinsein" aktiv gewählt hätten, wünschten, mochten die „Einsamkeit" nicht, konnten die auch nicht ertragen; Solange man im Herzen die Sehnsucht hat, gerät man nicht wirklich in die sogenannte „Einsamkeit", geschweige denn das innere Bedürfnis nach ihr. Als klarer Einstellungskontrast lesen wir im chinesischen Sprachkontext ein Gedicht von Su Shi, der es nach Abschied mit seinem kleinen Bruder verfasste, um seine Sorgen und sein „Einsamkeitsgefühl" zum Ausdruck zu bringen.

Warum sehe ich so betrunken aus, ohne Wein zu trinken? Mein Herz kehrt mit deinem heimkehrenden Ross zurück.

---

6 Arlene Kramer Richards usw. (Hg.) 2016: Encounters with Loneliness: Only the Lonely. Übersetzt von Cao Sicong. Beijing: World Book Inc. S.25.

Deine Gedanken wenden sich unseren Eltern und dem Ahnenschrein zu. Wie kann ich mit dem einsamen Leben getröstet werden, das ich führen werde?

Wenn ich eine Höhe erklimme, schaue ich zurück und bin so traurig, deine schwarze Mütze mal erscheinen, mal verschwinden zu sehen.

Es ist jetzt beißend kalt und du bist dünn gekleidet, Du reitest einen mageren Gaul unter dem abnehmenden Mond, der so trostlos ist.

Wanderer singen in der Fremde, die Leute sind froh zu Hause, mein Hausjunge fragt sich, warum ich allein bin.

Ich weiß, dass Menschen sich treffen oder trennen, sich niederlassen oder umherziehen, aber ich fürchte mich vor dem Gedanken, wie schnell die Jahre vergehen.

Vor einer kalten Lampe denke ich an vergangene Tage. Wann können wir in einer regnerischen Nacht dem kalten Wind lauschen?

Du weißt, was ich meine, und du musst immer daran denken: Passt auf, dass du kein hohes Amt liebst..[7]

Außerdem gibt es unter solchen Gedichten auch ein bekannteres und weit verbreiteteres Shui diao ge tou. Die Reime „Also tanze ich im Schatten des Mondlichtes, diese Menschenwelt – Wie kann ich sie mit eurer vergleichen?" und „Aber ich hoffe, wir beide werden ein langes Leben haben, auch wenn uns tausend Meilen trennen, können wir doch die Schönheit des Mondes zusammen genießen"[8] führten quasi Konfuzius' Erschließung der Bedeutung des Daseins weiter und fügten ein allgemeines Verständnis der Lebensausstrahlung hinzu:

Strahlender Mond, wann wurdest du geboren?
Ein Weinglas in der Hand, frag ich den tiefen blauen Himmel,
nicht wissend, welches Jahr heute Nacht ist
In diesem himmlischen Palast da oben. Ich träum auf dem Wind zu fliegen,
doch fürchte diese kristallklaren Türme, diese Höfe aus Jade,
in den Tod gefroren in diesen eisigen Höhen!
Anstatt dass ich aufsteige und mit meinem bleichen Schatten zu tanzen,
besser nicht, nach alldem, in der Welt von Männern. Umrunde ich den roten Pavillon,
beuge ich mich um durch die verbundenen Fenster zu blicken,

---

7   Su Shi: A Poem to My Brother Ziyou, Composed on Horseback after Parting with Him at the Western Gate of the Capital on the 19th Day of the 11th Lunar Month. Übersetzt von Xu Yuanchong.

8   https://de.wikipedia.org/wiki/Shui_diao_ge_tou

er scheint auf die Schlaflosen.
Der Mond sollte keine Traurigkeit kennen,
warum, dann, ist er immer voll, wenn die Liebsten von einem getrennt
sind?
Für Männer die Trauer der Trennung, die Freude des Wiedersehens,
einfach so wie der Mond schwindet und wächst, ist er breit oder dünn:
Immer im Fluss und so ist es seit er alt ist. Mein einziger Wunsch für dich
ist ein langes Leben und dass du diese Verliebtheit teilst, weit weit weg![9]

Im Vergleich lesen wir ein Gedicht von Nietzsche und wir können entdecken, dass die „Einsamkeit", die „Ungeselligkeit" auch für große Helden nicht unabdingbar sind, viel mehr zeigen sie wahrscheinlich einen gewissen psychischen krankhaften Zustand:

Die schlägt Wurzeln, wo
der Fels selbst schaudernd
zur Tiefe blickt —,
die zögert an Abgründen,
wo Alles rings
hinunter will:
zwischen der Ungeduld
wilden Gerölls, stürzenden Bachs
geduldig duldend, hart, schweigsam,
einsam ...
Einsam!
Wer wagte es auch,
hier Gast zu sein,
dir Gast zu sein?...[10]

An dieser Stelle schauen wir die beiden Enden der „vergleichbaren Waage", wie sie mit dem Problem der „Einsamkeit" umgingen. Allem voran schenken wir die Aufmerksamkeit dem klassischen China, wo die Kultur noch als normal bezeichnet werden kann. Ich erinnere mich, dass der taiwanesische Wissenschaftler Huang Jinxing nach dem Vergleich behauptete, dass „in der chinesischen Kultur kein sogenanntes Einsamkeitsgefühl". Für mich ist aber seine Behauptung wohl zu absolut. Auf jeden Fall müssen wir an Reime wie „es gibt keine Leute im Land, die mich verstehen" von Qu

9   Su Shi: Shui diao ge tou: Im Jahre Bingchen zum Mondfest. Übersetzt ins Englisch von Xu Yuanchong.
10   Friedrich Nietzsche: Zwischen Raubvögeln.

Yuan, „lebenslang bin ich auf dünnem Eis, wer kennt meine Sorge" von Ruan Ji oder „ich denke an die Unbegrenztheit des Himmels und der Erde und bin alleine traurig und vergieße Tränen." von Chen Ziang denken, in denen Einsamkeit und Verlassenheit zum Ausdruck gebracht wurden. Des Weiteren gibt es in der Geschichte häufig jemanden, die in völliger Abgeschiedenheit lebten und bewusst den Zustand des „Alleinseins" ausgewählten. Es ist schwer zu sagen, ob sie einmal das „Einsamkeitsgefühl" hatten. Auf der anderen Seite gibt es auch oft diejenigen, die aus der Familie oder Gesellschaftsgruppe ausgetrieben wurden. Für sie heißt diese „Strafe" nicht Aushaltung des „Alleinseins" oder sogar der „Einsamkeit"?

Auch wenn es keine Hinweise aus dem Werk von Shiba Rokurō (1894-1959) über „Einsamkeit" gäbe, können wir mit Sicherheit erkennen, dass es in den klassischen chinesischen Gedichten das Thema über „Einsamkeit" existiert[11]. Wir können auch sagen, wenn es Ansiedlung oder Menschengruppen gibt, kommt auf jeden Fall die Frage vor, ob ein Individuum gesellig oder allein ist. Die Frage, ob sie sich „einsam" fühlen, ist auch unvermeidlich. Solange das Problem der Verhältnisse zwischen Teil und Ganze, Individuum und Gesellschaft nicht gelöst werden kann, kommt die „einsame" Psyche mehr oder weniger vor. Das Wesentliche liegt nur darin, wie man das Einsamkeitsgefühl betrachtet und behandelt. Auf diese Weise gibt es unterschiedliche Bewertungsmaßstäbe, verschiedene Kulturelle Standpunkte und Beurteilungssichtweisen. Konkret gesagt, aufgrund der klaren Führung der konfuzianischen Gedanken ist der höchste Wert der chinesischen Zivilisation und der psychische Normalzustand nicht in Vernichtung oder Anerkennung des „Einsamkeitsgefühls", sondern die Unterdrückung oder Überwindung der negativen Psyche.

Wir können uns weiter vorstellen: Im Vergleich zu den obengenannten seltenen Beispielen drückten die meisten klassischen chinesischen Gedichten entweder Fröhlichkeit der Massen, ungerne Abschiede oder Spannung und Trauer…Egal in welchen Situationen sie beim Verfassen sich befanden, sind die Botschaften ähnlich. Nämlich nur in der zugehörigen Familie oder gesellschaftlichen Gruppen fühlten sie sich gelassen und ruhig. Dies zeigt uns mit Sicherheit, dass in der typischen chinesischen kulturellen Situation die sogenannte „Einsamkeit" auf keinen Fall gut und

---

11   Shiba Rokurō 1958: Das Einsamkeitsgefühl in Bezug auf chinesische Literatur. Tokyo: Iwanami-Verlag.

erwähnenswert ist. Darum brauchte Wang Wei (699-759) durch „Ganz allein in einem fremden Land, habe ich an diesem Tag doppeltes Heimweh"[12] ein gezwungenes „Alleinsein" zum Ausdruck. Cheng Hao stimmte durch seine positive weise Einstellung „Beim ruhigen Betrachten erfährt man Vergnügen aller Dinge, wie die anderen Leute kann man auch die schönen Anblicke der vier Jahreszeiten genießen" die Fröhlichkeit der Massen.

Konfuzianismus betonte zwar die Verbesserung der eigenen Kultiviertheit und Persönlichkeitsentwicklung, ermunterte aber nicht den „isolierten" oder „ungeselligen" flüsternden Ton. Im Gegenteil ermahnte der ständig, dass man sich in seine zugehörigen gesellschaftlichen Gruppen zur Suche der rationalen Unterstützung und sinnlichen Fröhlichkeit einsetzen soll. Obwohl man innerhalb von einer kurzen Zeit oder sogar seinem Leben mit unerwarteten Bedrängnissen konfrontiert sein kann, wie Sima Qian beschrieb „ich seufze für Gelehrte, die allein sind. Sie halten sich oft zurück, orientieren sich an die Sitte und befürchten, dass ihre Bestrebungen und Verhalten in der Öffentlichkeit unbekannt sind. Sie sind selbstbewusst und talentiert, aber die Welt unberechtigt. Bis zum Tode sind sie immer fleißig, ihre Talente und Fähigkeit können nicht gezeigt werden"[13], muss man mit weitherziger Einstellung „wenn gebraucht, zu wirken, wenn entlassen, sich zu verbergen" gelassen behandeln.[14] Auch wenn man allein ist, ist seine eigene Persönlichkeit vollgefüllt. Wie in „Mitte und Maß" verfasste: „Es gibt nichts Offenbareres als das Geheime, es gibt nichts Deutlicheres als das Allerverborgenste; darum ist der Edle darum ist der Edle vorsichtig in dem, was er allein für sich ist."[15] Oder wie Zhang Zai aus der Nördlichen Song-Dynastie schrieb: „Auch wenn man sich allein an einer geheimen Ecke im Kammer befindet, soll man sich aufrichtig verhalten. Man muss jederzeit seine Menschlichkeit und Charakter behalten und trainieren."[16]

---

12 Wang Wei: On the Mountain Holiday Thinking of my Brothers in Shandong. Übersetzt von Xu Yuanchong.

13 Sima Qian 1985: Fu-Lyrik über Seufzer von Bedrängnissen der Gelehrten, in: Kommentare der Fu-Lyrik aus gesamter Zeit. Zhao Kuifu (Hg.). Chengdu: Bashu Shuhe. S.208-209.

14 Lun Yu. Gespräche 1975. Übersetzt von Richard Wilhelm. Düsseldorf und Köln, S.83.

15 Das Buch der Riten, Sitten und Gebräuche 1981: Düsseldorf/Köln: Diederichs. S.27.

16 Zhang Zai 1985: Xi Ming, in: Werksammlung von Zhang Hengqu. Beijing: Zhonghua Shuju. Bd. 1-2, S.3.

Das chinesische Schriftzeichen für „Menschlichkeit" 仁 besteht aus dem Radikal „Mensch" und „zwei", bezeichnet die zwischenmenschlichen freundlichen Verhältnisse. Die Zeichen für „Einsamkeit" bestehen aus 孤 und 独, das erste heißt Kind ohne Vater und das zweite Zeichen alter Mensch ohne Kind, beide bezeichnen eigentlich die Mangel der Familien und Ethik. Genau aus dieser grundlegenden Voraussetzung schlug Konfuzius folgende These vor: „Innerer Wert bleibt nicht verlassen; er findet sicher Nachbarschaft"[17]. Dadurch belehrte er seine Schüler eindeutig, dass moralische Erziehung die zwischenmenschliche Harmonie fördert und die psychische „Einsamkeit" den Mangel eigener Kultiviertheit zeigt. Für Edle sei es eine Niederlage oder Blamage ihrer moralischen Eigenschaften.

Gemäß des Denkwegs „Innerer Wert bleibt nicht verlassen; er findet sicher Nachbarschaft" lesen wir die Stelle von dem songzeitlichen Neo-Konfuzianer Cheng Yi (1033-1107): „Bei extremer Einsamkeit ist man verschroben und ungesellig; Bei extremer Standhaftigkeit ist man leicht wütend und unruhig; Bei extremer Empfindlichkeit beobachtet man zu viel und ist sehr skeptisch. Manche Leute haben zwar intime Freunde und zugehörige Gemeinschaft, aber sie sind selbst argwöhnisch und verschroben, fühlen sie sich auch bei engen Freunden einsam".[18] Das heißt, nach konfuzianischer Wertsetzung führen nur Persönlichkeitsmängel zur einsamen Ungeselligkeit und darum ist man selbst Schuld und bekommt die Strafe des „Alleinseins". Falls die anderen in diesem Sinne „die Hölle" sind, ist man selbst „argwöhnisch" und die Gedanken spuken zuerst im Kopf.

Wenn man genauer analysiert, die Eliten und Unterschichten gehörten im traditionellen China zwar zum gleichen kulturellen Kreis, zeigten aber unterschiedliche Orientierungen und Bevorzugungen zwischen „Erkenntnis von Leid und Not" und „Mentalität des Frohsinns", „Abbruch des Umgangs zwischen Himmel und Erde" und „Vereinigung von Himmel und Menschen". Konkret gesagt, wenn die Eliten aufgrund ihres besseren Bildungsniveaus und weiterer Informationskapazität zuerst die Erkenntnis von Leid und Not und den Abbruch des Umgangs zwischen Himmel und Erde zustimmten und dann mit der Mentalität des Frohsinns und Vereinigung von Himmel und Menschen die Balance hielten, waren die

---

17 Lun Yu. Gespräche 1975. Übersetzt von Richard Wilhelm. Düsseldorf und Köln, S.63.
18 Cheng Yi 1981: Kommentare über I Ging, in: Werksammlung von Cheng Yi und Chenghao. Interpunktiert und lektoriert von Wang Xiaoyu. Beijing: Zhonghua Shuju. Bd.3, S.893.

Unterschichten genau im Gegenteil. Sie stimmten zuerst die letztgenannten zu und zeigten dann ihre Sorge um die unharmonischen Faktoren oder Teile der „Lebenskonflikte". Wie ich bei der Analyse von „Happy Endings" verdeutlichte:

> Wenn die Hauptprotagonistin von Anfang bis Ende schwere Fesseln trägt, sind solche Handlungsabläufe mit „Tragödie" und „Komödie" sind natürlich nicht gleich wie das pure idealistische Leben. Für chinesische Zuschauer ähneln die Kombinationen aus Freude und Kummer zweifellos dem realen Leben selbst, welches man durch Duldung, Warten, sogar Appell und Ersehnen führen kann. Vielleicht ist solche Lebenseinstellung nicht von Philosophen oder Denkern wie Li Zhi, Huang Zongxi und Gong Zizhen, weil sie bei ihnen noch empfindlicher und tiefgehender erscheinen würde, sondern von der Masse, den gewöhnlichen Leuten, die kompromissvoller friedlicher und folgsamer sind. Darum sind die Kunstarten wie chinesische Oper und Storytelling (Pingshu) nicht unter den Eliten sondern aus dem Volk entstanden. Die Besinnungsbewegung wurde sich sicherlich mit dem Geschmack der Zuschauer ändern und eine kulturelle Form, welche der Psyche der Unterschichten mehr entsprach, bildet sich nach und nach.[19]

Früher waren die kultivierte Schichten sensitiver, was die Familien und Freundschaft betrifft, wie wir aus den Gedichten von Su Shi erfahren können. Unter dem westlichen Einfluss und der kontinuierlichen Veränderung der Sprachkontexte sind die gute Verhältnisse heutzutage bei den gesellschaftlichen Unterschichten noch eng geblieben. Es liegt darin, dass einerseits die Oberschichten die westliche Gesellschaft besser verstehen. Aufgrund der Beherrschung der Modernisierung vertreten sie sogar noch die Meinung, dass je mehr man auf die alte zwischenmenschliche Interaktion verzichtet, umso eleganter, modischer und westlicher ist es. Auf der anderen Seite ist es ursprünglich für die Unterschichten schon sehr einfach, die kulturelle Anspielung der „Vereinigung von Himmel und Menschen" zu akzeptieren. Daher können sie mit dem einsame Alleinsein noch schwer identifizieren und finden Sartre, der „die andere" als „die Hölle" betrachtete und den existenzialistischen Standpunkt vertrat, distanziert.

---

19 Liu Dong 2016: Lass die Leute, die oben stehen, auf die Knie fallen: Kulturelle Funktion der Konflikte und Wiederbegegnungstreffen, in: Academic 36. Beijing: Commercial Press. S.99.

Zu diesem Punkt wird unser Thema automatisch an Sartre versetzt. In der Tat schenkte ich bereits vor dreißig Jahren die Aufmerksamkeit der starken Einsamkeit der Existenzialisten. Damals suchte ich trotz der beschränkten Forschungsbereiche anhand von indirekten Erfahrungen in modernen grauen Kunstwerken nach dieser entfremdeten modernen Empfindlichkeit: „Nur das Wort Hässlichkeitslehre kann uns helfen, eine Reihe Empfindungen wie Einsamkeit, Furcht, Ärger, Sarkasmus, Zittern, Verzweiflung, Angst, Übelkeit usw. zusammenzufassen, welche aus der Vernunft entfremden; Nur der Begriff Hässlichkeitslehre kann uns beim Empfinden sämtlicher Entfremdungen (inkl. die zwischenmenschliche Entfremdung, die Entfremdung zwischen Menschen und Natur, die Entfremdung zwischen Menschen und Gesellschaft und die zwischen Anderen und sich selbst) wie Isolierung, Trennung, Absurdität, Abgeschiedenheit, Einsamkeit usw. helfen."[20]

Wie vorher schon erwähnt, dieses graue „Entfremdungsgefühl" kann am meisten die Verlegenheit der Existenz der modernen Leute symbolisieren. Darum können wir uns hineinversetzen und begreifen, weshalb Sartre anhand von folgender Handlung das extreme einsame Gefühl der Existenzialisten darstellte oder anders gesagt das erschreckende Thema „die anderen sind die Hölle" interpretierte. „Die drei Hauptfiguren in der „Geschlossenen Gesellschaft" werden irrsinnig und ziellos in einen einzigen Raum eingeschlossen, welcher die ewige Hölle symbolisiert. Inès, Estelle und Garcin werden nacheinander Scharfrichter der anderen Beiden. Die wahre gegenseitige Hilfe und Kommunikation sind auf ewig nicht möglich. Garcin entblößte die Realität mit einem Satz: Wir rennen hintereinander her wie Karussellpferde, die sich nie einholen."[21]

Wenn der Atheismus nach der Renaissance eigentlich aus dem altgriechischen Philosophen Epikurs entwickelte, wurde sein Hauptgedanke, nach eigenem Glück zu streben, zur heutigen direkten Konfrontation der Trauer und Einsamkeit gewandelt. Um das Gefühl der „Einsamkeit" auf extreme Weise auszudrücken und die Beharrung sowie Versinkung noch extremer darzustellen, verkündet der Protagonist in seinem berühmten Roman „Ekel" seine gründliche Abrechnung der Beziehungen zur Welt: Ich aber lebe alleine, vollständig alleine. Ich spreche mit niemandem, niemals; ich

---

20   Liu Dong 2007: Sensibilität vom Westen: Mehrdimensionale Ausrichtungen. Beijing: Peking Universität Verlag. S.175.
21   Laurent Gagnebin 1972: Connaître Sartre. Paris: Éditions Resma. S.70-71.

bekomme nichts, ich gebe nichts".[22] Offensichtlich ist die „Einsamkeit" hier sowohl eine äußere Enthüllung des Seins als auch ein innerer Protest des Sollens. Auch wenn man dafür sein lebenslanges Erdulden ausgeben muss, soll man mit Ausdauer die Expedition weiter unternehmen.

Seit der Auflösung des autoritativen Systems, welches eigentlich zuverlässig war, sind die zwei Seiten der einsamne Münze deutlicher: Auf seiner Seite graviert „Freiheit" und auf der anderen „Einsamkeit". Es scheint so, dass Isaiah Berlin teilweise aus diesem Grund in seinem bekanntesten Werk folgendes über die ungenannte Furcht zur „Freiheit" der modernen Leute schilderte: „Das viktorianische England litt unter einer erstickenden Enge—die besten und talentiertesten Männer der Epoche, Mill und Carlyle, Nietzsche und Ibsen, Männer der Linken wie der Rechten, verlangten nach mehr Luft und mehr Licht. Die Massenneurose unserer Zeit ist die Agoraphobie; die Menschen haben Angst vor der Desintegration, vor zuwenig Führung: sie verlangen, wie Hobbes' herrenlose Menschen im Naturzustand, nach Mauern, die den wütenden Ozean fernhalten sollen; sie verlangen nach Ordnung, Sicherheit, Organisation, klar erkennbarer Autorität, während die Aussicht auf zuviel Freiheit sie erschreckt und in ein Vakuum stürzt, in eine Wüste ohne Wege, ohne Wegweiser und ohne Ziele."[23]

Die Einstellung zur Akzeptanz der „Einsamkeit" ist für modernen Westen sowohl eine äußere Expedition der Tatsache, als auch ein innerer ethnischer Konflikt. Wie wir am Anfang des Kapitels bereits erwähnten. Die Spannung bildet auf jeden Fall eine große Gefahr und Herausforderung für die psychische Gesundheit. Darum haben wir Grund zu glauben, dass sie selbst eine gewisse Gefahr darstellt. Wie die zwei amerikanischen Psychologen zu diesem Punkt verfassten: „Hier zeigt sich einmal mehr, warum der Mensch nicht als ‚existenzieller Cowboy' gedeiht, den so viele moderne Denker preisen. Es mag zwar buchstäblich wahr sein, dass ‚wir allein geboren werden' und dass ‚wir allein sterben', aber Verbunde tragen nicht nur dazu bei, uns zu dem zu machen, was wir aus evolutionärer Sicht sind, sondern auch dazu, wer wir als Individuen werden. In beiden Fällen sind menschliche Beziehungen, geistige Gesundheit, psychologische Gesundheit und emotionales Wohlbefinden untrennbar miteinander verbunden."[24]

---

22 Jean-Paul Sartre 2016: Der Ekel. Roman in neuer Übersetzung (58. Auflage). Reinbek bei Hamburg: Rowohlt Verlag. S.17.
23 Isaiah Berlin: Freiheit: Vier Versuche. Frankfurt a.M.: Fischer Verlag. S.285.
24 John T. Cacioppo, William Patrick 2008: Loneliness: Human Nature and the Need for Social Connectionvon. New York und London: W.W. Norton & Company. S.131.

Der ideelle Standpunkt, welchen die Existenzialisten damals vertraten, wird zum medizinischen Index, der die Ärzte „existenzialistische Psychotherapie" führen. Darunter ist die Behandlung der „Einsamkeit" ein wichtiger Bestandteil. Was ist aber die sogenannte „existenzialistische Einsamkeit"? Nach Experten in diesem Bereich: „Das »Nichts« und die Selbstkonstituierung haben eine weitere tiefe und beunruhigende Konsequenz: Einsamkeit, eine existenzielle Einsamkeit, die – wie ich im achten Kapitel erörtern werde – weit über die gewöhnliche soziale Einsamkeit hinausreicht; es ist auch die Einsamkeit des Getrenntseins nicht nur von den Menschen, sondern auch von der Welt, wie man sie gewöhnlicherweise erlebt. »Die Verantwortung des ›Für-Sich-Selbst‹ [das heißt das individuelle Bewusstsein] ist überwältigend, da es dank des ›Für-Sich-Selbst‹ überhaupt eine Welt gibt.«"[25] Wenn wir die ärztliche Behauptung mit Figuren bei Sartre und Camus vergleichen, ist es schwer zu erkennen, wer wen behandelt: Soll die kranke einsame Protagonisten die schwerkranke Gesellschaft heilen oder umgekehrt?

In der Tat kann man nur durch den obengenannten Vergleich die Ernsthaftigkeit sehen. Das Problem liegt nicht darin, dass im klassischen China keinen egoistischen Individualismus oder das Gefühl der Einsamkeit gab. Diese wurden aber im chinesischen Sprachkontext nicht angespornt und gerechtfertigt, sondern nur von positiven Werten des Mainstreams in einem gewissen kontrollierbaren Raum beschränkt, unterdrückt und überwunden. Im modernen China wird Ibsenismus aber zur ideellen Mode. Man fängt auch an, die „Einsamkeit" halb gespielt zu genießen und glaubt, dass Yang Zhu, welchen mit seiner Ideologie „kein Haar aus seinem Körper reißen würde, um der Welt zu helfen", lange Zeit von Edlen verachtet wurde, mit den Gedanken des Westens am passendsten sei.

Es ist auch interessant zu erwähnen. Ich weiß, dass solche Gedanken voreingenommen sind, aber es gibt oft einige Experten für moderne Literatur, die mich überreden, Verständnis und Sympathie für die einseitige und starrsinnige Orientierung der damaligen Gelehrten (Bewegung für eine neue Kultur) zu haben. Ich kann zwar zugestehen, dass ihrer Tadel der klassischen Kultur von der Situation gezwungen war, aber sie sollten nicht angesichts der externen neuzeitlichen Herausforderung unterschiedslos und

---

25 Irvin D. Yalom 1989: Existentielle Psychotherapie. Köln: Edition Humanistische Psychologie. S. 258.

unvernünftig ihre Kritik an den frühen chinesischen Philosophen richten. Als hätte Konfuzius die Fragen, mit denen er auseinandersetzte, nicht selbst gesehen, sondern von Leuten hunderter Generationen später ausgedacht. Aus diesem irrationalen Gefühl sahen die Leute die seelische Sublimation „in seinem Eifer das Essen vergisst" und „Vergessen aller Trauer" weder als die Rettung der Menschen, die in Lebensbedrängnisse geraten sind, noch die durch mühselige Überlegung erhaltene Freude, den Frieden und die Ungezwungenheit als einen einzigartigen „Lösungsplan", geschweige denn einen Beitrag für die Gedankenschatzkammer der Welt. Im Gegenteil, sobald sie mit externen großen Herausforderungen konfrontiert waren, wollten sie zuerst auf eigene wertvollen Erfindungen unbedingt verzichten, als wäre ansonsten das Land nicht mehr zu retten wäre.

Wenn die klassischen chinesischen Philosophen betonten, dass „innerer Wert nicht verlassen bleibt und er sicher Nachbarschaft findet", zeigten solche Leute aus der Neuzeit aber eine umgekehrte Psychologie: Solange man sich nicht einsam und abgeschieden fühlte, war es sicherlich ein Symbol für Rückständigkeit und Mangel der Kultiviertheit. Wenn die moderne westliche „atomisierte Gesellschaft" zufälligerweise auf der Suche nach persönlichen Werten mit einsamen negativen psychologischen Auswirkung konfrontiert, betrachtete China am Anfang der Republik solche negative Psychologie direkt als positive anerkannte Werte. Ein wichtiger Grund liegt vielleicht darin, dass die moderne Leute damals vor allem Literaten und Schriftsteller waren. Sie behandelten das Problem, ob die Gesellschaft atomisiert werden sollte, nicht direkt. Stattdessen sahen sie es eher ein ästhetisches Problem, ob man Einsamkeitsgefühl hatte.

Darum entstand das unerwartetste und auch unvernünftigste Paradoxen; „Nur wenn man seine Landsleute zuerst nicht liebt, kann man sie richtig lieben", oder konkret gesagt, um eigenes Vaterland und die Landsleute zu retten, muss man seelisch von ihnen, sogar von intimen Blutsverwandten distanzieren. Mit anderem Wort, nur wenn man „einsam" ist, kann man unabhängig sein und den gesellschaftlichen Trend führen. Es gehört eigentlich zur psychopathischen Einstellung des Westens, wird aber zum glänzenden Abzeichen in der heutigen Umwandlung der Verwestlichung. Auch die Selbstvorstellung von Hu Shi, welche zahlreiche Jugendlichen unwiderstehlich fanden, stellt kurz und klar die Logik des „Ibsenismus" dar:

Nur wenn man sich selbst weiterentwickelt, ist es für die Gesellschaft nützlich. Nur wenn man wahres selbst wird, können die anderen profitieren. Wenn man sich zu einer Person mit freier und unabhängiger moralischer Eigenschaft gestaltet, ist man natürlich unbefriedigt. Man ist unzufrieden mit der aktuellen Situation, traut sich die Wahrheit zusagen und die korrupten Phänomene anzugreifen und entwickelt sich zu Dr. Stockmann aus Ibsens „ein Volksfeind", „der sich nicht vom Reichtum korrumpiert, vom Armut beeinflusst und dem Gewalt sich beugt". Er redet die Wahrheit, um die gesellschaftliche schwarze Seite zu entblößen, wird sogar als „Volksfeind" bezeichnet. Trotz des schlechten Rufs spricht er immer noch die Tatsachen und verkündet mutig: Der stärkste Mensch der Welt ist derjenige, der am abgeschiedensten ist. Dies ist der wahre Geist des Individualismus.[26]

Gemäß dieser absurden Logik gingen sowohl die Schriftsteller als auch die Kritiker auf diese ausländische Mode ein. Die traditionelle chinesische Ästhetik wurde für altmodisch, geschlossen und kitschig gehalten. Die eingebildete und mit der Welt unzufriedene „Einsamkeit" wurde zum wunderbaren ästhetischen Bereich eingestuft. Wenn wir in diesem Sinne erneut Werke von Lu Xun, oder von modernen Bei Dao, Can Xue und Yu Hua, verstehen wir, dass hinter ihnen noch kulturelle Muster von Nietzsche, Kafka und Baudelaire existieren.

An dieser Stelle können wir als interessanten Vergleich Ouyang Xiu und Lu Xun unter dem Auge der dänischen Sinologin Anne Wedell-Wedellsborg lesen, deren Forschungsschwerpunkt auf moderne chinesische Literatur liegt. Sie analysierte zuerst Ouyang Xius bekanntes Prosagedicht „Fu-Lyrik für Herbst" und empfand nicht nur ein gewisses Gefühl der „Einsamkeit", sondern auch seine endgültige Überwindung:

> Das Prosagedicht von Ouyang Xiu stellt eindrucksvolle Aussicht mit sturzflutartiger Welle, Schlaggeräusch von Metall, Geräusch von Pferden, Menschenstimmen, bitterkaltem Herbst und der Einsamkeit dar. Er betrachtete die Natur als ein mächtiges Dasein und den Menschen, der am intelligentesten unter allen Lebewesen der Welt, nur als einen kleinen Teil davon. Wie Lu Xun erkannte er

---

26 Hu Shi 2011: Vorstellung meiner Gedanken, in: Gelehrsamkeit und Leben: Neue Werksammlung von Hu Shi. Herausgegeben von Geng Yunzhi und Song Guangbo. Beijing: Foreign Language Teaching and Research Press Co., Ltd. S.440.

die innere zerstörerische Seite, gehorchte aber schließlich und verstand die Regel der Natur, welche auch für ihn selbst gilt. „Man muss sich überlegen, wer überhaupt die Schädigung hinzufügt, weshalb hegt man einen Groll gegen den Herbst?" Der Autor ist ein Teil der Natur, vereinigte sich mit allen Dingen der Welt und fand in der Verbindung zwischen Menschen und Natur einen betrübten Trost.[27]

Ein klarer Kontrast bildet das lange Heulen am Ende der Erzählung „der Einsamer"[28] von Lu Xun. Da es in der Geschichte um die Ich-Erzählsituation handelt, können wir das Heulen als die innere Stimme des Autors betrachten:

> Das einsame lange Heulen, genauer gesagt ein Heulen zur einsamen Bedrängnis ist nicht nur mit der Realität und Aufrichtigkeit verbunden, sondern auch gefüllt mit Bitterkeit und Schmerzhaftigkeit. Es liegt nicht daran, dass es gewisse Konflikte zwischen Tradition und Modernen gibt. Die Integration für ein ehrliches und aufrichtiges Leben in die Gesellschaft ist unmöglich. Vielleicht glaubte Lu Xun, dass diese moderne psychische Einstellung genau die herausragende kennzeichnende Eigenschaft des Dilemmas der Künstler sei. Wir können feststellen, dass die Hauptfigur im Sinne von Dasein einsam ist. Diese Einsamkeit führt zur Abgeschiedenheit. Die Anderen gehen ihm aus dem Weg und verachten ihn. Die beiden Seiten der Einsamkeit (zwei Seiten des Paradoxes), nämlich die Freiheit und das Alleinsam sind tragisch. Die ungeselligen Leute geben schließlich aus Einsamkeit nach. Er trifft seine Entscheidung und verzichtet auf sein Ideal. Die äußere Abgeschiedenheit ist zwar beendet, aber seine innere Einsamkeit vermehrt sich und er stirbt am Ende (aus eigenem Anlass oder einer Krankheit des eigenen Laissez-faires).[29]

---

27 Anne Wedell-Wedellsborg 2015: Alleinsein im Schriftstück: Einsames Individuum in der chinesischen Literatur, in: Academic 34. Beijing: Commercial Press. S.240.

28 Der originale Text ist: „ich gehe sehr schnell, als wäre ich von einem schweren Ding hervorschießen möchte, es geht nicht. Irgendwas plackt sich in meinen Ohren ab. Nach einer Weile, nach langer Zeit ist es endlich ausgekommen. Es scheint wie ein langes Heulen von einem verletzten Wolfen. Er heult in tiefer Nacht im Ödland, in seiner Stimme vermischt Wut mit Trauer." (Lu Xun 2005: Der Einsame: In Gesammtwerk von Lu Xun. Beijing: People's Literature Press. Bd.2, S.110.)

29 Anne Wedell-Wedellsborg 2015: Alleinsein im Schriftstück: Einsames Individuum in der chinesischen Literatur, in: Academic 34. Beijing: Commercial Press. S.243-244.

Auf diese Weise wird der Kontrast gezeigt. Wenn der Dichter Su Dongpo sich schriftstellerisch mit folgender Einstellung beschäftigte: „Ich kann sowohl den Jadekaiser und als auch die Bettler begleiten. Es gibt keine Menschen, welche ich sehe, die böse sind", konnte er immer mehr menschliche Sympathie beim Verfassen empfinden. Die Literaten und Künstler im modernen China, einschließlich den Pionier-Malern wie Fang Lijun, Zheng Fanzhi, Que Minjun, Zhang Xiaogang halten die einzigartigen Stile aus Paris oder New York als Beispiel. Obwohl sie stets wählen, unter den Menschenmassen zu sein, nehmen sie oft Fremdheit, Trennung und Hohn als Werkthemen. Je mehr sie erschaffen oder kreieren, umso befremdeter und distanzierter sind sie von den Massen.

Von der Seite der Karriere betrachtet „genießen" sie quasi ihren Erfolg. Zumindest hat dieser Genuss in Bezug auf ihr Erschaffen keine realen psychischen Inhalte. Wie ich früher in „Sensibilität vom Westen" enthüllte: Im Werk können die Leser oder Zuschauer nicht wirklich „genießen", welches mit „Einsamkeit" und „Befremdung" thematisiert ist. Wie wir auch bei Lu Xun sehen, hatte der Schriftsteller ein einsames und bitteres Leben, der zuerst „Einsamkeit" als Ästhetik und „Symbol des Leidens" von Japan nach China einführte. Oder wir können vielleicht sagen, dass er zuerst das gründliche „Einsamkeitsgefühl" als „fortgeschrittene Kultur" betrachtete, es daher blind nach China importierte und nicht mit ganzer Überzeugung genoss. Schließlich führte es zur Folge des Alleinseins. Er begrub quasi eine Höhle, sprang dann selbst darein und heulte dafür sehr laut. In diesem Sinne „genoss" er die ausländische Kultur nicht wirklich, sondern trug sie als Bürden mit sich.

Letztendlich ist es das passivste und paradoxeste. Von kultureller Psyche und Innenkern des Wertes gesehen können die Chinesen aufgrund der „Standardannahme" von Konfuzius nicht wie Kierkegaard sein, obwohl er von Sartre mit Begründung kritisiert wurde. Der dänische Pionier für Existenzialismus hatte zumindest noch einen immer vageren Schatten Gottes, konnte er in extremen Fällen der „Einsamkeit" sich noch den Mut fassen, ein „Ritter des Glaubens" zu werden. Aber sobald die chinesischen Literaten und Künstler die „Einsamkeit" als die wichtigste Aufgabe betrachten, können sie keine gleichartige seelische Gehstütze finden. Darum werden sie gänzlich einsam und hilflos. Aus diesem Grund müssen wir wachsam darauf hinweisen, wenn die moderne rasch verwestlichte chinesische

Psyche die moderne abendländische Krankheit bekommt, wird sie sich viel grusseliger, kränklicher, distanzierter und gefährlicher darstellen.

Auf jeden Fall hat Konfuzianismus seine Originalität und eigenes Wertsystem, aus welchem langdauernde Sitten und Bräuche sowie historische Wirkung entstehen. Darum soll eigentlich eine blinde Transplantation auf den Zivilisationsorganismus nicht erlaubt sein. Daher können wir begreifen, dass Wenn man „das moralische Gefühl" von einer Gesellschaft ablöst, die ursprünglich über keine Religion aber Moral verfügte, bleibt nur die „unreligiöse" Seite übrig, oder mit anderen Worten sind nur die einzelnen unverdeckten Individuen noch übrig. Da die modernen Gelehrten damals wollten China in den unbalancierten Kontrast stellen wollten, ist der ernste Konsequenz eine „Abwesenheit Gottes" und ein blinder Verzicht auf den Lösungsplan von Konfuzius. Was sie den anderen überliefern können, ist nur der einsame Zustand des atheistischen Existenzialismus. Auch dieses Dasein, über welches die modernen Chinesen ausschließlich verfügen, wird zerstört dadurch bitterer.

Aus diesem Grund merkte ich vor über dreißig Jahren schon im Buch „Sensibilität vom Westen" an: Soll man die Einsamkeit trügerisch „genießen", realistisch „erdulden" oder unterdrücken bzw. überwinden, ist es immer noch eine ernste Frage für die modernen Chinesen.

Vierzehntes Kapitel

Religion und Neokonfuzianismus

Bis zu dieser Stelle sollen wir langsam zusammenfassend unser Thema passend entfalten, obwohl die Zusammenfassung hier für unsere „Trilogie" nur vorübergehend und keines Falls vollständig ist. Um den grundlegenden Charakter des Konfuzianismus in der komplexen historischen Gestaltung klarer zu machen werde ich die Zusammenfassung in zwei Abschnitte zur besseren Erstellung der „Vergleichbarkeit" zwischen China und dem West teilen.

(A)

Es ist nicht zu leugnen, dass ich nach meiner langjährigen Überlegung tatsächlich nicht weniger normale Erfassung über Konfuzianismus, insbesondere die über Konfuzianismus vor Qin-Dynastie wie „Vereinigung von Himmel und Menschen", „gegenseitige Ergänzung von Konfuzianismus und Daoismus", „immanent, aber nicht transzendent" und „Ethik als Grundlage" in Frage stellt bzw. korrigiert. Innerhalb von einer kurzen Zeit ist es für Einige Leute sicher ungewohnt, die solche Thesen oft in den Mund nahmen. Egal ob sie mich bezüglich dieses Punktes verstehen oder kritisieren werden, kann ich nur ein Zitat aus Mengzi für meine Gemütsverfassung beim Schreiben nehmen: „Mag ich etwa Debatten? Ich sehe mich dazu gezwungen." Auf jeden Fall komme ich plötzlich in der „letzten Phase des Verfassens", der Grund, weshalb ich diesmal vordringlich schreibe, ist nicht, dass ich etwas „Neues erschaffen" möchte. Im Gegenteil setze ich mich im Sprachkontext vom damaligen Konfuzius, damit ich sein Bewusstsein zu den Problemen besser mit Leib und Seele begreifen kann. Zumindest kann man nur so die Gedankenspur aus der Vergangenheit aktivieren, damit die zukünftige Geschichtsentwicklung weniger durch Spontanität und mehr aus bewussten Entscheidungen vorangebracht werden kann.

Von der Methodologie betrachtet treibe ich die Tätigkeit zwar entlang der versteckten Richtung der Geschichtsentwicklung, basiert die Stellung solcher Fragen oder die Korrekturarbeit auf die in diesem Buch errichtete „Vergleichbarkeit" zwischen Konfuzianismus und (atheistischem) Existenzialismus. Darum wies ich bei der Einführung der Vorlesung darauf hin, dass aufgrund der Vernetzung der Akademie in der globalisierten Welt gibt es in China erst „Philosophie", welche größtenteils nur eine „komparative Philosophie" darstellt. Basierend auf diesen komparativen Koordinaten werde ich neben der „Einführung", welche künftig auch publiziert wird, im mittleren Band der Trilogie noch weiter emphatisch entfalten: In der Tat hat Konfuzianismus nicht vor, alle Probleme des Lebens zu lösen, sondern wollte er die beschränkte Besinnung damit beschäftigen, was man im Leben noch lösen kann. Daher ist die Essenz des Konfuzianismus nicht wie man vorher missverstand eine kritiklose Metaphysik, welche komplett altmodisch ist und anderen Zivilisationen ähnelt. Im Gegenteil ist Konfuzius ein „beschränkter Rationalismus". Die Vorausbedingung der dunklen Wolke am Rand des Himmels oder die Beschränktheit des Lebens „wenn man noch nicht das Leben kennt, wie sollte man den Tod kennen" wird zuerst begriffen und er versprach einem nicht mit leeren Floskeln, welche nicht realisierbar sind.

Von der Geschichte betrachtet ist der konfuzianische humanistische Gedanke, gefüllt mit nüchterner Einstellung zu diesem Dasein, welcher von Konfuzius maßgeblich weiterführte, war angesichts der Religionskrise am Anfang der Zhou-Dynastie sehr aktiv und hängte eng mit dem Anstieg der Erkenntnis von Leid und Not der Menschheit verbunden, wie Xu Fuguan verdeutlichte:

> Die Leute der Zhou stürzte die Regierung der Shang-Dynastie und wurden Sieger. Nach den Dokumenten aus dem Anfang der Zhou-Zeit stellten sie sich nicht wie andere Völker dar, die nach dem Triumph hochnäsig und arrogant waren. Im Gegenteil hatten sie die vom Buch von Yi erwähnte „Erkenntnis von Leid und Not", die sich von dem Grauen und der Verzweiflung der primären Religion unterschied. Die gewöhnlichen Leute empfinden häufig im Horror und

in der Trostlosigkeit eigene Unbedeutendheit, verzichten daher auf seine Verantwortung und lassen die externe Gottheit für sich entscheiden. Wenn man seine Entscheidungen der Gottheit überlässt, weicht seine Handlung von seinem eigenen Willen und von der Vernunft ab. Diese Handlung kann man nicht mit Moral beurteilen und ist in der Tat Aktionen in der dunklen Welt der Einstellung. Das von der Orakelknocheninschrift beschriebene Leben „Leute aus Shang schenkt der Geist Beachtung" ist genau das. Der größte Unterschied zwischen „Erkenntnis von Leid und Not" und Grauen sowie Verzweiflung liegt darin, dass die Bildung der Erkenntnis eine Weitsicht aus gründlichen Überlegungen des Glücks und Unglücks. In dieser Weitsicht entdeckt man vor allem den engen Zusammenhang des Schicksals zur Handlungsperson und ihre zu übernehmende Verantwortung. Die Erkenntnis von Leid und Not stammt aus dieser Verantwortung und bezeichnet den psychischen Zustand, in welchem man die Schwierigkeit mit eigener Kraft überwindet. Sie ist eine Darstellung dafür, dass der menschliche Geist anfing, Verantwortung direkt zu übernehmen und Bewusstsein zu haben.[1]

Genau aus dieser Erkenntnis von Leid und Not, an die man ständig dachte, wurde festgelegt, dass man nicht blind Befehle vom Himmel annehmen sollte. Dies widmete der chinesischen Geschichte psychische Triebkraft zur Weiterentwicklung. Die über 2000 Jahre danach erlebte die chinesische Zivilisation niemals den stillen, superstabilen oder sogar den „unhistorischen" Prozess, welchen von Mill bis Yan Fu oder von Fairbank bis Jin Guantao schilderten.[2] Heutzutage befindet sich die ganze Welt in drastischen Veränderungen und obwohl der psychische Zustand des chinesischen Volks nahezu zertrümmert wurde, sind sie dazu ermuntert, vor der Herausforderung wachsam zu bleiben. Daher zeigen sie der externen Welt entsprechende Anpassungsfähigkeit.

Angesichts der historischen und realen Tatsache hat jeder keinen Grund mehr der Außenwelt keine Beachtung zu schenken. Die einzigartige kulturelle Erschaffung und der wachsame begrenzte Rationalismus, welche

---

1   Xu Fuguan 2001: Geschichte des Traktates über die menschliche Natur der Chinesen · Kapitel: Vor der Qin-Dynastie. Shanghai: Shanghai Joint Publishing. S.20-21.

2   Siehe John Stuart Mill: Über die Freiheit; Yan Fu 1986: Über die Dringlichkeit der Weltveränderung, in: Sammelwerk von Yan Fu. Herausgegeben von Wang Shi. Beijing: Zhonghua Shuju. Bd.1; John Fairbank: The United States and China; Jin Guantao, Liu Qingfeng 2011: Blühen und Krise: Über das superstabile System der chinesischen Gesellschaft. Beijing: Law Press.

zu der Zeit des Konfuzius zurückverfolgen lassen, gewährleisteten eine kulturelle Gemeinschaft während der meisten Zeit der menschlichen Zivilisationsgeschichte ein relativ ausgelassenes und friedliches Leben, egal wie viele Zurückhaltungen sie bei der Begründung und Bestätigung des Lebenswertes hatten oder wie viele blinde Flecke sie bei der Leitung der kulturellen Praxen zeigten. Basierend auf der relativen positiven Bewertung über die potenziellen Fähigkeiten des menschlichen Lebens befriedigten sie tatsächlich den Wunsch der Menschen auf ein besseres Leben, auch wenn der relativ beschränkt war.

Seit zwei Jahrhunderte erlebt China zwar zahlreiche Zerstörungen, Vernachlässigungen, Geringschätzungen und Verzerrungen können wir von der neulich gezeigten historischen Bewegungsbahn feststellen, dass die Nachfolger der konfuzianischen Kultur nicht komplett auf die Erkenntnis von Leid und Not sowie die Balancehaltung des seelischen Friedens verzichteten. Mit anderen Worten werden die Voraussetzung „Abbruch des Umgangs von Himmel und Erde" und das Wertsystem „Vereinigung von Himmel und Mensch" nicht preisgegeben. Die verborgene seelische Tradition stellt gerade die unbezwingbare Psyche der konfuzianischen Kultur dar. Der Fleiß, die Sparsamkeit, Beharrlichkeit, Freude am Lernen und an der Gruppe ermöglichen eigentlich den schnellen erneuten Anstieg Chinas, welches ehemals in „Halbkolonie" geriet.

Wir müssen auf jeden Fall in Ruhe erkennen, dass nicht jede non-westliche Zivilisation nach so heftigem Schlag sich rasch aufsteigen kann und nicht alle alten glorreichen Zivilisationen in gleichem Niveau weitergeführt und neubelebt werden können. Angesichts des Wirtschaftsaufschwungs im gesamten konfuzianischen Kulturkreis, inkl. die „Vier Kleinen Drachen Asiens" und Japan, weshalb suchen wir nicht in den inneren Genen nach den Geheimnissen und der verborgenen Treibkraft?

Einerseits, aufgrund des starken Einflusses der abendländischen Lebensstile und ideologischen Forme kann man keine andere Region in der Welt finden, die noch ähnlicher ist wie ein riesiges Pulverfass wie Ostasien. Andererseits, wegen der langfristigen Beeinflussung der konfuzianischen Kultur kann man ebenfalls keine anderen Gebiete finden, welche in so hoher Geschwindigkeit sich entwickeln wie die Gebirgsbildung des Himalayas, die die gesamte Geländekontur verändert. Welche Ecke in der Welt kann man mit China, Korea und Japan vergleichen? Auch England, Frankreich und

Deutschland, welche lang Zeit die Welttrend führten, kann man sie nicht mit Ostasien vergleichen. Wir wissen, dass der Kulturkreis Ostasiens eigentlich äußert potenzial ist, solang die Primaten darin genug Weisheit und Toleranz haben, mit den entstandenen Spannungen und Ritzen im Prozess der späten Modernisierung (late modernization) umzugehen und zu renovieren.[3]

Gemäß dem Standpunkt der 4. Mai Bewegung und den modernen Anhängern einer „vollständigen Verwestlichung" glaubt man bedauerlicherweise bis heute noch, dass die chinesische Kultur wie Lu Xun kritisierte, an Realitätsgefühl fehle und direkt gesagt sich um „Verschweigung und Betrug" handelt. Diejenigen, die die These der „Vereinigung von Himmel und Mensch" einseitig wiederholen, bieten dieser voreingenommenen Behauptung genau Beweise. Wer übersieht eigentlich die realen Tatsachen? Gegen solche negativen Einstellungen zur traditionellen chinesischen Kultur, insbesondere zum Konfuzianismus verfasste ich vor kurzem absichtlich einen Text und schilderte: Einerseits sollen wir anerkennen, dass Liu He in ihrem Buch „das translinguale Praxis" die Korrelation zwischen Arthur Henderson Smith und Lu Xun, deutete daher an, dass die vollständige Negierung des „Volkscharakters" von Lu Xun eigentlich eine Fortführung des Standpunktes der Missionare sei. Andererseits konnte sie leider nicht anschließend darauf hinweisen, dass Lu Xuns Beurteilung der chinesische Charakter viel pessimistischer und negativer war als die von Smith:

> Bis heute hat Arthur Henderson Smith glücklicherweise erraten: So ein widerstandsfähiges und standhaftes Volk, auch wenn es in eine nicht ideale und sogar brutale Welt geworfen wird, könnte es aber tatsächlich eine großartige Zukunft schaffen! Ist es nicht so? Im Hinblick auf das mit Trauer und Freude gefüllte 20. Jahrhundert liegt vielleicht die wichtigste Tatsache in China darin: Einerseits traten zahlreiche Persönlichkeiten mit hohen Idealen unter den von Lu Xun als träge betrachteten Massen auf. Sie verfügten zwar über unterschiedliche Orientierungen, Studienfächer und Handlungsweisen, hatten miteinander auch Auseinandersetzungen, Debatten und Widerstreite, konnten aber das Volk repräsentieren und leiten, damit sich China schrittweise vom passiven Krieg befreit. Andererseits, das Volk, welches von außen als bemitleidenswert und

---

3 Liu Dong 2011: Vorrede in der Buchreihe über Japanforschung vom Abendland: The Meiji Restoration von William Gerald Beasley. Übersetzt von Zhang Guang und Tang Jinxu. Nanjing: Jiangsu People's Press. S.4.

unambitioniert angesehen wurde, versteckte aber in ihrem fleißigen, sparsamen, geduldigen und friedlichen Charakter, ihrer Liebe und Engagement zu den Kindern, ihrer Investition an die Bildung ihrer Nachfahren sowie ihrer Zufriedenheit mit dem Schicksal großartige Kraft, welche die Welt umwerfen kann.[4]

(B)

An dieser Stelle müssen wir horizontal vergleichen. Wir fangen dann mit dem „humanistischen Geist" an, welchen Xu Fuguan erwähnte. Es ist allgemein bekannt, dass diese These in den 90er im chinesischen Kulturkreis einst sehr verbreitet war, deren Gebrauchsweise aber anders als Xu Fuguans. Wenn der „humanistische Geist" bei Xus Schilderung die Sorge und das Selbstbewusstsein zur menschlichen Angelegenheit und Handlung durch den Vergleich von „externer Gottheit" und „dem Menschen selbst" betont, brachte man in den 90er angesichts des Wirtschaftsschwungs die Forderung auf wirtschaftliche und höhere, insbesondere kulturelle Dimension zum Ausdruck. Auch wenn ungewissenhafter Gebrauch existierte, kann man das Krankheitssymptom „durch Behandlung" verstehen: Warum hat man diese höhere Forderung in der kulturellen Dimension nicht den Begriff „religiösen Geist" verwendet, sondern sie als „humanistischen Geist" bezeichnet? Es muss man natürlich nicht viel klären, da alles in China stattfand. Die höheren Bedürfnisse laut Maslows Bedürfnispyramide müssen im Reich der Mitte seit eh und je gemäß eigener Kraft der Menschen realisiert.

Wenn wir nun auf diesen unernsten Gebrauch verzichten und unsere Beachtung noch breiterem vergleichendem Bezugssystem schenken und fragen, was überhaupt der westliche „humanistische Geist" ist, bedeutet er offensichtlich etwas „Menschliches", ein Parallelbegriff zum „Göttlichen". Konkret gesagt ist es ein Kontrast zwischen hebräischem und griechischem Geist, Mittelalter und Renaissance, fernem Himmel und säkularer Welt, Scholastik und Literatur der Menschheit, Meditation und Versuchung, Moralapostel und Horn gegenüber der Religion… Seit Giovanni Boccaccios „Decameron" lesen wir eigentlich oft in der westlichen Literatur solche Satire und Rebellion gegen Christentum. Sartre und Camus auf der anderen Seite der vergleichbaren Waage konnte ihre Thesen auch nur entlang der

---

4   Liu Dong: Veränderung von „Zahnschmerzen" bis „Medizin", in: Weg und Welt. Beijing: Peking Universitätsverlag. S.226-227.

„Tradition von Rabelais, Montaigne, Voltaire, Julien Offray de La Mettrie, Diderot, D'Alembert, Paul Henri Thiry d'Holbach, Marquis de Sade und Charles Pierre Baudelaire bis André Gide" erst entwickeln.

Wir müssen auch erkennen, wenn dieser Geist auf die andere Seite des Atlantiks verbreitet, ist es nicht schwer, in der amerikanischen Literatur die Anerkennung des „Humanismus" zu finden, welcher der Religion gegenüber rebellisch ist, obwohl es in den USA aus historischen Gründen mehr Gläubige gibt und daher die Einteilung der sogenannten „religiöses Amerika, säkulares Europa" entsteht. Beispielsweise können wir folgende Sätze von Mark Twain lesen: „Darauf folgte Kleiderrascheln, und die Versammlung setzte sich. Der Knabe, dessen Geschichte dieses Buch enthält, hatte keine Freude an dieser Predigt, er hörte sie einfach an — und vielleicht auch das nicht. Doch merkte er sich einzelne Details daraus, ganz unbewußt, denn, wie gesagt, er achtete kaum darauf, aber er kannte den Sermon des Geistlichen schon längst und bemerkte es sofort, wenn mal irgend ein neuer Passus eingeschoben war, und das em fand er dann unangenehm; er hielt Beisätze und Abweichungen von dem Althergebrachten für unnobel und unrecht."[5]

Ein anderes Beispiel lesen wir folgende Sätze von J.D. Salinger: „Schließlich zog ich mich aus und ging ins Bett. Ich hätte gern gebetet oder ich weiß nicht was, aber ich brachte es nicht fertig. Ich kann nicht immer beten, wenn ich dazu Lust habe. Erstens einmal bin ich eine Art Atheist. Christus und so habe ich wohl gern, aber aus dem übrigen Zeug in der Bibel mache ich mir nicht viel. Zum Beispiel diese Jünger: die ärgern mich wahnsinnig, wenn ich ehrlich sein soll. Nachdem Christus tot war, benahmen sie sich zwar anständig, aber solange er noch lebte, nützten sie ihm ungefähr ebensoviel wie ein Loch im Kopf. Sie ließen ihn immer nur im Stich. Fast alle Leute in der Bibel sind mir lieber als die Jünger. Falls es jemand genau wissen will: der Kerl, der mir nach Jesus in der Bibel am besten gefällt, ist dieser Verrückte, der in den Gräbern wohnte und sich dauernd an Steinen schnitt; der gefällt mir zehnmal so gut wie die Jünger, dieser arme Hund."[6]

Trotz der Aufspaltung „Religious America, Secular Europe" können Beobachter die folgenden von Peter Berger beschriebenen Erscheinungen eigentlich schnell bestätigen:

---

5 Mark Twain: The Adventures of Tom Sawyer. Fünftes Kapitel.
6 J.D. Salinger The Catcher in the Rye, Kapitel 14.

> Die gegenseitige Wahrnehmung wird durch typisch abwertende Stereotypen beeinflusst, die den Ausgangspunkt für viele unserer Gedanken bilden. In Europa werden die Vereinigten Staaten als ein Land wahrgenommen, das von religiösen Fanatikern beherrscht wird, die irrationale Ansichten zur Abtreibung und zur Todesstrafe haben und mit Vorliebe in Länder einmarschieren, um die Welt nach dem Vorbild Amerikas umzugestalten. In den Vereinigten Staaten wird Europa weithin als eine dekadente, von Atheismus und Hedonismus durchdrungene Zivilisation wahrgenommen, die aufgrund ihrer mangelnden Bereitschaft, sich militärisch zu verteidigen, und ihrer noch bedrohlicheren Abneigung, Kinder zu bekommen, auf den Untergang zusteuert; angesichts der beiden letztgenannten angeblichen Tatsachen besteht die Vorstellung, dass der Kontinent in Zukunft zu „Eurabien" wird.[7]

Vom Wert der „komparativen Philosophie" oder Basisbehauptung des „humanistischen Geistes" betrachtet, müssen wir nicht wie einige Soziologen mit ihrem „neutralen Standpunkt" sein und unsere eigenen Prinzipien aufgeben:

> Die subjektive Ansicht zu einer Angelegenheit kann oft ihren objektiven Verlauf entscheiden. So ist auch mit Religion. Berger und weitere Wissenschaftler erkannten: „IIn den Vereinigten Staaten wird die Religion als Ressource betrachtet (als Mittel zur Lösung säkularer wie religiöser Dilemmata); in Europa ist sie Teil des Problems - und zwar, ob zu Recht oder zu Unrecht, erst recht in Bezug auf den Islam. Wie auch immer, die Auswirkungen auf die Politik sind beträchtlich."[8] Unterschiedliche Religionen führen zu sehr verschiedenen Systemanordnungen, die wiederum die Entwicklung der Religionen beeinflussen. Die Religion wird in den USA als Ressourcen betrachtet, darum ist sie der Ursprung zur Gestaltung der Volksidentität und weicher Macht. In Frankreich betrachtete man die Religion bei der Gestaltung eines Nationalstaaten stets als Fessel, von welcher man sich befreien sollte und als ein Teil des gesellschaftlichen Problems. Auf ironische Weise haben sind Länder momentan auch mit Problemen im Bezug auf Religion konfrontiert. Das ist wirklich so, dass das Verständnis die Tatsache entscheidet.[9]

---

7   Peter Berger, Grace Davie, Effie Fokas 2008: Religious America, Secular Europe?: A Theme and Variations. Ashgate. S.124.

8   Lu Yunfeng: „Why „Religious America, Secular Europe"?", „Dushu" Magazine, Ausgabe 3, 2016, S.158-159.

9   Lu Yunfeng 2016: Warum ist Amerika religiös und Europa säkular?, in: Reading (3), S.158-159.

Die reale Situation ist gegen im Gegenteil. Wir müssen hier nur ein Bericht über die „religiösen Glauben der Welt" lesen, können wir uns schon aus dem neutralen „Relativismus" losreißen. Pew-Forschungszentrum führte eine Umfrage durch, ob „der Glaube an Gott notwendig ist, um moralisch zu sein und gute Werte zu haben" und listete die Prozente verschiedener Länder und Kontinente auf. In dem äußerst übersichtlichen Diagramm sehen wir, dass 67% der Kanadier in Nordamerika gab an, dass es nicht notwendig ist, während 66% der Deutschen die gleiche Meinung hatten. In Italien ist das Wert 71%, in Großbritannien 78%, in Spanien 80% und in Frankreich sogar 85%. In Ägypten und Jordanien in Mittleren Osten hingegen vertraten nur 1% der Befragten die Meinung, dass der Glaube an Gott nicht notwendig ist, um moralisch zu sein und gute Werte zu haben. In dieser Region gibt es nur entwickeltes Israel, in welchem über die Hälfte der Leute (59%) glaubten, dass es nicht notwendig ist. In Asien und Pazifik gibt es in Indonesien und Pakistan negierten auch nur die geringsten 1%. Die Länder mit meisten Leuten, die es für nicht notwendig fanden, waren nur fortgeschrittenes Japan (55%) und Australien (76%)...[10] Es ist echt schade, dass China nicht in der Studie erfasst wurde. Ansonsten könnte man erkennen, weshalb das Land sich mit hoher Geschwindigkeit entwickeln kann. Die tiefere kulturelle Psyche der Chinesen steht schon längst in den ersten Reihen der sogenannten „Industrienationen".

---

10 http://www.pewglobal.org/files/2014/03/Pew-Research-Center-Global-Atti- tudes-Project-Belief-in-God-Report-FINAL-March-13-2014.pdf.

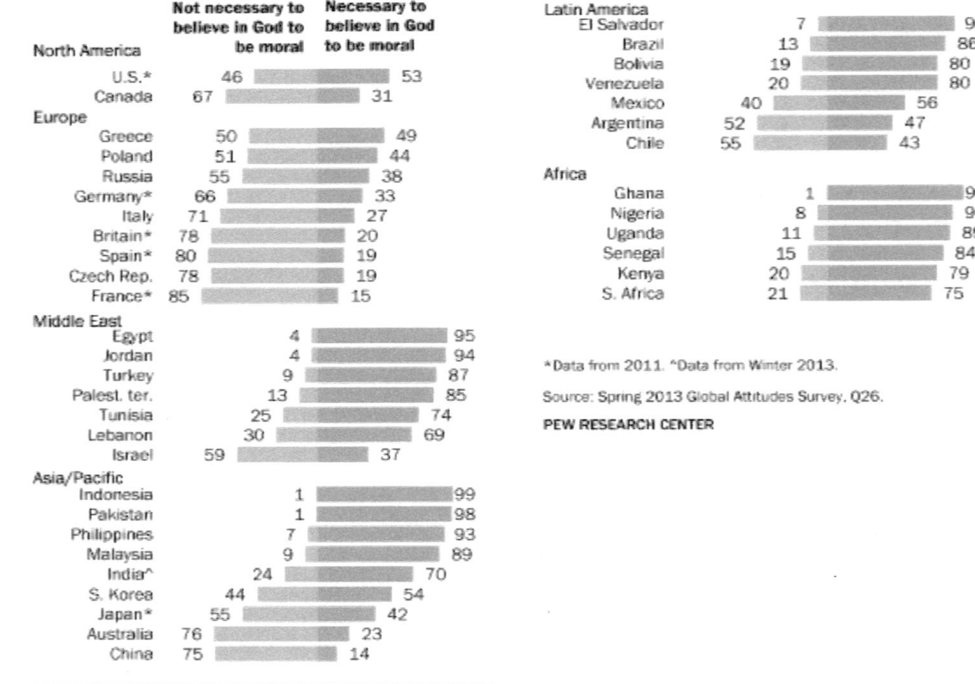
Belief in God Essential to Morality?
% Who believe it is...

Not necessary to believe in God to be moral
Necessary to believe in God to be moral

North America
U.S.*   46   53
Canada   67   31

Europe
Greece   50   49
Poland   51   44
Russia   55   38
Germany*   66   33
Italy   71   27
Britain*   78   20
Spain*   80   19
Czech Rep.   78   19
France*   85   15

Middle East
Egypt   4   95
Jordan   4   94
Turkey   9   87
Palest. ter. 13   85
Tunisia   25   74
Lebanon   30   69
Israel   59   37

Asia/Pacific
Indonesia   1   99
Pakistan   1   98
Philippines   7   93
Malaysia   9   89
India^   24   70
S. Korea   44   54
Japan*   55   42
Australia   76   23
China   75   14

Latin America
El Salvador   7   93
Brazil   13   86
Bolivia   19   80
Venezuela   20   80
Mexico   40   56
Argentina   52   47
Chile   55   43

Africa
Ghana   1   99
Nigeria   8   91
Uganda   11   89
Senegal   15   84
Kenya   20   79
S. Africa   21   75

*Data from 2011. ^Data from Winter 2013.
Source: Spring 2013 Global Attitudes Survey. Q26.
PEW RESEARCH CENTER

Wie ist die Situation der „hochentwickelten" USA in der Studie? Wir können leicht im Diagramm finden, dass weniger als der Hälfte der Leute (46%) glaubten, dass es nicht notwendig ist. Somit befinden die Vereinigten Staaten nur an der Obergrenze der mittleren entwickelten Länder! Auf diese Weise durchschauen wir die sogenannte These „religious America, secular Europe", die absichtlich und sorgfältig erstellt wurde, um die peinliche Tatsache der Geist- und Intelligenzentwicklung der Bürger damit zu vertuschen. Wenn wir aus durch das Diagramm feststellen können, dass es während des Entwicklungsprozesses der Wirtschaft und Gesellschaft tatsächlich ein gewisses umgekehrtes Verhältnis zwischen Glauben und Zivilisationsstufe aufgrund des unterschiedlichen Niveaus der Bildung und Autonomie gibt, sind die USA vielleicht wegen ihres „Puritanismus" eine spezielle, sogar eine einzige „Ausnahme".

Diese Ausnahme ist allerdings nur in „gewissem Maß", da es nahezu noch die Hälfte der Amerikaner (46%) gibt, deren Niveau der Bildung und Autonomie den Europäer ähneln. Im Vergleich zu 150 Millionen Einwohnern ist es schon genügend, die Entwicklung der Wirtschaft und Wissenschaft in den USA zu unterstützen. Aufgrund der Analyse soll man nicht prinzipienlos daran glauben, dass die Glaubenswelt der Amerikaner angesichts der hochentwickelten Wirtschaft und fortgeschrittenen Wissenschaft sicherlich auch „fortschrittlich" sei und die weniger entwickelte Länder inkl. China, welches eigentlich keine Religion aber Moral hat, blind sie folgen solle. Es ist ziemlich ironisch, falls der Titel dieser Umfrage „Worldwide, Many See Belief in God as Essential to Morality: Richer Nations Are Exception" wäre, würden viele, die noch in „Unkultiviertheit" leben und die USA blind verfolgen möchten, sich freuen und vermuten, dass ihre kulturelle Einstellung zu den „Fortgeschrittenen" gehört.

Im zweiten Kapitel des Buchs haben wir die „unerwartete Reise" von dem amerikanischen Soziologen Phil Zuckerman erwähnt. In der skandinavischen „Gesellschaft ohne Gott" fand er aber eine relativ glückliche Ecke der Erde und im Gegenteil als die Behauptung der rechtsorientierten Christen ist dort die Gesellschaft ohne Gott nicht mit Verbrechen und Verderben gefüllt. Die Länder da haben den höchsten „happiness index": „idyllische Dörfer, einladende Städte, schöne Wälder, einsame Strände, gesunde Demokratien, eine der niedrigsten Gewaltverbrechensraten der Welt, die geringste Korruption der Welt, hervorragende Bildungssysteme, innovative Architektur, starke Volkswirtschaften, geförderte Kunst, erfolgreiches Unternehmertum, saubere Krankenhäuser, köstliches Bier, kostenlose Gesundheitsfürsorge, eigenständiges Filmemachen, egalitäre Sozialpolitik, elegantes Design, bequeme Fahrradwege - und nicht viel Glaube an Gott."[11] Wir können nun parallel eine andere unerwartete, aber vernunftgemäße Umfrage nennen: gemäß den Berichten des US-amerikanischen Gesundheitsministeriums CDC (Centers for Disease Control and Prevention): Einerseits „sagt die CDC, dass die südlichen Bundesstaaten, in denen oft die größte Betonung auf Enthaltsamkeit und Religion liegt, die höchsten Raten von Teenager-Schwangerschaften und Geschlechtskrankheiten aufweisen." Das ist unerwartet. Andererreits „Teenager-Schwangerschaften und Syphilis sind unter einer Generation amerikanischer Schulmädchen, die im Rahmen der von George Bush verfolgten evangelikalen Erziehungspolitik dazu angehalten wurden, Sex vor der Ehe zu vermeiden, stark angestiegen, wie aus einem neuen Bericht der wichtigsten US-Gesundheitsbehörde hervorgeht."[12] Ist das nicht unerwartet und sogar merkwürdig?

Angesichts des großen Kontrastes können wir nicht leugnen, dass es wie oben bereits erwähnt „während des Entwicklungsprozesses der Wirtschaft und Gesellschaft tatsächlich ein gewisses umgekehrtes Verhältnis zwischen Glauben und Zivilisationsstufe aufgrund des unterschiedlichen Niveaus der Bildung und Autonomie gibt". Andererseits haben wir keinen Grund mehr die sogenannten „religiösen USA" mit „säkularem Europa" einfach parallel zu stellen, als wäre die beiden ähnlich sind. Es sei denn, dass jemand aus seinem festen Glauben davon ausgeht, dass Jugendschwangerschaft und Syphilis akzeptabel sind und sogar im göttlichen Willen und daher besser als eine Reihe glückliche Zustände der nordeuropäischen Gesellschaft sind.

(C)

Wir stellen uns noch offener vor: Wenn man nicht in der gegenwärtigen Zeit mit schnell verbreiteten Informationen leben, welche Marshall McLuhan als „globales Dorf" bezeichnete, ist die Situation der skandinavischen Gesellschaft ohne „Gott" aber mit hohem Glücksindex wohl wie

---

11   Phil Zuckerman 2010: Introduction. in: Society without God: What the Least Religious Nations Can Tell Us About Contentment. New York: University Press. S.2.
12   https://www.theguardian.com/world/2009/jul/20/bush-teen-pregnancy-cdc-report.

China im Auge von Voltaire, welche zum idealisierten Hörensagen gehört:

> Ihr Konfuzius entwarf weder neue Meinungen noch neue Gebräuche. Er spielte weder den Begeisterten, noch den Propheten. Er war eine obrigkeitliche Person, der die alten Gesetze lehrte. Wir sagen manchmal, und sehr unschicklich, die „Religion des Konfuzius". Es war keine andere als die Religion aller Kaiser und aller Tribunäle; keine andere, als die Religion der ersten Weisen. er empfiehlt bloß die Tugend, er predigt keine Geheimnis. Er sagt, in seinem ersten Buche, dass man, um regieren zu lernen, sein ganzes Leben mit der Verbesserung sein selbst zubringen müsse; im zweiten beweist er, dass Gott selbst die Tugend in das Herz des Menschen gegraben habe; er sagt, dass der Mensch nicht böse geboren sei, sondern es durch sein Versehen werde; das dritte ist eine Sammlung reiner Ausübungssätze, wo ihr nichts niedriges, nichts von einer lächerlichen Allegorie findet. Er hatte fünf tausend Schüler; er konnte sich an die Spitze einer mächtigen Partei setzen. Aber er wollte die Menschen lieber unterrichten, als regieren.[13]

Wir wissen alle, in solchen Ausführungen bei Voltaire war China ein Spiegelbild und Muster für die westliche Gesellschaft und spiele eine tiefgründige Rolle in der Aufklärung. Es ist allerdings verwickelt aber interessant, dass das Abendland in der Spannung zwischen Doktrinen und Säkularismus schrittweise mit der Eroberung der Außenwelt anfing. Als das Subjekt, welches sich in Ausdehnung befand, die anderen definierte, wurde unvermeidlich seine ursprüngliche Widersprüchlichkeit gezeigt. Das heißt, obwohl er zu den „fortgeschrittenen" zu gehören schien, war aber ungewiss, wo die „Fortschrittlichkeit" sich genau zeigte, welche je nach Objekt festgelegt wurde. Z.B. war Türkei im Vergleich zum Abendland zu „religiös" und fehlte an gewissen „Säkularismus". China war aber im Vergleich zu säkular und fehlte an gewisse „Religion". Es ist dann ironisch, wenn man Türkei und China zum Osten verallgemeinerte und in einem Topf warf. Was sie fehlten, unterschied sich enorm, welches aber zur Ursache ihrer Rückständigkeit beurteilt wurde.

In diesem Verständnishintergrund erkannte James Legge, wer klassische chinesische Literatur am frühestens übersetzt wurde, zwar, dass Konfuzius keinen jeglichen religiösen Impuls hatte, war aber in falscher Überzeugung,

---

13 Voltaire 1768: Die Philosophie der Geschichte. S.172.

dass der chinesische Heilige schnell in Vergessenheit geraten wurde:

> Der allgemeine Tonfall von Legges Untersuchung von Kongzi
> im Jahr 1861 ist entschieden antagonistisch und sein abschließen-
> des Urteil fällt hart und uneinfühlsam aus. In der Hoffnung, dass
> er dem chinesischen Weisen gegenüber nicht unfair gewesen war.
> Legge kam zu dem Schluss, dass er nach „langem Studium" „nicht
> in der Lage war, (Konfuzius/Kongzi) als einen großen Mann zu be-
> trachten". Der Grund dafür war, dass Kongzi „nicht vor seinem Alter
> war, obwohl er über der Masse der Offiziere und Gelehrten seiner
> Zeit stand. Er warf kein neues Licht auf irgendeine der Fragen, die
> von weltweitem Interesse sind". Besonders enttäuschend war, dass
> er „keinen Impuls für die Religion" gab und „keine Sympathie für
> den Fortschritt" zeigte. Obwohl der Einfluss des Meisters "in China
> wunderbar" gewesen sei, kann Legge nur folgern, dass „er von nun
> an schwinden wird". Er ist daher der Meinung, dass „der Glaube der
> Nation an Konfuzius schnell und weitgehend vergehen wird."[14]

Der Sinologe Marcel Granet (1884-1940), welcher ein paar Jahrzehnte
später geboren wurde, stellt aber einen klaren Kontrast dazu. Obwohl er
die gleiche Tatsache erkannte, nämlich die chinesische Zivilisation basiert
nicht auf die „Transzendenz", sah er seine Mission nicht mehr in einseiti-
ger „Missionierung". Dadurch stellte der Soziologe die Standhaftigkeit und
Unbezwingbarkeit der chinesischen Tradition:

> Für ihn existiert seit der Xinhai-revolution zwar keine „offizielle
> Religion" des Landes mehr, aber die Konservativen zeigen, dass das
> chinesische Erbe doch seine Nachfolge hat. Die Revolutionären kriti-
> sieren zwar die alte konfuzianische Sittenlehre und beschäftigen sich
> mit der Einführung ausländischer Gedanken. Aber in Bezug auf „Altes
> zerstören und Neues erschaffen" sowie „Ausländisches für China
> nutzbar machen" bewahren sie mehr oder weniger die Beharrung auf
> das moralische Handeln in der chinesischen Zivilisation. Folgt die
> Gedanken von Émile Durkheim vertritt Marcel Granet die Meinung,
> dass das moralische Handeln in jeder Gesellschaft und jedem Zeitalter
> unverzichtbar ist. Der Unterschied liegt aber darin, dass die Moral
> sich in mancher Gesellschaft als die religiöse Helligkeit verstehen
> lässt und in Gesellschaft wie China vollständig im Leben intergiert

---

14   Norman J. Girardot 1963: The Victorian Translation of China: James Legge's Oriental
Pilgrimage. Berkeley, Los Angeles, London: University of California Press. S.60.

ist und ihre Transzendenz nicht betont wird. Viele befürworten die Errichtung einer neuen Kultur und setzen sich für die Zerstörung der alten konfuzianischen Sittenlehre ein; Komischerweise nähert aber sich ihre Einstellung zur Sittenlehre die Einstellung einer Religion und zeigt den Charakter einer Tugendlehre des Naturalismus.[15]

Es ist natürlich ein großer Schritt der Erkenntnisse. Allerdings basieren sich Granets Wissenschaft und Argumentationen hauptsächlich auf den Standpunkt der Anthropologie. Solche Forschungsblickwinkel richteten damals eigentlich insgeheim an „entwickelte Völker". Wenn eine Tradition (wie „das moralische Handeln ist vollständig im Leben intergiert und ihre Transzendenz wird nicht betont") zufällig in einem kleinen isolierten Raum existiert und nicht von den Missionaren einseitig negiert wird, gehört sie nur zu einem gewissen einzigartigen Brauch, oder ist sogar nur eine Ausnahme oder ein unerwarteter Zwischenfall wie das Volk unter James C. Scott, welches die Zivilisation vermeidet[16]. Darum möchte ich in diesem Kapitel weiter darauf hinweisen, dass der Konfuzianismus nicht nur über „beschränkten Rationalismus", sondern auch über das Potenzial verfügen, den kulturellen isolierten „kleinen Raum" zu durchbrechen und auf den internationalen „großen Raum" zuzugehen. Mit anderen Worten möchte ich in diesem Kapitel den „allgemeinen Wert" des Konfuzianismus erläutern.

An dieser Stelle muss ich sofort zwei Punkte klarstellen. Erstens, ich habe vor kurzem einen Artikel über „großen und kleinen Raum" veröffentlicht, aufgrund dessen verzichte ich explizit auf den zu dogmatischen Begriff „universellen Wert" und verwende nun „allgemeinen Wert": „Wenn wir in einem internationalen fachlichen Umfeld auf vergleichende Weise unsere Meinungen zum Ausdruck bringen können und in gewissem Sinne die vergangene Achselzeit übertreffen, können wir nur im relativen oder beschränkten Sinn oder im Sinne der „Wertfreiheit" in der Kommunikationswissenschaft größeren kulturellen Raum gestalten. Darum sollen wir vorsichtig mit dem Begriff „universellen Wert" umgehen, weil wir nach wie vor die Begrenzung des eigenen Lebens und die Beschränktheit der eigenen Denker bewusst erkennen müssen."[17]

---

15 Wang Mingming 2011: Weshalb hat Marcel Granets Thesen weniger Anhänger, in: Lehrmaterial für Anthropologie. Beijing: World Book Publishing Co., Ltd. S.421.
16 Siehe James C. Scott: The Art of Not Being Governed: An Anarchist History of Upland Southeast Asia.
17 Liu Dong 2016: Großer und kleiner Raum: Aus der Bedrängnis des Begriffs vom „universellen Wert", in: Lesen Magazin. 8. S.34.

Zweitens veröffentlichte ich soeben noch einen Artikel darüber, wie Sinologie auf dem Weg der „Offenheit und Freiheit" gehen soll. Nach Feng Youlans „Wiederherstellung durch Vergleich" und „Fortsetzung" bringe ich explizit vor, in einem internationalen fachlichen Umfeld auf vergleichende Weise eigene Meinung offen zum Ausdruck zu bringen: „In der reflexiven Äußerung bringen wir die Sinologie in einem großen Raum, gleichzeitig müssen wir aber bewusst erkennen, wie wertvoll und erhaben eigene Kultur ist. Sie ist auf keinen Fall was Starres und Unbewegliches. Im Gegenteil, in der andauernden Kommunikation mit der Welt wird sie anhand der „Wechselwirkung" mit der internationalen Welt interagieren, sich weiterentwickeln und mit der Zeit immer offener und freier."[18] Wenn ich hier erwähne, dass Konfuzianismus wohl auch über das „allgemeine Wert" verfüge, und das Potenzial hat, in den internationalen „großen Raum" einzugehen, heißt es natürlich nicht, dass ich eine andere Seite der Frage für einen Moment vergessen habe, nämlich Konfuzianismus soll im internationalen Dialog von Außenwelt lernen, um eigene Entwicklung anzuregen.

Für die Rückbesinnung der These „ohne Religion aber Moral" fangen wir mit dem erregendsten Bereich Politik an, ob wir darin noch welche Inspirationen finden können. Ich habe vorher im Text bereits erwähnt, bezüglich dieser chinesischen Eigenschaft fasste Zhang Taiyan auf Basis des internationalen Vergleichs die Betonung der Politik der Chinesen zusammen: „Die Chinesen haben schon immer wenige religiöse Gedanken, im Gegenteil legen sie viel Wert auf Politik. Während der Zhou-Zeit mochten sie Gelehrten schon über Politik zu reden und man sieht in fast jedem Buch ihre politischen Meinungen. Es hängt auch von der Umgebung ab: China ist groß und benötigt daher dringend Regierungsmethoden. Die Länder in Europa sind klein und die Herrschaft nicht besonders schwierig. Indien ist zwar auch groß, aber wird in zahlreiche Bundesstaaten verteilt. Darum ist es leicht, entwickelte Religionen zu haben. Die Chinesen achten aber viel auf Politik und zeigen der Religion kalte Schulter.[19]

Zum gleichen Zeitalter äußerte Liang Qichao ähnliche Beurteilungen, nur seine Erläuterungsbereiche wurden von der „Politik" auf das ganze „Leben" erweitert. Für ihn liegt der Grund, weshalb in der chinesischen

<hr>

18 Liu Dong 2015: Wie entwickelt sich die Sinologie in Richtung Offenheit und Freiheit, in: Freiheit und Tradition. Beijing: Pekinger Universitätsverlag. S.24.
19 Zhang Taiyan 2015: Einführung in die Sinologie: Über traditionelle Wissenschaft und Kultur. Beijing: Zhonghua Shuju. S.10-11.

Tradition „statt Religion Beachtung auf Politik geschenkt wurde", oder „statt Göttliches Menschliches betont wurde", darin, dass „die Doktrin des Himmels weit weg von uns, aber die der Menschenwelt nah ist", welche vor der Qin-Dynastie bereits erkannt wurde:

> Wenn wir die gesamte menschliche Kultur vor dem 15.-16. Jahrhundert betrachten, ist die von China herausgebrachte Zivilisation im Vergleich zu anderen der Welt mindestens gleichwertig. Ihr Entwicklungsweg ist zwar verschieden als jegliche Kultur, die Begeisterung zur religiösen Einstellung der Hebräer und Inder haben wir nicht; Die Metaphysik bei Griechen und Germanen haben wir zwar, aber nicht fortgeschritten; Moderne objektive Wissenschaft wie die in Europa ist bei uns auf erbärmlichem Niveau. Kann China überhaupt einen Platz in der menschlichen Kulturgeschichte einnehmen? Meines Erachtens ja. Die chinesische Wissenschaft konzentriert sich auf Ethik und Verhaltensregel. Die traditionellen und modernen Denker befassen sich mit zahlreichen Problemen in diesem Bereich, die mit heutigem Wort zur Lebens- und Politikphilosophie gehören. Es gibt keine Denkrichtungen in der Geschichte, die solche Themen nicht behandeln. Daher sind die Antworten und Lösungen diesbezüglich oft einzigartig, die die anderen Teile der Welt nicht übertreffen können.[20]

Wenn man an die Pfadabhängigkeit anderer Zivilisationen denkt, kann die Religion in der Geschichte nicht allgemein negiert werden, sondern ihre Multi-Funktionen konkret analysiert werden. Wie ich einst in einem anderen Seminar darauf hindeutet: „Auf einer Seite ist die religiöse dogmatische Denkweise an sich sicher nicht gut, die die globalisierte Welt unruhig macht. Auf anderer Seite hat die Religion in der menschlichen Geschichte zahlreiche gute Dinge wie Gruppen, Identität, Kunst und Moral an sich, die unverzichtbar sind.[21] Obwohl die religiöse Denkweise zu dogmatisch ist, welche zur Wurzel des Übels führen kann, schützte sie im geschichtlichen Prozess viele positive Elemente. Ansonsten könnten viele Nationen nicht erhalten werden, geschweige denn zu den Momenten entwickeln, die sich auf die Religion rückbesinnen.

---

20 Liang Qichao 2013: Geschichte der Politik und Ideologie vor Qin-Dynastie. Shanghai: Shanghai guji chubanshe. S.3.
21 Liu Dong: Überschreiten und Rückkehr: Der Geist der Sinologie an der Qinghua-Universität. Unveröffentlicht.

Allerdings ist es sehr ernst, sobald man in der globalen Welt kommen, gerät der Dogmatismus der religiösen Denken selbst in inkompatible Bedrängnis, geschweige denn andere positive Elemente aufnehmen. Wie ich in einem anderen Artikel darauf hinwies: „Für die Seele, welche auf Rückbesinnung und Theorie beharrt, ist die herausforderndste und gefährlichste Moment das aktuelle polytheistische Zeitalter. Die seltsame Falle für das Bewusstsein ist: Das Bewusstsein ist noch nie eine Einheit, aber man sehnt sich nach einer Vereinheitlichung. Daraus entsteht die Theorie über die Einheit des Bewusstseins. Sobald eine Theorie hervorgebracht wird, wird sie oft von eigenem System beschränkt. Es ist dann schwer, andere Intelligenzelemente inkl. Theorie mit Exklusivität in sich aufzunehmen. Darum wird die Einheit des Bewusstseins von Anfang an ausgegrenzt."[22]

Falls es in der Welt stets nur eine „vervollkommne" These gibt, ist dieses „Vervollkommnen" vom Standpunkt des „Primates der Erkenntnis" sehr fragwürdig. Allerdings kann sie noch als „Werkzeug zur Beruhigung" des menschlichen Herzes verwendet werden. Wenn eine dogmatische Erklärung zur Welt bedauerlicherweise mit einer anderen Interpretation, die ebenfalls so dogmatisch ist, konfrontiert, stellen sie sich in gegenseitigem Polemisieren gleichzeitig der großen Herausforderung und Gefahr. Darum gab es nicht nur in der Geschichte zahlreiche religiöse Auseinandersetzungen und Kriege, sondern in der modernen kleinen Welt beinhaltet sogar der Begriff „Religion" an sich aufgrund Streite um die Götter unschlichtbare Konflikte.

Diesbezüglich schrieb George Levine in „The Joy of Secularism" folgendes: Konkurrierende Kräfte, konkurrierende Religionen, erheben Anspruch auf die letzte Autorität nicht nur über das Leben des Geistes, sondern auch über die Führung unseres Lebens in dieser Welt. Die moralische und spirituelle Autorität, die die Religion unweigerlich beansprucht, muss Universalität implizieren, und das muss in aller Konsequenz bedeuten, dass jede Religion auch die moralische und spirituelle Kontrolle über die Laiengesellschaft beanspruchen muss. Es ist klar, dass viele Religionen oder viele religiöse Menschen den universalisierenden Anspruch, den die Religionen als Ganzes zu erheben scheinen, abgeschüttelt haben und bereit sind, alternative Glaubensformen zu respektieren. Aber die Beispiele für widersprüchliche Ansprüche sind allgegenwärtig, und um zu überleben - und sicherlich für jede Bedingung, die über das bloße Überleben hinausgeht - müssen die Nationen im Inneren und in

---

22   Liu Dong: Theorie und Geist. Nanjing: Jiangsu People's Press, S.5-6.

ihren Beziehungen zu anderen eine andere Autorität zulassen als die, die von den konkurrierenden Religionen vertreten wird.[23]

Aus diesem Grund freuen wir uns zu sehen, dass moderne westliche Philosophen und Politikwissenschaftler das Gleiche wie die klassischen chinesischen Denker überlegen, nämlich „statt Religion Beachtung auf Politik geschenkt wurde", oder „statt Göttliches Menschliches betont wurde". Beispielsweise antwortete Philip Pettit folgendes auf das Magazin „Chinesische Wissenschaft (zhongguo xueshu)": „Wenn man in der Welt politisches Unterfangen, insbesondere die gesellschaftliche Gerechtigkeit realisieren möchte, kann die Religion meines Erachtens tatsächlich vorteilhaft sein. Die Funktion der Religion entwickelt sich aber oft auf anderer Weise. Da die Anhänger in einer undiskutierbaren Position befinden und es gibt durchaus keine Verhandlungsmöglichkeit. In der Politik ist Verhandlung und Kompromiss just der elementare Faktor. Die gegenseitige Toleranz, respektvolle Vereinigung und Gesellschaftsgestaltung durch Kompromiss von der Politik werden im Rahmen der Religion oft als Verrat angesehen, das heißt eine Abweichung des Kriteriums der höchsten religiösen Richtigkeit. Das ist sehr traurig. Ich hoffe nur, dass die milden Stimmen in den wesentlichen Religionen der Welt noch lauter widerhallen können".[24]

Darum sehen wir, wenn Webers „Kampf der Götter" die Welt zur unlösbaren Verzweiflung führt, kann der konfuzianische Gedanke, welcher aus dem Rationalismus vor der Qin-Dynastie stammt, der Menschen Hoffnung bringen. Wegen seiner „immanenten aber nicht transzendenten" Eigenschaft können wir aus dem „Kampf der Götter" herausspringen und die streitenden Religionen transzendieren, uns auf die menschliche Welt, insbesondere auf den politischen Bereich konzentrieren. Es ist dann ironisch, die Transzendenzgedanken, welche sich dafür halten, dass sie das „Absolute" begreifen können, geraten aber in gegenseitigen Oppositionen. Im Gegenteil ist der rationale Geist, welcher sich über eigene Beschränktheit klar bewusst ist, halte den „größten gemeinsamen Teiler" jeder Zivilisation fest und kann wohl in der gegenwärtigen Welt gewisse „Allgemeinheit" darstellen.

---

23 George Levine 2011: The Joy of Secularism: 11 Essays for How We Live Now: Einleitung. Princeton and Oxford: Princeton University Press. S.3.
24 Befreiung von der Bestimmungsfreiheit und das bürgerliche Ideal zum Republikanismus: Ein Exklusivinterview mit Professor Philip Pettit, in: Zhongguo Xueshu. 2012. Beijing: Commercial Press. 30, S.349.

Aus dieser Erkenntnis ermahne ich im Unterricht mehrmals die Studierende, weder die Erklärung von denjenigen zu glauben, die nur dem Westen gehorchen, noch eignes Glück und eigenen Vorteil zu ignorieren. Weil die dogmatischen religiösen Gedanken in China nicht existieren, und sogar die „transcendence from within" oder „transcendence in this world" aus Habermas nicht geben, ist China gegenwärtig niemals in religiösen Konflikten oder Kriegen geraten. Laut Dostojewskis: „Wenn es keinen Gott gibt, dann ist alles erlaubt". Nun muss der Satz wohl so formuliert werden: Nur wenn der allmächtige Gott nicht existiert, ist alles erlaubt, da man schließlich nur dieses Dasein hat, muss sich anstrengen, das Leben gut und gefüllt zu führen anstatt sich für den verschwommen Himmel durchzusetzen, einschließlich sich mit anderen Anhängern zu kämpfen, die zwar an Himmel glauben aber zu unterschiedlichen Glaubensrichtungen gehören.

Einerseits, wie vorher erwähnt, wenn man den Grund der schnellen Entwicklung, die China gegenwärtig erzielt, in der inneren Struktur dieser Zivilisation, oder konkret in der vom „Abbruch des Umgangs von Himmel und Erde" hervorgebrachten „Erkenntnis von Leid und Not" sucht, muss man erkennen, dass die angesammelte Besitze während der Reform und Öffnung aufgrund des auf Konfuzius zurückzuführende rationalen Geistes und des Bewusstseins auf eigene Beschränktheit nicht beim „Transzendenzversuch" augenblicklich zerstört werden.

Auf jeden Fall muss sogar die kritischsten Leute anerkennen, dass es zum originellsten Vorteil des Konfuzianismus gehört. Aus diesem Grund gab es weder Religionskriege im chinesischen Altertum, welche bei anderen Zivilisationen üblich waren, noch Bedrohung des Extremismus in der heutigen Zeit. Selbstverständlich müssen wir noch klarstellen, dass aus diesem Grund China im Altertum „tolerant" zur Religion war. Genau die „Toleranz" führte aber zu zahlreichen Differenzen und Missverständnissen, wie beispielsweise nur in den verschiedenen „Volksreligionen" kann man das wahre Geheimnis zum Treiben der chinesischen Gesellschaft finden. Darum müssen wir dialektisch erkennen, nur wenn der „Säkularismus" als Mainstream errichtet wird oder wenn man im Allgemeinen keine „radikale" Psyche hat, kann die „Toleranz" zum Radikalismus kommen und in der säkularen Gesellschaft vernünftig aufgenommen werden. Mit anderen Worten können die „transzendenten" Thesen in der säkularen Gesellschaft die vorgegebenen Grenzen nicht transzendieren, werden sie entsprechend toleriert.

In diesem Sinne kann man die politische Ordnung, die auf konfuzianischen „beschränkten Rationalismus" basiert und die „säkulare Gesellschaft" stützt, als klassische Version des John Rawls' „Politischer Liberalismus" betrachten, egal wie viele Unterschiede sie zur modernen Politikphilosophie hat. Wir wissen, dass Rawls entweder aus religiöser Toleranz oder Verzweiflung auf Rationalismus oder beidem in seinem Buch eine politische Ordnung für die säkulare Gesellschaft zuerst errichten möchte, welche als Systembasis fungiert, die alle Thesen tolerieren und gesellschaftliche Gerechtigkeit zusichern kann: „Die Aufgabe des politischen Liberalismus besteht darin, eine politische Gerechtigkeitskonzeption für eine konstitutionelle Demokratie auszuarbeiten, die von einer Vielzahl vernünftiger religiöser und nicht-religiöser, liberaler und nicht-liberaler Lehren freiwillig bejaht werden kann; eine Konzeption, mit der diese Lehren unbeeinträchtigt leben und deren Tugenden sie verstehen können. Er versucht ausdrücklich nicht, umfassende religiöse oder nicht religiöse Lehren zu ersetzen, sondern zielt darauf, beiden gegenüber den gleichen Abstand zu halten und hofft so, für sie gleichermaßen akzeptabel zu sein."[25]

George Levine brachte zwar in der Einleitung vom Buch „The Joy of Secularism" die „Toleranz" gegenüber der Religion zum Ausdruck, wies aber auf die Notwendigkeit der „Säkularität" für moderne Staaten hin: „Ein wahrhaft demokratischer Staat kann nicht christlich sein (oder eine der christlichen Untergruppen oder Alternativen wie römisch-katholisch, jüdisch oder islamisch), sondern muss bereit sein, dem Christentum, dem Judentum oder dem Islam seinen Platz in der Gemeinschaft zuzugestehen. Es muss eine, wie Charles Taylor es nennt, ‚Theorie der sozialen Ordnung' geben, ‚die unser soziales Imaginäres transformiert'. Das bedeutet, dass ein wahrhaft demokratischer Staat säkular sein muss, unabhängig davon, was der Einzelne innerhalb des Staates über das Transzendente und seine Beziehung zu unserem gewöhnlichen Leben glaubt."[26]

Bezüglich der Begriffe „Freiheit" oder „Demokratie" im Zitat füge ich hier eine erforderliche Bemerkung hinzu. Im Bereich der säkularen Politik heißt es natürlich nicht, dass es in den konkreten politischen Systemen

---

25 John Rawls 1998: Politischer Liberalismus. Frankfurt a.M.: Suhrkamp. S.36.
26 George Levine 2011: The Joy of Secularism: 11 Essays for How We Live Now: Einleitung. Princeton and Oxford: Princeton University Press. S.3.

während des historischen Prozesses keine erkennbaren oder sehr bedeutenden Unterschiede gibt. Einerseits wie sich die Freiheit der „Antike" und der „Gegenwart" unterscheidet, muss das säkulare politische System in China auch schrittweise vorgehen, obwohl der Prozess sicherlich kummervoll, verwickelt und mühsam ist. Dies bildet auch eine enorme Schwierigkeit, mit der China sich gerade beschäftigt. Andererseits, egal in welcher Form das Inkrementieren vorkommt, handelt es sich um eine Erscheinung der säkularen Gesellschaft, die der allgemeinen Stimmung sowie Erfahrung entsprechen und nicht anhand von Teilnahme der Religion realisiert werden muss. In der Tat wurden nach Unabhängigkeit der Persönlichkeit und moralischer Freiheit in der chinesischen Antike seit jeher gesehnt. Das historische Subjekt, welches diese Sehnsucht vorantreibt, gehört auch die Konfuzianer, die für das Volk Forderungen aussprachen und die Herrscher zähmten. Aus diesem Grund wollte ich in meinen gegenwärtigen Werken diese Tradition aktivieren, damit die moderne politische Praxis zum „Verbund von Freiheit und Tradition" wird.

An dieser Stelle können Sie William Theodore de Barys „The Liberal Tradition in China". Daraus kann man erkennen, dass Konfuzianismus ursprünglich die Tradition hat, für die Freiheit zu kämpfen. Bis Huang Zongxi am Ende der Ming-Dynastie entwickelte sich die Tradition zum Höhepunkt, in dem Königsgewalt herausgefordert wurde. Bis die westlichen politischen Theorien eingeführt wurden, kamen die den wahren Konfuzianern gerade recht. Nur anhand dieser weder hochmütigen noch unterwürfigen Einstellung können die Chinesen ihre kulturelle Subjektivität aus langfristiger Verwirrung wieder zurückfinden. Von Liang Shuming bis Xu Fuguan, genau diese modernen reinsten Konfuzianer bewahrten noch ihre Überzeugung und trauten sich gegen die eingebildete Autorität aufzumucken. Ihr Verhalten verstieß natürlich nicht gegen den Glauben der westlichen Lehre, sie hatten keine Angst, sich für eine gerechte Sache aufzuopfern, verfügten über die Ehrlichkeit der Historiker und suchten die Wahrheit in den Tatsachen[27].

Wenn man bereits ist, die Geschichte als einen langen bewegenden Fluss mit verschiedenen Herausforderungen zu betrachten, können wir auf Basis der Verständnisse erneut an Rawls' „Politischen Liberalismus" denken. Vom

---

27 Liu Dong 2014: Gedankliche Ressourcen zur Aktivierung heimatlicher Kultur, in: Nahe Besinnung und weitblickende Überlegung. Hangzhou: Zhejiang University Press. S.241.

historischen Kontextualismus des gegenwärtigen „Cambridge Schools" gesehen kann der von ihm bewahrte öffentliche politische Bereich nicht nur anhand der Deduktion der Regelgerechtigkeit vom Himmel gefallen sein. Im Gegenteil hat der seinen Entstehung- und Entwicklungsprozess. Wie Huang Yong in seinem Text darauf hinwies, wir können nicht anhand von einem negativen neutralen Begriff die Tatkraft verschiedener „comprehensive doctrines" beseitigen. Wir müssen in den andauernden Dialogen das gemeinsame Stützen von „overlapping consensus" erkennen:

> Die guten Gründe zur Erstellung, Anerkennung und Bestätigung politischer Prinzipien müssen aus eigenem Standpunt und Glaubenssystem kommen. Mit anderen Worten, die Ursachen, weshalb Christen, Buddhisten, Muslimen, Juden und Humanisten ein gewisses Prinzip über politische Gerechtigkeit gemeinsam anerkennen, kommen sicherlich aus ihren eigenen Glaubenssystemen. Obwohl sie das gleiche Prinzip akzeptieren, haben sie sehr wahrscheinlich unterschiedliche Religionen, Moral und metaphysischen Gründe. Dann können wir die „overlapping consensus" von Rawls wirklich realisieren: Verschiedene Religionen und metaphysische umfassende Lehren (comprehensive doctrines) unterstützen das gleiche Prinzip über eine gewisse politische Gerechtigkeit. Der Unterschied liegt darin, dass bei Rawls diese „overlapping consensus" durch eine unabhängige Feststellung des Prinzips der politischen Gerechtigkeit und dann eine Beseitigung der Religionen und metaphysischer Standpunkte realisiert wird, die mit dem Prinzip uneinig sind. Bei mir wird die „overlapping consensus" durch Dialoge zwischen den Leuten mit unterschiedlichen Religionen und metaphysischen Standpunkten verwirklicht, indem sie die gestellten politischen Prinzipien und ihren eigenen Religionen und metaphysische Systeme in einen bestimmten Prozess der Rückbesinnungsbalance setzen.[28]

Aufgrund der grenzlosen Erweiterung der Dialoge, wenn wir in die Weite blicken, erkennen wir, dass die von Rawls mit Priorität errichtete politische Ordnung nicht nur durch pures Denken entstanden ist, sondern gemäß der modernen westlichen politischen Praxis von historischen Anhaltspunkten

---

28 Huang Yong 2003: Politische Gerechtigkeit und Religion sowie metaphysisches Vervollkommnen: Kritik an die neutralen Begriffe im modernen politischen Liberalismus. In Zhongguo Xueshu. Beijing: Commercial Press. 15, S.78.

eingeleitet wurde. Aus diesem Grund bezeichnete er solche politischen Bereiche als politischen „Liberalismus". Mit anderen Worten verbirgt in seiner „Toleranz" gegenüber dem Pluralismus eine homogene oder westliche Prämisse, d.h. man muss zuerst an die Theorie des Liberalismus, welche in der Geschichte des Westens entstanden ist, glauben, oder man muss zuerst in die moderne westliche politische Regel eingehen, erst dann kann man im zweitrangigen und abgeleiteten Sinne seine relative Meinungs- und Glaubensfreiheit bekommen. Auf jeden Fall heißt diese Merkwürdigkeit Abbruch, Abtrennung oder sogar Verwirrung, da die Zustimmung von jedem mit normalem Bewusstsein für eine bestimmte politische Regel aus den Verständnissen breiterer Welt- und Lebensanschauung stammen muss.

In Bezug auf die säkulare Betonung ist Konfuzianismus heimlich mit dem „politischen Liberalismus" verbunden, aber mit obengenannten Bedrängnissen war er nicht konfrontiert. Die auf Rationalismus vor der Qin-Dynastie basierte These ist zwar von ihrer Natur her keine dogmatische Religion, stellte auch keine vollkommenen Lebenslösungen zur Verfügung, bot den Leuten aber nach damaliger entscheidender Interpretation von Konfuzius eine Lebensauffassung, die stark genug war, um das Fortführen des Lebens der damaligen Leute und im tieferen Sinne eine säkulare Zivilisation zu unterstützen. Wie Voltaire damals bereits ein bisschen empfand, genau dieser Punkt verschafft Konfuzianismus einen „allgemeinen Sinn" oder macht ihn erst möglich, ein größter gemeinsamer Teiler für verschiedene menschlichen Gesellschaften zur Verfügung zu stellen. Auf Basis von diesem Punkt haben wir auch Gründe uns vorzustellen, wie die politischen Systeme sich in der Zukunft verändern sollen, inkl. die Realisierung des demokratischen Systems, welches dem modernen Standard entspricht oder sogar Erfindung eines „fortgeschritteneren" Systems, das sowohl mit der menschlichen Natur als auch mit der Vernunft besser übereinstimmt. Diese auf begrenzten Rationalismus basierte Lebensanschauung ist vielleicht auch die einzige nüchterne Auffassung. Sie soll an den Boden der menschlichen Gesellschaft zur Gestaltung eines rationalen Wertkerns der zünftigeren Zivilisation gesetzt werden, da die Frage mit Leben und Tod, Begrenzt und Unbegrenztheit, Notwendigkeit und Zufälligkeit, Individuum und Gruppen zu den höheren und wichtigeren Lebensproblemen gehören.

(D)

Ich habe in meinen bereits publizierten Werken und im Text davor mehrmals diese Einstellung zum Ausdruck gebracht: Aufgrund der Vernetzung der Akademie in der globalisierten Welt gibt es in China unter Druck der westlichen Lehre erst durch „klassische Erfindung" „Philosophie", welche größtenteils nur eine „komparative Philosophie" darstellt. Nach Feng Youlans „Wiederherstellung durch Vergleich" und „Fortsetzung" bringe ich explizit vor, in einem internationalen fachlichen Umfeld auf vergleichende Weise eigene Meinung offen zum Ausdruck zu bringen: „In der Tat liegen täglich viele aus dem Westen übersetzte Fachwerke auf unseren Schreibtischen. In den Regalen stehen noch zahlreiche chinesische Klassiker. Die erinnern uns deutlich daran, um eine Fortsetzung umzusetzen, muss man beide geistigen Traditionen weiterführen, welche sich eigentlich oft gegenseitig dekonstruieren und entgiften. Wir müssen uns bewusst sein, dass wir nicht die westliche oder chinesische Tradition zur Lebensaufgabe machen, sondern die Gedanken selbst. Dann ist eine Äußerung beider Traditionen auf vergleichende Weise unbestreitbar eine vernünftigere und auch toleranter akademische Wahl".[29]

Wir müssen noch weiter erläutern, aufgrund der Komplexität beider Zivilisationen tritt daher bei der Äußerung im internationalen fachlichen Umfeld unvermeidlich verschiedenartige sogar unerwartete „Vergleichbarkeit" auf. Aus den oben genannten „Fortsetzung" und „Äußerung im internationalen fachlichen Umfeld" ergibt sich noch die Verwirrungen „wer wird fortgesetzt" bzw. „wer wird geäußert", zwischen denen es noch komplizierte und perplexe Verwindung gibt. In der Regel legt man zuerst fest, wer fortgesetzt wird, dann kann man auf dieser psychischen Basis bestimmen, an wen im internationalen fachlichen Umfeld auf vergleichende Weise geäußert wird. Wie ich in einem früheren Artikel bereits darauf hinwies: „Eigentlich betrachtet jeder auf Basis eigener bestimmten psychischen Einstellung, der sich mit komparativer Philosophie beschäftigt. Die von seinem Diskurssystem gebildeten Fragen entscheiden darüber, welche Inspirationen er in anderen geistigen Gebieten findet; In diesem Sinne können wir sagen, dass die Schlussfolgerung der komparativen

---

29 Liu Dong: Von „Fortsetzung" bis zur „Äußerung in einem internationalen fachlichen Umfeld auf vergleichende Weise", in: Weg und Welt. Beijing: Peking Universitätsverlag. S.192.

Philosophie häufig in der Orientierung der eigenen Zivilisation im Voraus schon gesetzt wird."[30] Auf der anderen Seite, oft wenn einem klar ist, an wen die Äußerung im internationalen fachlichen Umfeld gerichtet wird, kann man erst in der eigenen komplizierten und variablen Tradition zurückkehren und entscheiden, wer fortgesetzt wird. Wie ich in dem gleichen Artikel verdeutlichte: „Es scheint wohl gegensätzlich zu sein, jedes Individuum, das sich mit komparativer Philosophie befasst, muss die Hintergründe anderer Philosophie zuerst erkennen. Wenn sie mit vergleichendem Blick die heimatliche Philosophie definiert und bestimmt, verwendet er oft unbewusst auf fremde Bezugssysteme".[31]

Wir nehmen die Arbeit von Feng Youlan in seinen frühen Jahren als Beispiel. Als er von 1919 bis 1924 sein Studium in den USA absolvierte, war nicht nur der mit William Pepperell Montague (1873-1953) repräsentierte Neurealismus in Mode, sondern der kreativere und originellere Pragmatismus mit John Dewey als Repräsentanten auch sehr aktiv. Gleichzeitig war Intuitionismus mit Henri Bergson als Vertreter in Frankreich verbreitet, während in Deutschland der Heidegger repräsentierte Existenzialismus sich entwickelte. Es ist nicht schwer sich vorzustellen, auch wenn man nicht über die kompilierte Tradition vom alten Griechenland zur klassischen deutschen Philosophie spricht und nur die westlichen Philosophen in seinem Zeitalter im Auge behält, war Feng Youlan bei der Aktivierung, Neugestaltung oder „Erfindung" der chinesischen Philosophie mithilfe eines ausländischen akademischen Diskurses sicherlich mit ziemlich komplizierter und sogar gefährlicher Wahl konfrontiert. Mit anderen Worten führen die zahlreichen wegen „Vergleichbarkeit" verbundenen Auswahlmöglichkeiten bestimmt dazu, dass er bei der Äußerung im internationalen Umfeld bewusst oder unbewusst einige Seiten eigener Tradition vernachlässigt. Zum Zeitpunkt als die chinesische und westliche Wissenschaft sich miteinander trafen, konnten wir bereits auf Basis der wissenschaftlichen Theorie feststellen, dass seine Reaktivierung der Schule des Prinzips (lixue) vom Neokonfuzianismus durch Neurealismus oder der Schule des Herzens (xinxue) durch Intuition von jemanden anderen unvermeidlich über Eigentümlichkeit verfügte und man sie nicht automatisch als angeborene wahre chinesische Tradition betrachten kann.

---

30 Liu Dong 2001: Gefahr des Vergleichs. In der Magazin „Lesen". 1, 139.
31 Ebd. 1, 140.

Auf Basis der wissenschaftlichen Arbeit vorigen Akademiker versuche ich nun die „Vergleichbarkeit" zwischen Konfuzianismus und Existenzialismus wiederherzustellen. Ich wollte nicht die Arbeit von jemanden einfach leugnen, sondern mit mehr Komplexität und Möglichkeit ihre Arbeit ergänzen, balancieren und verstärken. Außerdem beabsichtige ich nicht anhand dieses Vergleichs zwischen Konfuzianismus und anderer westlichen Philosophie die Essenz der chinesischen Kultur von neuer Perspektive wiederzubeleben; Eigentlich wollte ich nur gemäß dem eigenartigsten Säkularismus, welcher in der kulturellen Tradition enthält, einen Vergleich mit der „Entzauberung" in säkularem Europa durchführen. Vielleicht kann man durch eine Betrachtung von der Außenwelt ein tieferes Verständnis für den Wert der Existenz der Chinesen von Basis her erneut erzielen.

Um diese von mir befürwortete „Vergleichbarkeit" zu verstärken, lesen wir hier die Stelle, als Sartre sich darüber bewusst war, dass sein Leben nahezu zu Ende war, wie erklärte er zum letzten Mal der vertrautesten Person das Wesentliche. Als eine intime Freundin wollte Beauvoir bewusst den wichtigen Denker nochmal darlegen, was man sich bereits auskannte:

> Für Sie ist der Atheismus demnach eine Ihrer Evidenzen, eine der Grundlangen Ihres Lebens, Was denken Sie dann von Leuten, die sagen, sie seien gläubig? Es gibt welche, denen Sie begegnet sind, die Sie geschätzt haben, und es gibt sicher andere, die Sie nicht schätzen. Ich denke, es gibt welche, die sagen, sie seien gläubig, und die nicht glauben. Aber was, meinen Sie, stellt die Tatsache zu glauben dar, natürlich wenn man ein bestimmtes Bildungsniveau hat, wenn ein Merleau-Ponty- der übrigens aufgehört hatte zu glauben -sagte, er glaube an Gott, der wenn Ihre Freunde, die Priester, die Jesuiten, sagten, sie glaubten an Gott? Was denken Sie, stellt das dar, die Tatsache, sich als ein an Gott Glaubender zu setzen, im Ganzen, in der Art, wie ein Mensch sein Leben führt?[32]

Kurz vor dem Ende des Lebens ist für viele Westler oft eine Zeit, in der sie zum christlichen Glauben bekehren und bereuen, im ganzen Leben an Glauben gefehlt zu haben. Sartre zeigte aber seinem atheistischen Unterfangen gegenüber ein klares Bewusstsein und feste Überzeugung:

---

32 Simone de Beauvoir 1986: Die Zeremonie des Abschieds und Gespräche mit Jean-Paul Sartre. Übersetzt von Uli Aumüller und Eva Moldenhauer. Rowohlt Taschenbuch.

Das scheint mir ein Überbleibsel zu sein. Ich denke, dass es eine Zeit gab, in der es normal war, an Gott zu glauben, im 17. Jahrhundert zum Beispiel. Heutzutage bei der Art, wie man lebt, wie man sich seines Bewusstseins bewusst wird und **feststellt, dass Gott entschwindet, gibt es keine Intuition des Göttlichen. Ich denke, dass der Begriff Gott gegenwärtig schon überholt ist, und ich habe bei Leuten, die mit mir über Gott sprachen und an ihn glaubten, immer etwas Überholtes, Veraltetes gespürt.**[33]

Danach stellte Beauvoir absichtlich eine rhetorische Frage, damit Sartre diesbezüglich noch deutlicher erklärte und keine Gelegenheit den Gläubigen anbot, sich zu rechtfertigen:

> Sie haben von der Wahl einer bestimmten Weltsicht gesprochen. Meinen Sie, dass diese Wahl ihnen Vorteile bringt, dass sie sie deshalb treffen?[34]

Sartre verstand selbstverständlich solche Ausführungsmethode und wies dann deutlich auf die moderne Welt hin. Die Einstellung, welche der Vernunft zuwiderläuft, ist inakzeptabel:

> Sie bringt ihnen bestimmt Vorteile. Es ist viel angenehmer zu denken, dass die Welt ganz geschlossen ist, mit einer nicht von uns, sondern außerhalb, von einem allmächtigen Wesen hergestellten Synthese, dass diese Welt für jeden von uns gemacht ist und dass jegliches Leiden eine vom höchsten Wesen geduldete oder gewollte Prüfung ist, als die Dinge so zu nehmen, wie sie sind: das heißt Leiden, die unverdient sind, die von niemand gewollt sind und die der Person, die sie durchmacht, nichts einbringen werden. Ebenso Vergünstigungen, die nicht Vergünstigungen durch jemanden sind, die gleichfalls etwas darstellen, was gegeben ist, ohne dass jemand es gegeben hätte. **Um den alten Begriff Gott wiederherzustellen, dem alles bewusst ist und der die Beziehungen zwischen allem sieht und diese Beziehungen herstellt, der sie ebenso wie ihre Folgen will, muss man der Wissenschaft, den Humanwissenschaften ebenso wie den Naturwissenschaften den Rücken kehren und auf ein Universum zurückgreifen, das dem, das wir seither errichtet haben, wollkommen entgegengesetzt ist. Das heißt einen Begriff bewahren, zu dessen Ausmerzung die Natur- und**

---

33 Ebd. H.d.V.
34 Ebd.

**Humanwissenschaften, ohne es zu sagen, ohne es absichtlich zu
wollen, erheblich beigetragen haben.**[35]

Beauvoir war natürlich davon überzeugt, ließ aber Sartre weiter erzählen,
wie er den Gewinn für sein fast vergangenes Leben zusammenfassen soll,
„nicht an Gott zu glauben":

> Und für ein einzelnes Individuum, denken wir zum Beispiel ein-
> fach an Sie, was ist der…sozusagen der Gewinn, natürlich außer dass
> Sie es für die Wahrheit hielten, was ist der Gewinn für Sie gewesen,
> nicht an Gott zu glauben?[36]

Wir können uns vorstellen, als ein vollständiger Existenzialist konn-
te Sartre solche Fragen leicht beantworten. Darum zeigte er hier seine
Gründlichkeit oder Furchtlosigkeit, tastete gleich die Wurzel derartigen
Fragen.

> Das hat meine Freiheit gesichert, gekräftigt; diese Freiheit ist jetzt
> nicht dazu da, Gott das zu geben, was er von mir verlangt, sondern
> sie ist dazu da, selbst zu erfinden und mir selbst zu geben, was ich
> von mir verlange…[37]

Im Hintergrund der westlichen Gedanken beziehen solche Debatten
in der Regel entweder auf christliche Theologie oder zumindest auf Stoa.
Durch die von uns vorher errichtete „Vergleichbarkeit" scheint Sartres
These auf die erfundene „chinesische Philosophie" zu richten. Mit anderer Formulierung, die übersetzt wurde: Zwischen dem „Himmel und
Menschen" gibt es eigentlich keine Vereinigung. Deswegen ist es unmöglich und unerforderlich, aufgrund des schwachen Daseins der Menschheit
gegen eigene Vernunft und Erkenntnisse ein metaphysisches System zu
gründen oder bewahren, um einen Illusionären und unzuverlässigen Trost
zu erhalten.

Wie wir vorher bereits erwähnten, Sartres Standpunkt entstand nicht aus
dem Nichts. Zum Beispiel können wir in den späteren Werken von David
Hume lesen, wie er auf Basis seines gründlichen Agnostizismus die ähnliche Formulierung „sarkastisch" kritisierte:

---

35   Ebd. H.d.V.
36   Ebd.
37   Simone de Beauvoir 1986: Die Zeremonie des Abschieds und Gespräche mit Jean-Paul
Sartre. Übersetzt von Uli Aumüller und Eva Moldenhauer. Rowohlt Taschenbuch.

Ich bin so frei, Cleanthes, erwiderte Demea, Euch zu sagen, daß ich von Anfang an Eurem Schluß bezüglich der Ähnlichkeit der Gottheit mit dem Menschen nicht zustimmen konnte; noch weniger kann ich den Mitteln zustimmen, wodurch Ihr dieselbe zu begründen sucht. – Wie, keine Demonstration des Daseins Gottes? Keine abstrakten Argumente? Keine Beweise a priori? Sind diese, worauf bisher von den Philosophen so viel Gewicht gelegt worden ist, nichts als Trugschlüsse und Sophismen? Können wir in dieser Sache nicht über Erfahrung und Wahrscheinlichkeit hinausgehen? Ich will nicht sagen, daß dies Verrat an der Sache der Gottheit ist; aber sicherlich gebt Ihr durch diese übertriebene Nachgiebigkeit den Atheisten Vorteile, welche sie bloß durch die Stärke ihrer Argumentation niemals erreichen würden.[38]

Noch einzigartiger und beeindruckender zählt der vorher bereits zitierte Marquis de Sade. Mit ähnlicher Einstellung verwendete Sade, der ein bisschen später als David Hume war, die Metapher mit „Schaum und Gefäß" um die getrennten Verhältnisse zwischen „Menschen und Natur" zu beschreiben. Der Grund, weshalb Beauvoir den unverwechselbaren und erschreckenden Sade so wunderbar nacherzählen konnte, liegt darin, dass die Biber-Frau (beaver klingt ähnlich wie ihren Namen) zu solchen Fragen eine sehr ähnliche Meinung hatte:

Bereits in „Aline und Valcour" deutet Sade die Möglichkeit des Menschen an, sich von der Natur loszureißen und sich gegen sie zu stellen: „Wir müssen es endlich wagen, diese unverständliche Natur zu beleidigen, um besser die Kunst zu erlernen, sie zu genießen." Und in „Juliette" erklärte er noch entschiedener: „Wenn der Mensch erst einmal ins Leben getreten ist, gründet er nicht mehr auf der Natur: Nachdem die Natur den Menschen hat werden lassen, hat sie keine Gewalt mehr über ihn." Immer wieder kommt er darauf zurück; er vergleicht den Menschen hinsichtlich seiner Beziehung zur Natur mit dem „Schaum, dem Dampf, der durch Feuer destilliert, in einem Gefäß aufsteigt; er ist nicht geschaffen, dieser Schaum, sondern das Ergebnis eines Prozesses, ist heterogen; er gewinnt sein Dasein aus einem fremden Element, er kann sein oder nicht sein, ohne dass das Element, aus dem er hervorgeht, darunter leidet; **er**

---

38   David Hume: Dialoge über natürliche Religion. Über Selbstmord und Unsterblichkeit der Seele. Erstdruck 1779. Übersetzt von Friedrich Paulsen.Leipzig.

verdankt diesem Element nichts, und dieses Element verdankt ihm nichts." Wenn der Mensch in den Augen des Alls nicht mehr zählt als eine Schaumflocke, dann garantiert ihm gerade diese Bedeutungslosigkeit seine Autonomie. Daher kann er von sich aus ethische Entscheidungen treffen, und keiner Macht der Welt steht es zu, sie ihm vorzuschreiben.[39]

Solange wir den zum gegenüberstellenden Inhalt vorher angedeutet haben, können wir im internationalen fachlichen Umfeld auf vergleichende Weise besser äußern. An der chinesischen Seite erschloss Konfuzius nach seiner entscheidenden Erfindung nicht nur den gedanklichen Nachfolger einen kulturellen Pfad, hinterließ allerdings auch unbestimmte Verständnisschwierigkeit. Darum versuchten die Konfuzianer nach ihm Generation nach Generation sie zu interpretieren. Im Sinne der Hermeneutik legten sie bezüglich der konfuzianischen Lehre mithilfe ihrer eigenen Existenzerfahrung des jeweiligen Zeitalters kreativ dar. Bereits vor der Qin-Dynastie existierten acht Schulen des Konfuzius: Im Buch Han Feizi heißt es, dass sich seit dem Tod des Konfuzius die folgenden Schulen herausbildeten: Schule von Zizhang, Schule von Zisi (Enkel des Konfuzius), Schule von Yan Hui, Schule von Mencius, Schule von Qidiao, Schule von Zhongliang, Schule von Sun (Xun Kuang) und Schule von Yuezheng[40]. Später entstanden noch besondere Schulen in der Han-Konfuzianismus und Neokonfuzianismus. Während der Song-Dynastie verteilte sich der letztgenannte noch in Lehre des Prinzips (lixue) und Schule des Herzens (xinxue). Die Konfuzianer nach Konfuzius bildeten verwickelte und nicht vollständig aufeinanderfolgende historische Kette. Die Kompliziertheit zeigt sich darin: Einerseits konnte man nicht um, die Lehre, welche man fürs Leben benötigte, wiederholt mit Leidenschaft kreativ zu interpretieren. Andererseits kann keinen garantieren, dass seine Erläuterung an Konfuzius' Wille dicht herankommt und nicht von ihm abweicht.

Wenn die verborgene Kompliziertheit im internationalen fachlichen Umfeld eingeführt wird, wird sie im überlagerten Kontext mehrmals „fermentiert". Nun stellt sich die Frage: Von welchem Zeitalter wird der Konfuzianismus mit welcher westlichen Schule verglichen? Das heißt, die

---

39 Simone de Beauvoir: Soll man de Sade verbrennen?: Drei Essays zur Moral des Existenzialismus. H.d.V.
40 Han Feizi: 2016, in: Sammlung und Interpretation von Han Feizi. Wang Xianshen (Hg.), lektoriert und interpunktiert von Zhong Zhe. Beijing: Zhonghua Shuju. S.499.

Errichtung der „Vergleichbarkeit" stellt in der modernen Fachwelt zur erneuten Festlegung chinesischer Werte für die Leute eigentlich eine weitere Herausforderung dar und es liegt keine vorhandenen Lösungen vor. In diesem Sinne verfasse ich das neue Buch um erneut Lösungen zwischen China und dem Westen und in beiden Richtungen zu finden. Einerseits möchte ich eine „Vergleichbarkeit" zwischen Westen und China neu herstellen und andererseits ein neues Verständnis über konfuzianische Lehre gewinnen. Selbstverständlich kann man den Ausdruck so verstehen, dass ich auf einer Seite den gedanklichen Wert im klassischen chinesischen Text erneut interpretieren und auf anderer Seite eine „Brücke" errichten, damit die chinesische und westliche Kultur miteinander besser verbinden können.

An dieser Stelle muss ich ausdrücklich sagen, wenn ich die „Vereinigung von Himmel und Menschen" nur nachbete, ist selbst der von mir behauptete Buchtitel „Am Himmel gibt es eine dunkle Wolke" unhaltbar. Wie ich bereits verfasste: „Anders als das Geschwafel der Banausen behauptet, wurden Charakteristika und Unterbau der chinesischen Kultur in Wahrheit erst dadurch fest etabliert, dass man sich nüchtern des „Abbruchs des Umgangs zwischen Himmel und Erde (Göttern und Menschen)" bewusst wurde, sich konsequent nach der „Vereinigung von Himmel und Menschheit" sehnte und schließlich eine wechselseitige Unterstützung und Inspiration aber auch Einhegung dieser beiden Konzepte anstrebte". Logischerweise heißt es, zumindest von meinem persönlichen Aspekt, auch wenn es im Konfuzianismus noch die These „Vereinigung von Himmel und Menschheit" gibt, sollte sie nach revolutionärer Neubewertung von Konfuzius weder dargestellt werden, dass jeglichen Objekten eine Seele zugesprochen wird, noch in Form von Dong Zhongshus „Resonanz zwischen Himmel und Mensch" und Wang Yangmings „Vereinigung mit dem Himmel anhand von Menschen". „Die Vereinigung von Himmel und Menschheit" nach Konfuzius' „Menschlichkeitsrevolution" bedeutet eigentlich nur eine Hypothese, eine Hoffnung oder Anspielung, mit anderen Worten gehört sie zu der Art von Kants „subjektiver Zweckmäßigkeit".

Wenn man unbedingt die zwei Kategorien „Himmel" und „Menschen" weiterverwendet, muss man mit Wachsamkeit erkennen, dass im konfuzianischen Diskurs vor der Qin-Dynastie keine „Vereinigung von Himmel und Menschheit", sondern höchstens eine Vereinigung mit dem Himmel auf Basis von menschlichen Herzen. Auch in der späteren konfuzianischen

Ausführung gibt es „für die Etablierung des Lebens der Menschen ein Geist vom Himmel und der Erde errichten". Hier kann man auch nicht einfach so verstehen, dass im All ursprünglich ein personifiziertes „Herz des Himmels und der Erde" existiert. Auch wenn die Konfuzianer dem historischen Pfad entlang Redewendungen wie „der Himmel schont das Leben" verwendeten, meinten sie damit nur ein virtuelles Symbol oder eine Anspielung, man kann nicht dafür ein metaphysisches System erfinden. Ansonsten wäre es dem von Konfuzius festlegten grundlegenden Denkweg zuwider. Umgekehrt kann man zumindest in gleich so vielen Situationen sagen, aufgrund des Begreifens der „Unmenschlichkeit des Himmels und der Erde" sowie der „Unbeständigkeit des Lebens" wird das Sehnen nach der Realität und dem Leben sowie Mitleid erweckt.

Auf Basis dieser Verständnisse schilderte ich im sechsten Kapitel, dass wir über die „Resonanz zwischen Himmel und Mensch", welche vom Konfuzianisten der Han-Dynastie aufgestellt wurde, noch Gedanken machen müssen. Des Weiteren betrifft es auch die Konfuzianisten der Song-Dynastie, die „Vier Bücher" als Klassiker erklärten. Das heißt auf logische Weise, wenn man die Grundgedanken von Konfuzius begreifen möchte, gehört meines Erachtens eigentlich nur „Gespräche des Konfuzius" zum konfuzianischen Klassiker im wahren Sinne. Wenn man sich nach dem Konfuzianismus vor der Qin-Dynastie erkundigen wollte, kommen nur drei Bücher in Frage: Gespräche des Konfuzius, Mengzi und Xunzi. Obwohl ich „Mitte und Maß" im „Buch der Riten" sehr bewundere[41], gehört es zum Beitrag der Konfuzianisten der Han-Dynastie, da es zu dieser Zeit verfasste wurde. Darum sollen wir aus Respekt vor der historischen Wahrheit die Kategorie der „Vier Bücher" abbauen oder brachliegen, die erst in der Nachwelt entstand:

> Diese konfuzianische Theorie aus der Han-Dynastie gehört eigentlich zum Zirkelschluss, da sie ursprünglich Immanentismus ist. Mit anderen Worten wurden die menschlichen Persönlichkeiten, welche Konfuzianer empfunden, auf den Himmel, welcher als „moralisches Symbol" fungiert, übertragen. Daraufhin wurden eigene kulturelle Tätigkeiten mithilfe des „Himmelsgesetz" rechtfertigt, welches mit dem menschlichen Charakter übereinstimmt und als

---

41 Siehe Liu Dong: Persönliche Identität und moralischer Zustand: „Acht Klauseln" aus der transkulturellen Perspektive, in: Weg und Welt. S.141-153.

ethnischer Hintergrund fungiert, als würde die Tätigkeit wie Himmel und Erde schöpferisch gestaltet. Nach meinem jetzigen Standpunkt soll der Artikel „Mitte und Maß" im „Buch der Riten" streng genommen auf rationale Weise erneut bewertet und nicht einfach als unangreifbarer Klassiker behandelt werden. Wie bereits erwähnt leitete Konfuzius zuerst die Revolution der Menschlichkeit mit sehr fortgeschrittenem und unverwechselbarem Gedankenstil. Aufgrund seiner Pionierposition wurde der von vielen späteren Gedanken neutralisiert. Auch in „Mitte und Maß" gibt es mehr oder weniger solche Probleme. Die Neokonfuzianer wählte diesen Abschnitt aus dem „Buch de Riten" und erklärte ihn als „eines der Vier Bücher", welcher mit Lun Yu gleichbedeutend wurde. Dies stimmte offensichtlich der Tatsache der Gedankengeschichte nicht überein.[42]

Wie man den Beitrag der Konfuzianisten aus der Song-Dynastie bewerten soll, ist eine äußerst komplizierte und feinsinnige Frage. Zuerst sollen wir ohne Bedenken anerkennen, dass der Neokonfuzianismus auf jeden Fall zu einem anderen Höhepunkt des Konfuzianismus gehört, welche im chinesischen Zivilisationsprozess sowohl einflussreiche historische als auch signifikante kulturelle Bedeutung hat. Die Konfuzianisten bewahrten anhand der Erschaffungen von Cheng Yi, Cheng Hao, Zhu Xi, Lu Jiuyuan und Wang Yangming (Schule des Prinzips und des Herzens) erst ihre Hauptrolle in der Gesellschaft und den Wert aus der Achsenzeit. Ansonsten würde China vielleicht wirklich wie Erik Zürchers (1928-2008) Vermutung[43], von einer bestimmten fremden Religion „erobert" oder bedeckt, wie die Situation bei anderen Wiegen der Kultur, z.B. bei indischen, persischen, ägyptischen oder babylonischen Zivilisationen. Wenn dem wirklich so ist, können wir ein völlig „entfremdetes China" gar nicht erkennen oder uns überhaupt nicht vorstellen, die wertvolle Kultur des Konfuzius würde unterbrechen und die Menschheit würde auch eine sehr wichtige Wertoption verlieren.

Auf der anderen Seite müssen wir darauf hinweisen, dass der positive Beitrag des Neokonfuzianismus hauptsächlich historisch und nicht unbedingt auf der gedanklichen Seite ist. Später wies Yan Yuan (1635-1704), der Praktizieren betonte, darauf hin, dass hinter Neokonfuzianismus

---

42   Siehe Sechstes Kapitel.
43   Siehe Erik Zürcher: The Buddhist Conquest of China. The Spread and Adaptation of Buddhism in Early Medieval China.

noch Buddhismus verborgen ist und darum der Urbedeutung des Konfuzianismus vor der Qin-Dynastie zuwiderläuft. Nur wenn man ihn mutig kritisiert, kann man den ursprünglichen Anschein der Lehre von Konfuzius und Menzi restaurieren: „Bevor ich nach Süden reiste, dachte ich noch, dass der Neokonfuzianismus zum Konfuzianismus gehören soll. Bei meiner südlichen Reise sah ich, dass alle Leute Konfuzianismus mit Buddhismus vermischten und nur leere Floskeln verfassten. Die standen in Opposition zum Konfuzianismus. Dann dachte ich mir, je mehr man gegen den Neokonfuzianismus ist, umso mehr kann man mit der Lehre von Konfuzius und Menzi anfangen. Ich war mir sicher, dass die Konzepte von Konfuzius und Menzi ganz anders als die Cheng-Zhu-Schule sind."[44] Dai Zhen (1724-1777) nach einem Jahrhundert, wichtiger Vertreter der Beweisforschung (kaozheng), kritisierte von einem anderen Aspekt den Neokonfuzianismus. Seiner Meinung nach strebte die Doktrin in der Nachwelt zu viel nach einer Synthese von Konfuzianismus, Buddhismus und Taoismus. Dadurch vermischte man Konfuzianismus mit anderen Thesen und seine Eigenartigkeit und Grundfarbe wurde ausgelöscht: „Nach Sechs Klassiker, Konfuzius und Mengzi folgte die Lehre von Xunzi, Laozi, Zhuangzi und Buddhismus, die Sechs Klassiker und die Doktrin von Konfuzius und Mengzi existierte noch. Seitdem die Konfuzianer der Song-Dynastie die Lehre von Sechs Klassiker, Konfuzius und Mengzi interpretierten, ist sie tot. Die Neokonfuzianer vermischten die Lehre mit Xunzi, Laozi, Zhuangzi und Buddhismus und die Gelehrten wussten nicht mehr, dass die Interpretationen grundverkehrt waren."[45]

Meine persönliche Meinung ist allerdings nicht so radikal. Wie bereits erwähnt gehört meines Erachten der Neokonfuzianismus zum Konfuzianismus. Wir müssen uns hinein versetzen, obwohl die Neokonfuzianer eigentlich in der Debatte mit Buddhismus und Taoismus die konfuzianische Tradition bewahren und wiederherstellen wollten, teilten sie bei den langen und intensiven Diskussionen die Gedanken mit den Gegnern. Die konfuzianische Lehre wurde durch ihre Schilderung immer dem Taoismus und Buddhismus ähnlicher. Im Rückblick auf den Lehrplan der gängigen Philosophiegeschichte glauben die meisten, dass der Neokonfuzianismus bezüglich der Ontologie

---

44 Li Gong 1987: Chronik von Herrn Yan Yuan, in: Sammlung von Yan Yuan. Beijing: Zhonghua Shuju. Bd. 2, S.774.
45 Dai Zhen 1982: An Evidential Study of the Meaning and Terms of the Mencius (Mengzi ziyi shuzheng). Revidiert von He Wenguang. Beijing: Zhonghua Shuju. S.19-20.

aufgrund des Einflusses des Buddhismus nach und nach systematischer und genauer wurde. In diesem Sinne handelt es sich um eine gedankliche Entfaltung und Entwicklung. Allerdings ist diese Bewertung nach unserem Standpunkt genau das Gegenteil.

Um diesen Punkt zu beweisen zitiere ich einen Abschnitt von Zhang Zai (1020-1077). Einerseits können wir nicht so radikal wie Yan Yuan sein, welcher Neokonfuzianer gleich wie Buddhisten betrachten; Andererseits müssen wir so sorgfältig sein wie Dai Zhen und eine bestimmte Vermischung darin zu erkennen:

> Buddhisten glauben an die Existenz der Geister. Nach dem Sterben gibt es noch Seelenwanderungen. Darum verabscheuen sie das Leid des Lebens und Todes und wollen sich daraus befreien. Heißt es aber, dass sie sich mit den Geistern gut auskennen? Sie vertreten die Meinung, dass das Dasein des Menschen nur um eine Illusion handelt. Heißt es, dass sie sich mit den Menschen auskennen? Mensch und Himmel sind dasselbe, wenn man die Absicht zum Annehmen und Ablehnen hat, heißt es, dass man den Himmel kennt? Der Himmel, welchen Konfuzius und Mengzi bezeichneten, nennen sie Doktrin. Manche verwirrten denken, dass die wandelnde Seelen die Palingenese erleben. Das liegt darin, dass sie sich nicht gründlich darüber Gedanken machen. Aus dem Buch „das Großen Lernen" soll man zuerst die Tugend des Himmels erkennen, erst dann ist es möglich die Heiligen, Geister und Götter zu verstehen. Beim Buddhismus glaubt man nun, dass das Dasein eine Zuflucht haben und man Geburt, Tod und Wiedergeburt erleben muss. Nur wenn man Erleuchtung erlangt, ist man aus dem Rad befreit. Heißt es, dass man mit der Doktrin? Wenn man die Doktrin wirklich begreift, versteht man die Gerechtigkeit und das Lebensgesetz. Alle müssen Leben und Tod erleben. Nur wenn man die Regelmäßigkeit von Tag und Nacht, die Veränderungsweise von Yin und Yang versteht, weiß man, dass die Elemente, welche das Leben bilden, eine Einheit sind. Seit der Einführung der buddhistischen Lehre nach China sehen die Konfuzianer nicht, wie tiefer die Gedanken der Heiligen sind. Sie verwenden nur buddhistische Lehre zum eigenen Nutzen, geben sich dafür hin und nennen sie den Weg zum Begreifen der Wahrheit. Gute und böse, weise und dumme Leute sowie Männer und Frauen holen sich alle den Glauben. Nach der Geburt sahen

und hörten sie die irdischen Angelegenheiten und beim Erwachsen lernten sie die konfuzianische Lehre. Nun werden diese vertrieben, denn ihnen wurde erzählt, dass man sich nicht kultivieren muss, um Weisen zu werden und man nicht lernen muss, um Erleuchtung zu erlangen. Sie haben das Herz der Weisen nicht erkennt und schon geglaubt, dass man sie nicht als Vorbild nehmen muss. Sie haben das Ideal der Edlen nicht gesehen und schon damit aufgehört, sich mit ihren Texten auseinanderzusetzen. Dies ist der Grund, weshalb die ethnische Beziehung in der Gesellschaft, die Prinzip der Dinge, die Ordnung und Moral chaotisch und verworren sind. Die Irrlehren sind überall. Die oberen Herrscher haben keine Sittlichkeit, um Heuchelei zu verhindern und die Untertanen haben kein Wissen, um den Übelstand zu vermeiden. Die sogenannten Bezeichnungen wie Unrecht, Sittenlosigkeit, Heimtücke und Ausweichen verbreiten sich, welche schon seit 1500 Jahren aus den buddhistischen Texten stammen...[46]

Auf jeden Fall waren sie vor realen Herausforderungen aus Buddhismus und Taoismus wachsam, suchten sorgfältig nach nutzbaren Theorien und erschufen kreativ eine Synthese. Manche vertraten sogar die Meinung, dass Konfuzianismus höheres Niveau habe. Das verdient natürlich das Mitleid und Verständnis der Nachwelt. Gleichzeitig gibt es bedauerlicherweise auch Äußerungen wie: „Aus dem Buch das Großen Lernen soll man zuerst die Tugend des Himmels erkennen, erst dann ist es möglich die Heiligen, Geister und Götter zu verstehen" oder „wenn man die Doktrin wirklich begreift, versteht man die Gerechtigkeit und das Lebensgesetz. Alle müssen Leben und Tod erleben. Nur wenn man die Regelmäßigkeit von Tag und Nacht, die Veränderungsweise von Yin und Yang versteht, weiß man, dass die Elemente, welche das Leben bilden, eine Einheit sind", die dem begrenzten Rationalismus („was man weiß, als Wissen gelten lassen, was man nicht weiß, als Nichtwissen gelten lassen") zuwiderlaufen. So lenkt man den Ausdruck in die umgekehrte Richtung des Konfuzianismus vor Qin-Dynastie, gerät sogar in den dogmatischen Gedankenweg. Letztendlich sprach Konfuzius zu diesem Aspekt damals schon: „Ist denn die Sittlichkeit gar so fern? Sobald ich die Sittlichkeit wünsche, so ist diese Sittlichkeit da". Daraus wissen wir, dass solche Güte bereits im Herzen der Menschen

---

46 Zhang Zai 1985: Rechtes Auflichten, Kapitel 17: Qian preiset als Vater, in: Sammlung von Zhang Zai. Beijing: Zhonghua Shuju. Bd. 1-2, S.88.

verborgen ist und man bei einer höheren Existenz nicht dafür beten muss, insbesondere wenn man weiß, dass es nicht klärbar ist. Von moralischer Potenz her betrachtet kann die menschliche Natur eigentlich unter gesellschaftlicher Erziehung nach Güte streben. Auch wenn man das Verhalten der Unterschicht zügeln wollte, um die kulturelle Mission „Überwindung von sich selbst und Zuwendung der Gesetzen der Schönheit"[47] endlich zu erreichen, lohnte es sich nicht, die grundlegenden konfuzianischen Prinzipien zu opfern.

In diesem Sinne müssen wir offen zugeben, dass die folgende Formulierungen von Dai Zhen besondere Einsicht haben: „Die Konfuzianer der Song-Dynastie verbanden Menschlichkeit, Gerechtigkeit und Sittlichkeit, bezeichneten sie generell als Ordnungsprinzip (li)...passt nicht zu den Sechs Klassikern und Gespräche von Konfuzius sowie Mengzi."[48] Einerseits, wie vorher erwähnt, wenn man die Virtualität des metaphysischen „Himmels" nicht erkennt, den nicht über „Zauberkräfte und widernatürliche Dämonen" sprechende Konfuzianismus nicht versteht, in dessen Theorie nur „Vereinigung von MENSCHEN mit Himmel" möglich ist, sind die Begriffe wie „himmlische Tugend" oder „Herz des Universums" von Cheng Yi und Cheng Hao sowohl auf der Ebene der Erkenntnis als auch der Vernunft unhaltbar. Andererseits, im Vergleich zu „sobald ich die Sittlichkeit wünsche, so ist diese Sittlichkeit da" und „all things are already complete in us"[49] vor der Qin-Dynastie hat der „Kampf zwischen der Ordnungsprinzip und menschlicher Begierde" vom Neokonfuzianismus sich offensichtlich die Religiosität von den Debatten-Gegnern eingefangen.

Aus diesem Grund stellt sich die Komplexität des Problems darin, dass in der konfuzianischen Theorieentwicklung ist Neokonfuzianismus sowohl ein beachtlicher Fortschritt als auch ein unleugbarer Rückgang. Während es sich beim Fortschritt um gewissenhaftere und gründlichere Diskurse handelt, geht es beim Rückgang um die Flexibilität der Gedanken, die Schärfe der Kritik und die Empfindung des Lebens. Darum sollen wir uns vorsichtig Gedanken machen: Auf einer Seite muss man gelassen anerkennen, dass der Neokonfuzianismus von Song- und Ming-Dynastie immer noch zu einem anderen Gedankengipfel zählt und ein Versuch bestimmter

---

47   Lun Yu. Gespräche 1975. Übersetzt von Richard Wilhelm. Düsseldorf und Köln, S.121.
48   Dai Zhen 1982: An Evidential Study of the Meaning and Terms of the Mencius (Mengzi ziyi shuzheng). Revidiert von He Wenguang. Beijing: Zhonghua Shuju. S.45-46.
49   Mengzi, übersetzt von James Legge.

Entwicklungsmöglichkeit des Konfuzianismus ist. Auf der anderen Seite muss man begreifen, dass der Neokonfuzianismus nicht zur logischen Richtung des Konfuzianismus vor der Qin-Dynastie gehört und zumindest kein natürliches Endergebnis ist. Aus einem breiteren transkulturellen Aspekt betrachtet ist sie ein Produkt aus dem Interaktionsprozess der chinesischen und indischen Zivilisation. Obwohl bezüglich der Lebenseinstellung und Wertorientierung sie zu der fremden Kultur wesentliche Unterschiede hat und daraus heftige Debatte ausbrachen, hat die Interkulturalität zwei Seiten. Wie „sinisierter" Buddhismus ist sie ein Ergebnis des „indienisierten" Konfuzianismus.

Aus diesem Grund erläuterten wir vorher mehrmals, dass Konfuzianismus vor der Qin-Dynastie auf keinen Fall zur Religion gehörte. Genau dieser Punkt zeigt die wertvolle Schöpfung von Konfuzius. Allerdings können wir nicht im Allgemeinen annehmen, dass der Neokonfuzianismus auch nicht mit Religion zu tun hatte. Solche Einstellungen bieten den Formulierungen wie die sogenannte „Über die Entstehung der Religion – Konfuzianismus" (Ren Jiyu) oder „Aufsteigen in den heiligen Bereich" (Huang Jinxing) einseitige Begründung. Um den Unterschied zwischen Konfuzianismus und Neokonfuzianismus besser zu erkennen, betrachten durch den Blick des deutschen Sinologen Otto Franke:

> Franke behauptete, dass konfuzianische Lehre Religion ist, die aber nicht in Form der Religion entstanden war, sondern im 13. Jahrhundert durch Zhu Xis Interpretation zur Religion entwickelt wurde. Er ging davon aus, dass der Kern zur Errichtung des konfuzianischen Systems, nämlich der Hauptbestandteil des Konfuzianismus schon vor Konfuzius entstand, durch dessen Bearbeitung und die Verbreitung seiner Schüler nach und nach zu einem stabilen wissenschaftlichen System wurde...
>
> Franke leugnete vehement die Theorie von Zhu Xi und glaubte, dass Neokonfuzianismus der Anfang der Dogmatisierung vom konfuzianischen System war. Lixue konnte sich anhand von politischer Macht verbreiten und war eng mit politischer Befugnis verbunden... Konfuzianismus ist für die Chinesen nicht nur eine Religion, sondern eine staatliche ideologische Form, beinhaltet sämtliche gesellschaftliche und moralische Verpflichtung und bildet die ganze Weltordnung. Zhu Xis konfuzianisches Theoriesystem entwickelte sich zur offiziellen Ideologie. Konfuzianismus wurde unter stattlicher

Macht allmählich verschlossener, versteinerter und sogar zu einer kulturellen Mumie.[50]

Allerdings basiert solche Kritik an Neokonfuzianismus von Außen offensichtlich auf westlichen Standpunkt nach der Aufklärung. Darum glaubte Franke, dass sie unerträglich sei. Ihre „Religionization" gehörte für ihn zur Verworfenheit und einem öffentlichen Einwand gegen den Konfuzianismus vor der Qin-Dynastie. Als eine staatliche Ideologieform wurde auch die ganze gesellschaftliche Ordnung systematisiert und dadurch die chinesische historische Vitalität verschlossen. Aus den obengenannten Formulierungen von Yan Yuan und Dai Zhen wissen wir, dass der Neokonfuzianismus während der Qing-Dynastie häufig kritisiert wurde. Das kann man in Liang Qichaos „Wissenschaftsgeschichte Chinas der letzten 300 Jahre" erkennen. Genau zu dieser Zeit zwang der Westen Chinas Öffnung und unter den chinesischen Gedankenressourcen gab es nur diese Verzweigung, die aufgrund des indischen Einflusses viele deutliche Ähnlichkeiten zur westlichen Philosophie, insbesondere Metaphysik hatte. Darum wurde sie so häufig von den modernen chinesischen Wissenschaftlern erwähnt. Besonders von ihr beinhalteten Themen und Einstellungen zur klassischen Ressourcen bildeten allmählich unter der verborgenen Unterstützung der westlichen Wissenschaft die grundlegende Wahrnehmung, die die Nachwelt über chinesischen Wert hat.

Genau in diesem Hintergrund wies Liang Shuming, der mit Konfuzianismus und Buddhismus befasst war, nicht nur wie bereits erwähnt, darauf hin, dass beide Lehren sich während der Song- und Ming-Dynastie miteinander vermischten, sondern verdeutlichte auch den Entstehungsbereich dieser Vermischung. Zum Beispiel „menschliche Natur" (xinxing), „Leben" (xingming), „ursprüngliches Herz" (benxin) und „Ontologie" (benti), **solche Begriffe kommen nicht im konfuzianischen Diskurs vor der Qin-Dynastie vor, tauchen aber am leichtesten im Blickwinkel der westlichen Philosophie auf.** „Die Konfuzianer seit der Song- und Ming-Dynastie sprechen gerne über menschliche Natur, Leben, himmlische Natur, ursprüngliches Herz und Ontologie... Darum wird Neokonfuzianismus als ‚Lehre der menschlichen Natur und des Ordnungsprinzips' (xingli zhixue) bezeichnet, welche in der vom Westen

---

50   Huang Yirong 2017: Deutscher Sinologe Otto Frankes Diskurs über China. Beijing: China Social Sciences Press. S.139-143.

genannten Philosophie aber nicht in den Texten des Konfuzius auftauchen. Dies ist die natürliche Tendenz der Wissenschaft, in der sich konkrete Tatsachen zur abstrakten Zusammenfassung entwickeln…"[51]

Wenn wir schließlich von der Seite der komparativen Philosophie betrachtet, ist die der Neokonfuzianismus, welcher eine führende Rolle in China spielte, ein Kommunikationsergebnis mit der damaligen westlichen Lehre, nämlich mit dem indischen Buddhismus. Wir können uns auch weiter vorstellen, falls Xuanzang seine Pilgerreise nicht nach Indien, sondern noch ferner nach Griechenland gemacht hätte, die interkulturelle Entwicklung würde sicherlich sehr unterschiedlich sein, welche unsere Verständnisse und Vorstellung übertreffen. Da die geographische Ursache nur ein zufälliger Anlass ist, die in der Globalisierung bereits überwinden wurde, sollen moderne „Mönche" wie wir eigentlich auch die gleichartige Sache tun. Es ist selbstverständlich, um die gut zu erledigen muss man zuerst die Verhältnisse zwischen Konfuzianismus vor der Qin-Dynastie und Neokonfuzianismus der Song- und Ming-Dynastie gedanklich analysieren und ordnen, ansonsten wird Konfuzianismus mit dem buddhistischen Einfluss vermengt. Wenn dem so ist, wäre der zukünftige Dialog zwischen China und Griechenland viel zu kompliziert und durcheinander. In diesem Sinne kann man vielleicht sagen, weil ich zwischen „Konfuzianismus und Existenzialismus" eine ungewisse Vergleichbarkeit errichte, sollen die Erbverhältnisse zwischen Konfuzianismus vor der Qin-Dynastie und Neokonfuzianismus der Song- und Ming-Dynastie, welche man für selbstverständlich hält, in bestimmtem Maß vorsichtig getrennt werden.

---

51 Liang Shuming 2014: Diskurs über die Unterschiede und Gemeinsamkeiten zwischen Konfuzianismus und Buddhismus. Im Zhai Kuifeng (Hg.) „Sammelwerk von Liang Shuming". Nanjing: Jiangsu People's Press S.368. H.d.V.

Fünfzehntes Kapitel

Konfuzianismus und Aufklärung

(A)

Jede großartige Tradition ist ursprünglich kompliziert und reichhaltig.
Dies gilt besonders für Traditionen, die während ihrer langfristigen kulturellen Überlieferung von mehreren Seiten interpretiert wurden. Aus Sicht
der Nachwelt sind sie dann deutlich umfangreicher und komplexer. Aus diesem Grund sah der moderne politische Philosoph Leo Strauss (1899-1973)
zwischen Sokrates und Aristoteles ein ähnlich kompliziertes Verhältnis wie
zwischen dem Konfuzianismus vor der Qin-Dynastie und der Schule des
Prinzips aus der Song- und Ming-Dynastie:

> Insofern die Weisheit des Sokrates darin bestand, dass er wusste,
> dass er das Wichtigste nicht wusste, musste er nicht die Existenz
> übermenschlicher Mächte oder Gottheiten leugnen. Der sok-
> ratische Rationalismus unterscheidet sich somit vom modernen
> Rationalismus der Aufklärung. Da Sokrates die wichtigsten Dinge
> ausdrücklich nicht kannte, bestätigte er nicht die Wahrheit ei-
> ner bestimmten Darstellung der kosmischen Ordnung, obwohl
> er in der Lage sein musste zu zeigen, warum keine der verfügba-
> ren Darstellungen völlig zufriedenstellend war, um seine paradoxe
> Behauptung aufrechtzuerhalten, dass er wusste, dass er nicht wusste.
> **Da auch die moderne Naturwissenschaft ausdrücklich weniger als
> vollständiges Wissen über das Ganze liefert, war die sokratische
> Philosophie auf eine Weise mit ihr vereinbar, wie es die aristoteli-
> sche Kosmologie nicht war.**[1]

---

1 Catherine H. Zuckert, Michael P. Zuckert 2006: „The Truth about Leo Strauss –
Political Philosophy and American Democracy". The University of Chicago Press. S.38.

Unmittelbar nach dem Verfassen des vorigen Kapitels las ich zufällig einen Text von Zhang Xianglong, meinem ehemaligen Kollegen an der Peking-Universität, in dem er bezüglich der Unterschiede zwischen den ursprünglichen und den songzeitlichen Konfuzianern nahezu die gleiche Einschätzung abgab und aus dem ich hier gerne zu meiner Unterstützung zitieren möchte. Übrigens sage ich meinen Schülern oft, dass Konfuzius wirklich ehrlich, großmütig und überhaupt nicht affektiert war. Im Vergleich zu ihm hatten die Konfuzianer der Song-Dynastie, wohl unter dem Einfluss des Buddhismus oder Taoismus eine ziemlich „gekünstelte" Haltung eingenommen:

> Ein Aspekt der songzeitlichen Konfuzianer ist wirklich außergewöhnlich. Und zwar gelang es ihnen, die „Freude von Konfuzius und Yan Hui" aus ihrem Kontext zu lösen und ausdrücklich sie zum Leitkonzept für das Verständnis von Konfuzius und Konfuzianismus erheben. Das ist großartig. Tatsächlich aber erfuhren sie auch buddhistische Einflüsse und gründeten daraufhin die Schule des Prinzips. Es scheint, als hätten sie schließlich eine Art Garantiedenken entwickelt. Egal wie schlecht die Welt wurde, letztendlich war für sie das Seiende immer auch das Gute. Ihre Empfindungen zum Schicksal gerieten daher nicht besonders tief. Sima Qian hingegen hatte in seinem Leben einschneidende Erfahrungen gemacht und kannte das Leid nur zu gut, weshalb er höchst geeignet war, die „Biografie des Konfuzius" (*kongzi shijia*) zu verfassen, in der literarische Grazie und mitreißende Wirkung geschickt mit lehrreichen Tatsachen und überzeugenden Argumenten verflochten sind.[2]

Sowohl bei chinesischen als auch bei westlichen Versuchen, eine Lehrtradition im Nachhinein zu nachzuvollziehen, können wir das Phänomen feststellen, das man von ihrem Ursprung abweicht, sie in mehrere Pfade auftrennt und sich schließlich in die Irre führen lässt. Oder zumindest gestaltet sich die Forschung dann höchst diskontinuierlich. Andererseits wird aber auch schon während der Fortführung der Tradition bewusst manipuliert. Zum Beispiel weiß man bei Neokonfuzianismus und Christentum, dass man in Sachen Schwerpunktsetzung und Auslegung absichtlich Abweichungen herbeigeführt hat. Zur christlichen Tradition

---

2   Exklusivinterview mit Zhang Xianglong: Verwandtenliebe ist die wichtigste Übung, um sein Herz für Himmel und Erde zu öffnen, in: „Confucian Styled Master". Bd.31.

schreibt etwa Leo Strauss:

> **Während sich die christlichen Scholastiker nur an Aristoteles' Politik orientierten, stützten sich die islamischen und jüdischen Philosophen auf die politische Wissenschaft von Platons Politeia und Nomoi, die es ihnen ermöglichten, die Offenbarung philosophisch zu verstehen.** Wie wir weiter unten sehen werden, wird der Prophet von Farabi, Avicenna und Maimonides als das Äquivalent zu Platons Philosophenkönig verstanden. Die Prophetologie ist also ein Teil der politischen Philosophie. Diese Tatsache ist für Strauss und für seine Gesamtinterpretation der Bedeutung der islamischen und jüdischen Philosophie entscheidend. **Strauss unterstreicht, dass der platonische und politische Ursprung der Prophetologie eines Maimonides aufgrund der Art und Weise, wie sie von der christlichen Scholastik interpretiert wurde, „gewöhnlich missverstanden" wird.**[3]

Wenn wir zwischen diesen beiden Traditionen, die ja in ihrem Ursprung bereits kompliziert waren, nun auch noch nach Belieben Vergleiche oder Dialoge führen, ist es nicht schwer sich vorzustellen, wie konfus die verschiedenen Kombinationen ausfielen, die dabei entstehen würden. Um dieses Problem der „verwickelten Fäden" kennen zu lernen, haben wir im vorigen Kapitel versucht, einen bedauerlichen aber tatsächlich existierenden Vergleich zwischen der westlichen Religion und dem Neokonfuzianismus aufzustellen. Im letzten Kapitel werden wir nun einen anderen, ebenso realen, diesmal aber freudig erregenden Vergleich zwischen der westlichen Aufklärung und dem Konfuzianismus vor der Qin-Dynastie etablieren.

Allerdings sind wir schon nach der bloßen Aufgabenstellung bereits mit vielen heiklen Problemen konfrontiert. Das liegt nicht nur daran, dass die Aufklärung an sich zum Zeitpunkt ihrer Entstehung noch sehr divers war, worauf Peter Gay in seinem berühmten Werk hinwies: „Die Aufklärer waren durch ihre Doktrin, ihr Temperament, ihr Umfeld und ihre Generationen gespalten. Und in der Tat haben das Spektrum ihrer Ideen und ihre manchmal erbitterten Auseinandersetzungen viele Historiker dazu verleitet, die Suche nach einer einheitlichen Aufklärung aufzugeben."[4] Sondern auch an

---

3 Daniel Tanguay 2007: „Leo Strauss – An Intellectual Biography". Translated from the French by Christopher Nadon. Yale University. S.56. H.d.V.
4 Peter Gay 1966: The Enlightenment – An Interpretation – The Rise of Modern Paganism, in: „Preface". New York: Alfred A. Knopf.

ihren enormen historischen Auswirkungen, über die in heutigen Fachkreisen sehr verschiedene Meinungen herrschen. Beispielsweise schreibt Anthony Pagden in seinem neuen Werk: „In der modernen Welt gibt es viele ideologische Spaltungen. Eine der hartnäckigsten, beunruhigendsten und zunehmend spaltenden ist jedoch der Kampf um das Erbe der Aufklärung."[5] Wenn sich solche Auseinandersetzungen und Spaltungen, wie sie im Ausland stattfinden, auf verschiedenem Wege auch bis in die chinesische Welt hinein ausbreiten, entstehen aufgrund der extrem unterschiedlichen Sprachkontexte überall Verständnisfallen.

Auf jeden Fall haben wir Kants klassische Zusammenfassung des Geistes der Aufklärung in einem positiven Sinne kennengelernt, wie in den bereits zitierten zeitlosen Sätzen: „Aufklärung ist der Ausgang des Menschen aus seiner selbstverschuldeten Unmündigkeit. Unmündigkeit ist das Unvermögen, sich seines Verstandes ohne Leitung eines anderen zu bedienen. Selbstverschuldet ist diese Unmündigkeit, wenn die Ursache derselben nicht am Mangel des Verstandes, sondern der Entschließung und des Mutes liegt, sich seiner ohne Leitung eines andern zu bedienen. Sapere aude! Habe Mut, dich deines eigenen Verstandes zu bedienen! ist also der Wahlspruch der Aufklärung."[6] An diese Erläuterung haben nicht wenige angeknüpft. Ernst Cassirer etwa betonte in seinem bekannten Werk die Signifikanz, welche die Aufklärung für die Leute der Nachwelt haben würde:

> Das Wort: ‚Sapere aude!', das Kant den ‚Wahlspruch der Aufklärung' genannt hat, gilt auch für unser eigenes historisches Verhältnis zu ihr. Wir müssen, statt sie zu schmähen oder vornehm auf sie herabzublicken, wieder den Mut finden, uns mit ihr zu messen und uns innerlich mit ihr auseinanderzusetzen. Das Jahrhundert, das in Vernunft und Wissenschaft ‚des Menschen allerhöchste Kraft' gesehen und verehrt hat, kann und darf auch für uns nicht schlechthin vergangen und verloren sein; wir müssen einen Weg finden, es nicht nur in seiner eigenen Gestalt zu sehen, sondern auch die ursprünglichen Kräfte wieder frei zu machen, die diese Gestalt hervorgebracht und gebildet haben.[7]

---

5   Anthony Pagden 2013: „The Enlightenment: And Why It Still Matters", in: Preface. New York: Random House.

6   Immanuel Kant 1968: „Beantwortung der Frage: Was ist Aufklärung?" Weischedel-Ausabe. 9.53.

7   Ernst Cassirer 2007: Vorrede zu: „Die Philosophie der Aufklärung". Hamburg: Felix Meiner Verlag. S.15-16.

Gleichzeitig müssen wir auch der anderen Seite ein wenig Beachtung schenken, wofür sich Isaiah Berlin und sein nahezu gleich bekanntes Werk anbieten. Er blickte auf allerlei Kritik an der Aufklärung zurück und erwähnte zum Beispiel, dass Herder aus einer Art Pflicht zur Bewahrung der nationalen Kultur Widerstand gegen den heuchlerisch eurozentrischen „Universalismus" leistete:

> Schließlich war es Herder, der die Idee in die Welt setzte, dass jede dieser Zivilisationen, da sie ihre eigene Anschauung, ihre eigene Art zu denken, zu fühlen und zu handeln hat, ihre eigenen kollektiven Ideale schafft, aufgrund derer sie eine Zivilisation ist, nur anhand ihrer eigenen Werteskala, ihrer eigenen Regeln des Denkens und Handelns wirklich verstanden und beurteilt werden kann, und nicht anhand derer einer anderen Kultur: Und schon gar nicht anhand eines universellen, unpersönlichen, absoluten Maßstabs, über den die französischen Philosophen zu verfügen schienen, als sie dieses oder jenes Individuum oder diese oder jene Zivilisation oder Epoche so hochmütig verdammten, einige als universelle Vorbilder aufstellten und andere als barbarisch oder lasterhaft oder absurd verwarfen. Die Vergangenheit nach den eigenen oder fremden Maßstäben zu beurteilen, mehr noch, sie zu verspotten, muss zu einer schweren Verzerrung führen.[8]

Während Isaiah Berlin aus Oxford aber beabsichtigte, die Zuverlässigkeit des liberalistischen Standpunktes durch die Hintertür zu begründen, betrachteten Max Horkheimer und Theodor W. Adorno aus Frankfurt die allzu optimistische Aufklärung anhand ihrer dialektischen oder „entfremdeten" Logik mit einem negativen Gefühl der Verzweiflung und beschuldigten sie, sämtliche Katastrophen der modernen westlichen Geschichte ausgelöst zu haben: „Seit je hat Aufklärung im umfassendsten Sinn fortschreitenden Denkens das Ziel verfolgt, von den Menschen die Furcht zu nehmen und sie als Herren einzusetzen. Aber die vollends aufgeklärte Erde strahlt in Zeichen triumphalen Unheils."[9] Das Problem liegt dann nicht mehr in „Eile mit Weile", sondern je mehr sie vernünftige oder humanistische „Mythen" errichten, umso mehr erleben sie die Vergeltung der

---

8 Isaiah Berlin 2000: Three Critics of the Enlightenment: Vico, Hamann, Herder. Princeton and Oxford: Princeton University Press. S.19.
9 Max Horkheimer, Theodor W. Adorno 1984: Dialektik der Aufklärung. Frankfurt a.M.: Fischer. S. 7.

Geschichte: Die Absurdität des Zustandes, in dem die Gewalt des Systems über die Menschen mit jedem Schritt wächst, der sie aus der Gewalt der Natur herausführt, denunziert die Vernunft der vernünftigen Gesellschaft als obsolet. Ihre Notwendigkeit ist Schein, nicht weniger als die Freiheit der Unternehmer, die ihre zwanghafte Natur zuletzt in deren unausweichlichen Kämpfen und Abkommen offenbart. Solchen Schein, in dem die restlos aufgeklärte Menschheit sich verliert, vermag das Denken nicht aufzulösen, das als Organ der Herrschaft zwischen Befehl und Gehorsam zu wählen hat. Ohne sich der Verstrickung, in der es in der Vorgeschichte befangen bleibt, entwinden zu können, reicht es jedoch hin, die Logik des Entweder-Oder, Konsequenz und Antinomie, mit der es von Natur radikal sich emanzipierte, als diese Natur, unversöhnt und sich selbst entfremdet, wiederzuerkennen.[10]

Wie der britische Wissenschaftler Anthony Pagden urteilte, bildeten die Aufklärung und ihre historische Wirkung für nicht wenige westliche Wissenschaftler nahezu ein Muster, an dem sie sich abarbeiten konnten: „Von Herder und Heine über Hegel bis hin zu Martin Heidegger, dem Gründervater der Postmoderne, entwickelte sich eine Vision der Aufklärung, die ebenso kalt, tonlos, eintönig und berechnend war wie die Bürgerlichen, die sie angeblich verinnerlicht hatten. Sie hatte versucht, Differenz, Heldentum und Begehren aus dem menschlichen Leben zu verdrängen. Sie hatte die Leidenschaft durch Höflichkeit und die Weisheit durch Witz ersetzt. Sie hatte auch, mit noch größerer und entschlossenerer Grausamkeit, versucht, die Religion zu beseitigen, so dass nur das übrig blieb, was Hegel den ‚Makel des unbefriedigten Sehnens‘ nannte. Und an seiner Stelle blieb nur die leere Sentimentalität der Frommen übrig: das reine Gefühl, wie Hegel es nannte, während das Denken sich seinerseits nur noch mit der ‚reinen Dinglichkeit‘ beschäftigte. An die Stelle eines einstmals reichen menschlichen Ausdruckspotentials, in dem Gefühl und Denken komplementär gewesen waren, hatte die Aufklärung nur noch die endlos öden Ebenen der kosmopolitischen Welt und die unersättlichen Ansprüche des ‚Reichs der Vernunft‘ zu bieten.“[11]

---

10   a.a.O., S.38.
11   Anthony Pagden 2013: The Enlightenment: And Why It Still Matters. Oxford: Oxford University Press. S.327.

Auch der französische Wissenschaftler Todorov beobachtete, dass sich die Aufklärung schnell in ein naheliegendes Objekt für jede Art von Kritik verwandelt hatte: „Seit ihrer Formulierung im achtzehnten Jahrhundert war das aufklärerische Denken unmittelbar Gegenstand zahlreicher Kritik. Manchmal wurde sogar ihr Prinzip abgelehnt. Sobald die Ideen öffentlich gemacht wurden, lösten sie die vorhersehbare Verurteilung der kirchlichen und zivilen Autoritäten aus, die in Frage gestellt wurden. Diese Reaktionen verschärften sich gegen Ende des Jahrhunderts im Zuge der politischen Ereignisse, die sich in der Zwischenzeit ereignet hatten. Die Aufklärung wurde mit der Revolution und die Revolution mit dem Terror gleichgesetzt, und diese doppelte Gleichsetzung führte zu einer pauschalen Verurteilung der Aufklärung. Die Revolution habe mit der Erklärung der Menschenrechte begonnen, behauptete Louis de Bonald, einer ihrer schärfsten Gegner, und deshalb sei sie blutig zu Ende gegangen. Der Fehler der Aufklärung bestand darin, dass sie Gott als Quelle der Ideale durch den Menschen ersetzt hat."[12] Terry Eagleton wies darauf hin, dass die Aufklärung von den folgenden Generationen erst pervertiert und dann äußerst abfällig behandelt und verächtlich gemacht wurde: „Gegen Ende des 18. Jahrhunderts stand der Rationalismus der Aufklärung für viele ängstliche Beobachter unverhüllt als dunkel, satanisch und krank da, so wie auch Gott in den Augen mancher Menschen eine dämonische Seite hat. Die Terrorherrschaft in Frankreich tat das ihre, um den Anspruch auf Vernunft in den Augen vieler europäischer Denker zu diskreditieren. Zu viel Licht irritiert und blendet, und wenn die Vernunft aus dem Ruder läuft, verkehrt sie sich ins Gegenteil."[13]

Todorov war auf der anderen Seite davon überzeugt, dass ein großer Teil der Kritik an der Aufklärung unberechtigt sei: „Die Kritik an der Aufklärung schien häufig ihren Geist zu verkennen oder genauer gesagt, sich gegen eine Karikatur davon zu richten. Und diese Karikaturen oder, um einen neutraleren Begriff zu verwenden, diese Verzerrungen (détournements; im achtzehnten Jahrhundert war der gängige Begriff corruptions) gab es wirklich."[14] „Dies lässt sich bis in die Zeit zurückverfolgen, in der sich das aufklärerische Denken herausbildete. Es wurde entweder als zu viel

<hr>

12 Tzvetan Todorov 2009: „In Defence of the Enlightenment". Übersetzt vom Französischen ins Englische von Gila Walker. London: Atlantic Books. S.25-26.
13 Terry Eagleton 2014: Der Tod Gottes und die Krise der Kultur. München: Pattloch. S.55.
14 Tzvetan Todorov 2009: In Defence of the Enlightenment. Übersetzt vom Französischen ins Englische von Gila Walker. London: Atlantic Books. S.26.

oder als zu wenig angeprangert."[15] Peter Gay zeigte ebenfalls einige dieser Fehlinterpretationen auf: Beispielsweise wurde der rationalistische Geist, der unter anderem eine nüchterne Einschätzung der eigenen Fähigkeiten einschließt, als Arroganz verleumdet: „In einem anderen Buch namens Memnon erschuf Voltaire einen selbstgefälligen Rationalisten, welcher sich selbst für etwas Besonderes hielt, Vernunft betonte und Emotionen verachtete. Im Laufe der Handlung verliert er erst ein Auge, dann sein Vermögen und schließlich seine Arroganz. Memnon ist ein idealer Repräsentant des rationalen Zeitalters und das Gegenteil von Voltaire. Er ist eigentlich ein Musterbeispiel für die Dinge, welche von der Aufklärung kritisiert wurden. Die späteren Kritiker jedoch betrachteten ihn als Verkörperung der Aufklärung."[16] Dieses Thema werden wir später noch schwerpunktmäßig darstellen.

(B)

Wie zuvor bereits erwähnt: Eine Darstellung der Aufklärung und ihrer Bewertung gestaltet sich schon dann äußerst kompliziert, wenn man sich allein auf die westliche Welt beschränkt. Gelangen die besagten missbräuchlichen und irrtümlichen Verwendungen dann auch noch in einen nicht-westlichen Kontext, wird die Situation umso chaotischer und man erhält ein heilloses Durcheinander.

Meines Erachtens handelt es sich hierbei um einen wesentlichen Punkt, der aber noch nie ausreichend deutlich gemacht wurde: Soll man die Aufklärung als ein rein westliches Unterfangen betrachten? Bejaht man diese Frage, stellt sich einem folgendes Problem: Spricht man über den Westen, redet man von kultureller Initiative und einer aktiven Aufklärung. Sobald dann aber von nicht-westlichen Gebieten die Rede ist, insbesondere von China, scheinen sie nur passiv darauf zu warten, aufgeklärt zu werden. Wenn man sich hingegen vorstellt, dass das aufklärerische Unterfangen der gesamten Menschheit gehört, ist die Situation wohl anders. Der humanistische Rationalismus, den die Aufklärung anmahnte, könnte dann von beiden Dialogparteien geteilt werden, von der modernen Philosophie des Westens und vom antiken Konfuzianismus Chinas.

---

15 Tzvetan Todorov 2012: L'esprit des Lumières. Übersetzt ins Chinesisch von Ma Lihong. Shanghai: East China Normal University Press. S.33-34.
16   Peter Gay 2015: The Enlightenment: An Interpretation: The Rise of Modern Paganism. Übersetzt ins Chinesisch von Liu Beicheng. Shanghai: Shanghai People's Press. S.132.

Da ich diesen Punkt erkannt habe, möchte ich, neben dem vorher errichteten, zusätzlich noch einen weiteren Vergleich etablieren. Denn wenn man sich allein auf das gewöhnliche Verständnis einer Vergleichbarkeit von Religion und Neokonfuzianismus stützt, welches wir im letzten Kapitel behandelt haben, nämlich auf den Vergleich zwischen dogmatischen und transzendenten Lehren, wird das chinesische Wertesystem unvermeidbar als ein Objekt angesehen werden, das aufgeklärt werden muss. Stellt man es als unmodernes metaphysisches System dar, kann es keine tatsächliche Wirkung mehr auf die Welt haben. Wenn man aber anhand dieses Buchs ein neues Verständnis gewinnt, das zwischen Aufklärung und Konfuzianismus eine Vergleichbarkeit ihrer beiden Faktoren Rationalismus und Humanismus feststellt, kann das konfuzianische Denken womöglich als Verbündeter der Aufklärung betrachtet werden und somit eine langanhaltende Attraktivität entwickeln.

Bevor wir uns diesem Punkt Schritt für Schritt nähern, müssen wir zuerst einige Missverständnisse oder Fehlinterpretationen ausräumen, die diesbezüglich bestehen. Und zwar zählen, was den Themenbereich „China und die Aufklärung" und insbesondere „Die Aufklärung und das moderne China" angeht, die „Aufklärung nach der Rettung" genannte These von Li Zehou und die „Rückbesinnung nach der Aufklärung" genannte These von Tu Wei-ming zu den bedeutendsten und einflussreichsten innerhalb der heutigen Fachkreise. Um eine bessere Analyse zu erhalten, werden wir uns zunächst diesen beiden Thesen widmen.

Auf den ersten Blick scheinen beide Thesen sehr unterschiedlich. Der Rückbesinnung von Tu Wei-ming geht es offensichtlich um den negativen Einfluss der Aufklärung. Für ihn sind ihre negativen Auswirkungen im modernen China nicht nur tatsächlich spürbar, sondern auch schwer zu beseitigen. Aus diesem Grund schrieb er: „Die aufklärerische Haltung hat zwei große Mängel. Den ersten erkennt man, wenn man sich die Philosophie von Jürgen Habermas anschaut: Es ist die Vernachlässigung der Religion. Angesichts der rasanten Entwicklung der Wissenschaften und der ständigen Betonung der Vernunft werden die Fragen der Religion nicht mehr ausreichend behandelt. Der zweite betrifft die Natur, die zum Objekt menschlicher Herrschaft wurde, weshalb die Vereinigung von Himmel und Menschheit oder die Einheit des Menschen mit allen Dingen hier keine große Rolle mehr spielt. Gibt es denn keine Möglichkeit, dass konfuzianische Ethik und aufklärerische Haltung miteinander in Dialog treten?"[17]

Worum Li Zehou trauerte und was er unbedingt wiederherstellen wollte, sind die positiven Auswirkungen der Aufklärung. Laut ihm wurde im alten China gerade diese positive Seite vernachlässigt, weshalb man ihr neues Leben einhauchen müsse. Dies brachte er wie folgt zum Ausdruck: „Die nach Rettung schreiende Lage, die nationalen Interessen, das Leiden und der Hunger des Volkes haben alles überwältigt. Die von den Intellektuellen angestrebten und benötigten Ideale wie Freiheit, Gleichberechtigung, Demokratie und Bürgerrechte wurden niedergedrückt. Die individuelle Würde, das Betonen und Respektieren individueller Rechte wurden niedergeworfen. Das Leitmotiv klang aufregend: Ein unabhängiges und reiches Land mit satt gegessenen und warm angezogenen Bürgern, die nicht mehr von ausländischen Invasoren schikaniert werden. So kam es, dass die mit der Aufklärung entstandenen Überlegungen, Verwirrungen und Sorgen, die sich zur Zeit des vierten Mais um persönliche Ideale und Zukunft der Menschheit drehten, andere Probleme entstehen ließen, wie Konfuzianismus, Frauen, Arbeit, sozialer Wandel, Literatur und Veränderungen in der Lebensanschauung. Die Überlegungen zum neuen Zeitalter wurden in der chinesischen Gesellschaft schnell vernachlässigt. Man hatte keine freie Zeit mehr, sich darüber Gedanken zu machen, sie zu diskutieren und sich mit ihnen auseinanderzusetzen."[18]

Wenn wir aber genauer hinschauen, ist es nicht schwer festzustellen, dass die beiden so unterschiedlichen Thesen eigentlich von der gleichen Prämisse ausgehen. Beide haben nämlich Aufklärung und China genau unterschieden und klar voneinander getrennt. Tu wollte sich auf Chinas kulturelle Basis zurückbesinnen, um der aufklärerischen Haltung des Westens etwas entgegenzusetzen. Li Zehou forderte eine Erneuerung der chinesischen Kultur vom Standpunkt der westlichen Aufklärung aus, sein Motto lautete dementsprechend: „Westliches für die Substanz, Chinesisches für den Nutzen" (xiti zhongyong). Auch wenn es zwischen den beiden Standpunkten bedeutende Unterschiede gibt, betreffen diese nicht das

---

17   Tu Wei-ming 2014: Wie soll konfuzianische Tradition auf westliche Aufklärung antworten?, in: „Änderungen und Unverändertes im zukünftigen China". Nanjing: Jiangsu Literature and Art Press. S.100.
18   Li Zehou 2003: Doppel-Variationen von Aufklärung und Rettung, in: „Zur modernen chinesischen Gedankengeschichte". Tianjin: Tianjin Academy of Social Sciences Press. S.27.

Verhältnis zwischen China und der Aufklärung. Das Verständnis von Tu Wei-ming ist eher räumlich ausgerichtet und basiert daher auf den geographischen Kategorien „China" und „Westen", während das Verständnis von Li Zehou eher zeitlich orientiert ist und auf den historischen Kategorien „Altertum" und „Moderne" beruht.

Als nächstes möchte ich meinen eigenen Standpunkt verdeutlichen. Zu den Konzepten, die ich selbst seit nun schon mehr als zwanzig Jahren vertrete, zählen unter anderem: Die Ortsabhängigkeit von Gedanken; die Unabhängigkeit der chinesischen Kultur; Wert und Niveau der chinesischen Zivilisation; der gleichberechtigte Dialog zwischen verschiedenen Kulturen. Daher kann ich mit der Einstellung meines Lehrers nicht einverstanden sein. Das Verhältnis zwischen der Aufklärung und dem Konfuzianismus sah er zu negativ, passiv und einseitig: „Strenggenommen bedeutet das chinesische Wort „qimeng", welches man als Übersetzung für „Enlightenment" oder „Aufklärung" verwendet hat, die Befreiung eines naiven Kindes aus der Unwissenheit durch Belehrung. Die beiden westlichen Wörter dagegen meinten ursprünglich auch, sich der Ahnungslosigkeit, der Vorurteile und des Aberglaubens zu entledigen, um sich selbst das Licht der Vernunft erblicken zu lassen. Wäre ich mit den „Ausführungen zur chinesischen Ideengeschichte" fertig, würde ich auf keinen Fall die Umwandlung einer auf der „Vereinigung von Himmel, Erde und Menschheit" basierenden Form von Kultur hin zu einer auf den Lehrstücken von Ibsen gründenden als Aufklärung bezeichnen. Ganz im Gegenteil: Ich möchte lieber mithilfe chinesischer rationaler Werte den Westen aufklären, um ihm den Egoismus, die unersättliche Gier und die ökologische Zerstörung abzugewöhnen. Dies sage ich nicht aus eigenem engstirnigen Nationalismus heraus. Bei der Lektüre der klassischen chinesischen Texte können wir erkennen, dass die Konfuzianer einst Yang Zhu, der nicht bereit gewesen sein soll, auch nur ein einziges seiner Haare herzugeben, selbst wenn so die ganze Welt hätte gerettet werden können, aufklärten. Außerdem kann man beim Lesen westlicher Bücher herausfinden, dass es in Wahrheit die chinesische Kultur war, welche durch Montesquieu, Voltaire und Emersons Verbreitung und Erläuterung erfuhr und so den Westen aufklärte."[19]

---

19 Liu Dong 1997: Traditionen von Peking-Universität und die Bewegung des 4. Mai – Eine andere Möglichkeit der Geschichte, in: „Nahe Besinnung und weitblickende Überlegung". Hangzhou: Zhejiang University Press. S.252.

Das heißt aber nicht, dass ich automatisch zu einer anderen Orientierung tendiere. Es ist nicht zu bezweifeln, dass die oben beschriebenen Einsichten von Tu Wei-ming tatsächlich zu den Grundzügen des modernen Kommunitarismus passen, die im abstrakten oder strategischen Sinne, im Kulturrelativismus, im kulturellen Konservatismus oder im Pluralismus eine starke Überzeugungskraft entfalten. Aus diesem Grund habe ich in obenzitiertem Text sowie in meinen neu veröffentlichten Thesen zum Verhältnis von „Evolution und Revolution"[20] solche Gründe deutlich und standhaft erläutert. Aber ich sehe noch die andere Seite der Münze. Setzt man die Annahmen oder Schlussfolgerungen des Kommunitarismus unverändert in den chinesischen Sprachkontext um und diskutiert damit dann die Aufklärung oder nutzt sie, um dieser zu widersprechen, dann ist mir das zu stark vereinfacht oder auch zu dogmatisch. Meiner Meinung nach gerät man auf diesem Wege sogar in eine andere Form des Eurozentrismus, was hauptsächlich daran liegt, dass die sogenannte „Gemeinschaft" nicht in einem kulturellen Vakuum existiert. Angesichts ihrer speziellen Pfadabhängigkeit und ihres jeweiligen Problembewusstseins betrifft die von den modernen Theoretikern wie Alasdair MacIntyre und Charles Taylor verstandene „Gemeinschaft" unvermeidbar das historisch gewachsene religiöse Bewusstsein, oder zumindest eine zwar schwächere, aber gleich dogmatische metaphysische Form. Darum überrascht es auch nicht, dass umgehend nachdem Tu Wei-ming ein solches Problembewusstsein aus dem Westen eingeführt hatte, er natürlich auch die Wiederbelebung von Tradition und Spiritualität vorantrieb, und zwar mithilfe von Institutionen wie dem Committee on the Study of Religion der Universität Harvard.

Erst jetzt lässt sich klar erkennen, weshalb von seinem Standpunkt aus die Hauptmängel der Aufklärung in ihrer ungenügenden Behandlung von Problemen der Religion und ihrem Mangel an Überzeugung hinsichtlich der „Einheit von Mensch und Natur" bestehen. Würde man seiner Logik folgen, sollte man im Westen die christliche „Einheit von Gott und Mensch" und in China die neokonfuzianische „Einheit von Mensch und Himmel" wiederherstellen. Selbst mit geschlossenen Augen können wir uns entlang seiner Argumente wieder zum letzten Kapitel vortasten: Die einzigartigen Gedanken, die der Konfuzianismus für uns bereithält, werden schon

---

20 Siehe Liu Dong 2017: Evolution und Revolution – Große Gedankenveränderungen im modernen China, in: „Vorspiel und Drehung". Shanghai: Shanghai People's Press. S.131-143.

wieder der Religion oder „quasi-Religion" zugeschlagen. Es macht dann keinen großen Unterschied mehr, ob man sie wiederherstellt oder nicht, da es ohnehin eine noch weitaus mächtigere und besser legitimierte westliche Religion gibt. Ich zitiere nun eine Stelle aus dem Dialog, den Robert N. Bellah mit Tu Wei-ming geführt hat, da er sich in diesem noch direkter zu einer mächtigen Rückkehr der Religion äußerte:

> Habermas glaubte Anfang der 80er Jahre überhaupt nicht an Religion. Er hatte einmal gesagt, dass jede religiöse Wahrheit früher oder später in eine rationale Äußerung umgewandelt werde. Er war ein Säkularist, der sich für den Schutz der Menschenwürde dafür einsetzte, dass sie nicht mehr von Religionen angetastet werde. Andererseits brachte er den Funktionen, welche die Religion einnahm, immer mehr Bewunderung entgegen, zumindest unter bestimmten Umständen. Vor vielen Jahren, als der Papst noch eine schnelle Säkularisierung von Europa befürchtete, beschloss er, einen Dialog durchzuführen. Er wählte Habermas, da sie beide Deutsche waren, oder vielleicht auch, weil Habermas der einflussreichste Intellektuelle in Europa war. Nicht lange nach dem Dialog traf ich Habermas und fragte ihn, ob er nun immer noch daran glaubte, dass jede religiöse Wahrheit in eine rationale Äußerung umgewandelt werde. Er verneinte. Kurz darauf führte er den Begriff „post-säkulares Zeitalter" ein, mit dem er aber nicht etwa sagen wollte, dass Europa sich wieder in die christliche Welt zurück verwandeln würde, sondern bloß, dass die Religion nicht ganz verschwinden wird.[21][22]

Tu Wei-ming kam nach unermüdlicher Analyse zu dem Schluss, dass alle vorhandenen geistigen Ressourcen in Erwägung gezogen werden müssen, wenn sich der moderne Kommunitarismus der Aufklärung entgegenstellen möchte. Zu diesen zählt er „erstens, die moderne Ethik des Westens und seine religiöse Traditionen, insbesondere die griechische Philosophie, das Judentum und das Christentum"; „zweitens, jene der nicht-westlichen Zivilisationen der Achsenzeit, einschließlich von Hinduismus, Jainismus und Buddhismus aus Südostasien, Konfuzianismus und Taoismus aus Ostasien

---

21 „Sanfte Landung der Menschheit durch Dialoge – Zwiegespräch von Tu Wei-ming und Robert N. Bellah über die Zivilisation der Achsenzeit", in: Shanghai Wenhui bao. 21.11.2011.
22 Tu Wei-ming 2001: Beyond the Enlightenment Mentality. Übersetzt ins Chinesische von Lei Hongde und Zhang Min, in: „Social Sciences Abroad". 2, S.15-16.

sowie den Islam"; „drittens, die geistigen Ressourcen von Ureinwohnern, darunter jene in den Vereinigten Staaten Amerikas, die Hawaiianer und Maori sowie zahlreiche Stammesreligionen". Auffällig ist, dass unter den zahlreichen „geistigen Ressourcen", die er anführt, die meisten als Religion bezeichnet werden können. Abgesehen davon kann man aber keine weiteren Gemeinsamkeiten erkennen. Unter diesem Aspekt betrachtet zählt die konfuzianische Geisteshaltung, wenn sie überhaupt bewahrt werden kann, maximal noch zu den „lokalen Kenntnissen". Das heißt dann wohl, dass man sie offiziell aus Gründen der „politischen Korrektheit" weiterführen würde, sie für die Welt aber keine allgemeine Rolle mehr im eigentlichen Sinne spielen könnte.

Der Radikale Arif Dirlik verwies dann auch wenig überraschend auf eben diese Logik, als er Kritik an Tu Wei-ming übte und ihm vorwarf, einer bestimmten „reaktionären" internationalen Front anzugehören. Dirliks Beurteilung des Verhältnisses zwischen Konfuzianismus und Aufklärung war natürlich auf seine mangelnden Kenntnisse bezüglich des Konfuzianismus und auf das falsche Bild zurückzuführen, das er sich von der Lage Chinas gemacht hatte.[23] Gleichzeitig hing es aber auch damit zusammen, dass er sich nur rudimentär mit Tu Wei-ming befasst hatte. Folgt man seinen Worten, dann verstand dieser linke Sinologe türkischer Abstammung den Konfuzianismus nicht als Aufklärung, sondern stufte ihn als bestimmte Form des Traditionalismus ein, die sich in einer Art historischer Trägheit oder Widerstandskraft äußert und darum von der Aufklärung umgestürzt werden sollte:

> Der modernisierte Kolonialismus in Gestalt der Globalisierung kann uns vielleicht beim Verstehen einer allgemein existierenden politischen Unklarheit helfen. Einerseits haben viele von uns schon den der globalisierten Modernisierung innewohnenden Faschismus bemerkt, der sich, ähnlich wie viele andere geistige Strömungen, vom Traditionalismus ernährt. Genau dieser Traditionalismus ist es auch, der die Theorien von einer alternativen Moderne inspiriert. Andererseits handelt es sich auch um eine politische Hilflosigkeit, die auf die Zweifel an der politischen Sprache und dem Sichtfeld (von „Rationalismus" bis „Demokratie") der europäischen Aufklärung

---

23 Siehe Liu Dong 2017: Dirlik an der Akademie für Sinologie, in: „Vorspiel und Drehung". Shanghai: Shanghai People's Press. S.239-290.

zurückgeht. Aufgrund seiner Zusammenarbeit mit dem modernisierten Kolonialismus wird er, heftigen Angriffen ausgesetzt, immer aufgezehrter. Die von 1980 oder noch früher stammende Kritik am Eurozentrismus (welcher eigentlich dem Zusammenhalt des Imperialismus diente) wird zunehmend von rechten Intellektuellen manipuliert. Der in den 80ern vollzogene sogenannte „Cultural Turn" ist eine geistige Erscheinung, die sowohl mit den Linken als auch mit den Rechten zu tun hat. Die Rechten (inklusive der sogenannten sozialistischen Länder, die entgegen ihrer eigenen revolutionären Geschichte handeln) wandeln die Kritik am Eurozentrismus zu einer Ausrede, um einen anti-aufklärerischen Kulturalismus wiederherzustellen, kulturelle Probleme von wirtschaftlichen und politischen zu trennen und ihre Identität in imaginierten kulturellen Traditionen zu finden. Sie behaupten, dass im Verlauf des globalisierten kapitalistischen wirtschaftlichen Prozesses ihre Identität immer stärker bedroht und vernichtet wird. In der Tat aber werfen sie begierige Blicke nach dem globalisierten Kapitalismus und wollen ein Teil davon sein.[24]

Nun fassen wir die obengenannten Ausführungen zum Thema „China und die Aufklärung" grob zusammen und widmen uns der Frage, wie wir sie prüfen sollen. Zuerst müssen wir gelassen darauf hinweisen, dass man auch nachlässige Äußerungen wie „erst Rettung, dann Aufklärung" nicht einfach verwerfen sollte. An anderer Stelle schrieb ich damals:

> Die Ansicht von Li Zehou hat immer noch ihren Wert. Er liegt aber nicht in seiner unbewussten unkritischen Art bei der Verwendung des Wortes „Aufklärung" im semantischen Sinne, sondern in seiner bewussten kritischen Art bei der Benutzung des Wortes im gesellschaftlichen und historischen Sinne. Auffällig betonte er die positive Bedeutung dieses in der chinesischen Geschichte selten gesehenen kulturellen Höhepunktes. Noch wichtiger beschrieb er in tragischem Tonfall, wie die historische Rationalität durch die historische Zufälligkeit von außen gestört wurde. Alle Wissenschaftler aus dem Festland erkennen wegen des speziellen zwingenden Charakters des chinesischen Gesellschaftssystems die positive Bedeutung der Bewegung des 4. Mai an. Sie bedauern auch zutiefst, dass China aus

---

24 Arif Dirlik 2015: „Culture and History in Post-Revolutionary China". Übersetzt ins Chinesische von Li Guannan und Dong Yige. Shanghai: Shanghai People's Press. S.293.

> Gründen der historischen Zufälligkeit das Nachbarland Japan bei
> dessen Modernisierung nicht Schritt für Schritt einholen kann".[25]

Dies bedeutet ohne Zweifel auch, dass es, wenn man sich im modernen China, das so einzigartig und verwickelt ist, ohne Grund gegen die Aufklärung stellen wollte, unabwendbar zu beachtlichen Folgeerscheinungen für die Gesellschaft käme. Und dabei zählt dieser Punkt noch nicht einmal zu den Wesentlichsten. Noch fataler ist, dass diese Handlungsweise weder der provisorischen kulturellen Strategie noch den langfristigen und tiefgreifenden wissenschaftlichen Prinzipien entspräche. Bezeichnungen wie „Aufklärung und Rückbesinnung" sollten wegen ihrer Toleranz und Flexibilität zwar nicht pauschal abgelehnt werden, müssen aber sorgfältig analysiert werden bevor man sie unterschreibt. Aus diesem Grund schauen wir uns einige relevante Seiten dieser Gedanken an:

> Erstens, ich bin nicht dagegen, dass man sich aus der Perspektive wissenschaftlicher Prinzipien „auf die Aufklärung zurückbesinnt". Gleichzeitig glaube ich aber, wenn auch mit etwas Zurückhaltung, dass man die Komplexität der Aufklärung an sich auf keinen Fall vernachlässigen darf. Anders gesagt: Anstatt der einseitigen Interpretation mancher westlicher Schulen zu folgen, sollte man den Umfang seiner westlichen Lektüre vergrößern, um im eigenen Kopf allmählich ein Gesamtbild zu erhalten. Zweitens, ich bin nicht dagegen, dass man sich aus der Perspektive wissenschaftlicher Prinzipien „auf die Aufklärung zurückbesinnt". Gleichzeitig glaube ich aber, wenn auch mit etwas Zurückhaltung, dass man auf keinen Fall einfach in Opposition zur Aufklärung stehen und sich selbst in den unvernünftigen Bereich der Religion einteilen lassen sollte, damit die tiefsinnige Natur der konfuzianischen Lehre und der Beitrag, den sie mit ihren Herausforderungen zu den Weltzivilisationen geleistet hat, nicht vertuscht wird. Drittens, ich bin nicht dagegen, dass man sich aus der Perspektive wissenschaftlicher Prinzipien „auf die Aufklärung zurückbesinnt". Gleichzeitig glaube ich aber, wenn auch mit etwas Zurückhaltung, dass man die chinesische Zivilisation auf keinen Fall mit Ignoranz und Rückständigkeit, seine Lehre mit dem internationalen Chor aus „Mystischem, Zauberkräften, Aufruhr

---

25 Liu Dong 1997: Tradition der Peking-Universität und der Bewegung des 4. Mai – Eine andere Möglichkeit der Geschichte, in: „Nahe Besinnung und weitblickende Überlegung". Hangzhou: Zhejiang University Press. S.252-253.

und Geistern" gleichsetzen sollte. Denn tut man dies, so ignoriert man den Fakt, dass die Lehre bereits vor 2500 Jahren wegen der einzigartigen und überragenden Wahl ihrer Werte zu einer der Hauptzivilisationen der Welt gehörte. Viertens, ich bin nicht dagegen, dass man sich aus der Perspektive wissenschaftlicher Prinzipien „auf die Aufklärung zurückbesinnt". Gleichzeitig glaube ich aber, wenn auch mit etwas Zurückhaltung, dass man niemals vergessen sollte, dass das Ziel einer Rückbesinnung in der „Rettung der Aufklärung" liegt, obwohl die Menschheit derzeit angesichts der globalen Spaltung fast keinen Schritt mehr weiterkommen kann, da jeder gegen jeden ist und es keinen effektiven Lösungsplan für die allgemeine Lebensproblematik gibt.

Entlang dieser gedanklichen Prinzipien können wir ein genaues und noch umfassenderes Bild zu den Themen „China und die Aufklärung" und „Die Aufklärung und das moderne China" erzielen. Das heißt, wie Carl Becker in seinem berühmten Werk erkannte[26], dass wir, was die geistigen Überbleibsel eines religiösen Bewusstseins, welche die westlichen Aufklärer an den Tag legen, sowie den daraus entstandenen Monismus, Absolutismus und Eurozentrismus betrifft, unbedingt skeptisch bleiben und uns rückbesinnen müssen, um auch weiterhin kritisieren und widerlegen zu können. Auf der anderen Seite, wenn im Westen sowohl in der Vergangenheit als auch in der Gegenwart tatsächlich diese Variationen und Absurditäten existieren, müssen wir uns auf einen Orientierungsverlust, Verrat oder solche Entfremdungen rückbesinnen und die ursprünglichen Motivationen und Ziele des Westens finden, um sie aufwecken beziehungsweise berichtigen zu können. Mit anderen Worten: Um den hinter den Details versteckten Wert festzuhalten, müssen wir auf Basis der rationalen Kriterien beider Seiten an den ungenügenden Stellen Kritik üben und den anderen Gegenspieler beaufsichtigen und vorantreiben, damit er seinen Standpunkt auch durchsetzt.

Wir können auch umgekehrt argumentieren. Einerseits, auch wenn eine neue Vergleichbarkeit zwischen der Aufklärung und dem Konfuzianismus festgestellt wird, heißt das nicht, dass wir sämtliche Vorgehensweisen der damaligen Aufklärer beibehalten und alle historischen Nachwirkungen aus Überzeugung freudig hinnehmen müssen. Ganz im Gegenteil: Es würde eine Restaurierung der gemeinsamen Voraussetzungen bedeuten. Nur

---

26 Siehe: Carl Becker 1946: „Der Gottesstaat der Philosophen des 18. Jahrhunderts."

wegen dieser Restaurierung ist es überhaupt erst möglich, die Fehler der Vergangenheit zu berichtigen und einen erneuten kulturellen Versuch zu starten, damit man der zukünftigen geschichtlichen Entwicklung mehr Freiraum geben kann. Und andererseits sollten wir, auch wenn wir keine Angst haben müssen, heftige Kritik an der Aufklärung zu üben, die historische Verantwortung erkennen, gemäß der solche Kritik genau auf dem gemeinsamen Standpunkt beider Seiten zu basieren hat, dessen gedankliche Prinzipien für Humanismus und Rationalismus und nicht für das „Göttliche" und den Aberglauben eintreten.

Trotz zahlreicher feiner Unterschiede sind sich beide gedankliche Orientierungen im Großen und Ganzen sehr ähnlich. Darum müssen wir klar feststellen, dass bezüglich des inneren Zusammenhangs zwischen der Aufklärung und dem Konfuzianismus, also ihrer gemeinsamen Ablehnung der Theologie, ihrer Beseitigung der Hexerei, ihres Beharrens auf Wissen, Kenntnis und menschliche Vernunft, ihres hartnäckigen gemeinsamen Strebens nach dem diesseitigen Dasein, nach ewigem Frieden und einem Zustand der Reife, ihres gemeinsamen Wissensvorbehalts hinsichtlich einer Welt nach dem Tod und ihrer gemeinsamen Betonung des menschlichen Potenzials, der Konfuzianismus nicht nur als geschichtlicher Vorläufer der Aufklärung fungieren konnte, sondern auch in unserer heutigen Welt mit den aufklärerischen Gedanken Mitleid hat und in der zukünftigen Entwicklung sogar zum Nachfolger des aufklärerischen Unterfangens werden.

(C)

Vom Blickwinkel der vergleichenden Forschung betrachtet, wie vorher bereits analysiert, wenn der Konfuzianismus nicht mehr von anderen Zivilisationen abgedeckt wird und man seine erschaffene Einzigartigkeit und Originalität endlich bemerkt, egal ob der unsichtbare Einfluss aus dem antiken westlichen Buddhismus oder der modernen westlichen Theologie und Metaphysik kommt, wird der eigentliche Wert im chinesischen Gedanken automatisch in Erscheinung treten und uns inspirieren, auf das aufklärerische Unterfangen für die Welt weiter zu beharren. Für die gesamte Menschheit könnte seine „allgemeine Bedeutung" entfaltet werden.

Wie wir mehrmals diskutierten, trotz vieler Unterschiede in Details, teilen „Aufklärung mit Konfuzianismus" noch eine wesentliche Gemeinsamkeit, nämlich die Wachsamkeit und Negation der „religiösen Gedanken".

Angesichts der vorhandenen Pfade anderer Zivilisationen die Funktion der Religionen nicht allgemein verneinen sollen, da sie zumindest viele unentbehrliche Elemente wie „Gemeinschaft und Identität", „Moral und Kunst" enthielten. Obwohl sie in der Geschichte die menschliche Aktivität und Seele unterstützen, ist ihre Denkart zu dogmatisch und duldet auf entschlossene Weise keine andere Dogmatik, darum geht die heutige Welt allmählich in die Gegenseite. Auch wenn diese Denkart in einer bestimmten historischen Phase die gesellschaftliche Stabilität und innere Sicherheit der Menschen aufrechterhalten kann, begruben sie im Voraus die Wurzel des zukünftigen Übels.

Durch solche Vergleiche können wir den Charakter des Konfuzianismus in der Moderne besser erkennen und schätzen. Wie bereits im neunten Kapitel erläutert, zahlreiche Wissenschaftler früherer Generationen in China wollten anhand eines bestimmten kulturellen Elements die Religion ersetzen, z.B. von Cai Yuanpeis „Kunsterziehung als Religionsersatz" bis Liang Shumings „Moral als Religionsersatz" und Xiong Shilis „Religionsersatz durch konfuzianische Texte" und schließlich Zhang Dongsuns „Philosophie als Religionsersatz". Die Gründe denen Aufstellung können unterschiedlich sein, die chinesischen Gelehrten unter konfuzianischem Einfluss suchten aber mit allen Mitteln nach einem Religionsersatz. Mit anderen Worten vertraten sie ohne Absprache die Meinung, dass die chinesische Kultur auch ohne die sogenannte „Religion" ein relativ eigenes komplettes System mit Funktion sei und keinen Makel habe, welche man kritisieren konnte." Wie ich weiter im Text analysierte: „Woher kommt aber ihr „kulturelle Instinkt"? Von der Vorderseite betrachtet gab der bekannte Spruch „Wenn man noch nicht das Leben kennt, wie sollte man den Tod kennen?" ihnen den Mut, eine „Welt nach dem Tod" nicht zu erfinden und daran zu glauben. In diesem Sinne wird einerseits betont, dass „das Leben keine Ruhe hat" und andererseits behauptet, „dem Tod ruhig als Heimkehr entgegenzunehmen". Oder anders formuliert, man betont, einerseits dass „beim Leben ich froh sein kann" und andererseits, dass „beim Tod ich endlich meine Ruhe habe". Diese weitherzige und inspirierende „Einstellung zum Leben und Tod" schloss in den tiefsten geistigen Bedürfnissen die Hintertür der dogmatischen Denkart und ließ eigene Seele von keinen verwirrenden Behauptungen besessen werden."[27]

---

27 Siehe Neuntes Kapitel.

Auf der anderen Seite, um den Vergleich deutlicher zu stellen, können wir ebenfalls die Verstoßung und Ablehnung der „religiösen Gedanken" von der modernen westlichen Aufklärung erkennen. Beispielsweise brachte Ernst Cassirer in seinem Werk folgendes zum Ausdruck: „Wenn man nach einer allgemeinen Charakteristik des Aufklärungszeitalters fragt, so scheint für die traditionelle Auffassung und Beurteilung nichts so sehr festzustehen, als daß die kritische und skeptische Haltung gegenüber der Religion zu den eigentlichen Wesensbestimmungen der Aufklärung gehört."[28] Oder wie John Robertson in seinem Artikel verfasste: „Die Aufklärung wird mit einer intellektuellen Bewegung des 18. Jahrhunderts in Europa gleichgesetzt - einer Bewegung, die sich durch bestimmte charakteristische Ideen auszeichnet, aber auch durch das Engagement ihrer Anhänger, sich mit einer breiteren Öffentlichkeit von Lesern und Praktikern auseinanderzusetzen."[29] Dies erinnert uns daran, dass die in diesem Buch extra geschilderte Vergleichbarkeit zwischen „Konfuzianismus und Existenzialismus" auch diesem Pfad entlang nach und nach entwickelt wurde.

Hier muss man noch erklären, aufgrund des gestimmten blinden Gehorsams glaubt man fälschlicherweise, dass der Westen eine kulturelle „Gemeinsamkeit" sei. Daraufhin habe die westliche politische Kultur, besonders die begehrenswerte demokratische Politik auf jeden Fall mit dem Ursprung der westlichen Religion zu tun. Bezüglich solcher Missverständnisse über eine komplette Einfuhr der westlichen Kultur blickte ich vorher erst die Frage von Shadi Bartsch: „Sind Sie dieser Einsicht, dass westliche Altphilologie modernes Europa/Amerika gestaltet hat? Wenn ja, dann wie bzw. wie hat sich Christentum darin integriert?" Ich habe nicht gezögert und ihr wie folgt geantwortet: „Bezüglich dieser Frage, die optimistische Antwort ist: Natürlich hat sie modernes Europa und Amerika gestaltet, allerdings mit Christentum zusammen. Die Chinesen bezeichnen die westliche kulturelle Säule als zwei ‚H-Zivilisationen', nämlich die griechische (hellenic civilization) und hebräische Zivilisation (hebrew civilization). Dies zeigt eine gewisse Einheitlichkeit. Von Matthew Arnold haben wir zwar erfahren, wie komplementär und harmonisch die miteinander auskommen. Wenn man aber von einer Kultur ausgeht, die

---

28   Ernst Cassirer 2007: Die Philosophie der Aufklärung. Hamburg: Felix Meiner Verlag. S.140.
29   John Robertson 2015: The Enlightenment: A Very Short Introduction. Oxford: Oxford University Press.

‚keine Religion aber Moral' hat, wird man große Ritze in der westlichen Zivilisation ständig erkennen.“[30]

Wenn wir tiefer und umfassender betrachten, als die westliche Zivilisation mit ihrer gesamten Konflikten in sich die chinesische Zivilisation herausforderte, brachte sie gleichzeitig gute und schlechte Nachrichten. Die gute Nachricht ist die „Demokratie" und „Wissenschaft" aus Griechenland und zu der schlechten Nachricht gehört die „religiöse" Gedanken aus Israel. Genau die tiefe „innere Verletzung" verursacht bei den Chinesen kompliziertes Gefühl: „Die aus zwei ‚H-Zivilisationen' bestehende ‚westliche Kultur' stellt sich einerseits in fortgeschrittener Wissenschaft und andererseits in rückständigstem Aberglaube dar; Einerseits zeigt sie die wachsamste Vernunft und andererseits das fieberhafteste Predigen; Einerseits bringt sie humanistische Theorie der Demokratie und anderseits auch die betrügerischste politische Taktiererei; Einerseits verursachte sie die blühendste Marktwirtschaft und andererseits das unsicherste Zukunftsrisiko; Einerseits bringt die die entwickelteste Materialproduktion und andererseits das entfremdest individuelle Leben. Einerseits erregt sie die aktivste soziale Mobilität und andererseits die eintönigste Erholungsaktivitäten; Einerseits erzeugte sie die dynamischsten geistigen Schöpfungen und andererseits der langweiligste Kulturmüll...“[31] In der Tat liegt der Grund, weshalb wir die Vergleichbarkeit zwischen „Aufklärung und Konfuzianismus" erneut aufbauen, liegt darin, dass wir in der obengenannten Absplitterung wählen und nicht blind alles hochschätzen und annehmen müssen.

An der Stelle der Aufklärung, welche von der Religion als „Ketzerei" betrachtet wurde, können wir uns hineinversetzen und begreifen: Der Grund, weshalb die Befreier in der Moderne Religion für Todfeind hielten, liegt größtenteils im Entgegenhandeln der politischen Diktatur. Die Gehorsamkeit Gott gegenüber ist sowohl von der Verhaltensweise als auch vom System betrachtet eine theologische Version des Autoritarismus. Diesbezüglich setzte Tzvetan Todorov beim Rückblick der „Trennung zwischen Staat und religiösen Institutionen" uns in die damalige historische Szene: „In der Zeit der Aufklärung waren sie Vertreter der institutionellen Kirche, die sich von Bossuets emblematischer Erklärung ‚Ich habe das

---

30 Liu Dong: Dialoge zwischen beiden Philologien, noch nicht veröffentlicht.
31 Liu Dong 2014: Wiederaufbau der Tradition: Mit Wachsamkeit der Welt beitreten. Shanghai: Shanghai People's Press. S.195-196.

Recht, dich zu verfolgen, weil ich Recht habe und du Unrecht hast' inspirieren ließen, die eine starke Kontinuität zwischen der geistigen Welt (in der schließlich über Recht und Unrecht entschieden werden konnte) und der weltlichen Welt (in der Verfolgungen durchgesetzt werden konnten) herstellte."[32] „Toleranz gilt nur für Dinge, die nicht wichtig sind... aber für Dinge, die wirklich wichtig sind, muss man die Doktrinen befolgen. In einem totalitären Regime wird auch die Trennung abgelehnt: Die Gesellschaft ist dem Staat völlig untergeordnet."[33] Wenn wir in der neuzeitlichen Geschichte jemanden erkennen, der sich vom Unterstützer des „Gottvaters" schnell zum „Staatsvater" umwandelte, müssen wir auch nicht erstaunen, die Servilität war konsequent.

Der Rückblick von Anthony Pagden an das „Ziel der Aufklärung" kann uns ebenfalls helfen, diesen Punkt zu verdeutlichen: „Das Projekt, das im achtzehnten Jahrhundert begonnen hatte, um jeden Einzelnen aus seiner Abhängigkeit von den starren sozialen und moralischen Kodizes zu befreien, mit denen die weltlichen und religiösen Mächte des alten Regimes ihre Untertanen in Schach gehalten hatten, und um eine angemessene soziale Welt zu schaffen... Und sie hatte dies getan, weil ihr die fehlerhafte Annahme zugrunde lag, dass alle Menschen allein aufgrund ihrer rationalen Fähigkeiten entscheiden könnten und sollten, wie sie ihr Leben führen wollten, unabhängig von den Gemeinschaften, den religiösen Überzeugungen, den Bräuchen und den Bindungen, in die sie hineingeboren worden waren. Die Vernunft war eine spezifisch europäische Form der Tyrannei."[34] An diejenigen, die Aufklärung als "Katastrophe" betrachteten, stellte der Autor noch folgende heiklen Rückfragen und richtete die Kritik an den „Cäsaropapismus": „Was so viele dieser Aufklärungsgegner nicht einmal zu fragen wagen, ist, warum die Welt der Tugend und der moralischen Autorität, die unseren Vorfahren scheinbar so gut gedient hatte, überhaupt umgestürzt werden sollte. Warum, mit anderen Worten, hat die Aufklärung überhaupt stattgefunden? Mitte des 17. Jahrhunderts erschien die gesamte Struktur, auf der alle monotheistischen Überzeugungen beruhen, nämlich

---

32   Tzvetan Todorov 2009: In Defence of the Enlightenment. Übersetzt vom Französischen ins Englische von Gila Walker. London: Atlantic Books. S.70.
33   Tzvetan Todorov 2012: L'esprit des Lumières. Übersetzt ins Chinesisch von Ma Lihong. Shanghai: East China Normal University Press. S.78-79.
34   Anthony Pagden 2013: The Enlightenment: And Why It Still Matters. New York: Random House.

dass das Universum die Schöpfung einer Gottheit war, die weiterhin jeden Aspekt seines Seins diktiert, vielen Europäern so fadenscheinig, wie das Heidentum einst Platon und Aristoteles erschienen war... Die Aufklärung ersetzte diese christianisierte Version der menschlichen Existenz durch eine ansprechendere, weniger dogmatische Darstellung, die ursprünglich aus demselben Versuch stammte, die mächtigste der antiken philosophischen Schulen umzugestalten."[35]

Hier müssen wir noch weiter klarstellen: Da Christentum ab 3. Jahrhundert vom allmählichen untergegangenen Römischen Reich zur „Staatsreligion" ernannt wurde, wurden alle kulturellen Elemente unter die Religion eingeteilt. Daher bildete im Westen die Trägheitspsyche und man wähnte, dass die Doktrinen für immer die moralische Basis darstellen. Auch wenn die Renaissance und Aufklärung die „ketzerische" griechische Tradition absichtlich wiederherstellen wollten, befürchteten sie heimlich, dass das „menschliche Herz" aufgrund des christlichen Einflusses auf die Moral nun außer Kontrolle geriet. Diese Furcht war fast das tödlichste und schwerste zu überwindende „Vorbewusste", aufgrund dessen glaubte Nietzsche, sobald die theologische Basis umgefallen ist, werden alle gesellschaftlichen Wesen einschließlich der Moral an ihre ultimative Stütze des Wertes verlieren: „In Nietzsches Augen enthält jeder Vorstellung einer Essenz einen Hinweis auf einen göttlichen Plan oder eine metaphysische Grundlage. Wenn sie nicht ebenfalls ausgerottet werden, verbleiben die Menschen im Schatten des Allmächtigen…Es ist müßig, sich vorzustellen, man könnte sie von ihrem Ursprung abtrennen und sie bleiben trotzdem intakt. Moral beispielsweise muss sich entweder von Grund auf neu denken lassen oder in einem chronischen schlechten Glauben weiterleben, in dem sie sich auf Quellen bezieht, von denen sie weiß, dass sie falsch sind. Auch nach dem Tod Gottes gibt es Menschen, die erklären, beim Thema Moral ginge es um Pflicht, Gewissen und Verpflichtungen; nun müssen sie über die Quellen solcher Glaubenssätze nachdenken. Für Christentum ist das kein Problem, nicht nur, weil es an eine solche Quelle glaubt, sondern weil es außerdem nicht glaubt, beim Thema Moral ginge es in erster Linie um Pflicht, Gewissen und Verpflichtungen."[36]

---

35 Anthony Pagden 2013: The Enlightenment: And Why It Still Matters. New York: Random House. S.343.

36 Terry Eagleton 2014: Der Tod Gottes und die Krise der Kultur. München: Pattloch. S.191.

Wenn wir aus dem Käfig der westlichen Geschichte springen, können wir sofort von anderer Geschichte erkennen, dass Ethik ursprünglich nur zu dieser Welt, zwischen dem Umfang der Subjekte gehört. Sie kommt eigentlich nur vom Bewusstsein des menschlichen Herzens sowie seine theoretischen Interpretationen ab. Nicht wie die Bundeslade nach biblischer Darstellung, Gott machte mit Menschen Verträge und man benötigt einen Allmächtigen für die Beaufsichtigung. Auch wenn wir weder über die Situation im klassischen China, wo „keine Religion aber Moral" gab, noch um die moderne nordeuropäische „gottlosen" Staaten reden, können wir trotzdem den Mittleren Osten von Vere Gordon Childe erkennen, dass Religion und Moral keine einzige innere Konnexität haben. Es ist außerdem extrem ironisch, Sie können die „indulgentia" vom westlichen Mittelalter heranziehen, die bereits als ein Pronomen für „moralische Heuchelei" oder „moralisches Verderbnis" steht:

> In der Praxis wurde die Hölle nicht zu einer Sanktion für die Moral. Der glückliche Ägypter konnte einen magischen Pass durch das gefürchtete Tribunal kaufen. Die Schreiber der Priester verkauften Rollen, die den willkommenen Freispruch enthielten. Der Name des glücklichen Käufers wurde in die dafür vorgesehenen Lücken eingetragen, so dass das Urteil schon feststand, bevor der Name des Käufers bekannt war. Es wurden sogar Amulette verkauft, um die Stimme des Gewissens zu beruhigen. Breasted beschreibt ein Amulett mit der Inschrift: „O mein Herz, erhebe dich nicht gegen mich als Zeuge". Die „Volksrevolution" in Ägypten hat also nicht eine höhere Moral gefördert, sondern die Macht der neuen Berufspriesterschaft gestärkt. Auf dieselbe Weise lieferten die babylonischen Geschäftsleute leichtgläubige Kunden für die Wahrsager und Wahrsager der alten Tempel.[37]

Aufgrund der westlichen Pfadabhängigkeit wurde die Theologie wegen ihrer dogmatischen Denkweise von manchen Wissenschaftlern unvernünftig als eine bestimmte transzendente mysteriöse „Offenbarung" angesehen oder angegeben, nur so kann sie als die Grundlage sämtlicher beschränkten Kenntnisse bilden; Anhand von den Kenntnissen wie Philosophie kann die Gestaltung des Gedankensystems nicht selbstkonsistent sein. Es scheint so, dass die lebenslange Arbeit von Leo Strauss diesem "nicht zutreffenden"

---

37   Vere Gordon Childe 1942: What happened in History. Penguin Books, Harmondsworth.

Gedankenweg entlang entfaltete: „Strauss' moralische Genealogie der Motive der modernen Religionskritik scheint zu dem Schluss zu führen, dass die Grundlage des Konflikts zwischen Spinoza und dem Judentum ein moralischer und praktischer Antagonismus ist, noch vor einem theoretischen Konflikt. Wenn die Philosophie diese Tatsache jedoch anerkennt, gefährdet sie die Kohärenz und sogar das Ziel und die Legitimität ihrer Lebensweise. Tatsächlich zeigt die Analyse der modernen Religionskritik, dass die Ablehnung der Orthodoxie durch die Philosophie nicht durch die Vernunft motiviert ist, sondern durch eine Entscheidung moralischen Charakters... Die Philosophie gründet ihre Existenz auf der Idee, dass sie auf offenkundigem und notwendigem Wissen beruht, nicht auf einer willkürlichen Entscheidung. Die Unfähigkeit der Philosophie, die Möglichkeit der Offenbarung zu widerlegen, bringt die Idee, die sie von sich selbst hat, in Gefahr. Denn wenn die Philosophie zugibt, dass sie auf einer nicht-evidenten Entscheidung beruht, unterschreibt sie ganz einfach ihr eigenes Todesurteil. Es scheint, dass eines der Hauptergebnisse von Strauss' frühesten Arbeiten darin besteht, dieses Dilemma hervorzuheben, ohne jedoch zu versuchen, darauf zu antworten. Man könnte sogar sagen, dass die gesamte Anstrengung von Strauss' späterem Denken ein Versuch ist, eine zufriedenstellende Antwort auf dieses Dilemma zu finden."[38]

Wie Isaiah Berlin sarkastisch darauf hinwies, falls jemand im Kontext des kulturellen Pluralismus und Relativismus noch darauf arrogant besteht, dass seine eigene historische Tradition die gesamte Wahrheit der Menschheit schafft oder nur ein besonderes Individuum wie er die einzige Wahrheit in der Tradition zurückfinden kann, bewundern wir ihn wirklich, dass er einen angeborenen absoluten „göttlichen" Organ hat: „Ich glaube, dass die Menschen und ihre Anschauungen viel ähnlicher sind, als Herder glaubte, und dass die Kulturen einander viel ähnlicher sind, als z.B. Spengler oder sogar Toynbee behaupteten. Aber dennoch gibt es Unterschiede, die unüberbrückbar sein können. Aber ich bin mir darüber im Klaren, dass ich nicht über die Fähigkeit verfüge, absolute moralische Regeln zu erkennen. Jemand wie Leo Strauss glaubt an sie, weil er an eine Fähigkeit glaubt, die manche ‚Vernunft' nennen. La raison a toujours raison, sagte jemand während der Französischen Revolution, und Strauss' Vernunft erkennt absolute

---

38 Daniel Tanguay 2007: Leo Strauss: An Intellectual Biography. Übersetzt ins vom Französisch ins Englisch von Christoper Nadon. Yale University. S.43.

Werte. Ich beneide ihn. Ich habe nur nicht zufällig diese Art von Vernunft. Ich weiß nicht, ob Sie sie haben. Eine Fähigkeit, die unfehlbare Antworten auf die zentralen Fragen des Lebens gibt."[39]

Zu diesem Punkt können wir als Beweis noch ein Zitat von Richard Rorty anführen. Der amerikanische Philosoph zeigte zwar einen viel höflichen Ton als bei Isaiah Berlin der Äußerung seiner Unterschiede zu Gianni Vattimo, kann sich aber mit Vattimos Einstellung zur Religion nicht identifizieren. Genau aufgrund dieser „Einstellung zur Religion" glaubte Vattimo, dass jemand in der Vergangenheit auch anhand davon in einem bestimmten historischen Moment „absolute Transzendenz" erreicht habe:

> Meine Differenzen mit Vattimo liegen in seiner Fähigkeit, ein vergangenes Ereignis als heilig zu betrachten, und meiner Auffassung, dass Heiligkeit nur in einer idealen Zukunft liegt. Für Vattimo ist die Entscheidung Gottes, nicht mehr unser Herr, sondern unser Freund zu sein, das entscheidende Ereignis, von dem unsere gegenwärtigen Bemühungen abhängen. Sein Sinn für das Heilige ist mit der Erinnerung an dieses Ereignis und an die Person, die es verkörpert hat, verbunden. Mein Sinn für das Heilige, soweit ich einen habe, ist mit der Hoffnung verbunden, dass eines Tages, in irgendeinem Jahrtausend, meine entfernten Nachkommen in einer globalen Zivilisation leben werden, in der es keine Herrschaft gibt, in der Klasse und Kaste unbekannt sind, in der Hierarchie nur eine Frage vorübergehender pragmatischer Überzeugung ist und in der die Macht ganz und gar der freien Zustimmung einer gebildeten und gebildeten Wählerschaft zur Verfügung steht.[40]

Was die spezielle chinesische kulturelle Praxis betrifft, haben sowohl Leo Strauss, Vattimo, als auch Charles Taylor und Habermas wohl nicht wirklich ernst berücksichtigt, ganz gleich ob sie die Äußerungen von Voltaire und Wolff gekannt haben. In der Tat existiert seit 5. Jahrhundert vor Christus eine sehr unterschiedliche Auswahl des Wertes, die stets auf ihren beschränkten rationalen Standpunkt „was man weiß, als Wissen gelten lassen, was man nicht weiß, als Nichtwissen gelten lassen" beharrt und nicht über jegliche transzendente „Mystische, Zauberkräfte, Aufruhr und

39 Ramin Jahanbegloo 2007: Conversations With Isaiah Berlin. 2nd edition. London: Halban. S. 109.
40 Richard McKay Rorty 2003: Anticlericalism and Atheism, in: Religion after Metaphysics. Edited by Mark A. Wrathall. Cambridge: Cambridge University Press. S.44.

Geister" spricht. Auf diese Weise wurden die Basis und die entscheidenden Faktoren der gesamten gesellschaftlichen Zivilisationen auf Wissen und Gefühle der realen Welt gesetzt.

Die überraschendste Eigenschaft des chinesischen Geistes liegt darin, dass die These nur anhand von Vernunft etabliert wurde und die Kriterien der Menschen und die drei Grundregeln und fünf Grundtugenden sich generationsweise effektiv verbreiten konnten, ohne dass es dogmatische Religion benötigt wurde. Wie ich vorher äußerte: „angesichts der unbeständigen Wertlücke betrachtete Konfuzianismus weder dogmatische These nicht als Ausgangspunkt, noch demütigte sie das aktive Potenzial der Menschen. Im Gegenteil spornte er jedes gesellschaftliche Mitglied an, seine Vernunft zu aktivieren und entwickeln, um spannende Forschung zu starten, welche nur zu einem selbst gehört. Es bietet sogar kulturelle Anspielung und bildet eine Verstehensvoraussetzung der traditionellen chinesischen Kultur: Genau während dieser Gefahr, Spannung und Not bekommt jedes Mitglied das Potenzial zur „Weiterentwicklung" oder sogar zur „Heilligen", da „jeder Mensch Yao und Shun werden kann" (Mengzi Gaozi). Außerdem ist der Weg nicht so weit, dass man es nicht erreichen kann, da „Sobald ich die Sittlichkeit wünsche, so ist diese Sittlichkeit da."[41]

Es ist zum Nachdenken anregend, aufgrund des Versuchsstartes vom „Rationalismus vor der Qin-Dynastie" gibt es in der danach kommenden 2000-jährigen historischen Praxis keinen kulturellen Pfad in China, welcher von religiöser Denkart sehr abhängig ist. Daher gibt es im allmählichen entzauberten Rationalisierungsprozess in China keine im Buch „Dialektik der Aufklarung" erwähnte Situation, in der der Prozess keine ausreichend Zeit hatte und genau das Gegenteil bewirkte. Im Gegenteil, gab es in der chinesischen Zivilisation, welche von Konfuzianismus tief beeinflusst wurde, zwar auch kulturelle Chaos, aber die Unordnung lag nicht darin, dass es „Religion" fehlte, sondern dass man von anderen „zwangsweise missioniert" wurde. Diesbezüglich übte Gu Hongming zwar heftige Kritik aus, die uns im Großen und Ganzen hilft, die damalige Geschichte zurückzublicken. Man kann allerdings nicht ausschließen, dass es doch Ausnahmen gibt. Mit anderen Worten tritt hier wieder die von John Langshaw Austin

---

41   Liu Dong 2014: Überlagerung des Bewusstseins ist die Wachstumsstelle der Weisheit. Vorrede in Überlegungen zur moralischen Erziehung (Hsg. Liang Qichao), in: Die Eisscholle des Denkens. Shanghai: Shanghai People's Press. S.60-61.

erzählte „Performativity" auf, nämlich die Glaubensgemeinschaft erfand, dass die anderen Länder über „niedrige Moral" verfügen. Dann wurde die Rechtfertigung der Missionierungsgründe legitimiert; Danach wurde der Missionierungsprozess zwangsweise oder durch Gewalt begonnen und die Bestätigung der „verdorbenen Moral" konnte tatsächlich angefertigt werden.

Ich denke, unter den Chinesen gehören nur diejenigen, die boshaft, schwach, unkundig, arm und gierig sind, zu den Gruppen, welche von den Missionaren zu Christen konvertiert werden müssen. Ist es kein offenes Geheimnis? Wenn jemand glaubt, dass diese Ausdrucksweise übertrieben ist, kann er bitte die Moral und das Verhalten der Gläubigen schauen. Als eine Gesellschaftsschicht verfügen sie weder über noble Moral, noch sind sie so kultiviert und kompetent wie diejenigen, die nicht konvertiert werden. Sobald diese von ausländischen Missionaren gezähmten Anhänger, welche entweder die eigene Tradition missachteten oder Abneigung dagegen hatten und obdachlos und einsam unter ihrem Volk leben, wirtschaftliche Nutzen oder fremde Unterstützung nicht erhalten können, werden sie noch ehrloser und boshafter sein als die gegenwärtigen Schurken.[42]

Von langer Sicht betrachtet liegt das gute Feedback an die Welt aus chinesischer Seite wohl darin, einerseits, als der Westen aufgrund seiner schwerer Pfadabhängigkeit angesichts des Niedergangs der Religion am Anfang der Aufklärung unvermeidliches Durcheinander und Schmerzen hatte, wurde Nachtrauern und Rückkehr der Religion verursacht; Andererseits, wie wir im chinesischen Zivilisationsprozess sehen, sowohl ihre historische Prosperität als auch die gegenwärtige schnelle Entwicklung beweisen, dass Religion nicht unbedingt ein natürliche Basis für Moral bildet. Auf diese Weise bietet China der Welt ein reales Model an, welches den Westen bei der schmerzhafte „Trennung" von religiösen Gedanken unterstützen kann, damit das aufklärerische Unterfangen nicht auf halbem Weg aufgegeben oder kritisiert, sondern nachbessert und entwickelt wird. Wenn China es bereits erreicht hat und der Westen es auch schafft, können wir uns die zukünftige menschliche Geschichte ausmalen, dass die restlichen Teile der Welt sich auch um den rationalistischen und humanistischen Geist versammeln werden.

---

42 Gu Hongming 2002: Selected Writings of Amoy Ku. Redigiert und übersetzt von Wang Tangjia. Shanghai People's Press. S.30.

Da Religion mit der Geschichte zahlreiche Anknüpfungen hat und die Zivilisationen über verschiedene Entwicklungsformen verfügt, kann nicht jede konkrete Gemeinschaft der Menschen gleichzeitig die Höhe von „ohne Religion aber mit Moral" erreichen. Dies verlangt daher, dass wir entsprechende Denkweise haben, die Umstände richtig einschätzen, je nach der Situation handeln und muss nicht einheitlich bleiben. Beispielsweise wenn wir in Russland von Boris Leonidowitsch Pasternak oder von Alexander Issajewitsch Solschenizyn ankämen, oder in Polen von Lech Wałęsa oder von Leszek Kołakowski eintreffen würden, könnten wir solche historische Persönlichkeiten nicht einfach verbieten, die „in die Tradition zu fliehen": „...bei Solschenizyn war Zarentum Russland oder Russland unter Putin nicht unbedingt gut, aber im Vergleich war Russland unter Stalin und Jelzin richtig furchtbar! Deswegen sehnte er nach einem Zeitalter, wo alles noch nicht vom roten Rad gewalzt wurde. Auch wenn es um „erfundene Tradition" geht oder es in der Nachwelt nur als „erfundene Tradition" dargestellt werden kann, wollte er damit die Wahlmöglichkeiten und Entwicklungsoffenheit für die Zukunft seines Landes und der Menschheit bewahren".[43]

Gleichzeitig muss ich aber darauf hinweisen, dass das mitleidige Verständnis und die beschränkte Unterstützung nur aus „Zugeständnisse" sind. Das heißt, der Rückkehr der religiösen Tradition ist zumindest von einer bestimmten Pfadabhängigkeit beschränkt. Der Grund dafür ist nur der Relativismus im anthropologischen Sinne und es handelt sich nicht um philosophisches Denken über den „Plan der Lebenslösung". Wenn wir nur in dieser Ebene bleiben, müssen wir auch geduldig zugestehen, dass jede vergangene Dogma einer Lebensgemeinschaft ausschließlich historisch, relativ und konkret ist, welche sich nicht auf eine Prinzip beziehen lässt. Sobald wir „tiefer" nachdenken und zur Ebene mit lang dauernden wissenschaftlichen Regeln erreichen, können wir nicht umhin, mit Toleranz zu sagen, dass auch Solschenizyn und Kołakowski ihre Mängel haben, die hauptsächlich darin liegen, dass es für die Geschichte vor ihnen bereits falsche Orientierung gewählt wurde. Mit anderem Wort, von dem Moment des Anfangs der Geschichte sollte man den Lösungsplan mit Religion, insbesondere mit gewichtigen orthodoxen Kirchen nicht wählen. Die armen

---

43 Liu Dong 2014: Aus Schmerzen werden Perlen, in: Die Eisscholle des Denkens. Shanghai: Shanghai People's Press. S.248-249.

Menschen mit getrennter Seele und Körper wurden unterdrückt und „kastriert", als wäre, wenn sie nicht unter Füßen Gottes kriechen würden, hätten sie nur noch eine tierische und unzüchtige Existenz.

Der Grund, weshalb ich diese Beurteilung vornehme, liegt darin, dass eine reichlichere historische Erfahrung in meinem Herzen als Basis fungiert, die die Beweisführung unterstützt. Auf jeden Fall kann keine leugnen, dass in der Geschichte der menschlichen Zivilisation so ein Volk gibt, welches „langes Lied als Weinen" und „langes Weinen als Lied" betrachtet. Seine Psyche war im Vergleich reifer, wenn man das Ganze nicht erhalten kann, gibt er nicht einfach alles auf. Im Gegenteil glaubt er auch nicht, dass er besonders unter Gnade lebt, wenn er nur beschränkte Erlangung hat. Auch bis heute hat diese Einstellung zur ganzen Welt keinen einzigen Widerspruch mit den modernen rationalen Erkenntnissen und dem wissenschaftlichen Allgemeinwissen. Was sie die Welt derzeit am meisten inspirieren kann, ist, auch wenn man die theologische „Gehstütze" zur Seite legt, kann man aus Selbstbeherrschung und -respekt das moralische Niveau der ganzen Gesellschaft und die fortlaufende Entwicklung der Zivilisationsgeschichte aufrechterhalten.

(D)

In der vorher zitierten „Dialektik der Aufklärung" äußerten Max Horkheimer und Theodor W. Adorno ehemals, dass die als rationale Zeitgeist fungierte aufklärerischen Gedanken an sich selbst vernünftige Reflexion anstellen müssen: „Die Aporie, der wir uns bei unserer Arbeit gegenüber fanden, erwies sich somit als der erste Gegenstand, den wir zu untersuchen hatten: die Selbstzerstörung der Aufklärung. Wir hegen keinen Zweifel – und darin liegt unsere petitio principii –, daß die Freiheit in der Gesellschaft vom aufklärenden Denken unabtrennbar ist. Jedoch glauben wir, genauso deutlich erkannt zu haben, daß der Begriff eben dieses Denkens, nicht weniger als die historischen Formen, die Institutionen der Gesellschaft, in die es verflochten ist, schon den Keim zu jenem Rückschritt enthalten, der heute überall sich ereignet. Nimmt Aufklärung die Reflexion auf dieses rückläufige Moment nicht in sich auf, besiegelt sie ihr eigenes Schicksal."[44]

44　Max Horkheimer und Theodor W. Adorno: Dialektik der Aufklärung, in: Vorrede.

Wenn man über allgemeines Prinzip spricht, ist diese Aussage selbstverständlich unproblematisch. Allerdings wie wir im ersten Abschnitt dieses Kapitels erwähnt, auch auf Basis dieses rationalen Grundsatzes wies Peter Gay aber im Gegenteil darauf hin, die Betonung des rationalen Geistes von der Aufklärung wurde zur Propaganda der Rationalität. Man war davon überzeugt, dass beim Zerschlagen der Religion die Rationalität der Ersatz und neue Mythos sei. Daher wurde eine Reihe von bösen Folgen während der Praxis erzeugt. Solche blinde Kritik entsprach nicht der historischen Tatsache: „Die Verherrlichung der Kritik durch die Philosophen und ihre qualifizierte Ablehnung der Metaphysik machen deutlich, dass die Aufklärung kein Zeitalter der Vernunft war, sondern eine Revolte gegen den Rationalismus. Diese Revolte nahm zwei eng miteinander verbundene Formen an: Sie lehnte die Behauptung ab, dass die Vernunft die einzige oder sogar die vorherrschende Quelle des Handelns sei; und sie bestritt, dass alle Geheimnisse der Welt durch die Forschung erschlossen werden können. Der Anspruch auf die Allzuständigkeit der Kritik war keineswegs ein Anspruch auf die Allmacht der Vernunft. Es war eine politische Forderung nach dem Recht, alles in Frage zu stellen, und nicht die Behauptung, alles könne durch Rationalität erkannt oder beherrscht werden.“[45]

Wie wir in der „Dialektik der Aufklärung“ lesen, ist die aufklärerische Rationalität reich an kritischen Geist. Auf die Ratio selbst muss sie auch Reflexion aufnehmen. Mit anderem Wort, da die Ratio der Aufklärung die Illusion der Religion negierte, kann sie nicht mit ihrer „Transzendenz“ oder Allmächtigkeit prahlen. Sie muss eigene Fähigkeit rational beschränken. Basierend auf dieser Beurteilung erwähnte ich vorher den Begriff des „beschränkten Rationalismus“. Wenn man in diesem Sinne die „Reflexion“ der Aufklärung als „Mythos“ der Ratio betrachten würde, wäre es ein Missverständnis oder zumindest ein falsches Handeln, oder natürlich beides.

Aus diesem Grund sehen wir logischerweise, egal wie Konfuzianismus die irdische Ethik betrachtet, wird es bei ihm nicht erlaubt, die Umgrenzung der Rationalität zu überschreiten, die Regel dieser Welt Gnade oder Einschüchterung Gottes zu überlassen. Wie wir vorher im Buch bereits erwähnt: „Auf Basis des Rationalismus vor der Qin-Dynastie liegt die besondere Eigenschaft des chinesischen Zivilisationsmodels zuerst in der Verteidigung des Standpunktes der „vorrangigen Erkenntnis“. Genau auf

---

45 Peter Gay: The Enlightenment: An Interpretation: The Rise of Modern Paganism. S.141.

Basis des rationalistischen Prinzips müssen die ethnischen Überlegungen mit „Verständlichkeit" übereinstimmen. Wenn wir es mit längerem Zeitraum betrachtet, werden wir ohne Zweifel feststellen, dass es die Macht des Zivilisationsmodels ist. Nur so kann die Grundlage des Wertes wirklich bereitgestellt und die Grundlinie für die gedankliche Identität tatsächlich gezeichnet werden". Diesbezüglich können wir die Erfahrung über konfuzianischen Rationalismus vom Sinologen Herrlee Creel zitieren: „Der Faktor, der Konfuzius ungewöhnlich, wenn nicht sogar einzigartig macht, ist das Ausmaß, in dem er die Ethik von allem, was außerhalb des gewöhnlichen Verständnisses aller intelligenten Menschen liegt, losgelöst hat. Max Weber hat gesagt: „Der Konfuzianismus ist im Sinne des Fehlens jeder Metaphysik und fast aller Reste religiöser Verankerung: – so weitgehend, daß er an der äußersten Grenze dessen steht, was man überhaupt allenfalls noch eine »religiöse« Ethik nennen kann, – so rationalistisch und zugleich, im Sinne des Fehlens und der Verwerfung aller nicht utilitarischen Maßstäbe, so nüchtern, wie kein anderes der ethischen Systeme außer etwa demjenigen J. Benthams."[46]

Auf der anderen Seite gibt es natürlich auch zu zahlenden psychischen Kosten. Aufgrund der Beschränktheit der Erkenntnisfähigkeit der Menschen und des vor der Qin-Dynastie entstandenen rationalistischen Geistes erkannt man längst bereits die Begrenztheit. Wie ich vorher äußerst betonte, dass zwischen Konfuzianismus und absoluten Existenzialismus tief verbunden sind, da beide die Ernsthaftigkeit des beschränkten Lebens wachsam empfanden, oder anders gesagt, von der „dunklen Wolke" am Rank des Himmels bewusst sind, welche jederzeit hierher rollen können: „Egal wie hell, strahlend, klar und blau der Himmel der säkularisierten Wissenschaft auch sein mag, bleibt hinsichtlich ihres beschränkten Verständnisses des menschlichen Lebens doch immer eine unscheinbare dunkle Wolke zurück, deren düsterere Flecken die Unbestimmtheit der Geschichte, die Zufälligkeit und Unbeständigkeit des Lebens sowie die Grausamkeit und Unberechenbarkeit des Schicksals bezeichnen." In diesem Sinne ist die sogenannte „Ratio" kein „Mythos", sondern die Gegenseite des mythischen Denkens. Weil sie jede hexerische Denkweise nicht tolerieren wird und verlangt, dass alle Behauptungen auf Basis der Verständnisse dieser Welt sein müssen und sich nicht aus empirischen Belegen auf der Erde trennen dürfen.

---

46 Herrlee Creel: Confucius and the Chinese Way. Harper Torchbooks.

Im tiefen Sinne ist der Rationalismus vor der Qin-Dynastie ohne Zweifel mit westlicher Aufklärung verbunden. Darum können wir verstehen, aufgrund der klaren Erkenntnisse auf die Begrenztheit der Ratio oder um die Orientierung der „Transzendenz" zu vermeiden, kommt es oft zur eigenen Aufgeblasenheit. Wie wir vorher von Richard Rorty zitierten, „mein Gefühl, dass Heiligkeit nur in einer idealen Zukunft zu finden ist... Mein Gefühl für das Heilige, sofern ich eines habe, ist mit der Hoffnung verbunden, dass eines Tages..." Todorov wollte zwar den aufklärerischen Geist beschützen, glaubte jedoch nicht, dass die Aufklärung in jeglicher begrenzten historischen Zeitphase schnell realisiert werden kann und "wir von aufklärerischem Wunschbild noch sehr entfernt sind": „Wie Condoret sagte, werden ‚die wirklichen Grenzen des Wissens in jeder Epoche nicht durch die besondere Vernunft eines genialen Mannes, sondern durch die allgemeine Vernunft der aufgeklärten Menschen bestimmt'. Nicht alle Meinungen sind gleich wertvoll, und man darf beredtes Reden nicht mit richtigem Denken verwechseln. Aufklärung kann nicht erreicht werden, indem man sich auf eine einzige aufgeklärte Person verlässt, sondern indem man zwei Bedingungen zusammenbringt: erstens die Auswahl ‚aufgeklärter Menschen', d.h. gut informierter Personen, die fähig sind, zu denken; zweitens, sie dazu zu bringen, nach ‚gemeinsamer Vernunft' zu suchen."[47]

Was meine persönliche Empfindung betrifft, so befinden wir in der „Risikogesellschaft" oder sogar wie im Auge eines vergänglichen Wirbelsturms. Wegen Schreckung der Atomwaffen sind wir in „kalten Frieden" und für die Realisierung meines Idealbildes der Aufklärung fehlt es mir im Vergleich zu den Denkern des Zeitalters von Condoret genügend nativer und optimistischer Grund. Trotz der Situation, oder vielleicht genau aus diesem Grund wollte ich umso mehr die „Aufklärung retten". Wie Todorov in der Vorrede vom gleichen Buch verfasste: „Auf welcher intellektuellen und moralischen Grundlage wollen wir nach dem Tod Gottes und dem Zusammenbruch der Utopien unser gemeinschaftliches Leben aufbauen? Wenn wir uns als verantwortungsbewusste Menschen verstehen wollen, brauchen wir einen begrifflichen Rahmen, der nicht nur unsere Aussagen untermauert - das ist einfach -, sondern auch unser Handeln. Die Suche nach einem solchen Rahmen hat mich zu einer Strömung des

---

47 Tzvetan Todorov 2009: In Defence of the Enlightenment. Übersetzt vom Französischen ins Englische von Gila Walker. London: Atlantic Books. S.75.

Denkens und Empfindens geführt, die ich als die humanistische Dimension der Aufklärung bezeichnen möchte."[48] Auf jeden Fall ist die „Rettung der Aufklärung" für die moderne Menschheit in der globalen Gefahr eine aktive Suche und ein unternehmendes Sehnen, oder noch besser formuliert, die einzige Wahl. Nur dieser Ausweg könnte man aus dem Verfall retten.

Anschließend wollte ich noch sagen, wenn wir uns persönlich in die Geschichte einmischen und effektiv an der Rettung der Aufklärung teilnehmen, müssen wir wachsamer und bewusster die großartige Erfindung von Konfuzius begreifen, aus der Geschichte und Vergessenheit den inneren konfuzianischen Geist vor der Qin-Dynastie retten und den wertvollsten „Lösungsplan des Lebens" herausfinden. Außerdem müssen wir mutig erkennen, dass diese wissenschaftliche Arbeit nicht so einfach scheint, nur Fleiß gebraucht zu werden. In der Tat wird benötigt, dass man die kraftvolle Denkweise von Konfuzius damals, die gewagte Kreation und den Eifer von ihm hat.

Zuerst soll man noch begreifen, dass man den früheren Erklärungspfad nicht mehr folgen darf. Wir müssen aus der Begrenzung der aktuellen Wissenschaft herausspringen und uns nicht auf hanzeitliche oder songzeitliche Interpretationen beschränken. Ansonsten kann man schwer entsprechende Entwicklungen erzielen. Beispielsweise forscht man entweder entlang der „Aufzeichnungen über die Lehrtraditionen im Stile der hanzeitlichen Gelehrsamkeit unter der zeitigen Dynastie" (Guochao Hanxue shicheng ji) von qingzeitlichem Gelehrten Jiang Fan, oder seiner „Aufzeichnungen über die Ursprünge der Gelehrsamkeit im Stile der Songzeit in der zeitigen Dynastie"[49] (guochao songxue yuanyuan ji) oder abwechselnd. Es ist wie der Buchtitel von Benjamin A. Elman „From philosophy to philology" oder umgekehrt. Es ist nicht zu leugnen, dass nicht nur die damalige „hanzeitliche, als auch die „songzeitliche" Gelehrsamkeit" zu zwei Hauptberggipfeln gehören, leisteten effektive Einordnung oder Entwicklung zum Konfuzianismus und hatten immer noch großen Referenzwert für die zukünftigen Forschungen. Von noch breiterer und makroskopischerer Sichtweise betrachtet, muss ich hier erneut meine Beurteilung im fünften Kapitel betonen:

---

48   Tzvetan Todorov 2009: Intruductory Note. Defence of the Enlightenment. Übersetzt vom Französischen ins Englische von Gila Walker. London: Atlantic Books. S.1.
49   Marc Winter 2016: Sorge um den Rechten Weg des Konfuzianismus: Fang Dongshus Kritik an Dai Zhen und der Hanxue. Berlin/Boston: Gryter. S.95.

…Betrachtet man die Weltgeschichte insgesamt, so muss man diese Form des Rationalismus, die in China vor der Qin-Dynastie von Konfuzius weitergeführt und verbreitet wurde, aufgrund ihrer vorzeitigen Entzauberung der Welt als Frühreife betrachten. Damit soll gesagt sein, dass seine Gedanken wie eine leuchtende Fackel inmitten einer unzivilisierten Umgebung waren. Um ihn herum spukten noch viele alte dunkle Geister, die sich mit großer Hartnäckigkeit zu halten wussten. Es war also unvermeidlich, dass die konfuzianischen Gedanken beim Erleuchten der chinesischen Welt auf viel Missverständnis und Fehldeutung trafen, oder ihnen zumindest das allgemeine Unvermögen entgegenstand, ihre Essenz zu begreifen. Genau deshalb gab es ja immer wieder Versuche, sie mithilfe anderer Lehren, deren gedankliche Tiefe weit unter der ihrigen lagen, einzuhüllen, sie zu neutralisieren und abzuschwächen, in der Hoffnung, dass sie damit ihre unliebsamen ursprünglichen Eigenschaften verlieren möge, ihren herausfordernden Charakter, ihre Kreativität, Reife und Schärfe.

Was bedeutet aber die Situation nach Konfuzius' Tod? Direkt gesagt heißt es nahezu auf grausame Weise, dass trotz der selbst gedachten partiellen Entwicklung in Details es sein kann, dass die Wissenschaftsgeschichte diesbezüglich in den vergangenen über 2000 Jahren nicht wie gewünscht schrittweise sich entwickelte, obwohl die Wissenschaftler an sich selbst Erwartungen hatten und mit Fortschritt selbst besser anspornen konnten, sich damit völlig auseinanderzusetzen.

Wenn man genauer überlegt sind die Ursachen für diese passive Situation kompliziert und sogar unzählig. Beispielsweise könnte man wegen des „begrenzten Interpretationsumlaufs" Einzelheiten und Details der konfuzianischen Gedanken nicht gesamt erfassen oder anhand von präzisen Einzelheiten das Ganze nicht begreifen und betet unbewusst die Meinungen der anderen nur nach. Eine andere Möglichkeit, welche mit der ersten Vermutung nicht unverbunden ist, könnte sein: Weil man den gesamten Hintergrund nicht ganz begreifen konnte, weichte man bei der Reglung des eigenen Standpunktes schließlich ab, obwohl man den „mittlen" Weg durchsetzen wollte. Es könnte auch sein, dass man den gesamten konfuzianischen Gedanken nicht begreifen konnte und beim wissenschaftlichen Dialog trotz des eigenen konfuzianischen Standpunktes Einfluss anderer Strömungen oder Zivilisationen aufnahm. Es gibt sicher noch diejenigen, die berühmt werden, die Glaubensrichtungen trennen oder sogar eigene Richtung gründen wollte... Dies hinderte natürlich umso mehr, sich umfassend mit Konfuzius in den Texten auseinanderzusetzen...

Egal was die Ursachen sind, geht man oft mit Selbstbewusst davon aus, dass sowohl die Entdeckung „nach dem Tod des Konfuzius bildeten sich acht Schulen heraus", als auch die „Hochschätzung des Konfuzianismus" „Teilung der konfuzianischen Lehre in hanzeitlicher und songzeitlicher Richtung", sogar die Teilung von „Lehre des Prinzips" und „Lehre des Herzens" zur „Entwicklung" gehören. Aber erst im Nachhinein erkennt man, dass er sich in einer Richtung „verloren gegangen" ist. Was die Einzigartigkeit, Vollständigkeit und Genauigkeit betrifft, erreichte er das aufragende Niveau von Konfuzius niemals. In der Sammlung von Cheng Yi und Cheng Hao gibt es einen sehr brillanten Dialog. Obwohl es nur an eine Seite richtete, kann aber der Eindruck der Schüler an Konfuzius „Ich schaue es vor mir, und plötzlich ist es wieder hinter mir"[50] sehr gut darstellen: „Konfuzius ist wie die ursprüngliche Kraft; Yan Hui ist wie angenehmer Frühling und Mengzi wie verwelkter Herbst. Konfuzius kann alle Güte in sich umfassen, Yan Hui ist wie warme friedliche Luft und Mengzi zeigt direkt seine Begabung, dies hängt auch von der damaligen Lage ab. Konfuzius ist wie Himmel und Erde, Yan Hui wie milder Wind und liebenswürdige Wolke, Mengzi ist wie der erhabene Berg Tai Shan. Wenn man ihre Worte betrachtet, kann man es auch erkennen. Konfuzius zeigte keine Absicht und Yan Hui ein bisschen, Mengzi hingegen deutlich. Konfuzius ist ganz fröhlich und beschwingt, Yan Hui bescheiden und sanftmütig, Mengzi ist überzeugend und schlagkräftig."[51]

Meines Erachtens handelt das Zitat zwar anscheinend um eine Meinungsäußerung über Mengzi und Yanhui, beinhaltet wohl auch ihren Seufzer. Wir nehmen ein weiteres hochmütigstes Zitat von Cheng Hao, nämlich „die Gelehrsamkeit habe ich zwar von jemandem gelernt, aber was das himmlische Prinzip angeht, habe ich selbst empfunden."[52] Diese mutige und verantwortungsvolle Errichtung der Erörterungspunkte sowie

50   Lun Yu. Gespräche 1975. Übersetzt von Richard Wilhelm. Düsseldorf und Köln, S.99-100.
51   Surviving works of the Two Chengs. Bd.5, in: 2012: Aufzeichnungen des Nachdenkens über Naheliegendes, lektoriert und kommentiert von Cheng Shuilong. Shanghai: Shanghai guji chubanshe. S.1044.
52   Surviving works of the Two Chengs. Bd.12, in: 1981: Sammlungen von Cheng-Bruder, Bd.2, interpunktiert und lektoriert von Wang Xiaoyu. Beijing: Zhonghua Shuju. S.424.

den Geist „Errichtung der Worte für Heiligen" von der songzeitlichen Gelehrsamkeit soll selbstverständlich angespornt werden, da wenn es um Forschung der Gelehrsamkeit handelt, muss man kreative Interpretationen einführen. Wie vorher bereits darauf hingewiesen, Neokonfuzianismus zählt zu einem anderen Gipfel des Konfuzianismus wegen seines kreativen Denkens. Sogar „lixue" (Schule des Prinzips, li heißt auf Chinesisch Ratio) deutet auf den ihren Ursprung–Rationalismus vor der Qin-Dynastie hin. Daher ist es möglich, sie erneut kreativ zu interpretieren. Der Himmel bei Cheng Haos „tianli" (himmlischer Prinzip) beschränkt sich auf die natürliche Unveränderlichkeit, oder stellt sich in „objektiver Regel" „zwischen den Subjekten" dar, auf diese Weise wird es in die von modernen Leuten akzeptable, standardisierte oder pure ethische Dimension eingeführt:

> Warum bezeichneten klassische Philosophen die menschliche moralische Regel als überirdische „himmlische Prinzip"? Es liegt darin, dass das Prinzip zur Regelung der zwischenmenschlichen Beziehungen überhaupt nicht mit dem subjektiven Willen verändert. Ihre Objektivität zeigt darin, auch wenn es zwischen Himmel und Erde nur noch zwei Individuen existieren, unabhängig davon, ob sie auf der Erde leben, benötigen sie Gerechtigkeit, Fairness und moralische Regel, solange sie beide selbstständige Subjekte sind und gemeinsam leben möchten.[53]

Wenn man aber den Erklärungsbereich für das Zeichen „Himmel" ohne Prinzip erweitert, so dass die ethische oder irdische Dimension überschreitet und sogar zu der allgemeingültigen Regel übertrieben wird, ist es sicher gegen Konfuzius' „was man weiß, als Wissen gelten lassen, was man nicht weiß, als Nichtwissen gelten lassen". Beispielsweise verfasste Cheng Hao, dass außerhalb des himmlischen Prinzips nichts gibt und außerhalb der Objekte gibt es kein Prinzip. Die ethnischen Verhältnisse zwischen Vater und Sohn, Kaiser und Beamter, Ehemann und Ehefrau, Alter und Jung sowie Freunden sind ebenfalls himmlisches Prinzip, welcher jederzeit unabdingbar ist.[54] Dies zeigt eine unbewusste Wiederbelebung der dogmatischen Metaphysik, die eigentlich vom „Rationalismus vor der Qin-Dynastie" bereits abgelehnte

---

53 Liu Dong: Die Größe bei großen Nationen: Moral oder Willkürherrschaft?, in: Weg und Welt. Beijing: Peking Universitätsverlag. S.141-153.
54 Surviving works of the Two Chengs. Bd.4, in: 1981: Sammlungen von Cheng-Bruder, Bd.1, interpunktiert und lektoriert von Wang Xiaoyu. Beijing: Zhonghua Shuju. S.73-74.

wurde. Es ist kein Wunder, dass Wang Yangming zwischen den Cheng-Bruder Cheng Hao bevorzugte, dessen „himmlisches Prinzip" aber als „eigenes Gewissen" verstehen wollte.[55] So gesehen wurde das himmlische Prinzip zwar von ihm „selbst empfunden", aber ist weit entfernt vom konfuzianischen ursprünglichen Geist. Ist es nicht „Ich schaue es vor mir, und plötzlich ist es wieder hinter mir"? Glaubt man nicht etwa, dass er Entwicklungen getrieben hat, in der Tat aber im Dunklen „verloren gegangen"?

Es ist sehr verwirrend und bedauernd, beim „himmlischen Prinzip", der eine Anmaßung von Ratio ist, wurde das gleiche Zeichen wie Ratio auf Chinesisch verwendet. Das heißt auch, wenn sich die Ratio ausdehnt und von der Einschränkung ihrer eigenen Kritikmethode loslöst, kann sie gegen das Grundprinzip des Rationalismus sein und in ihre Rückseite rutschen. Es ist so widersprüchlich, dass ich vorher in diesem Kapitel erwähnte: „Sogar „lixue" (Schule des Prinzips, li heißt auf Chinesisch Ratio) deutet auf den ihren Ursprung–Rationalismus vor der Qin-Dynastie hin." Außerdem verfasste ich im letzten Kapitel folgendes: „Allerdings können wir nicht im Allgemeinen annehmen, dass der Neokonfuzianismus auch nicht mit Religion zu tun hatte. Solche Einstellungen bieten den Formulierungen wie die sogenannte „Über die Entstehung der Religion – Konfuzianismus" (Ren Jiyu) oder „Aufsteigen in den heiligen Bereich" (Huang Jinxing) einseitige Begründung." Zusammenfassend lässt sich sagen, aufgrund der prinziplosen Ausdehnung oder „Transzendenz" des Begriffs „Ratio" soll der Neokonfuzianismus zumindest zu der „Metaphysik konfuzianischer Form" gehören, wenn er nicht wirklich als „Konfuzianismus" gilt.

Wenn ich zurückblicke, der Dozent Wang Guowei von unserer Akademie für Sinologie verdeutlichte bereits 1904 in seinem Artikel den Missbrauch des Begriffs „Ratio": „Die Erklärung für Ratio „li" lässt sich in weiterem und engerem Sinn unterscheiden. In weiterem Sinne heißt „li" Grund und in engerem Sinn „Vernunft". „Satz vom zureichenden Grund" ist eine allgemeine Form unserer Intelligenz und der Vernunft eine Funktionsform der Intelligenz. Darum sind beide Formen subjektiv und nicht objektiv. Im Altertum hat man es nicht klar analysiert und sah die Vernunft oft als eine „objektive Dinge", das heißt, man glaubte damals, dass er unabhängig von unserer Intelligenz existiert und hat absolut Realismus. Heraklit meinte, dass sich alle Dinge der Welt in ewiger Veränderung befinden. Das

---

55   Huang Zongxi: Aufzeichnungen über mingzeitliche Gelehrte. Bd.10.

Prinzip des ewigen Kreislaufs ist unveränderlich. Er nannte es „himmlische Bewegung", „himmlische Ordnung" oder „Logos". Stoa führte diesen Gedanken weiter und meinte damit das kosmische Seiende. Der Gott, wer den Kosmos angefertigt und gestaltet ist ein allgemeines Gesetz...[56]

Interessanterweise wies Wang Guowei, der die Methode der Komparatistik zuerst nach China einführte, bezüglich der falschen Verwendung des Begriffs „li (Ratio)" bereits in einem so frühen Artikel auf die „Vergleichbarkeit" zwischen Stoa und Neokonfuzianismus sowie seine Abweichung vom Konfuzianismus vor der Qin-Dynastie hin:

> Betrachten wir die chinesische Philosophie, die objektive Bedeutung von „Ratio" fing tatsächlich seit der Song-Dynastie an. In „Explaining the Trigrams commentary" (shuogua zhuan) von I Ging steht: „um damit das Schicksalsprinzip auszurichten", Ratio war daher Teil des Schicksals. Mengzi meinte Ratio ist nicht anders als das innere Herz. Cheng Yi sprach: „Ordnung bei den Dingen ist das Prinzip." Des Weiteren sagte er: „Alle Dinge haben ein Prinzip und alle Prinzipien haben einen Ursprung." Mit dem „Ursprung" meinte er eigentlich das menschliche Herz, Cheng Yi erklärte aber nicht und Zhu Xi verdeutlichte dann direkt: „Das menschliche Herz ist am feinfühligsten, es gibt kein Prinzip, welches das Herz nicht erfahren kann. Es gibt keine Dinge in der Welt, die kein Prinzip haben. Nur weil das Prinzip keine Grenze hat, ist das Wissen unendlich viel." Das Prinzip aller Dinge liegt im Wissen des menschlichen Herzens...Nach dem Ursprung des Prinzips kann man nicht draußen suchen. Dann sagte er: „Zwischen dem Himmel und Erde gibt es Prinzip und Qi. Das Prinzip ein metaphysischer Grundsatz und Ursprung der Dinge. Qi ist die konkrete Form der Dinge. Darum haben Menschen und Sachen zuerst das Prinzip, dann den Charakter und das Schicksal, sie haben diese Qi und dann die konkrete Form..." Darum sind das „Prinzip" bei Zhu Xi und „Logos" Stoa beide vorgestellt und objektiv und existieren vor dem Himmel, der Erde und den Menschen. Das Prinzip des Herzens ist nur ein Teil davon. Der Begriff „li" stammt aus dem Sinne der „Physik" und bekommt seit Song-Dynastie eine metaphysische Bedeutung.[57]

---

56 Wang Guowei 2014: Erklärung der Ratio, in: Werksammlung von Wang Guowei. Ausgewählt und herausgegeben von Fang Lin. Nanjing: Jiangsu People's Press. S.87-88.
57 Erklärung der Ratio, in: Werksammlung von Wang Guowei. Ausgewählt und herausgegeben von Fang Lin. Nanjing: Jiangsu People's Press. S.88-89.

Es ist nicht schwer zu denken, dass Stoa zwar „Logos" betonte, übertrieb es aber auch, daraufhin wurde es in der Übertreibung verraten. Genauso war es bei Neokonfuzianismus. Sobald das „Prinzip" als „Weg (Dao)", der alles umfasst, betrachtet wurde, veränderte Neokonfuzianismus selbst zur Metaphysik, die alles erklären konnte. Wenn diese Metaphysik für alles in der Welt eine „rationale" Erklärung hat, werden alle in der Geschichte geformte rationale Ordnungen, egal, ob diese real sind, theoretisch „legitimiert". Zufälligerweise war der römische Kaiser Mark Aurel der letzte wichtige Vertreter der Stoa, er sollte am meisten Einsichten zu des Systems der Theorie haben. Wir zitieren hier aus seinen „Selbstbetrachtungen", um die unvernünftige „Ratio" zu empfinden und reflektieren:

> Das Göttliche ist voll von Spuren der Vorsehung, das Zufällige nach Art, Zusammenhang und Verflechtung ist nicht zu trennen von dem durch die Vorsehung Geordneten. Alles fließt von hier aus. Daneben das Notwendige und was dem Weltall, dessen Teil du bist, zuträglich ist. Jedem Teile der Natur aber ist das gut, was seinen Halt an der Natur des Ganzen hat und wovon diese wiederum getragen wird. Die Welt aber wird getragen wie von den Verwandlungen der Grundstoffe so auch von denen der zusammengesetzten Dinge.- Das muss dir genügen und feststehen für immer. Nach der Weisheit, wie sie in Büchern zu finden ist, strebe nicht, sondern halte sie dir fern, damit du ohne Seufzer, mit wahrer Seelenruhe und den Göttern von Herzen dankbar sterben kannst.[58]

Mit anderem Wort liegt die „Sophistik" darin, solange man bemerkt, dass über ihn „bestimmt" wird, könnte sogar sein inneres Herz nahezu den „Freiheitszustand" erreichen. Bezüglich Stoas „Sophistik" verfasste ein Wissenschaftler, der sich speziell damit auseinandersetzt, seine Zusammenfassung. Für ihn zählt es nicht zur „Hühnersuppe für die Seele": „Stoa vertritt die Meinung, dass die Eigenschaft des freien Willens der Verzicht auf die Schilderung des ausgewählten Glücks ist. Akzeptanz der Unvermeidbarkeit ist nämlich eine Akzeptanz, dass über ihn bestimmt wird. Das Unglück der Menschen liegt darin, dass man oft das Schicksal als etwas betrachtet, was gegen die Freiheit ist, da man im Schicksal alle Möglichkeiten scheint verlieren zu sein. Aber Stoa glaubte, dass das

---

58 Mark Aurel 2018: Selbstbetrachtungen. Übersetzt aus dem Griechischen von E.C. Schneider.

Schicksal die Menschen zur wahren, oder sogar der einzigen Möglichkeit führt. Das Verlieren der Freiheit liegt darin, dass man Schicksal nicht als die einzige Möglichkeit akzeptiert. Ironischerweise ist das Schicksal die einzige Möglichkeit der Freiheit."[59]

Aufgrund der ordnungswidrigen Verwendung der „Ratio" beschuldigt man alles nicht den anderen, sondern reflektieren ruhig und gelassen sein eigenes Herz. Egal wie groß das Problem ist, wirft man der Blockierung des Herzens vor. Es ist kaum überraschend, dass Stoa sich von Kosmologie der Philosophen vom antiken Griechenland zur Heilungsmethode der römischen Adligen durch die Befragung des Innersten. Ausfolgendem Zitat können wir begreifen, weshalb Stoa von modernen Leuten verachtet wird: „Die moderne Politik stellt ein weiteres Hindernis für die Akzeptanz des Stoizismus dar. Die Welt ist voll von Politikern, die uns sagen, dass es nicht unsere Schuld ist, wenn wir unglücklich sind. Im Gegenteil, unser Unglücklichsein ist auf etwas zurückzuführen, was die Regierung uns angetan hat oder was sie nicht für uns zu tun bereit ist. Wir Bürger werden ermutigt, in unserem Streben nach Glück eher zur Politik als zur Philosophie zu greifen. Wir werden ermutigt, auf die Straße zu gehen oder an unseren Kongressabgeordneten zu schreiben, anstatt Seneca oder Epictetus zu lesen. Noch wichtiger ist, dass wir ermutigt werden, für den Kandidaten zu stimmen, der behauptet, die Fähigkeit zu besitzen, uns glücklich zu machen, indem er die Macht der Regierung geschickt einsetzt. "[60]

Wenn Bernard Williams mit der positiven Bedeutung des Konfliktes, insbesondere der ethnischen Bedeutung auseinandersetzt, zeigt folgende Lehrmeinung eine ähnliche Position wie das Zitat oben, oder anders gesagt, er drückte in einer Welt gefüllt mit Konflikten eine überzeugende Ablehnung der stoischen Einstellung gegenüber: „Es ist auch ein Problem für jedes Programm, das das ethische Leben mit psychologischer Gesundheit durch Begriffe wie Integration oder Konfliktreduzierung verbinden will. Diese psychologischen Ziele können für sich genommen kein ethisches Gewicht haben, es sei denn, sie sind bereits so definiert, dass sie es tun; die beste Art, einige Menschen zu integrieren, wäre, sie rücksichtsloser zu machen. Aber abgesehen davon und auch abgesehen von den kreativen Konflikten,

---

59 Shi Minmin, Zhang Xuefu 2009: Stoa. Beijing: China Society Science Press. Bd.2. S.358-359.
60 William Braxton Irvine 2009: A Guide to the Good Life: The Ancient Art of Stoic Joy. Oxford University Press. S.220.

die Zweifel daran aufkommen lassen, inwieweit eine Konfliktreduzierung psychologisch wünschenswert sein kann, gibt es eine andere Art von Frage, nämlich inwieweit und unter welchen Umständen die Beseitigung von Konflikten ethisch wünschenswert sein kann. Der Konflikt, insbesondere der ethische Konflikt, kann die angemessene Reaktion auf bestimmte Situationen sein. Wenn diese Situationen beseitigt werden sollen, geht es nicht nur (vielleicht nicht in erster Linie) um eine Reform der Psyche, sondern um eine Veränderung der Gesellschaft".[61]

Dieses Gedankenmuster, welches die Welt „zu rational" betrachtet ist grundsätzlich „gegen die Ratio". In der relativ offenen Song-Dynastie konnte man noch mutig den „himmlischen Prinzip" aufstellen und auffordern, dass die gesamte Gesellschaft sich daran orientiert, um zumindest partielle Rationalisierung, inkl. „Zähmung der Kaiser" oder sogar ein „gemeinsames Regiment von Kaiser und Beamter" in relativem Sinne zu realisieren. Sobald die äußere Situation sich deutlich verschlechtert, wie beispielsweise in der viel riskanten Ming-Dynastie, geriet dieses „zu rationale" Theorie-Muster angesichts der immer heiklen irrationalen Realität wegen seiner eigenen Mängel orientierungslos in Illusion und Gequatsche. Auf jeden Fall liegt der innewohnende Mangel sowohl bei dem aus griechischer Philosophie entwickelten Stoa als auch dem aus Konfuzianismus vor der Qin-Dynastie entwickelten Neokonfuzianismus darin, dass man mit der Zeit immer mehr Schwerpunkt auf subjektives Trainieren und seelische Selbstbeherrschung legt. Dieses gemeinsame Änderungsphänomen ist keinesfalls zufällig. Mit anderem Wort, sie sind noch nicht vollständig in „Chicken Soup for the Soul" gewandelt, aufgrund ihrer eigenen klaren Systeme konnten sie eigentlich die „irrationalen" Konflikte nicht mehr dulden. Darum veränderten sie von Verteidigern der äußeren Ordnungssysteme vielleicht auch gezwungenermaßen zu Duldern der Außenwelt.

Aus den folgenden beiden zitierten Texten können wir weiter den Mangel in diesem Gedanken erfahren. Der erste lautet: „Als Cheng Yi nach Fuzhou (heutiger Chongqing) verbannt wurde, ist der Schiff beim Überqueren eines Flusses fast umgestoßen. Alle im Schiff schreiten und weinten, während Cheng allein wie immer ehrfurchtsvoll und aufrecht saß. Bis zum Ufer fragte ihn ein alter Mann, weshalb er sich nicht fürchtete. Er antwortete: ‚Weil

---

61   Bernard Williams 2006: Ethics and the Limits of Philosophy. London and New York: Routledge Classics. S.53.

Aufrichtigkeit und Hochachtung in meinem Herzen existieren'. Der alte Herr sagte allerdings: ‚Aufrichtigkeit und Hochachtung im Herzen sind gut, aber ohne Herzen wäre noch besser'. Cheng wollte sich mit ihm unterhalten, aber der alte Mann ging fort, ohne sich zurückzublicken."[62] Der zweite Text heißt: „In den letzten Jahren des Chongzhen-Kaisers der Ming-Dynastie geriet das Land in Chaos. Im Innen gab es Li Zicheng mit seinen aufständischen Bauern und Armeen und im Außen die Mandschu...Als der Kaiser mit seinen Ministern über die Lösungen zum zusammenbrechenden Reich reichte Neokonfuzianer Liu Zongzhou ein Schreiben: ‚Majestät, wenn Euer Herz beruhigt ist, ist die Welt beruhigt.' Der Satz hat sicher seinen Argument, wir können nicht sagen, dass Liu Zongzhou falsch äußerte. In der damaligen Zeit ist das beruhigende Herz vom Kaiser die notwendige Bedingung für die Beruhigung des Reichs, aber nicht die hinreichende Bedingung. Angesichts der Krise muss man Wissen und Kenntnisse haben, die sind die unabdingbare Bedingung. Nur über Großes Lernen, Aufrichtigkeit des Herzens und Erbauung zu reden kann man dem Land keinen Frieden bringen. Darum war sein Vorschlag Beruhigung des Herzens als Lösung nutzlos. Es war kein Wunder, als Chongzhen-Kaiser es hörte, seufzte er: ‚Wie pedantisch ist Liu Zongzhou'. Daraufhin ließ er ihn zur Rente gehen."[63]

In der Tat konnte Wang Yangming, der als Idealbild von „neisheng waiwang" (innere Weisheit und äußeres Königtum) und „ideale Person seit 500 Jahren" angesehen wurde, unter unvermeidbarer Krise, welche sich unter bekannten Gedankensystem nicht menschenmöglich überwältigen ließ, auch nur auf passive Weise still dulden oder warten. In diesem Sinne führte er offensichtlich die obengenannte „Aufrichtigkeit und Hochachtung" oder „Herzlosigkeit" weiter: „Yangming verhielt sich unter dieser bedrohlichen Situation extrem beruhigt, gelassen und gefasst und konnte schließlich die Krise überwinden und ernste Erprobung bestehen. Nach der Rebellion vom Prinzen Ning in Jiangxi glaubte er fest, dass angeborenes Wissen einem bei der Realisierung von sowohl der moralischen Güte, als auch vom idealen Niveau des ‚unbeweglichem'n Herzen' helfen konnte."[64]

---

62 Ma Tianxiang 2007: Gedankliche Entwicklungsgeschichte des Zen-Buddhismus. Wuhan: Wuhan-Universitätsverlag. S.160.

63 Mou Zongsans Rede: Objektives Verständnis und Wiederaufbau der chinesischen Kultur: Rede in der Internationalen Fachdiskussion über modernen neuen Konfuzianismus. Sortiert von Wang Caigui, in: Ehu yuekan. 1991: 191, S.2-3.

64 Chen Lai 2009: Zustand des Seins und Nichts: Philosophischer Geist von Wang Yangming. Beijing: Joint Publishing. S.282.

Von anderem Aspekt betrachtet, auch wenn wir beim Vergleich mit Stoa Selbstkritik über den inneren Mangel des Neokonfuzianismus erneut üben, heißt es nicht logischerweise, dass Konfuzianismus diesen Mangel wiedergutmachen kann. Es müssen wir eigentlich nennen, jeder muss zuerst „Zeichen lernen“, bevor man Bücher liest. Jeder muss „Schriftzeichen, Phonologie und Philologie“ lernen, bevor man sich mit der Gelehrsamkeit auseinandersetzt; Wie Neokonfuzianismus, welcher in der Song-Dynastie seine Blütezeit erreichte, wollte keiner leugnen, dass die textkritische Schule der Qianjia–Richtung von der Qing-Dynastie zu einem anderen Höhepunkt in der chinesischen Wissenschaftsgeschichte zählt. Aber wie ich vor vielen Jahren im Text anhand von Elmans Titel erklärte, egal welche Mängel man in den „klassischen konfuzianischen“, „neokonfuzianischen“ oder „philosophischen“ Texte entdeckt, kann man nicht darauf hoffen, dass diese nun mithilfe von „Kaozheng-Lehre“ oder „Philologie“ zu berichtigen sind. Wie Huang Zongxi in seinem Werk „Waiting for the Dawn“ (Mingyi daifanglu) hindeutet, wenn China damals nicht von den barbarischen Völkern invadiert hätte, welches der Rückgang der Beamtenkultur verursachte, würde die Politik, die niedrigere Schicht, sich anhand von konfuzianischer Lehre mutig weiterentwickeln.

Der konkrete Inhalt von „Lehre über Rechtschaffenheit und Prinzipien“ (yili zhi xue) mag nicht alles richtig sein, aber die Lehre an sich ist nicht falsch. Auch die absurdeste Rechtschaffenheit und Prinzipien können von noch richtigeren und die hohlsten und lückenreichsten Textpassagen können durch noch gründlichere und präzise Gedankensysteme ersetzt werden. Solange man noch lebt, existiert sicherlich die Sorge um die Existenz und man muss anhand von theoretischem Denken damit umgehen. Egal wie viele Unterlagen sie finden können, um zu beweisen, dass die Anfechtungen der qing-zeitlichen Wissenschaft gegen die vorherigen Dynastien ihre Hintergründe haben, bezweifle ich, dass sie in die Falle geraten sind. Der größte Mangel des von ihnen bezeichneten „inneren Anhaltspunktes“ der wissenschaftlichen Entwicklung liegt darin, dass sie die offenkundige Tatsache vertuscht haben: Der äußere negative Faktor von der fremden Invasion verursachte den kulturellen Stillstand bzw. den Rückgang. Wenn die grausamen Herrscher keine Verfolgung von Literaten eingestellt hätten, könnten die Gelehrten die offene und aufgeklärte Atmosphäre der Song-Dynastie doch weiter genießen und über Rechtschaffenheit und Prinzipien reden. Stattdessen trauten sie sich nicht mehr und beschäftigen sich nur noch mit Schriftzeichen, Phonologie und Philologie.[65]

Als ich die obengenannten Texte verfasste, habe ich mich noch nicht umfassend mit der relevanten Wissenschaftsgeschichte befasst. Erst später erfuhr ich, dass bereits in der Republik-Zeit zahlreiche Wissenschaftler eine ähnliche Diskussion geäußert hatten. Beispielsweise brachte Liang Qichao in seinem Werk „Wissenschaftsgeschichte Chinas der letzten 300 Jahre" folgendes über die Wissenschaft der vorherigen Dynastie zum Ausdruck:

Im Zeitalter, wo die Herrscher in den Gedanken des Volks eingreifen, verwenden dann die Intellektuellen ihre Kraft und künstlerisches Talent für die Interpretation der Klassiker. Europa war auch so, wenn die Macht der Päpste den Gipfelpunkt erreichte. In China war während der Yongzheng- und Qianlong-Kaiser auch ein Beispiel. Ich erinnere mich an folgende Notizen von jemanden: „Egal welche Drehbücher sind beim Hofoper ein Tabu. Man konnte nur die Erhebung in den Götterstand oder die Reise nach dem Westen spielen, welche mit der damaligen Gesellschaftszustand überhaupt nicht zu tun hatten, um Unglück zu vermeiden." Die Gelehrten während der Zeit von Yongzheng- und Qianlong-Kaiser befassten sich nur mit der Interpretation der Klassiker. Dies hängt wohl mit dieser Situation ab. Bezüglich ihrer Forschungsergebnisse und unerwarteten Beiträge sind anderes Thema, welches wir später behandeln werden.[66]

Ein anderes Beispiel wies Qian Mu in seiner Einführung in die Nationalstudien (guoxue gailun) direkt und deutlich darauf hin, dass die sogenannte „Schwerpunktänderung der qingzeitlichen Gelehrsamkeit" nur eine Beschönigung der Unzulänglichkeit oder ihre Selbsterklärung oder Selbstrechtfertigung sei: „Daraufhin trauten sich alle konfuzianischen Gelehrten nicht, sich mit Geschichte vor kurzer Zeit auseinanderzusetzen. Die Lehre über Rechtschaffenheit und Prinzipien konnte daher nicht verbreitet werden. Stattdessen verwendeten sie ihre Zeit und Mühe, sich mit Klassiker und Ritual zu befassen. Darum ist die sogenannte Lehre der Han-Dynastie seit Qianlong- und Jiaqing-Kaiser entstanden. Die Gelehrten am Anfang der Qing-Dynastie waren in Wirtschaft und Regiment bewandert, aber zur Zeit der Qianlong- und Jiaqing-Kaiser verbrachten sie ihre Zeit

---

65 Liu Dong 1997: Unvertraut mit der Familienordnung, in: Nahe Besinnung und weitblickende Überlegung. Hangzhou: Zhejiang University Press. S.5.
66 Liang Qichao 2011: Wissenschaftsgeschichte Chinas der letzten 300 Jahre (Neu lektoriert von Xia Xiaohong und Lu Yin. Beijing: Commercial Press. S.25.

mit Kaozheng. Es konnte nicht ohne Gründe geschehen. Nur Gu Yanwu (1613-1682) befürwortete, dass Lehre vom Prinzip (lixue) identisch mit der Lehre von den Klassikern (jingxue) sei. Zu diesem Punkt waren mit Wan Sitong (1638-1702) und Li Shugu (1659-1733) mit ihm einstimmig.“[67]

Aus diesen Überlegungen habe ich vorher in der Ausführung erwähnt, dass wir die gewissenhafte „Gelehrsamkeit der Han-Dynastie“ „durch Vergleich wiederherstellen“, die aktive „Gelehrsamkeit der Song-Dynastie“ „fortsetzen“ und sie „in einem internationalen fachlichen Umfeld auf vergleichende Weise äußern“ sollen. Wir müssen wachsam erkennen, dass nur so wir das „kulturelle Schicksal“ überwinden können: „Die Fortsetzung der Gelehrsamkeit innerhalb von einem System zeigte zwar relative Offenheit und Flexibilität, hatte aber auch ihre beschränkte und dogmatische Seite. Egal welche geistige Tradition man fortsetzen will, hat er bereits eine grundlegende Orientierung dieser Tradition im Kopf. Egal wie kreativ und inspirierend die Interpretationen von den Nachfolgern sind, bringt man die Wahrheit nur von der Verborgenheit ins Licht. Unter der unsichtbaren Beschränktheit der Präsupposition kann eine Kultur auch beim Anreiz durch fremde Kulturen nur verstärkt werden. Im tiefen Verständnis dieser Denkweise über den Wert der Zivilisation sind die Kulturen eigentlich getrennt und haben miteinander keine Schnittmenge.“[68]

Auf diese Weise wird die Bedeutung der „vergleichenden Philosophie“ hervorgehoben. Sie ist nicht mehr an der marginalen oder peripheren Seite und gehört nicht mehr zur entbehrlichen Dekoration des Textes und Varieté der kokettierten Gelehrten, sondern sie befindet sich in der bedeutendsten Stelle der Fachwelt. Von der Lektüre eigener Tradition betrachtet muss man erkennen, dass man nur angesichts der gemeinsamen Probleme der Menschheit in internationalem Umfeld durch „vergleichende Denkweise“ ein tieferes und inspirierendes Verständnis auf Konfuzius haben kann. Anhand der „Vergleichbarkeit“, welche vorher nicht möglich war, ist es dann möglich zu entdecken, dass man den Meister erst eben neu kennengelernt oder durchschaut hat. „Die Lehre der Han-Dynasie“, „Neokonfuzianismus“ oder sogar der gerade verbreitete „Neukonfuzianismus“ verschafften uns zwar auch Grundlage fürs Verständnis oder brachten uns Inspirationen, aber

---

67   Qian Mu: Einführung in die Nationalstudien. S.267.
68   Liu Dong: Von Fortsetzung bis zur Wiederherstellung durch Vergleich, in: Weg und Welt. Beijing: Peking Universitätsverlag. S.192.

sie trennten uns auch von den wichtigsten Gedanken Konfuzius'. Wenn der gegenwärtige transregionale Vergleich nicht gäbe, könnten wir uns wohl nicht vorstellen, welche herausfordernden und modernen Gedanken er vor 2500 Jahren vorgebracht hat.

In diesem tiefen und „introspektierenden" Dialog müssen wir zwar „in die Welt" gehen, aber gleichzeitig ernsthaft uns überlegen, was man eigentlich „mitbringen" soll. Angesichts der „Äußerung in einem internationalen fachlichen Umfeld auf vergleichende Weise" ist man aufgefordert, eigene Tradition inkl. Samen der Weisheit und ihre Interpretationen zu betrachten. Das heißt, bevor man auf die internationale Bühne betrifft, muss man klarwerden, auf welche Elemente man beharren muss, die hilfreich und positiv sind. Außerdem muss man feststellen, welche Elemente flexibel sind und im größeren Raum neue Bedeutungen gewissen können und an welche man nicht mehr festhalten soll, die im internationalen Umfeld ungeeignet sind. Zum Beispiel, sollen wir auf die These „ohne Religion aber Moral" bestehen oder bei der rückständigen Einstellung „Resonanz zwischen Himmel und Mensch" oder „Vereinigung von Himmel und Menschen" bleiben? Es ist eine Wahl, in der man nicht beides haben kann, da die erstgenannte These über konfuzianische Eigenschaft vor der Qin-Dynastie verfügt und den letztgenannten Stil der Han-Dynastie oder des Neokonfuzianismus der Song- und Ming-Dynastie hat.

Mit internationalem Untersuchungsblick erkennen wir deutlich, dass man Konfuzianismus nicht mit Religion gleichsetzen kann. Auch die Methode, in der man Konfuzianismus anhand der westlichen Philosophiegeschichte zur dogmatischen Metaphysik „umwandelt", gibt es keinen Ausweg, wenn man die Entwicklungstendenz der internationalen Wissenschaft betrachtet. Wie das Zitat von Otto Franke zeigt, genau mithilfe der Empfindlichkeit der westlichen Sinologen haben wir deutlich erkannt, dass in Neokonfuzianismus indische Elemente eingedrungen sind und ihre negative Wirkung oft nicht reflektiert wurde. Selbstverständlich haben wir im internationalen Umfeld entsprechende Gründe zu erklären, dass der Neokonfuzianismus, welcher zwischen „China und Indien" entstand, ein Text im kulturellen Labor sei. Man kann sehen, welche Kulturform die Verknüpfung der chinesischen und indischen Elemente hervorbracht. Auf diese Weise entdecken wir aus transkultureller und zufälliger Perspektive, dass die Entwicklung des Konfuzianismus unter dem Einfluss von Buddhismus keinesfalls zum logischen unabdingbaren Vorankommen gehört.

Noch inspirierender ist, wie ich vorher im Text darauf hinwies, ab der separaten Gründung der „Achsenzivilisationen" in Euroasien waren die Interaktionen, Kommunikationen und Verbindungen einst von geographischem Faktor sehr restringiert. Indien ist zufällig nah an China und Griechenland in der Nähe von alttestamentarischem Israel, wenn dem nicht so wäre, würde die kulturelle Geschichte sicher vollkommen anders verlaufen. Wir können uns auch so vorstellen: „falls Xuanzang seine Pilgerreise nicht nach Indien, sondern noch ferner nach Griechenland gemacht hätte, die interkulturelle Entwicklung würde sicherlich sehr unterschiedlich sein, welche unsere Verständnisse und Vorstellung übertreffen."[69] Weiter gesagt, egal wie viele Risiken die Globalisierung mit sich bringt, kann die kulturelle Verbreitung solche Zufälligkeit überwinden. Was die Dialoge zwischen den „Achsenzivilisationen" angeht, werden sie Regionen durchstoßen und sich nicht auf zwei Kulturen beschränken, sondern noch multikultureller und zumindest zwischen den vier „maßgebenden Menschen" (Sokrates, Buddha, Konfuzius und Jesus) durchführen.

Von Erörterungspunkten dieses Buchs betrachtet, ist der Dialog zwischen „China und Griechenland" unter den obengenannten Zivilisationszwiegesprächen am wichtigsten. Als wir vorher die verschiedenen aufgelisteten „geistige Ressourcen" von Tu Wei-ming zitierten, erwähnten wir, dass zwei Traditionen davon von seinem Übersetzer nicht als „Religion" übertragen wurden. Die erste ist die sogenannte „griechische Philosophie" und die zweite der „ostasiatische Konfuzianismus". Es ist sehr vielsagend. Genau die Eigenschaften, welche man sie nicht als „Religion" übersetzen kann, bilden die tiefe Vergleichbarkeit zwischen beiden Kulturen. Wie ich in einem anderen Text über die „Vergleichbarkeit" verfasste: „Obwohl es zwischen den früheren chinesischen und griechischen Zivilisationen noch relativ deutliche Unterschiede besteht und sogar ihre gemeinsamen kulturellen Elemente sehr feinsinnige Verschiedenheit zeigen, gibt es eine Reihe übertragbarer Faktoren wie Multikulturen, dieses Dasein, Geschäftstreiben, Sensibilität, Ästhetik, Lebensfreude, Zweifel, Beschränktheit, Mittelmaß, Rationalismus, Wetteifern, Diskussionen, Ethik, Wissenschaft und Öffentliche Erläuterung der Gelehrsamkeit usw.

---

69   Siehe Vierzehntes Kapitel.

Diese Schlagwörter sind auch in der modernen Gesellschaft unverzichtbar. Darum habe ich Gründe mich weiter vorzustellen: Vielleicht gehört eine Lebenswelt, welche aus diesen Elementen bildet, erst zu einem normalen Zustand der Zivilisation und Lebensform der Menschheit?"[70]

Im Grundgenommen lässt sich die Vergleichbarkeit zwischen „Aufklärung und Konfuzianismus", die wir in diesem Kapitel betonen, auf die Vergleichbarkeit zwischen „China und Griechenland" zurückverfolgen. Wie Peter Gay darauf hinwies, war der griechische Geist in den Augen der aufklärerischen Philosophen des 18. Jahrhunderts der kulturelle Ursprung, welcher sie wiederbeleben wollten. Darum brachte die säkulare klassische Welt, die sie in der westlichen Geschichte zurückverfolgen konnten und gegen das finstere Mittelalter opponierten, die „erste Aufklärung" voran: „Als die aufklärerischen Philosophen im 18. Jahrhundert ihre Verknüpfungen mit der klassischen Welt nachdrücklich behaupteten, waren sie radikal und verletzten die Gefühle der Christen tief. Sie lobten absichtlich das antike Griechenland und waren mit der traditionellen christlichen historischen Einstellung entgegengesetzt; So wandelten sie die Aufmerksamkeit von einem Volk zum anderen, nämlich von Juden zu Altgriechen und erhob kritisches Denken zum großartigen Symbol der historischen Phase. Um die Altgriechen als wahre Gründer der Zivilisation oder auch Grundsteinleger der ersten Aufklärung zu gestalten, betrachteten sie die menschliche Geschichte als säkulare und nicht göttliche Aufzeichnungen. Auf diese Weise wurde die Grundlage der christlichen Historiographie umgestürzt. Das Griechenland ist von oberster Wichtigkeit heißt auch, dass die Philosophie von größter Bedeutung ist. Die Behauptung, dass die Religion das Kerninteresse der Menschen sei, wurde aufgelöst".[71]

Gleichzeitig zitierte Terry Eagleton aus dem Aspekt der demokratischen Politik die Sehnsucht der damaligen Leute nach antikem Griechenland, das heißt beispielsweise der politische Modernisierungsprozess, welchen Marianne auf der Gemälde von Eugène Delacroix führte, gehörte in der Tat gemäß damaligen Menschen ein Rückkehr der antiken Politik: „Politisch gesehen, konnte die griechische Antike ein Bild der Stabilität in einer revolutionären Epoche liefern. Größtenteils jedoch hatte die Idealisierung

---

70 Liu Dong: Kompatibilität zwischen chinesischen und griechischen Kulturen. Unveröffentlicht.

71 Peter Gay 2015: The Enlightenment: An Interpretation: The Rise of Modern Paganism. Übersetzt ins Chinesisch von Liu Beicheng. Shanghai: Shanghai People's Press. S.67.

der Antike einen republikanischen Zug. „[Das alte] Griechenland",
schreibt Nicholas Boyle über die revolutionären Helden Frankreichs, „war
[für sie] ein Vorläufer der ersten ganz und gar aufgeklärten, kosmopolitischen und rationalen Staates in der Welt". „Der Hellenismus", schreibt
David Constantine, „hat revolutionäres Potenzial: er leitete aus dem alten
Griechenland, vor allem aus Athen unter Perikles' Herrschaft, das Modell
einer gerechten Gesellschaft ab."[72]

An dieser Stelle kommen wir fast zum Thema meines anderen Werks
„China und Griechenland" an, welches noch ein Entwurf und gedankliches
Konzept ist. Darum beschränke ich diesbezüglich nun nur auf eine letzte
Erklärung: Auf Basis unseres speziellen Aspektes, wenn wir bereits genug
Bewusstsein zu der Geschichte erhalten, welche wir gerade erleben, können
wir uns vorzustellen, welche historische Aufgaben uns konfrontiert sind. Es
ist noch möglich, diese zu erfüllen. Nach genauer Überlegung müssen wir
von den folgenden acht Hinsichten diese Vorstellung oder Planung erröten,
da die aktuelle kulturelle Praxis in China tatsächlich mehrschichtig und
unerwartet mehrdeutig ist.

Erstens, am überraschendsten und bedeutungsvollsten ist, obwohl
Konfuzius im langen Prozess des chinesischen Gedankengeschichte immer eine prominenteste Stellung einnahm, so dass die Aussage „wenn der
Himmel Konfuzius nicht hervorbringt, ist es für ewig wie lange Nacht"
gab und die Gelehrten früher die Klassiker auswendig kannten, erkennen
wir nun erst, dass anhand von breiterem internationalen Vergleich und
Befreiung der Interpretationen von Lehre der Han- und Song-Dynastie
man im Rahmen des „begrenzten Rationalismus" durch die aufgebaute säkulare Vergleichbarkeit zum Ursprung des konfuzianischen Gedanken zurückkehren kann. Dies bringt uns auch entsprechende Inspirationen herbei:
Trotz der 2000-jährigen Interpretationen von den Gelehrten der Nachwelt
beschränkten sie sich auf ihre eigene Rahmen, verstanden sie unter dama-
ligem Bewusstseinshintergrund und konnten das Potenzial von Konfuzius
nicht wirklich entdecken; Wenn die heutigen Leser Konfuzius richtig begreifen möchten, sollen zuerst nur „Gespräche des Konfuzius" gut lesen,
sogar 30 oder 50 mal mit der Lektüre beschäftigen und dann die späteren
Interpretationen prüfen, ob Konfuzius wirklich so meinte.

---

72 Terry Eagleton 2015: Der Tod Gottes und die Krise der Kultur. Übersetzt ins Deutsche
von Dr. Ulrike Strerath-Bolz. Pattloch Verlag.

Ich nehme ein Beispiel. Erst in heutigem Sprachkontext ist es möglich die Äußerung von Zigong zu verstehen: „Die Worte des Meisters über Kultur und Kunst kann man zu hören bekommen. Aber die über Natur, Leben und Weltordnung kann man nicht leicht zu hören bekommen." Der Meister der Klassiker He Yan (?-249) interpretierte bereits in seinem Werk „Sammelkommentar zu den Lehrgesprächen des Konfuzius", dass Kultur und Kunst kann man mit Ohren und Augen verfolgen, aber Natur verbirgt in einem und Weltordnung verändern sich ständig, die kann man nicht zu hören bekommen.[73] Neokonfuzianer Zhu Xi interpretierte noch mit seiner Einschätzung: „Reden über Kultur und Kunst ist eine äußere Darstellung der Moral und gehörte zur ernsten und schönen Ausdrucksweise. Die menschliche Natur ist die Himmelsmoral, welche man bekommt. Die Weltordnung ist die natürliche Form der Himmelsmoral. Die Reden des Meisters war was äußeres, daher hörte man sie, was die Natur und Weltordnung betrifft, so sprach er selten darüber und darum kann man nicht leicht zu hören bekommen. Denn es gab eine Reihenfolge bei der konfuzianischen Wissensvermittlung. Zigong hörte diese zum ersten Mal und bewunderte sie".[74] Im modernen Sprachkontext erhalten wir unter größerem Bezugssystem erst die Kraft und Verstand uns umzudenken: Höchstwahrscheinlich glaubten die obengenannten beiden Gelehrten daran, dass die konfuzianische Lehre auf Basis der Metaphysik wie „Natur und Weltordnung" erst ein vollständiges System ist; Aber sie haben wohl nicht an den Grund gedacht, weshalb Konfuzius diesbezüglich darauf beharrte, selten darüber zu sprechen. Seine einzigartige und mutige Intelligenz verbirgt genau in dieser „schweigenden" Einstellung.

Zweitens, obwohl die Leute vor 3000 Jahren bereits mit „Zhou-Dynastie ist zwar ein altes Land, ihre Aufgabe ist aber die Erneuerung" sich selbst anfeuerten, dachten die Chinesen erst nach dem Erlebnis der „gefährlichsten Zeit" anhand der kulturellen Verknüpfung an die Verschmelzung von den Prozessen „die Welt schreitet nach China" und „China schreitet in die Welt". Auf diese Weise kehren wir zum geistigen Ursprung des Konfuzius' zurück und hoffen auf eine „moderne Form der chinesischen Kultur". Das heißt auch, mithilfe dieser Einstellungsänderung ist es erst möglich, sie

---

73 He Yan 2014: Sammelkommentar zu den Lehrgesprächen des Konfuzius. Bd. 9. Beijing: Zhonghua Shuju. S.1970.
74 Zhu Xi 1983: Gesammelten Anmerkungen zu den Kapiteln und Sätzen in den Vier Büchern. Beijing: Zhonghua Shuju. S.79.

weder die anderen zu folgen und ihnen nachzumachen, noch der Welttrend zu verpassen.

Wenn wir zurückblicken stellte Liang Shuming bereits vor einem Jahrhundert in seinem bekannten Werk „die östlichen und westlichen Kulturen sowie ihre Philosophien" die Frage, ob die chinesische Kultur den kulturellen Trend der Welt leiten kann und ob die beiden aggregieren und zu einer Sache zusammenwachsen können: „Soll man die Veröstlichung mit ihrer Wurzel entfernen oder kann ihr Schicksal sich noch wenden? Mit wenden meinen wir nicht nur, dass Chinesen die Veröstlichung nach wie vor verwenden, sondern falls sie wie die Verwestlichung, zu einer Kultur der Welt werden kann. Die sogenannte Wissenschaft und Demokratie von der Verwestlichung kennt nun jeder auf der Erde. Nun erstellt sich die direkte Frage, ob die Veröstlichung auch zu einer Weltkultur werden kann? Wenn nicht, muss sie nicht mehr existieren. Wenn sie doch weiter existieren darf, kann sie natürlich nicht nur in China ihre Verwendung finden, sondern muss zu einer Weltkultur."[75] Momentan können wir es schaffen, weder aus Wertschätzung eigener Kultur und konservativer Einstellung die fremden Informationen ignorieren, noch wegen Akzeptanz äußerer Welt den eigenen Zivilisationsprozess durcheinanderzubringen. Es fehlt nur noch, mit eigener Einmischung die Frage von Liang Shuming, welche ihn damals besorglich machte, zu beantworten.

Drittens, im Sinne der Zusammenarbeit und Verknüpfung aus dem Ost und West können wir erst deutlich erkennen, dass die Lehre Konfuzius' seit dem Moment der Gründung zum aufklärerischen Wort gehört, die auf die irdische Welt und Ratio achtet. Aus diesem Grund ist die historische Leistung, welche konfuzianische Kultur in der Neuzeit erzielte, wie ein Echo der Aufklärung im Westen. Wie Jack Goody in seinem Buch „The Theft of History" verfasste: „In der Tat wurde in China viel auf wissenschaftlichem Gebiet gearbeitet, wie Needham in seiner magistralen Serie gezeigt hat (im fünften Kapitel besprochen). Elvin weist darauf hin, dass die für China charakteristische eher säkulare Haltung später noch verstärkt wird und dass die Denkweise der Elite eine ähnliche Entwicklung hin zu einer Entzauberung zeigt, die sich im Europa der Aufklärung auszubreiten begann. Es ist auch behauptet worden, dass der Glaube an den Buddhismus

---

75   Liang Shuming 2013: Die östlichen und westlichen Kulturen sowie ihre Philosophien. Beijing: Zhonghua Shuju. S.10.

aufgrund seiner qualifizierten Ablehnung des Übernatürlichen einige der gleichen Folgen hat. Diese Merkmale waren nicht einfach das Ergebnis des europäischen Einflusses."[76]

Die Aufgabe des Mainstreams der chinesischen Kultur liegt daher in der Unterstützung der westlichen Säkularisierung und Rettung der in Gefahr stehenden Aufklärung. Hier sollen wir darauf beachten, dass die „Aufklärung" sich nicht um den Sinn von Li Zehou oder des Westens handelt, da China kein passives Objekt der Aufklärung ist. Gleichzeitig handelt es sich nicht um den Sinn von Tu Wei-ming, da die Säkularisierung bedeutenden positiven Wert hat. Weitergesagt beschränken sich diese Unterstützung und Rettung nicht auf die Behauptung der Lebensexistenz, sondern stellen sich darin, welche gescheite Lebenskunst und -strategie man unter diesen Umständen ergreifen soll. Obwohl das Leben nach wie vor begrenzt ist, kann es anhand von dieser Lebenskunst und -strategie mit Zartheit und Charmant gefüllt sein, damit es sich lohnt, mit Sehnsucht von Anfang zu erleben.

Viertens, von der tiefen Vergleichbarkeit zwischen „Konfuzianismus und Existenzialismus" sowie „Konfuzianismus und Aufklärung" können wir beglückt und befriedigt erkennen, dass das Modell „Kampf der Kulturen" von Samuel Phillips Huntington bereits von vielen Politikern akzeptiert wurde: „»Das internationale System des 21. Jahrhunderts«, bemerkt Henry Kissinger, »...wird mindestens sechs Großmächte aufweisen - die USA, Europa, China, Japan, Rußland und wahrscheinlich Indien -, neben einer Vielzahl mittelgroßer und kleinerer Länder.« Kissingers sechs Großmächte gehören zu fünf sehr verschiedenen Kulturen, und außerdem gibt es wichtige islamische Staaten, die durch strategische Lage, Bevölkerungsgröße und/oder Ölreserven Einfluß auf das Weltgeschehen haben. In dieser neuen Welt ist Lokalpolitik die Politik der Ethnizität, Weltpolitik die Politik von Kulturkreisen. Die Rivalität der Supermächte wird abgelöst vom Konflikt der Kulturen."[77] Wenn man durchdringender und tiefer bis zum Wert der Zivilisation betrachten kann, haben wir dann genügende Gründe zu glauben, dass „Zivilisationsdialoge", „gegenseitige Zivilisationsdurchdringung" und „Zivilisationsverschmelzung" noch lang anhaltender als „Kampf der Zivilisationen" sind. Der Mensch ist

---

76   Jack Goody 2006: The Theft of History. Cambridge, New York, Melbourne, Madrid, Cape Town, Singapore, Sao Paulo, Delhi, Mexico City: Cambridge University Press. S.243.
77   Samuel Phillips Huntington 1998: Kampf der Kulturen. Wien: Europa Verlag. S.23-24

ein denkendes „rationales Tier" und wird eines Tages „einsehen". Wie die Europäer nach langen Religionskriegen schließlich auf die unterschiedlichen symbolischen Systeme verzichteten, für welche sie mit Leben kämpften. Die Menschheit in der Globalisierung wird eines Tages zum „größten gemeinsamen Teiler" vom kulturellen Wert zurückkommen, über welchen sie wohl ausschließlich gemeinsam verfügen. Der größte gemeinsame Teiler ist quasi der „begrenzte Rationalismus", den die Aufklärung und der Konfuzianismus zugleich betonen.

Wir können auch behaupten, dass die zukünftige „Zivilisationsverschmelzung" durch den gegenwärtigen heftigen „Kampf der Zivilisationen" erst möglich ist. Genau aus dieser Sehnsucht und diesem Ansporn wies ich in einem Artikel von mir vor 30 Jahren darauf hin, solange die Menschheit noch existiert, ist unser Zeitalter vielleicht wegen der Wehe sogar der zweiten „Achsenzeit" sehr nahe. „Die Epoche mit den meisten Schmerzen ist oft eine Zeit mit wenigster Behäbigkeit. Betrachten wir die gesamte Weltgeschichte nach Konfuzius, Sokrates, Buddha und Jesus, es gab kaum eine Nation wie die modernen Chinesen, die sich kummervoll von den verschiedenen bereits gewordenen Kultursystemen trennten. Auch aus diesem Grund sind kaum jemand wie sie, die sich vom emotionalen Zustand her so einfach der „Achsenzeit" mit den größten Erschaffungsmöglichkeiten zu nähern".[78]

Die zweite „größte Erschaffungsmöglichkeit" in der menschlichen Geschichte setzt nicht nur die Erfindungen der Werte von ehemaligen Philosophen fort, basiert auch auf dem Vergleich, der Auswahl und der Inklusion der Zivilisationen. Darum stützt sie sich sicherlich auf die tiefen Dialoge zwischen den „großen Philosophen" und den Vergleich sowie Auswahl ihrer unterschiedlichen „Lebenslösungen". Aus diesen Gedanken habe ich vor ein paar Jahren folgendes vor dem Medien geantwortet: „Im Zeitalter der Globalisierung ist postkoloniale Rückbesinnung in Mode. Die Wahrheit wird nicht nur in einer Zivilisation liegen, sondern in Interaktion der Kulturen. Jede mit Verstand glaubt, dass die westlichen Denker nicht die gesamte Wahrheit der Menschheit haben können. Im Grund genommen müssen wir unsere Denkkraft erweitern und in den kontinuierlichen Dialogen mit anderen Zivilisationen einen Lösungsplan ausdenken. Dafür

---

78 Liu Dong 1997: Zurück zur Achsenzeit, in: Nahe Besinnung und weitblickende Überlegung. Hangzhou: Zhejiang University Press. S.116.

habe ich einen Vorschlag, welchen ich schon seit langem aussprechen wollte. Ich empfehle, vor der Bibliothek der Tsinghua-Universität gleichzeitig vier miteinander diskutierende Denkmale und jeweils von Sokrates, Konfuzius, Buddha und Jesus zu errichten. Das Thema des Werks heißt Achsenzeit, damit die Studierende auf einen Blick erkennen können, dass die Wahrheit nicht in einer Skulptur verbirgt."[79]

Fünftens, wie Sie bereits gelesen haben, erröte ich in meinem bald fertig geschriebenem Buch die Dialoge zwischen den vier obengenannten „Achsenzivilisationen" durch die Umsetzung der Zwischengespräche zwischen „China und Griechenland" oder anders gesagt zwischen den beiden Denkern „Konfuzius und Sokrates". Der Grund, weshalb ich „griechische Zivilisation" aus den „Achsenzivilisationen" gewählt habe, liegt nicht nur in der Orientierung und Bedürfnisse der chinesischen Zivilisation, sondern viel mehr in der Auswahl des „beschränkten Rationalismus": „Man muss wissen, dass die sogenannte westliche Zivilisation eigentlich multikulturell und sogar aufgespalten ist. Diejenige, die mit der chinesischen Zivilisation verbunden und komplementär ist, zählt u.a. die griechische Zivilisation. Wie die Gene der chinesischen Zivilisation ist bei griechischer ebenfalls rational, skeptisch, realistisch, ästhetisch, irdisch und optimistisch; Anders als die chinesische Zivilisation entwickelte es sich aus zufälligem historischem Grund Wissenschaft und demokratisches System, die von den Leuten der Bewegung des 4. Mai als elementare Faktoren der modernen Zivilisation zusammengefasst wurden".[80]

Wenn chinesische und westliche Zivilisation jeweils ein Fluss wäre, wäre der Zivilisationsdialog, welcher dem Gedanken nützlich ist, nicht irgendeine Verbindung von zwei Punkten, dies würde zu Missverständnissen und Verwirrung führen, sondern ein Zusammenfließen und Entgegenkommen beider „Flüsse", so kann man die tiefe Anteilnahme und innere Orientierung beider Kulturen wirklich erkennen, damit sie sich gegenseitig ergänzen: „Die westliche Lehre ist auch wie ein fließender Fluss, der sich stets ändert wie die chinesische Lehre. Die empfehlenswerte Einstellung ist, dass man an der Grenze beider Zivilisationen steht und scharfsinnig die

---

79 Liu Dong 1997: Entlang der Richtung der Kraft und des Verstandes der 80er, in: Nahe Besinnung und weitblickende Überlegung. Hangzhou: Zhejiang University Press. S.296-297.
80 Liu Dong 2014: Aktivierung der Chinese Learning as Substance, Western Learning for Application: Fragen und Antworten über die „moderne geistige Bedrängnis", in: Die Eisscholle des Denkens. Shanghai: Shanghai People's Press. S.276.

Veränderungen betrachtet, um bilaterale Dialoge voranzubringen. Da „drawing the West into China" (yuan Xi ru Zhong) bereits eine allgemeine und starke Strömung ist, verändert die chinesische Lehre ständig dementsprechend, um die westliche Lehre hinterherzulaufen und zu verfolgen".[81] Aus Überlegung der Methodik diesbezüglich wollen wir zuerst durch den Vergleich zwischen „Konfuzianismus und Existenzialismus" den Vergleich zwischen „Konfuzianismus und Aufklärung vor dem Existenzialismus" erweitern, bis schließlich der Vergleich zwischen „Konfuzianismus und griechischen Geist", welchen die Aufklärung neuzubeleben beabsichtigte, behandelt wird, damit der Vergleich zwischen beiden Achsenzivilisationen auf lange und dynamische Gegenüberstellung umgesetzt wird.

Wenn wir diese Methode der Zivilisationsdialoge wählen, haben wir entsprechende Gründe hoffnungsvoll in die Zukunft zu blicken. Vielleicht ist es für die Menschheit möglich, die aktuelle Hürde zu überschreiten, indem man auf Basis des gemeinsamen Teils zwischen den beiden Achsenzivilisationen neue Regel zur nachhaltigen Entwicklung für die Nachfolger errichtet: „Neulich denke ich oft daran, die These von Chinese Learning as Substance, Western Learning for Application (zhongti xiyong) neu zu interpretieren und zu aktivieren. Stellen Sie sich vor, wenn unsere gesellschaftliche Gemeinschaft in der Zukunft auf die Interkulturalität der chinesischen und griechischen Zivilisationen basieren könnte, in der sowohl reichliche traditionelle kulturelle Ressourcen zur Aufrechterhaltung der persönlichen Moral als auch das griechische demokratische System zur Regulierung der Verhältnisse gibt, ist diese Wunschvorstellung harmonisch und beleben! Wenn die ausgebildeten Jugendlichen nicht nur über die moralische unerschütterliche Redlichkeit „Wachsamkeit in Einsamkeit" (shendu), die Menschlichkeit und Menschenliebe verfügt, als auch die Neurieger zur Beobachtung und Erforschung der Natur und Physik, ist dieses Bildungssystem erfolgreich! Auf diese Weise bildet ein guter Standard zwischen Individuum und Selbst, zwischen Individuum und Individuum, zwischen Individuum und Gesellschaft und zwischen Individuum und Natur, wie gesund und temperamentvoll ist diese Zivilisation!"[82]

---

81   Liu Dong: Erneutes Ermessen von Wang Guoweis „Verzicht auf westliche Lehre", nicht veröffentlicht.

82   Liu Dong 2014: Aktivierung von ,das Chinesische als Basis, das Westliche zur Anwendung': Fragen und Antwort über die „moderne geistige Bedrängnis", in: Die Eisscholle des Denkens. Shanghai: Shanghai People's Press. S.277.

Sechstens, aufgrund der Interkulturalität der chinesischen und griechischen Zivilisationen sehen wir glücklicherweise, dass die Denkrichtung der konfuzianischen Lehre sowie die Aufmerksamkeit der chinesischen Zivilisation mit großem Schritt in den internationalen Raum schreiten können. Wenn man aber von einer speziellen Seite den Konfuzianismus versteht, ist es kaum zu vermeiden, dass man ihn für die Gegenseite der Aufklärung hält; Wenn man von einer allgemeinen Seite den Konfuzianismus betrachtet, kann der führende Wert Chinas als Mainstream der Welt angesehen werden. Die historische Erfahrung der chinesischen Zivilisation, welche eigentlich im „kleinerem Raum" verborgen war, kann möglich wegen ihrer fröhlichen Lebenszustand in einem internationalen „großen Raum" in großem Maße akzeptiert werden und viel unerwartete positive Lehre und Nutzen anderen Nationen herbeibringen.

Aus diesem Grund stellte ich in meinem vergangenen Buch die Gedanken vor, welche genau das Gegenteil von der sogenannten „vollständigen Verwestlichung" oder „Chinese Learning as Substance, Western Learning for Application" sind. Je weniger die chinesische Kultur die Eigenschaften und Charakteristika auslöscht, desto möglicher kann sie ihre Weltbedeutung zeigen: „Auf Standpunkt anderer Zivilisationen glauben manche vielleicht heimlich, wenn China seine Subjektivität nach und nach verliert, wird es der Welt frohe Botschaft bringen. Aber wenn man tatsächlich seine Gedanken zur Achsenzeit von Jaspers zurückkommen kann, wird er gelassen erkennen, dass die Lebenslösungen, welche von Konfuzius und anderen Denkern vor der Qin-Dynastie aufgestellt wurden, insbesondere das kulturelle Modell „ohne Religion aber Moral", welches Voltaire anregte, stets unabdingbares und wertvolles Gedankengut in der menschlichen Zivilisationsgeschichte sind. Diesen Gedanken entlang haben wir zumindest noch Gründe uns vorzustellen, dass in der Spannung zwischen der Globalisierung und chinesischer Kultur wohl gewisse wahre Lösungen sich bergen, die nicht darin liegen, dass eine Zivilisation, egal wie ausgezeichnet und überlegen ist, die anderen Zivilisationen vernichtet, zerkleinert oder annektiert, sondern in einem Zustand der zivilisatorischen Symbiose, die Fei Xiaotong (1910-2005) sich wünschte: „Jeder schätzt seine eigene Kultur und Werte und respektiert die der anderen. Die Schönheit kann man teilen und die Welt wird zu einem harmonischen Ganzen."[83]

---

83 Liu Dong 2014: Wiederaufbau der Tradition: Mit Wachsamkeit der Welt beitreten. Shanghai: Shanghai People's Press. S.192.

Wenn wir mit eigener Kultur in den „großen Raum" eintreten, können wir erst der internationalen Gesellschaft wirklich „helfen"; Wenn man anhand dem westlichen Muster konfuzianische Lehre zur „konfuzianischen Religion umwandelt, fügt man der Welt im heutigen Zeitalter, wo „Religion Auseinandersetzungen oder Kriege verursacht", ein „Chaos". Aus diesem Grund müssen die Nachfolger des vor-qinzeitlichen Rationalismus die Bedeutungswelt aufrechterhalten, die vom Konfuzianismus vor der Qin-Dynastie gebildet wurde. In diesem globalisierten Zeitalter sind alle Werte zum Auswahl aufgelistet. Wir müssen gutmütig aber fest darauf hinweisen, dass es scheint keine andere Bedeutungswelt einschließlich die westliche religiöse Welt, welche gerade zusammenbricht oder die anderen religiösen Welten, mit welchen der Westen gerade kämpft, zu geben, die eine säkulare, friedliche, rationale und menschliche Bedeutungswelt ersetzen kann.

Siebtens, wir führen die Ausführung weiter und können überraschend erkennen, dass die Gedanken im chinesischen Klassiker nicht wie manche lange Zeit missverstanden haben nur zu „Lokalkenntnissen" im globalisierten Zeitalter gehören. Es gibt stets entsprechende Verlegenheit: Einerseits glauben einige, die sich mit westlicher Philosophiegeschichte beschäftigten, dass es zu wenig „Philosophie" in der chinesischen Philosophiegeschichte gibt. Es liegt hauptsächlich daran, dass sie die chinesischen Klassiker nicht richtig verstanden haben; Andererseits umwandeln manche, die sich mit der chinesischen Philosophiegeschichte befassten, anhand vom westlichen Model die chinesischen Gedanken, um die laienhaften Vorurteile anderer Fachgebiete zu bestätigen. Auf jeden Fall gehört die Rede von Konfuzius „ist denn die Sittlichkeit gar so fern? Sobald ich die Sittlichkeit wünsche, so ist diese Sittlichkeit da" zu einer „kopernikanischen Wende" des Altertums und zählt als das entschlossenste und gedankenreichste Wort. Daraus kommt erst die Selbstüberwindung „Sittlichkeit zu bewirken, das hängt von uns selbst ab; oder hängt es etwa von den Menschen ab,"[84] und das Erwachen „die Menschen können die Wahrheit verherrlichen, nicht verherrlicht die Wahrheit die Menschen"[85]. Mit westlicher Philosophie ist es die Überzeugung: „Der gestirnte Himmel über mir und das moralische Gesetz in mir". Es stellt ein großer Vergleich und Kontrast wie der Satz aus der Bibel „Es werde Licht! Und es ward Licht."

---

84 Lun Yu. Gespräche 1975. Übersetzt von Richard Wilhelm. Düsseldorf und Köln, S.121.
85 Ebd., S.160.

Aufgrund der Errichtung der Lebensweise wendete sich die Richtung der Zivilisation nach Konfuzius und änderte der Ursprung der Lebensbedeutung von Gott zu der Menschheit, seine Idealvorstellung wurde zwar nie richtig realisiert, aber bereits vor über 2000 Jahren wurde in China die Gedankenbewegung eröffnet, welche im Westen später als „Aufklärung" bezeichnet wird. Wenn die Chinesen von den westlichen Autoren über die entsprechenden Veränderungen der Werte lesen, können sie schwer begreifen, dass die Mühsal und Wehe dafür notwendig sind, da in ihrer Zivilisation diese Gedankenaufgabe bereits gelöst wurde: „Autonomie allein kann nicht ausreichen, um die Idealvorstellung der Aufklärung vom menschlichen Verhalten zu charakterisieren. Natürlich war es besser, sich von seinem eigenen Willen leiten zu lassen als von einer Regel, die von anderswo kam, aber wohin? Nicht alle Wünsche und alle Handlungen sind gleich wertvoll. Und da die Menschen sich nicht mehr an den Himmel wenden konnten, um herauszufinden, was richtig und was falsch war, mussten sie sich an die weltlichen Realitäten halten. Die Verlagerung erfolgte von einem fernen Ziel - Gott - zu einem näheren, das, so die Philosophie der Aufklärung, die Menschheit selbst war. Alles, was zum Wohlergehen der Menschen beiträgt, galt als gut."[86]… „Es ist sowohl ein Recht als auch eine Verpflichtung: Der Mensch wird zum Mittelpunkt des Werks, da er der Mittelpunkt der Welt ist, oder genauer gesagt der Initiator der Bedeutungswelt. Darum ist seine Existenz kein einfaches Werkzeug, welches dem höheren Ziel wie Rettung der Seele oder Bevorstehen des Paradieses dient; Sein Ziel soll in sich selbst gesucht werden."[87]

Des Weiteren können diejenigen, die sich mit der westlichen Philosophiegeschichte beschäftigen, 所以然 oft schwer an die Direktheit und Umgänglich der chinesischen Gedanken gewöhnen, darum bezweifeln sie, dass in den chinesischen Gedanken nicht genug „Philosophie" enthalten. Im Zusammenhang mit der obengenannten Ausführung ist es sehr ähnlich wie Michael A. Fuller bei der Diskussion über Du Fus Gedichte darauf hinwies: Einerseits, wenn die Westler sich beim Verfassen der Gedichte nicht auf ihr religiöses Gefühl beziehen, können nicht ausreichende Metapher, Geschichte und Göttlichkeit daraus herleiten und fehlt an innere

---

86   Tzvetan Todorov 2009: In Defence of the Enlightenment. Übersetzt vom Französischen ins Englische von Gila Walker. London: Atlantic Books. S.97.
87   Tzvetan Todorov 2012: L'esprit des Lumières. Übersetzt ins Chinesisch von Ma Lihong. Shanghai: East China Normal University Press. S.107-109.

Bedeutung und Geschmack; Andererseits berauschen sich die chinesischen Gedichte an diese säkulare Welt und erachten etwas aus der Luft gegriffen als wertlos. Die Chinesen können sich trotzdem an Lebenshintergründe wie **"die grenzenlose Ebene, gesäumt von tief hängenden Sternen, der Mond wogt mit dem Fluss auf dem Strom"**[88] **erfreuen und glauben, dass sie eigene Bedeutungswelt bereichern. „Wie in der Welt der chinesischen Poesie können wir den Grund, das suoyiran 所以然, das uns an die Welt und aneinander bindet, nicht kennen, aber Du Fus Poesie erinnert uns daran, dass dieser Zwischenbereich, in dem wir keine andere Wahl haben, als zu leben, einen Reichtum und eine Schönheit besitzt, die nicht im Geringsten dadurch geschmälert werden, dass wir ein verkörpertes - sogar neurobiologisches - Selbst sind."**[89] Bis zu diesem Zeitalter, wo man die „Freude am Säkularismus" im allgemein genießt, kann der chinesische kulturelle Geist erst wegen der Eigenschaft des Konfuzianismus aus der inaktiven Verteidigung, welche auf kulturellen Relativismus basiert, ausspringen, aktiv in den allgemeinsinnigen internationalen „großen Raum" eintreten und genügend Gründe haben, mit andere geistigen Systeme gleichberechtigt zu kommunizieren. Das heißt der chinesische kulturelle Geist hat Gründe den anderen Nationen zu empfehlen: Wie die Chinesen, die immer gerne von außen kultureller Ernährung einführen, können sie auch hier die zufriedenere, tolerantere, geselligere, fröhlichere und wachsamere Lebenseinstellung ausprobieren und schauen, ob sie zu einer allgemeingültigen Wertvorstellung der neuen Zeit erweitern kann.

Achtens, Trotz den obengenannten Überlegungen müssen wir mit Nüchternheit und Wachsamkeit sehen, dass jede gegossene Münze zwei Seiten hat. Auf der anderen Seite ist Konfuzianismus wie Aufklärung und beantwortet von der Vorderseite die Bedrängnisse, mit welchen Existenzialismus konfrontiert ist. Andersgesagt, Konfuzianismus beweist mit seinen langen und fundierten historischen Erfahrungen, dass die absurden und grauen Gefühle sich selbst und den anderen gegenüber nicht die letzte Zuflucht der kulturellen Psyche bei Abwesenheit Gottes ist. Im Gegenteil legt Konfuzianismus mit seiner optimistischen Einstellung dar, dass man genug Gründe hat froh für seine wertvolle Existenz zu sein. Des Weiteren kann man diesen raren Lebensweg möglichst genießen, obwohl

---

88   Du Fu: Mooring a Night. Übersetzt ins Englisch von Xu Yuanchong.
89   Michael A. Fuller: 'Weary Night:' A Reflection on Embodied Poetics in the Classical Chinese Tradition. H.d.V.

der blaue Himmel über sie nur zu einer gewünschten Setzung oder mit Kants Wort zu einer gewissen „subjektiven Zweckmäßigkeit" gehört.

Auf jeden Fall hat das Leben unter dem Verständnis des Konfuzianismus eine fröhliche und „lebenswerte" Seite und dieses positive Gefühl verfügt nach Konfuzius über entscheidendere Bedeutungen, egal mit welchen positiven Lebensdimensionen verglichen wird:

> Dsï Lu, Dsong Si, Jan Yu und Gung Si Hua saßen (mit dem Meister) zusammen. Da sprach der Meister: »Obwohl ich ein paar Tage älter bin als ihr, so nehmet mich nicht so. Ihr sagt immer: ›Man kennt uns nicht.‹ Wenn euch nun ein (Herrscher) kennen würde (und verwenden wollte), was würdet ihr dann tun?« Dsï Lu fuhr sogleich heraus: »Wenn es ein Reich von tausend Streitwagen gäbe, das eingeklemmt wäre zwischen mächtigen (Nachbar-)Staaten, das außerdem von großen Heeren bedrängt wäre und überdies unter Mangel an Brot und Gemüsen litte: wenn ich es zu regieren hätte, so wollte ich es in drei Jahren so weit gebracht haben, daß (das Volk) Mut hat und seine Pflicht kennt.« Der Meister lächelte. »Und Kiu, was sagst du?« (Jan Kiu) antwortete: »Ein Gebiet von 60 bis 70 Meilen im Geviert, oder sagen wir 50–60 Geviertmeilen: wenn ich das zu regieren hätte, so getraute ich mir wenigstens, es in drei Jahren so weit zu bringen, daß das Volk genug zu leben hat. Was die Pflege der Kultur und Kunst betrifft, die muß ich einem besseren Manne nach mir überlassen.« »Und Tschï, was sagst du?« (Gung Si Hua) antwortete: »Ich sage nicht, daß ich es schon kann, aber lernen möchte ich es: im kaiserlichen Ahnentempel und bei kaiserlichen Audienzen im Festgewand und Barett wenigstens als niedriger Gehilfe zu dienen, das ist mein Wunsch.« »Diën, was sagst du?« Dsong Si verlangsamte sein Lautenspiel, ließ die Laute verklingen und legte sie beiseite. Dann stand er auf und sprach: »Ach (meine Wünsche) sind verschieden von den Plänen dieser drei Freunde.« Der Meister sprach: »Was schadet es? Ein jeder soll seines Herzens Wünsche aussprechen.« Da sagte er: »Ich möchte im Spätfrühling, wenn wir die leichteren Frühlingskleider tragen, mit fünf oder sechs erwachsenen Freunden und ein paar Knaben im Flusse baden und im heiligen Hain des Lufthauchs Kühlung genießen. Dann würden wir ein Lied zusammen singen und heimwärts ziehen.« Der Meister seufzte und sprach: »Ich halte es mit Diën.«[90]

---

90 Lun Yu. Gespräche 1975. Übersetzt von Richard Wilhelm. Düsseldorf und Köln, S.119-121.

Aus diesem Grund wies Lin Yutang, der 2500 Jahre nach Konfuzius in China lebte, darauf hin, dass die Chinesen im Vergleich zu anderen Nationen besser im Genuss des irdischen und säkularen Lebens sind, obwohl das Leben nach wie vor begrenzt ist und sie ihre Begrenztheit sowie Mangel auch kennen: „Die Frage, die alle chinesischen Philosophen für am wichtigsten halten, lautet, wie wir das Leben genießen und wer am besten das Leben genießt. Wir sehnen nicht nach perfektem Ideal, suchen nicht nach Dingen, die man nicht erhalten kann, untersuchen keine Sachen, die man nicht wissen kann. Wir erkennen nur die imperfekte Natur der Menschen, die bereits gestorben sind. Die wichtigste Frage ist wie wir unser Leben einstellen sollen, damit wir friedlich arbeiten, frohgemut dulden und glücklich leben."[91] Es handelt sich zwar um ein gesetztes existenzialistisches Weltbild, meines Erachtens sind die fröhliche und zufriedene kulturelle Praxen der Chinesen eine wertvolle Unterstützung und kraftvolle Rettung für die Aufklärung sind, welche in die Falle des Modernismus gerät, da sie den Leuten beweisen haben, dass nicht nur ein Leben „ohne Religion aber Moral", nach welchem Voltaire sich sehnte, möglich ist, sondern das von Habermas erläuterte „nachmetapysische Denken" ebenfalls möglich ist.

Die andere untrennbare und unvermeidbare Seite der Münze ist die rationale Einstellung des Konfuzianismus, oder andersgesagt aufgrund seiner „postreligiösen" und „nachmetapysischen" Natur muss er die Geschichte der Menschheit, sowohl die persönliche, als auch die von der gesamten Menschen nach wie vor mit Wachsamkeit und Sorge der unbekannten Zukunft überlassen, da am Rand des blauen und hellen Himmels noch eine dunkle Wolke schwebt. Als einzige Existenz des beschränken Rationalismus lässt sie sich niemals völlig erklären: „Diese dunkle Wolke am Rand des Himmels bedeutet die Unbestimmtheit der Geschichte, die Zufälligkeit und die Unbeständigkeit des Lebens, die Unerklärlichkeit und Unmenschlichkeit des Schicksals, die Verwandlung des Lebens, die Unberechenbarkeit der Welt sowie die Vergänglichkeit der schönen Landschaft und der Jugend. Des Weiteren repräsentiert sie auch die Krankheiten, welche jederzeit kommen könnten und die sichere Ankunft der Todesstunde. Obwohl sie so gewöhnlich im alltäglichen Leben aussieht, als ob der kleine Fleck am Rand des Himmels nicht besonders depressiv und ernst wäre und manchmal sogar in Vergessenheit geraten würde.

---

91   Lin Yutang 2014: Kunst des Lebens. Nanjing: Jiangsu People's Press. S.91.

Allerdings kann sie jeden Augenblick kommen und zu roter Wolke, die dem Himmel verstecken kann, oder zum Sturm, der den Baum entwurzeln kann, ja gar zum Teufel mit offenen blutigen Munden, die die ursprüngliche sonnige und lebendige Welt völlig zerstört. Wir können nicht umhin den Himmel aufzublicken und zu seufzen. Wie zerbrechlich ist das Leben und wie grausam ist das Schicksal!"[92]

Wir müssen auch beachten, vielleicht aus diesem Sinne haben wir genügende Gründe nicht nur zu sagen, dass die Chinesen das irdische oder säkulare Leben am besten genießen können, sondern auch, dass sie ein Volk mit mehr Krisenbewusstsein sind. Im Vergleich zu den Völkern, die an „Vereinigung von Himmel und Menschheit" glauben, haben die Chinesen offensichtlich mehr Bewusstsein vom „Abbruch des Umgangs zwischen Himmel und Erde" und nehmen sich vor „Unmenschlichkeit des Himmels und der Erde" sowie „Streiche des Schicksals" in Acht, auch wenn in diesen Zweifeln viel Ratlosigkeit und Wut verbergen. Beispielsweise nehmen wir einen Fall als Beweis. Ohne die Statistik zu sehen kann man intuitiv wahrnehmen, dass das Gebäudeeigentum von denjenigen in den USA, welche chinesische Abstammung haben, selten in der Krise auf dem Subprime-Hypothekenmarkt beschlagnahmt wurde, da sie aufgrund ihrer kulturellen Einstellung mehr „Krisenbewusstsein" haben, haben sie sicherlich rechtzeitig Vorkehrungen getroffen.

Die sind die zwei Seiten „Sorge" und „Freude", die gleichzeitig in der Innenwelt der Chinesen existieren und aus der grundlegenden konfuzianischen Einstellung stammen. Wie ich bereits im zwölften Kapitel analysierte, gibt es zwischen den beiden Polen der kulturellen Einstellung großen schwankenden Raum, und jedes „dynamische Gleichgewicht" lässt einen in der konkreten Praxis wegen der Rotation der beiden Polen von „Sorge" und „Freude" in Gefahr, die einen stets zaghaft macht und lässt einen sogar von der „Eisscholle" unterfallen. Dies kann man nicht einfach mit westlichem „coincidentia oppositorum" oder indischer buddhistischer Lehre „Beseitigung der Engstirnigkeit" wiedergutmachen oder vermeiden. Ob „Sorge" und „Freude" überhaupt in idealem Gleichgewicht erreichen können, müssen wir mit genug „Krisenbewusstsein" wachsam bleiben, nur so können wir das Thema, welches dieses Buch hervorhebt, bis zum Schluss durchsetzen.

---

92 Siehe Viertes Kapitel.

Weitergesagt, wir sollen mit gleichem „Krisenbewusstsein" wachsam betrachten, ob der „unreligiöse aber moralische" Lebenslösungsplan, der als Hinterlassenschaft des „Rationalismus" vor der Qin-Dynastie zu verstehen ist, die in Bedrängnis geratene Aufklärung überhaupt retten und allgemein als menschliche Zukunft akzeptiert werden kann. Der theoretische Standpunkt dieses Buchs ist: Es gibt keine transzendente Existenz, die uns beschützt und segnet und in ihrem bereits gesetzten historischem Prozess nach einer gewissen „subjektiven Zweckmäßigkeit" triumphant treibt. Aufgrund der „dunklen Wolke am Rand des Himmels" fragen die Nachfolger der konfuzianischen Gedanken mit Anspannung und Kraft ständig, ob sie vor deren Ankunft das Leben vollständig entwickelt und genossen haben? Nur wenn man diese Frage überliefert, kann diese großartige Zivilisation erst ihre andauernde Treibkraft erhalten und eine neue weltliche Höhe hoffnungsvoll überschreiten!

Zum Schluss muss noch erwähnt werden, wie wir bereits erkannten, zählt Konfuzianismus tatsächlich zu einem Höhepunkt der chinesischen Kultur. Es ist auch die Hauptaufgabe des Buchs, diese Erkenntnis zu erlangen. Außerdem müssen wir erkennen, dass es unter den Elementen, die am Entwicklungsprozess der chinesischen Kultur teilnahmen, nicht nur diesen Höhepunkt gibt. Wie wir vorher lasen, sowohl die hanzeitliche und songzeitliche Lehre, als auch die anderen geistigen Strömungen vor oder nach Konfuzius, sogar die Religionen und Metaphysik aus Indien und dem Westen zwar vom Konfuzianismus unterdrückt wurden, nahmen alle an diesem verworrenen Prozess teil. Der Grund, weshalb ich das Buch verfasst habe, liegt darin, dass ich den Höhepunkt vom Konfuzianismus wiederherstellen wollte, damit die eigene Höhe der chinesischen Zivilisationsgeschichte erhöht werden kann. Ich wollte keines Falls die Existenz anderer daran teilnehmende Elemente negieren. Wie genau Konfuzianismus anhand von eigener Logik als Zivilisationsgeschichte entfaltete und wie er mit anderen geistigen Strömungen zusammen die innere Struktur der chinesischen Zivilisation stützt werden wir im zweiten Band der Reihe diskutieren.

In diesem Sinne ist die Ausführung des Buchs selbstverständlich nicht zu Ende. Wir stehen gerade erst vor neuen Fragen und Herausforderungen.

Verfasst am 06.09.2017 im Zimmer 218, Tsinghua Universitätsgebäude